TransLatin 트랜스라틴 총서 **04**
혼종문화
근대성 넘나들기 전략

Culturas híbridas : Estrategias para entrar y salir de la modernidad
(Nueva edición)
by Néstor García Canclini

Copyright © Editorial Paidós SAICF, 2001.
Korean translation copyright © Greenbee Publishing Company, 2011
This edition is published by arrangement with Editorial Paidós SAICF through Shinwon Agency.

혼종문화: 근대성 넘나들기 전략

초판 1쇄 발행 _ 2011년 2월 15일
초판 2쇄 발행 _ 2011년 6월 10일

지은이 · 네스토르 가르시아 칸클리니 | 옮긴이 · 이성훈

펴낸이 · 유재건 | 주간 · 김현경
편집팀 · 박순기, 주승일, 태하, 임유진, 강혜진, 김혜미, 김재훈, 김미선, 고태경, 김효진
디자인팀 · 서주성 | 마케팅팀 · 정승연, 황주희, 이민정, 박태하
영업관리팀 · 노수준, 이상원, 양수연

펴낸곳 · (주)그린비출판사 | 등록번호 · 제313-1990-32호
주소 · 서울시 마포구 동교동 201-18 달리빌딩 2층 | 전화 · 702-2717 | 팩스 · 703-0272

ISBN 978-89-7682-744-2 93300
이 도서의 국립중앙도서관 출판시도서목록(CIP)은 e-CIP 홈페이지(http://www.nl.go.kr/ecip)와
국가자료공동목록시스템(http://www.nl.go.kr/kolisnet)에서 이용하실 수 있습니다.
(CIP제어번호:CIP2011000112)

이 책의 한국어판 저작권은 신원에이전시를 통해 Editorial Paidós SAICF와 독점계약한
(주)그린비출판사에 있습니다.
저작권법에 의하여 한국 내에서 보호를 받는 저작물이므로 무단전재와 무단복제를 금합니다.
책값은 뒤표지에 있습니다. 잘못 만들어진 책은 서점에서 바꿔 드립니다.

그린비출판사 나를 바꾸는 책, 세상을 바꾸는 책
홈페이지 · www.greenbee.co.kr | 전자우편 · editor@greenbee.co.kr

TransLatin 04
트랜스라틴 총서

혼종문화
근대성 넘나들기 전략

네스토르 가르시아 칸클리니 지음
이성훈 옮김

그린비

테레사와 훌리안에게

개인적 삶, 표현, 앎 그리고 역사는 목표 혹은 개념을 향해 직선적으로가 아니라, 비스듬하게 나아간다. 지나치게 의식적으로 얻고자 하는 것은 이뤄지지 않는다.—모리스 메를로 퐁티

차 례

신판 서문 _ 11
감사의 말 _ 42
들어가며 _ 47

1장 유토피아에서 시장으로 _ 65

해방된 상상? 67 | 전위주의 예술의 종언, 혁신의 제의만 남았다 79 | 원시적인 것과 민중적인 것에 매혹되다 90 | 고급예술은 더 이상 소수를 위한 상업이 아니다 94 | 소비자를 위한 이데올로기로서의 근대 미학 101

2장 라틴아메리카의 모순: 근대화 없는 모더니즘? _ 105

혼종의 역사를 어떻게 해석할 것인가 111 | 수입하고, 번역하고, 자신의 것을 만들기 116 | 소비의 팽창과 문화적 의지주의 127 | 국가가 유산을 관리하고, 기업은 이를 근대화한다 133

3장 예술가, 중재자 그리고 관객
: 혁신할 것인가 아니면 민주화할 것인가? _ 143

파스에서 보르헤스로: 텔레비전 앞에서의 태도들 145 | 아이러니한 실험실 159 | 수용자들의 근대성 180 | 모든 사람을 위한 문화? 198

4장 과거의 미래 _ 207

역사 유산 앞의 근본주의자와 근대화론자 208 | 권력의 극화(劇化) 211 | 내셔널리즘의 위기 이후에 국립 박물관은 가능한가? 220 | 제의는 무엇을 위해 기능하는가?: 정체성과 차별 244 | 유산의 사회 이론을 향하여 248

5장 민중적 요소의 무대화 _ 263

민속: 전통의 우울증적 발명 267 | 번성하는 민중문화 276 | 헤게모니적인 재전환과 민중적인 재전환 297 | 예술 대 수공예업 301 | 인류학 대 사회학 307

6장 민중적인 것, 대중성 : 정치적인 재현에서 극적인 재현으로 _ 317

커뮤니케이션: 관객의 구성 322 | 민중주의: 행위자의 시뮬라시옹 329 | 통학문적인 연구를 위하여 338 | 민중적 요소의 과학적 혹은 극적 정의? 347

7장 혼종문화, 사선적 권력 _ 351

공적 공간에서 전자참여(teleparticipación)로 354 | 역사적 기억과 도시의 갈등 361 | 탈소장화하기 369 | 탈영토화 379 | 상호교차: 근대성에서 탈근대성으로 397 | 잡종 장르: 낙서와 만화 406 | 사선적 권력들 418

나가며 _ 427
옮긴이 해제 _ 453
찾아보기 _ 465

신판 서문[1]

세계화 시대의 혼종문화

분과학문이나 지적 장이 언제 변화하는지를 어떻게 알 수 있을까? 이 문제에 대한 답변 중 하나는, 몇몇 개념들이 강력하게 침투해 들어와 이전 개념들을 대체하거나 변화를 요구할 때라는 것이다. 이것은 문화연구 '사전'辭典에서 일어났던 일이다. 여기서 나는 혼종화가 어떤 의미에서 이렇게 반향이 큰 용어 중 하나가 되었는지를 논의하고자 한다.

  나는 혼종화 관련 연구가 정체성, 문화, 차이, 불평등, 다문화성에 대한 이야기 방식 그리고 사회과학에서 갈등을 만들어 내는 짝패인 전통과 근대, 북과 남, 지역과 세계에 대한 이야기 방식을 어떻게 변화시켰는지를 검토할 것이다. 혼종성이 역사 발전의 오랜 특징이라면, 왜 혼종적 특성이라는 문제가 최근에 이렇게 중요한 의미를 갖게 되었는가? 사회들 간 상호교환이 시작된 이래로 수많은 과거의 사례들이 존재한다고 말할 수 있

---

[1] 이 서문은 2001년 『혼종문화』의 신판(Nueva edición)을 내면서 붙인 것으로, 여기에는 1989년 초판이 출간된 이래 제기된 문제들에 대한 답변과 변화된 시대상에 대한 가르시아 칸클리니의 입장이 담겨 있다.—옮긴이

을 것이다. 실제로 플리니오 엘 비에호Plinio el Viejo가 로마에 도착했던 당시 이주자들을 언급하면서 이 용어를 사용했다. 많은 역사가와 인류학자들은 그리스의 고전 시기부터 지중해 지역에서 메스티사헤mestizaje가 수행한 핵심적 역할이 무엇이었는지를 보여 주었다(Laplantine & Nouss). 다른 사람들은 유럽이 아메리카로 팽창했던 시기부터 일어난 일들을 지칭하기 위해 특히 혼종화라는 개념에 의존했다(Benand; Gruzinski). 바흐친은 이 개념을 근대부터 시작된 고급언어와 민중언어의 공존을 특징 짓기 위해 사용했다.

그럼에도 불구하고, 혼종화 분석이 다양한 문화 과정으로까지 확장된 것은 1990년에 들어서였다. 그러나 이 개념의 가치는 여전히 논란의 대상이다. 상호민족적interétincos이고 탈식민적인 과정(Bhabha; Young), 세계화(Hannerz), 여행과 국경의 교차(Clifford), 예술과 문화 그리고 커뮤니케이션의 융합fusión(De la Campa; Hall; Martín Barbero; Papastergiadis; Webner) 등을 묘사하기 위해 이 개념이 사용되고 있다. 특정 국가의 음식에서 다양한 기원의 요리법이 어떻게 혼종되고 있는지에 대한 연구(Archetti), 공공기관과 사기업의 결합에 대한 연구, 그리고 세계적인 전시회에서 서구의 박물관학과 주변부의 전통이 어떻게 결합되고 있는지에 대한 연구(Harvey) 또한 많다. 이 새로운 서문은 이런 다양한 사용법과 주된 입장들에 대한 평가를 목적으로 하고 있다. 진 프랑코가 말하듯이, "『혼종문화』가 고급문화와 민중문화, 도시 혹은 지방, 근대 혹은 전통과 같은 허구적인 대립관계에 고정되지 않기 위한 하나의 방법론을 모색하는 텍스트"[2)]이기 때문에, 이러한 연구의 확장은 새로운 논쟁의 길로 들어설 것을 요구한다.

마찬가지로 혼종화 개념에 대해 인식론적이고 정치적인 이유로 제기되는 몇몇 반론에 대해 다루고자 한다. 이 개념의 과학적인 성격과 관련하여, 특히 사회과학에서 보여 주는 기여와 난점들을 살펴보기 위해 생물학적인 맥락에서의 사용은 고려하지 않을 것이다. 나는 이 개념이 정치사상에 대해 보여 준 기여와 관련하여 이미 이 책이 보여 주었던 분석을 확장하고자 한다. 이를 위해 혼종화가 모순 없는 융합과 동의어가 아니라, 라틴아메리카 근대화 과정에 나타났던 국가적 프로젝트의 쇠퇴 및 최근의 상호문화성 과정에서 나타난 갈등의 특정한 형식들을 이해하는 데 어떻게 도움이 되는지를 논증할 것이다. 이를 위해, 우리는 '세계화의 움직임에 의해 다양한 재화에 대한 접근이 손쉬워졌다는 점이 이 재화들을 조합하고 창조적인 다문화성을 발전시킬 가능성을 민주화했는가'라는 질문에 답해야 한다.

혼종화 관점에서 다시 살펴본 정체성

혼종이라는 단어가 긍정적인 단어인지 부정적인 단어인지를 토론하면서 시작해 보자. 이 단어가 의미를 갖기 위해서는, 아주 많이 사용되었다는 것만으로는 충분하지 않다. 오히려 광범위하게 사용되면서 이 단어는 서로 일치하지 않는 의미들을 갖게 된다. 생물학에서 사용되던 이 단어가 사회문화 분석에 사용되면서 적용 범위는 확장되었지만, 오히려 단일한 의미는 사라졌다. 따라서 몇몇은 종교 문제에 대해서는 신크레티즘 sincretismo, 역사와 인류학에서는 메스티사헤, 음악에서는 융합이라는 용

---

2) Jean Franco, "Border patrol", *Travesía*, Journal of Latin American Cultural Studies vol. 1, no. 2, London: Short Run Press Ltd., 1992, pp. 134~142.

어의 사용을 선호한다. 과학적인 연구에 있어 혼돈의 우려가 있는 하나의 개념에 의존하면서 얻게 되는 장점은 무엇인가?

이제 인식론적 논쟁을 다뤄 보도록 하자. 이 측면이 이 책 『혼종문화』에서 충분히 다뤄지지 않았다는 점을 인정하고 싶다. 여기에 대한 과거의 논쟁들과, 새 텍스트에 인용된 다른 저자들의 연구에 대한 논쟁들을 통해 사회과학에서 혼종성 개념의 규정이나 위치를 보다 잘 설정할 수 있다.

첫번째 정의에서 출발하고자 한다. 즉 "나는 혼종화를, 분리된 형식으로 존재해 온 불연속적인 구조나 실천들이 새로운 구조, 대상, 실천들을 만들어 내기 위해 서로 결합하는 사회문화적 과정으로 이해한다". 동시에 이른바 불연속적인 구조도 혼종화의 결과이기 때문에 순수한 원천으로 간주되어서는 안 된다는 점을 명확히 하고 싶다. 하나의 예가 있다. 미국의 라티노 공동체에서 탄생하여 인터넷을 통해 전 세계에 전파된 스팽글리쉬spanglish가 매사추세츠의 애머스트 칼리지Amherst College에서처럼 대학 강단에서 강의되고, 특화된 사전의 대상이 될 수 있는지(Stavans)에 대한 논쟁이 그것이다. 스페인어와 영어가 마치 라틴어, 아랍어 그리고 원주민 언어에 빚지고 있지 않은 것처럼 말이다. 스페인어의 순수하지 않은 오랜 역사를 인정하지 않고 아랍어를 어원으로 하는 어휘들을 배제한다면, 우리들은 'alcachofa'아티초크, 'alcalde'시장(市長), 'almohada'베개 그리고 'algarabía' 아라비아어 같은 어휘들을 갖지 못할 것이다. 이러한 불연속성에서 혼종성으로, 그리고 다시 새로운 불연속적인 형식들로의 이동을 묘사하는 하나의 방법은 브라이언 스트로스Brian Stross가 제안한 '혼종화 주기'라는 형식이다. 이러한 형식에 따르면 우리는 역사에서 보다 이종적인 형식에서 동질적인 다른 형식으로 이동하며, 그리고 다시 상대적으로 보다 이종적인 다른 형식으로 이동하는 것이다. 이러한 과정에 있어서 어떠한 형식도 완전히 "순수"하거나 혹은 동질적이지 않다.

　20세기 동안 혼종화가 주목할 만하게 증가하면서 이 개념의 대상을 명확히 정의하는 것은 어려운 일이 되었다. 인종 간의 결혼, 브라질의 움반다3)에서 보이는 아프리카계 조상과 원주민 요소, 그리고 가톨릭 성인들의 결합, 음료수와 스포츠카 그리고 역사적인 기념물의 광고 **콜라주**처럼 매우 다양한 사건들을 단일한 용어 아래 위치시킬 수 있는가? 민족적 멜로디가 고전음악과 현대음악, 혹은 재즈 및 살사와 융합하는 것 같은 일은 안데스와 카리브 리듬의 혼합인 치차음악chicha, 아프리카계 쿠바 그룹인 이라케레Irakere가 시도한 모차르트의 재즈적인 재해석, 그리고 비틀즈, 피터 가브리엘Peter Gabriel 또는 다른 음악가들이 보여 준 영국적이고 힌두적인 멜로디의 재가공처럼 매우 다양한 양상 속에서 빈번하게 일어날 수 있다. 이러한 교차들을 극단화하여 자신들의 개념적 축으로 삼았던 예술가들이 유사한 조건이나 동일한 목표를 가지고 이런 작업을 한 것은 아니다. 예를 들어 안토니 문타다스Antoni Muntadas는 1988년 마드리드의 소피아 예술센터Centro de Arte Reina Sofía에서 전시된 전체 프로젝트를 '혼종'이라고 명명했다. 그는 이 전시회에서 사진을 통해 오랫동안 병원으로 사용되었던 건물의 쓰임새와 지금 가지고 있는 예술적인 모습 사이에 일어난 전위를 암시했다. 그는 나중에 '혼종공간'hybridspaces이라는 웹사이트를 다시 만들고, 이 안에서 건축학적인 이미지와 미디어적인 이미지 사이의 혼합을 탐구했다. 그가 만들어 낸 작품의 대부분은 다매체적이고 다문화적인 교차의 결과이다. 즉 그 작품들은 텔레비전에 삽입된 신문과 거리 광고, 혹은 동시 방영되는 아르헨티나, 브라질, 미국 텔레비전 프로그램들의 마

---

3) 움반다(umbanda): 아프리카계 브라질인의 신앙과 가톨릭을 결합한 종교의식이다.—옮긴이

지막 십분으로, 텔레비전의 동질화와 이 나라들의 거리가 갖는 다양성을 대조해 주는 시퀀스 샷이 여기에 이어진다.

이렇게 이종적인 경험과 장치들을 하나의 용어 아래 단일화하면서 얻게 되는 유용성은 무엇일까? '혼종'이라는 단어로 이런 것들을 지칭하는 것이 타당한가? 혼종이라는 단어가 생물학적인 기원을 가지고 있으며, 이로 인해 몇몇 연구자들이 이 용어와 곧잘 결합되는 불모성이 사회와 문화에 전이될 위험을 경고하고 있는 상황에서 말이다. 이런 비판을 하는 사람들은 노새의 불임을 예로 든다.[4] 최근 텍스트들에도 이러한 비판이 나타나지만, 이는 혼종화가 사회발전을 저해할 것이라고 가정하고 의심의 눈초리를 보내던 19세기적인 믿음의 연장이라 할 수 있다. 1870년 멘델이 식물원에서 유전적인 교차를 통해 다양한 사례를 만들어 보여 준 이래로, 식물의 성장, 저항력, 품질, 그리고 그 식물로 만든 식품의 경제적 가치와 영양가를 개선할 목적으로 서로 다른 식물들의 세포 특징들을 이용하기 위해 다산적인 혼종화가 다양하게 시도되었다(Olby; Callender). 커피, 꽃, 곡물 그리고 여타 작물들의 혼종화는 식물들의 유전적 다양성을 증대시키고 기후나 환경 변화에 대한 생존력을 강화한다.

어쨌든 이 개념을 제공한 식물학적인 동학에 고착될 이유는 없다. 사회과학은 개념이 만들어진 원학문에서의 사용조건의 변화가 그 개념의 의미를 손상하지 않도록 주의하면서, 다른 분과학문의 많은 개념들을 도입했다. 재생산과 같은 생물학적인 개념들은 사회, 경제, 문화적 재생산을 다루기 위해 재가공되었다. 즉 맑스부터 오늘날까지 진행된 논쟁은 다른

---

[4] Antonio Cornejo Polar, "Mestizaje e hibridez: los riesgos de las metáforas", *Revista Iberoamericana* vol. LXIII, no. 180, 1997.

학문이 이 개념에 부과한 용례에 대한 숙명적인 의존이 아니라, 그 개념의 이론적 확실성 및 설명 능력과 관련하여 나타났다. 마찬가지로, 문화자본과 언어 시장을 언급하면서 부르디외가 했던 것처럼, 상징과정을 분석하기 위한 경제 용어의 비유적인 채용에 대한 논란에서 이런 개념이 특정 분과학문에서 다른 분과학문으로 옮겨가느냐의 여부는 중요하지 않다. 오히려 개념들의 설명적 효율성과 한계들을 문화담론 내에 위치시키는 인식론적인 과정에 주목해야 한다. 즉 중요한 것은 설명되지 않고 방치되어 온 무엇인가를 보다 잘 이해할 수 있게 하느냐의 여부이다.

혼종성 개념의 언어적(Bajtin; Bhabha) 및 사회적(Friedman; Hall; Papastergiadis) 구성은 정체성, 진정성, 문화적 순수성 등의 생물학적이고 본질주의적인 담론에서 벗어나도록 도와준다. 또한 이 구성은 다양한 생산적인 결합들을 식별하고 설명하는 데 기여한다. 예를 들어, 정복 이전의 상상체계와 식민주의자들의 누에바 에스파냐적 이미지 및 문화산업 이미지 간의 결합(Bernand; Gruzinski), 민중미학과 관광객 미학의 결합(De Grandis), 국가적 민족문화와 메트로폴리스 문화(Bhabha) 및 세계화 제도들(Harvey) 간의 결합이 그것이다. 혼종화 역사에 대해 쓰여진 소수의 짧은 글들은 많은 상호문화적 혼합이 가지고 있는 혁신적 힘과 생산성을 명확히 보여 준다.

혼종화는 새로운 구조와 실천들을 만들어 내기 위해 불연속적인 사회적 실천이나 구조들을 어떻게 융합해 내는가? 때때로 이것은 계획하지 않은 방식으로 일어나거나 이주, 관광, 그리고 경제나 커뮤니케이션적 상호과정의 예측하지 않은 결과로 나타난다. 그러나 혼종화는 종종 개인적이고 집단적인 창조성에서 발현한다. 이것은 예술에서뿐만 아니라, 일상생활과 기술 발전에서도 나타난다. 유산(공장, 직업 훈련, 앎과 기술)을 새로운 생산조건과 시장조건에 다시 위치시키기 위해 유산의 **재전환**이 모색된다. 재전환의 문화적 의미를 명확히 해보자. 즉 어떤 화가가 디자이너로 변화하거나, 국내 부르주아가 자신의 경제자본 및 상징자본을 초국적 유통망(Bourdieu)에 재투자하는 데 필요한 언어나 다른 경쟁수단을 얻기 위해 요구되는 전략을 설명하기 위해 재전환 개념이 사용된다. 민중 부문에도 경제적이고 상징적인 재전환 전략이 존재한다. 즉 도시에서 노동하고 소비하기 위해 자신들의 앎을 변용했던, 혹은 도시 구매자들의 관심을 유발하기 위해 자신들의 수공예업과 근대적 사용법을 결합했던 농촌 이주자들, 그리고 새로운 생산 기술 앞에서 자신들의 노동문화를 재편해야 했던 노동자들, 자신들의 요구를 초국적 정치나 생태담론에 끼워 넣고 라디오, 텔레비전, 인터넷을 통해 소통하는 법을 배웠던 원주민 운동 말이다. 이런 이유로 인해 나는 연구의 대상이 혼종성이 아니라, 혼종화의 과정이라고 주장한다. 재전환 전략과 절합節合된 이런 과정들에 대한 경험적인 분석은, 헤게모니 부문뿐만 아니라 근대성의 이익을 전유하고자 하는 민중 부문까지도 혼종화에 대해 관심을 가지고 있음을 보여 준다.

    이런 지속적이고 변화하는 혼종화 과정들은 정체성 개념을 상대화한다. 그리고 정체성을 연구 대상으로 간주하는 특정 문화연구 집단의 인류학적인 경향에 문제를 제기하기도 한다. 혼종화에 대한 강조는 정체성을 '순수'하거나 '진정한' 것으로 간주하는 입장을 종식시키고, 뿐만 아니라 지역적이고 자족적인 것으로, 혹은 국가 사회나 세계화에 극단적으로 대립하는 것으로 정의하고자 하는 태도의 위험성을 드러낸다. 하나의 정체성을 여러 모습들(언어, 전통, 정형화된 행위들)의 추상화 과정을 통해 정의할 때, 자주 이런 실천들을 이 실천들을 파생시킨 혼합의 역사에서 분리시키는 경향이 있다. 그 결과로, 정체성을 이해하는 하나의 방식이 절대화되고, 언어를 말하고 음악을 하거나 전통을 해석하는 이종적인 방식들은 거부된다. 결국, 문화와 정치를 조정할 수 있는 가능성이 닫히게 된다.

혼종화 과정에 주목하는 이론적인 관점에서 진행된 정체성 서사에 대한 연구들(Hannerz; Hall)은 정체성들을 마치 고정된 모습들의 전체로 다루는 것은 불가능하고, 더 나아가 하나의 민족 혹은 국가의 본질로서 정체성을 긍정할 수 없다는 점을 보여 준다. 정체성 운동의 역사는, 일관성과 극적 요소 그리고 설득력을 부여해 주는 하나의 이야기 속에서 헤게모니 그룹들이 절합한 서로 다른 시기의 요소들에 대한 일련의 선택 과정을 드러낸다.

따라서 어떤 연구자들은 '정체성[동일성]에서 이종성과 상호문화적 혼종화로' 연구 대상을 옮길 것을 제안한다(Goldberg). 자족적이고 비역사적인 본질에 의해 특징지어진 정체성은 이미 존재하지 않는다고 말하는 것만으로 충분하지 않다. 그리고 정체성을 공동체가 자신들의 기원과 발전에 대해 이야기를 구성하고 상상하는 방식으로 이해하는 것도 충분하지 않다. 밀접하게 상호 연결되어 있는 세계에서, 비교적 안정적인 역사적 전체(민족, 국가, 계급)로 조직화된 정체성을 부여하던 퇴적층은 상호민족적, 초계급적, 그리고 초국가적 전체 속에서 재구성된다. 각 집단의 구성원들이 초국적 유통망에서 사용가능한 재화와 이종적인 메시지 목록을 전유하는 다양한 방식들은 새로운 퇴적의 형식들을 만들어 낸다. 멕시코에 대해 말하자면, 국가 사회 내에 백인 식민주의자들과 혼혈된 수백만의 원주민이 존재한다. 그러나 일부는 미국에 살면서 '치카노'chicano가 되었다. 다른 사람들은 매스 커뮤니케이션과의 상호관계 속에서 자신들의 관습을 새롭게 구성한다. 또 다른 몇몇은 높은 교육 수준을 얻었으며, 자신들의 전통 유산을 다양한 나라의 미학적인 지식과 수단을 사용해 풍부하게 했다. 어떤 사람들은 한국이나 일본 기업에 취업했으며, 자신들의 민족적 자산을 이런 생산 시스템의 규범이나 지식과 융합했다. 따라서 문화 과정에 대한 연구는 우리가 자족적인 정체성을 긍정하는 것 이상으로, 이종성 내에 자리 잡은 형식들을 배우고, 어떻게 혼종성이 만들어지는지를 이해하는 데 기여한다.

기술(記述)에서 설명으로

혼종화를 위해서 정체성과 이종성 개념의 위계를 완화할 때, 우리는 근본주의적 동질화 정책 혹은 '문화의 복수성'에 대한 단순한(분리된) 인식을 지지하지 않게 된다. 그리고 혼종화의 방향성은 무엇인지, 그것이 상호문화적 연구와 초국적이고 초민족적인, 세계화된 문화정책의 방향을 재설정하는 데 기여하는지를 물을 수 있게 된다.

 이런 목표들을 수행하는 데 있어 하나의 어려움은 혼종화 연구가 자주 상호문화적 혼합을 기술하는 데 한정된다는 것이다. 사회문화적 재구성의 부분으로 혼종화에 **설명적**explicativo 능력을 부여하기 위한 과정은 진전이 거의 없었다. 즉 혼종화를 인과율적인 구조관계에 위치시키면서 혼종화 과정을 연구하는 것 말이다. 나아가 **해석학적인** 능력을 부여하는 것이 필요하다. 즉 혼합 속에서 재형성되는 의미관계를 해석하는 데 있어 유용한 개념으로 변모시키는 것이다.

 문화분석을 정체성에 기반한 근본주의적 경향에서 벗어나게 하는 것에서 한걸음 더 나아가기를 원한다면, 우리는 혼종화를 다른 의미망에 위치시켜야 한다. 예를 들어 모순, 메스티사헤, 신크레티즘, 통문화화transculturación, 크레올화creolización 같은 개념들이 있다. 또한 상징과정의 세계화된 대량화와 산업화가 갖는 양가성, 혹은 이것들이 유발하는 힘의 갈등 속에서 혼종화를 보는 것이 필요하다.

혼종화 개념에 대한 반대 중 하나는 이 개념이 모순이나 혼종화를 허용하지 않는 요소를 충분하게 고려하지 않고, 문화 간 융합과 통합을 손쉽게 제안한다는 것이다. 우리가 혼종화될 때 코즈모폴리터니즘은 우리를 "다문화적인 미식가"로 만든다는 프니나 워브너Pnina Werbner의 운 좋은 관찰은 이러한 위험을 가지고 있다. 안토니오 코르네호 폴라르는 혼종화를 다루고 있는 다양한 연구자들에게 나타나는 "풍요로운 혼종적 산물의 주목할 만한 목록"을, 그리고 혼종화를 "분열되고 싸우고 있는" 세계의 조화로 "추켜세우는 논조"를 지적했다.5) 존 크라니아우스카스John Kraniauskas 또한 재전환 개념이 이전 시대의 수단들을 새로운 맥락에서 생산적으로 이용하는 것을 가리키는 것처럼, 이 텍스트에 주어진 예들의 목록이 혼종화의 '낙관주의적' 전망을 형성한다는 것을 발견했다.

민속적 순수주의와 전통주의에 반대하는 논쟁을 통해 내가 혼종화의 혁신적이고 생산적인 사례들을 선호하게 되었다는 점은 가능한 추론이다. 그럼에도 불구하고 오늘날 상호문화적 혼합의 모순적인 의미가 보다 명확해졌다. 정확히는 혼종화 개념의 기술적 성격에서—불연속적인 구조들의 융합처럼—벗어나 이것을 설명적 수단으로 변화시키게 되면서, 어떤 경우에 혼합이 생산적이 되는지, 그리고 결합된 실천들 속에 존재하는 양립불가능하거나 조정불가능한 요소들로 인해 언제 갈등이 만들어지는지를 구별하게 되었다. 코르네호 폴라르 자신이 "근대를 넘나드는" 것처럼 "혼종성 넘나들기"에 대해 말할 수 있다면, 우리가 다루고 있는 이 은

---

5) Cornejo Polar, "Mestizaje e hibridez: los riesgos de las metáforas".

유의 변이형들과 갈등들을 그가 역사적인 방식으로 이해할 수 있다고 말할 때, 그는 이러한 전진에 기여한 것이다.[6]

내가 근대성 넘나들기 전략을 이해하기 위해 필요한 것으로 『혼종문화』의 부제에 끌어들인 이동성과 잠정성이라는 움직임을 혼종성에 적용할 수 있게 제안해 준 코르네호 폴라르에게 감사한다. 혼종성을 접근할 수 있고 또 버릴 수 있는, 그리고 배제되거나 우리를 종속시킬 수도 있는 하나의 과정으로 이야기한다면, 상호문화적 관계에 대한 주체들의 다양한 위치를 이해하는 것이 가능하다. 이렇게 문화들 사이의 불평등, 그리고 서로 다른 계급과 그룹들의 다양한 문화를 동시에 전유할 가능성, 따라서 권력과 권위의 불균등성과 관련하여 혼종화 과정을 다룰 수 있다. 코르네호 폴라르는 내가 인용한 유고 에세이에서 이런 연구방향을 암시했다. 그러나 나는 그가 얼마 전에 쓴 글 「비변증법적인 이종성: 근대 페루의 이주 주체와 담론」[7]에서 이런 직관을 확장하기 위한 보충 요소를 발견했다.

그는 이 글에서 이주를 지지하는 경향에 대해, 이주자가 항상 "자기 여정의 서로 다른 체류기간들을 종합할 특별한 준비가 되어 있는 것"은 아니라는 점을 떠올렸다. "비록—이 점은 명확한데—이주자가 이 체류기간들을 캡슐에 넣은 채 서로 소통 없이 유지하기는 불가능할지라도 말이다." 호세 마리아 아르게다스 José María Arguedas, 후안 비온디 Juan Biondi, 에두아르도 사파타 Eduardo Zapata의 예를 들어, 그는 출발 때의 정체성과 최종 정체성 사이의 동요가 이주자로 하여금 "다양한 장소로부터 자연스럽

---

6) Cornejo Polar, "Mestizaje e hibridez: los riesgos de las metáforas".
7) Antonio Cornejo Polar, "Una heterogeneidad no dialéctica: sujeto y discurso migrantes en el Peru moderno", *Revista Iberoamericana* vol. LXII, no.176~177, 1996.

게" 말하게 한다는 사실을 보여 준다. 즉 마치 지방 사람이자 리마 사람인 것처럼, 또 케추아어 사용자이자 스페인어 사용자인 것처럼 다양한 장소들을 뒤섞지 않고 말이다. 그는 이따금 특정 담론 요소들이 다른 담론으로 은유적으로 혹은 환유적으로 이전한다고 말했다. 다른 경우에 주체는 자신의 역사에서 벗어나는 것을 받아들이고, "양립불가능하고 모순적인" 다양한 역할들을 "변증적이지 않은 방식으로" 수행한다. 즉 "또한 어제와 오늘인, 거기와 여기는 주체의 언표적인enunciativo 자질을 재강화하며, 양면적이고——원한다면 사물을 과장하면서까지——정신분열적인 서사를 구성할 수 있게 한다".[8]

세계화라는 현재적 조건에서 나는 메스티사헤와 혼종화 개념을 채용해야 할 점점 더 큰 이유를 발견한다. 그러나 이주, 경제, 미디어를 통한 상호문화성이 강화되면서 프랑수아 라플랑틴느와 알렉시스 누스가 말한 것처럼, "융합, 결합, 침투뿐만 아니라 대립과 대화"가 존재하게 된다. "추상적 보편주의가 제시한 희망의 좌절이 개별주의적 경련으로 이어진"[9] 이 시기에, 메스티소적인 실천과 사유는 차별성을 인정하고 차이들 간의 긴장을 숙고하기 위한 수단이 된다. 교차와 상호작용 과정으로서의 혼종화는, **다문화성**이 분리 같은 것을 피하고 **상호문화성**으로 변모할 수 있도록 해주는 것이다. 혼종화 정치는 새뮤얼 헌팅턴이 말한 것처럼, 역사가 문화들 간의 전쟁으로 변하지 않기 위해 이견들과 함께 민주적으로 작동하도록 도울 수 있다. 우리는 전쟁 상태에 살 것이냐, 아니면 혼종화 상태에서 살 것이냐를 선택할 수 있다.

---

8) ibid., p.841.
9) François Laplantine and Alexis Nouss, *Le métissage*, Paris: Dominos, 1997, p.14.

메스티사헤에 대해 지나치게 우호적인 입장들에 대해 주의하는 것이 필요하다. 따라서 연구의 대상이 혼종성이 아니라, 혼종화 과정이라고 주장하는 것이 타당하다. 이렇게 해서, 분열을 내포하고 있는 것과 융합에 이르지 못한 것이 인정될 수 있다. 사려 깊은 하나의 혼종화 이론은 혼종화의 한계, 즉 혼종화를 허용하지 않거나, 혼종화를 원하지 않거나, 혹은 혼종화될 수 없는 것에 대한 비판적인 의식에서 벗어날 수 없다.

혼종화와 그 유사 개념들

이 지점에서 통상 서로 다른 이름을 가지고 있는 상호문화적 접촉들 전체를 아우르기 위해 혼종화 개념이 몇몇 연구에서 유용하다고 말해야 한다. 즉 메스티사헤라고 명명되는 인종적 혹은 민족적 융합과 신앙의 신크레티즘을, 그리고 미디어 메시지에서 나타나는 수공예업과 산업적 요소 사이, 고급문화 요소와 민중적 요소 사이, 문자문화와 시각문화 사이의 근대적인 혼합 등을 아우를 때 그것은 유용하다. 이런 상호관계 중 어떤 것이 메스티사헤나 신크레티즘과 같은 고전적인 개념을 가지고 명명될 수 없는지를 살펴보기로 하자.

스페인과 포르투갈의 식민주의자들과, 그리고 뒤이어 영국과 프랑스의 식민주의자들과 아메리카 원주민들 간의 혼합은, 아프리카에서 유입된 노예들이 더해져 메스티사헤를 이른바 신세계 사회의 기본적인 과정으로 만들었다. 현재 라틴아메리카 인구의 10% 미만 인구가 원주민이고, 유럽 기원의 공동체 역시 소수이다. 그러나 이들 간의 중요한 융합의 역사는 생물학적인 의미──유전적인 교차를 통해 표현형表現形을 생산──에서뿐만 아니라, 문화적인 의미에서 메스티사헤라는 개념을 요구한다. 즉 유럽의 습관, 신념체계, 사유형식과 아메리카 사회의 고유한 요소들 간의 혼합이 존재하는 것이다. 그러나 분명히 이 개념은 상호문화성의 가장 현대적인 형식을 명명하고 설명하기에는 충분하지 않다.

오랜 기간 동안 메스티사헤의 외형적이고 색채적인 측면이 보다 많이 연구되었다. 일상적인 종속 구조에서 인디오, 흑인 혹은 여성을 지속적으로 차별하기 위하여 피부색과 신체적인 측면이 강조되어 왔다. 그럼에도 불구하고 사회과학과 민주주의 정치사상에서 메스티사헤는 실제로 정체성 조합의 문화적 범주에 위치한다. 인류학, 문화연구 그리고 정치학에서 이 문제는 근대 다문화적 공존형식의 기획으로 계획된다. 비록 생물학적 메스티사헤에 의해 조건화되어 있지만 말이다.

비슷한 일이 종교적인 혼합에서 보다 복합적인 신념체계의 융합으로 이전할 때 나타난다. 의심할 바 없이, 이는 전통적인 종교들의 조합을 언급하기 위해 **신크레티즘**을 말하는 것과 상응한다. 금세기에 나타난 이주의 확대, 그리고 신념체계와 종교의식의 대륙 간 전파는 이러한 혼종화를 강화하고 종종 그것들에 대한 관용을 확장했다. 브라질, 쿠바, 아이티 그리고 미국 같은 나라들에서 두세 개의 종교를 갖는 것이 빈번해졌다. 예를 들어, 가톨릭 신도이면서 아프로아메리카적인 예배에 참여하거나 뉴에이지적인 의식에 참여하는 것이다. 신크레티즘을 종교적 측면뿐만 아니라 다양한 신념체계를 동시에 갖는 것으로 보다 광범위하게 해석한다면, 이런 현상은 주목할 만하게 확장된다. 특히, 특정한 질병에 대해서는 원주민 의학이나 동양 의학에 의존하고, 다른 질병에는 대증요법이나 가톨릭 혹은 오순절의 의식에 의존하는 대중들에게서 나타나는 것처럼 말이다. 건강을 위해 이런 수단들을 통합적으로 사용하는 것은 쿠바의 산테리아santería, 아이티의 부두교vudú, 브라질의 칸돔블레candomblé에서 일어나는 것처럼,[10] 통상 다문화적인 사회조직 형식들의 융합 및 음악적 요소들의 융합과 같이 진행된다.

크레올화 또한 상호문화적 혼합을 다룰 때 도움을 주었다. 엄격한 의미에서 볼 때, 이 용어는 노예무역이라는 맥락 속에서 토대 언어와는 다른 언어에서 시작한 변화에 의해 만들어진 언어와 문화를 지칭한다. 불어가 아메리카, 카리브해(루이지애나, 아이티, 과달루페, 마르티니크) 그리고 인도양(레위니옹 섬, 모리셔스 섬)에서, 또는 포르투갈어가 아프리카(기니, 카보베르데)와 아시아(인도, 스리랑카)에서 보여 주고 있는 혼합이 크레올화에 해당된다. 이 개념이 다양성의 **지속** 내에서 구어와 문어 사이, 고급문화 부문과 민중 부문 사이의 전형적인 긴장을 보여 주기 때문에, 울프 하네즈는 "권력, 위신, 물적 수단의 불평등에 의해" 특징지어진 "문화적 영향 과정"을 명명하기 위해 초국적 영역에서 이 용어를 확대하여 사용해야 한다고 제안했다.[11] 중심과 주변 사이의 증가하는 유동성을 시장, 국가 그리고 교육 수준들 사이의 불평등과 함께 검토해야 한다는 그의 주장은, 메스티사헤를 단순한 동질화와 상호문화적 조정으로 간주하는 위험을 피하게 해준다.

이러한 개념들——메스티사헤, 신크레티즘, 크레올화——은 대략 고전적인 혼종화의 특정한 형식들을 특화하기 위해 인류학과 민족사학의 많은 참고문헌에서 사용되고 있다. 그러나 토착 문화와 대중매체 문화 사이에서, 서로 다른 세대 간의 소비 스타일 사이에서, 그리고 국경지대와 **대도시**에서 일어나고 있는(단지 여기에서만이겠는가?) 지역 음악과 초국가적

---

10) William Rowe and Vivian Schelling, *Memory and Modernity*, London: Verso, 1991.
11) Ulf Hannerz, *Transnational Connections*, London: Routledge, 1996.

음악 사이의 융합을 어떻게 명명할 것인가? 혼종화라는 단어는 민족적이거나 종교적인 요소들의 혼합만이 아니라, 선진 기술 생산물과 근대 혹은 탈근대적 사회과정을 명명하기 위해 보다 융통성을 가지고 나타난다.

    나는 혼종화의 특정 형식, 스타일 그리고 모순을 조건 짓는 맥락으로 국가들 사이의 **경계지대와 대도시**를 강조한다. 근대 국가들에 의해 세워진 엄격한 국경들은 이제 구멍이 숭숭 뚫린 어떤 것이 되었다. 경계를 가진 영토 점유에 기반하여 명확한 제한선을 긋는, 안정적인 단위로 묘사될 수 있는 문화는 이제 거의 없다. 그러나 혼종화 기회의 이러한 확대가 비결정성이나 무제한적인 자유를 의미하는 것은 아니다. 혼종화는 많은 이주자들의 삶에서 살펴볼 수 있는 것처럼, 때때로 강제적 힘으로 작동하는 생산과 소비체계의 특정한 역사적·사회적 조건에서 일어난다. 혼종화를 권장하지만, 또한 조건 짓는 또 다른 사회적 실체는 도시이다. 예를 들어 런던, 베를린, 뉴욕, 로스앤젤레스, 부에노스아이레스, 상파울루, 멕시코시티, 홍콩과 같은 다언어적·다문화적인 메갈로폴리스는 혼종화가 보다 큰 갈등과 문화적 창조성을 형성하는 중심점으로 연구된다(Appadurai; Hannerz).

근대적 개념들은 세계화를 설명하는 데 도움이 되는가?

메스티사헤, 신크레티즘 그리고 크레올화 같은 혼종화의 선구적 개념들이나 이와 유사하게 사용되었던 용어들은 일반적으로 근대가 시작될 때, 전통적인 과정이나 전근대적인 사유 형식이 지속되었음을 설명하기 위해 사용된다. 이 텍스트의 과제 중 하나는 혼종화 개념을 가지고, 특히 국민국가들의 통합, 정치적 민중주의 그리고 문화산업에 의해 만들어진 근대

고유의 상호문화적인 혼합들을 명명하는 것이다. 따라서 라틴아메리카가 근대적인 대륙인지 아닌지에 대한 의심처럼, 근대성, 근대화, 모더니즘 사이의 결합과 불일치에 대해 논의하는 것이 필요하다.

80년대와 90년대 초반 근대성은 탈근대적 사유의 관점에서 평가되었다. 그때 탈근대적 사유의 헤게모니 속에서 쓰인 이 텍스트는 탈근대적 사유 경향이 가지고 있는 반진화론, 그리고 다문화적이고 초역사적인 이종성에 대한 긍정적인 평가에 많은 가치를 부여했다. 또한 전통주의의 근본주의적인 주장이 지닌 정당성에 의문을 제기하기 위해 거대 서사에 대한 비판을 이용했다. 그러나 동시에 이 텍스트는 탈근대성을 근대 시기를 대체할 하나의 단계로 간주하는 것에는 반대했다. 나는 탈근대성을 스스로 배제하거나 극복하고자 했던 전통들과 근대성이 맺고 있는 절합들에 문제를 제기하는 하나의 방법으로 생각하고자 했다. 지식과 관습의 **재전환** 및 **탈영토화**에서 보이는 것처럼 민족적이고 국가적인 유산의 **탈소장화**는 혼종화를 위한 수단으로 검토되었다.

90년대에는 탈근대적 사유의 매력이 줄어들고, 사회과학의 중심에 세계화가 자리 잡게 되었다. 탈근대성이 근대성을 종식시키지 못했다는 사실을 오늘날 우리들이 보다 명확하게 인식하고 있는 것처럼, 세계화의 문제의식 또한 근대성에 대한 관심을 없애지 않는다. 앤서니 기든스와 울리히 벡 같은 세계화에 대한 가장 주목할 만한 이론가들 중 몇몇은 세계화를 근대적 갈등과 경향들의 정점으로 연구한다. 벡의 표현에 따르면, 세계화는 제2의 근대성을 형성하고자 하는 도전 앞에 우리를 위치시킨다. 이것은 보다 성찰적인 근대성으로 자신의 세속화 이성을 강제하지 않고 다양한 전통을 복수적으로 용인한다.

세계화 과정은 물질 재화, 자본, 메시지, 이주자들의 세계 시장을 만들면서, 근대적 상호문화성을 강조한다. 이 과정에서 일어나는 유동성과 상호작용은 지역 전통의 자율성뿐만 아니라 국경과 세관을 완화시켰고, 과거보다 더 소비 스타일에서 생산적이고 소통적인 혼종화 형식을 진작했다. 이주, 상업적 교환, 국민국가들에 의해 추동된 교육통합 정책 등에서 파생된 융합의 고전적인 양태들에, 문화산업에 의해 만들어진 혼합이 덧붙여진다. 이 텍스트는 세계화를 엄밀하게 다루지는 않지만, 라틴아메리카에서 미국으로의 이주와 문화산업을 다루면서 국제화와 초국화 과정을 살펴볼 것이다. 전통 수공예와 음악도 초국적인 대중 유통망과의 관계 속에서 분석되는데, 이 관계 안에서 민중적 산물은 관광과 커뮤니케이션 기업에 의해 곧잘 '징발'된다.

세계화의 최근 움직임을 연구하면서, 우리는 세계화가 메스티사헤를 통합하고 촉진할 뿐 아니라 분열시켜 새로운 불평등을 유발하고, 분리주의적인 반응을 자극한다는 것을 발견했다.[12] 현재 라틴 음악에서 나타나고 있는 것처럼, 때때로 민족적 특수성이나 문화 권역을 확장하고 긍정하기 위해 기업과 소비의 세계화가 이용된다(Ochoa; Yúdice). 몇몇 사회활동가들은 이 과정에서 세계화에 저항하거나 그것을 변화시킬, 그리고 문화 간 상호교환의 조건을 새롭게 설정할 수단을 발견한다. 그러나 여러 사례들 중에서 음악적 혼종화의 사례는 중심부 국가나 주변부 국가에서 나타날 때 존재하는 차이와 불평등을 명확히 보여 준다. 즉 마이애미의 레코드 제작사에서 라틴성lo latino과 라틴 음악의 다양한 양상들을 동질화하는 융합과, 아르헨티나, 브라질, 콜롬비아 그리고 멕시코의 지역 생산자들이

---

12) Arjun Appadurai, *Modernity at Large: Cultural Dimentions of Globalization*, Minneapolis: University of Minnesota Press, 1996; Ulrich Beck, *Qué es la globalización*, Barcelona: Paidós, 1998; Hannerz, *Transnational Connections*.

용인하는 폭넓은 다양성 사이에 존재하는 거리를 떠올리는 것으로 충분하다.

이제 전통적인 혼종화의 유형학(메스티사헤, 신크레티즘, 크레올화)에, 보다 진전된 세계화의 조건하에서 근대적 행위자들 사이에 만들어진 혼종적 구성 과정을 더할 수 있다. 라틴성의 다문화적 형성에서 우리는 두 가지 사례를 발견할 수 있다. ⓐ 라틴아메리카의 신스페인어권아메리카화neohispanoamericanización, ⓑ 상호아메리카적 융합이 그것들이다. 신스페인어권아메리카화라는 용어를 통해 나는 스페인 기업이 아르헨티나, 브라질, 콜롬비아, 칠레, 멕시코, 페루 그리고 베네수엘라에서 출판사, 항공사, 은행, 통신회사 등을 소유하는 상황을 언급한다. 브라질에서 스페인 사람들은 외국인 투자액의 28%를 점유하면서 2위를 차지했고, 같은 해 아르헨티나에서는 미국을 제치고 1위의 자리를 차지했다. 한편, 미국 자본에 종속되었던 기존의 경향을 바로잡기 위해 스페인 및 유럽과의 상호교류를 다양화하는 것이 타당하다고 생각될 수 있다. 그러나 이 경우에도 불균등한 조건은 라틴아메리카의 대중매체와 예술가들의 참여를 제한한다.

상호아메리카적인 융합이라는 용어에 나는 미국의 '라틴아메리카화'latinización와 라틴아메리카 국가들의 '미국화'norteamericanización 과정 전체를 포함한다. 나는 이러한 혼종화를 융합이라고 부르는 경향이 있다. 왜냐하면 음악에서 자주 선호되는 이 단어가 초국적 음반기업들 사이의 두드러진 협력, "라틴아메리카 문화의 수도로서 마이애미의 위치",[13] 그리고

---

13) George Yúdice, "La industria de la música en la integración América Latina-Estados Unidos", Néstor García Canclini and Carlos Juan Moneta, *Las industrias culturales en la integración latinoamericana*, México: Grijalbo/SELA/UNESCO, 1999.

상호문화적 소비에서 남북아메리카의 상호작용을 상징하기 때문이다(나는 이런 상호아메리카적인 관계 및 유럽과의 관계를 『상상된 세계화』에서 폭넓게 분석했다).

융합에 대해 말한다고 해서 우리가 저항하거나 배제되는 것에 대한 관심을 소홀해도 된다는 의미는 아니다. 혼종성 이론은 혼종화를 거부하는 움직임들을 고려해야 한다. 이런 움직임들이 종교적인 싱크레티즘과 상호문화적 메스티사헤에 반대하는 근본주의에서만 나타나는 것은 아니다. 혼종화의 이러저러한 형식들의 수용에 대한 저항이 존재하는데, 이는 이것들이 문화에서 불안정성을 유발하고 문화의 민족중심적 자존에 해를 끼치기 때문이다. 또한 문명과 야만, 내부와 외부, 앵글로적 특성과 라틴적 특성을 이분법적으로 분리하는 데 익숙해 있던, 분석적인 형식의 근대적 사유에 대해서도 도전적이기 때문이다.

마찬가지로 **제한적인 혼종화**라고 부를 수 있는 과정들이 존재하기 때문에 우리는 일반화에 주의해야 한다. 커뮤니케이션의 흐름은 다양한 문화적 요소를 우리가 손쉽게 전유할 수 있게 한다. 그러나 이는 우리가 이런 문화들을 무제한적으로 수용할 수 있다는 것을 의미하지는 않는다. 백인들이 아프리카적인 요소를 선호하는 것에 대해 구스타부 링스 히베이루Gustavo Lins Ribeiro가 말한 것처럼, 몇몇 사람들은 다음과 같이 생각한다. 즉 "그들의 음악을 받아들이긴 하지만, 내 딸과 결혼하는 것은 안 된다"고 말이다. 어찌 되었건, 상호문화성의 강화는 다른 어떤 시기보다 더 상호교환을 가능하게 하고, 규모가 크고 보다 다양한 융합을 가능하게 한다. 예를 들어, 국적은 브라질인이고 언어적으로는 포르투갈인이며, 기원적으로는 러시아 혹은 일본인인, 그리고 종교적으로는 가톨릭 혹은 아프로아메리카인인 사람이 존재한다. 소속 체계의 이러한 변화가능성은 한 번 더 이분법적인 사유에 도전하고, 세계를 순수한 정체성 및 단순한 대립관계로 체계화하려는 어떠한 시도에도 도전한다. 교차들 속에서도 다름을 유지해 온 것을 기록하는 것이 필요하다. 바산추마Vasantkumas가 신크레티즘에 대해 설명했던 것처럼, 이것은 "양립가능한 것을 혼합하고 양립불가능한 것을 확실히 하는 과정"이다.[14]

최근 10년 동안에 무엇이 변화했는가?

라틴아메리카에서 국가적인 프로젝트들이 사라졌다. 자국 경제에 대한 통제력 상실은 자국 통화의 해체(에콰도르, 엘살바도르), 잦은 평가절하(브라질, 멕시코, 페루, 베네수엘라), 혹은 달러에 대한 광적인 고정(아르헨티나)에서 드러난다. 화폐가 국가적 상징을 가지고 있지만, 자주적으로 국가의 존재를 만들어 낼 국가적 능력은 거의 재현하지 못한다. 브라질이 자국 화폐에 다시 가치를 부여하고 하이퍼인플레이션적 환각상태에서 벗어나 국가 현실과의 사실적인 관계를 회복하려는 시도에서 [화폐 단위를 '사실적인'이라는 뜻의] '헤알'real로 명명했지만, 이는 실재에 대한 지시물이 아니다. 기의의 활성화를 강력한 기표에 위임하는 이런 도박은 언어학과 재현 이론의 관점에서뿐만 아니라, 경제의 내재적인 통제와 재조직화를 화폐의 안정성에 의존하는 경제적 관점에서도 매우 일관성을 갖지 못한다.

    구조적인 효과를 얻기 위해 왜 그렇게 무모할 정도로 순진한 원칙들에 의존하는가라고 헤나투 자니니 히베이루Renato Janine Ribeiro는 질문한다.

---

14) Massimo Canevacci, *Sincretismos. Uma exploraçâo das hibridações culturais*, Instituto Italiano di Cultura, Instituto Cultural Italo-Brasileiro, Brasil: Studio Nobel, 1995, p. 22에서 재인용.

이 브라질 철학자가 보여 준 것처럼, 화폐 명칭의 변경은 일시적인 효과만을 가져왔다. 즉 그것은 대통령의 재선, 좌우파 간의 결합 강화, 국가기구들의 민영화 등에 기여했고, 또 사회적 긴장을 몇 년 동안 완화했을 뿐이다. 6년 후 헤알화 가치 추락과 외부에 대한 국가 경제변수들의 보다 심화된 종속은 기표로부터 기의를, 즉 재정으로부터 경제를 재구성하면서 새로운 역사를 시작한다는 것이 역사의 갈등을 숨기는 일시적인 방편이자, 잃어버린 기회의 역사임을, 그리고 불행한 선거의 역사임을 보여 준다. 결론적으로 말해 화폐 자체가 재현하고자 했던 경제 및 사회과정이 통제불능 상태였던 것이다.[15]

20세기의 40년대부터 70년대까지 아르헨티나, 브라질, 멕시코에서의 출판사들의 설립, 그리고 콜롬비아, 칠레, 페루, 우루과이, 베네수엘라에서의 몇몇 출판사들의 설립은 근대 민주국가 형성에 있어 매우 중요한 지식문화 영역의 '수입대체'를 만들어 냈다. 70년대 중반부터 대부분의 출판사들은 문을 닫거나, 출판목록을 스페인 출판사들에게 팔았다. 곧 프랑스, 이탈리아, 독일 기업이 이를 구입했다.

이 텍스트에서 다루고 있는 라틴아메리카 문화의 사회사는 중요한 근대화 수단이 대학생의 증가라는 것을 보여 준다(1950년대 25만 명에서 70년대 말 538만 9,000명으로 증가했다). 후안 비요로Juan Villoro가 말한 것처럼, 낡고 경제적으로 위기에 처한 대학들은 80년대부터 젊은이들에게 "사회 갈등의 요소가 되지 않도록 그들을 위무해 주는 엄청나게 큰 대기실이 되었다".

---

15) Renato Janine Ribeiro, *A sociedade contra o social. O alto custo da vida pública no Brasil*, San Pablo: Companhia Das Letras, 2000.

비록 많은 젊은이들이 3·40 혹은 50년 전 대학에서 졸업할 때 좌절했고, 많은 연구자들이 유럽이나 미국으로 이주해 갔지만, 고등교육은 국가 발전을 위해 지식인들을 만들어 내고자 했다. 오늘날 여전히 대부분의 졸업자들은 좌절하고 있고, 제1세계의 서비스업에서 좋지 못한 일자리를 찾거나 자국의 상업과 생산을 통제하는 초국적 기업의 기술자가 되는 것 사이에서 선택해야 한다. 사회에서 정치적 의지주의를 이끌 어떤 것도 없다. 또한 높은 수준의 전문지식을 요구하는 공적인 지위는 거의 없고, 지적 비판의 훈련은 단지 전문가가 되도록 요구되는 사람들을 훈련시키기 위한 것으로 오히려 의미를 상실하게 된다. 30년 전의 젊은이들에게 고급문화 요소와 민중문화 요소 사이의 거리를 없애는 문제가 중요한 고민이었다면, 라틴아메리카의 청년 전문가와 대학생을 괴롭히는 현재의 문제는 고급문화 세계와 중산층의 유산에 어떻게 안주할 것인가의 문제이다. 만약 콜롬비아인이거나 에콰도르인이라면, 이 문제는 어디로 그리고 어떻게 이주해야 하는가의 문제이다.

우리가 관찰해 오던 사적 영역에서 공적 요소를 포기하는 경향, 초국적 영역에서 국가적 요소를 포기하는 모든 경향은 10년 전에 강화되었다. 이때 출현한 새로운 두 개의 과정이 이러한 방향 설정을 도와준다. 하나는 생산, 유통 그리고 소비의 문화적 과정에 나타나는 디지털화와 미디어화이다. 이것은 경제적·문화적 통제와 주도권을 초국적 기업에게 넘겨준다. 다른 것은 비공식 시장의 성장, 노동의 불안정화, 그리고 보다 주목해야 할 모습으로 경제와 정치의 상당한 '마약상에 의한 재구조화' narcoreordenamiento와 이에 따른 사회적 관계의 폭력적인 파괴이다.

몇몇 라틴아메리카 국가에서 기업의 문화지원 행위와 기업 문화재단이 일부 유지되고 있다. 그러나 전 영역에서 민간이나 공적 행위자들에 의해 지원되던 기구들은 폐쇄되었다. 이런 국가적인 행위자들의 위치를 외국 투자자들이 차지하게 되었는데, 이들은 비디오와 영화를 배급하고 상영하는 통신회사에 투자하고 정보통신 상품과 서비스를 판매한다. 미적 혁신은 박물관, 출판사, 영화에서 점점 더 관심을 끌지 못하게 되었고, 전자 통신, 오락 음악 그리고 유행에 자리를 넘겨주게 되었다. 화가나 음악가가 있던 자리를 디자이너와 DJ가 차지하게 된다. 장기간의 수공예적이거나 풍부한 지식이 요구되는 인내에 의존하던 혼종화가 어느 정도 하이퍼텍스트와 시청각적인, 혹은 전자적인 판본 제작을 위한 숙련성에 의존하면서 보다 손쉬워지고 다양화되었다. 다양한 나라의 혁신과 이것들을 혼합할 가능성을 안다는 것은 10년 전에는 빈번한 여행, 외국잡지 구독, 엄청난 전화세를 요구하는 일이었다. 이제는 정기적으로 컴퓨터 장비를 바꾸고 좋은 인터넷 서비스에 가입하는 일이 된 것이다.

　우리가 그 자체로 흥분되는 현재를 살고 있음에도 불구하고 예술, 문학, 문화의 역사는 여기저기에서 서사적인 수단, 메타포 그리고 권위 있는 인용 요소로서 계속 등장하고 있다. 바로크, 낭만주의, 재즈의 고전 작품 일부분은 록과 테크노 음악에서 환기된다. 르네상스와 전위주의 실험의 도상학은 기술의 미래에 대한 홍보를 강화한다. 자신들에게 편지를 보내 줄 사람들을 갖지 못했던 대령들은 이제 소설을 들고 영화관에 도착한다.[16] 피억압자와 실종자들은 단편적인 비디오 클립과 록 음악에 자신들의 기억을 담아내고 있다. 역사 드라마는 정치 혹은 사회운동보다는 문화운동 내에서 오늘날의 담론들과 혼종화하고 있다.

---

16) 가르시아 마르케스의 『아무도 대령에게 편지하지 않다』에서 대령은 편지를 기다리면서 늙어가는데, 칸클리니가 이 메타포를 비틀어 사용한 것이다.―옮긴이

한편으로, 국가적인 특징들은 몇몇 소비 영역에서 효력을 유지하고 있다. 특히, 각 사회가 고유의 제안을 할 수 있는 영역에서 말이다. 영화의 영역은 아닌데, 왜냐하면 미국의 영화가 거의 전 세계에서 상영 시간의 80~90%를 차지하고 있기 때문이다. 생산과 배급의 지배력에 덧붙여 이제는 초국적 자본이 상영망을 지배하게 된다. 이를 통해 유럽, 아시아, 라틴아메리카의 영화는 앞으로 오랫동안 주변화될 것이다. 음악에서는 이와 다르다. 메이저 기업들(소니, 워너, EMI, 유니버설)은 세계 음반 시장의 약 90%를 유통하고 있다. 그러나 소비 조사에 따르면 라틴아메리카 각국에서 음악을 듣는 사람들 중 50% 이상이 스페인어로 듣고 있다. 이 점이 거대 음반회사들과 MTV가 우리 음악에 관심을 기울이는 이유이다.

민중문화는 사라지지 않았다. 그러나 다른 장소에서, 혹은 장소가 아닌 다른 어떤 것에서 이것을 발견해야 한다. 민중적 요소의 무대화는 박물관과 민속 전시에서, 그리고 정치와 커뮤니케이션의 장에서 이 책의 5장과 6장에서 내가 분석한 것과 동일한 전략을 가지고 진행되고 있다. 비록 세계화에서 지역 문화의 재구성, 재평가, 가치 폄하가 몇몇 혼종화 과정을 강조하고, 또 가끔은 변화시킬지라도 말이다.

민중 부문과 헤게모니 부문, 지역적 요소와 초국적 요소의 상호작용이 단지 이항대립적인 키워드로 읽힐 수 없다는 사실이 이 책을 썼을 때보다 더 명확해졌다. 예를 들어, 음악 산업의 메이저 기업들은 세계적인 것과 민족적인 것 사이를 자유롭게 넘나드는 기업들이다. 글로컬화하는glocalizar 데 있어 전문적인 이 기업들은 우리들이 다양한 생산과 소비 기준 사이에서 이동할 수 있는 조건들을 만들어 낸다.

결론적으로 말해 세계화 과정 속에서 소비자들의 조합 능력은 확장되어 왔다. 그러나 메시지와 재화의 형성, 출판, 그리고 사회적 의미를 조절하는 몇몇 소수의 초국적 망이 조합의 우선권을 갖는, 강제적이고 **이질적인 혼종화**가 지역적 생산망을 점점 더 조건화하는 상황에서, **내생적인 혼종화**hibridación endógena는 결코 확장되지 않는다.

혼종화 정치

재화에 대한 접근을 민주화하는 것뿐만 아니라, 이것들을 혼종화하고 세계화 시기가 확대하고 있는 다문화적 목록들을 조합할 수 있는 능력을 민주화하는 것이 가능한가? 이 문제에 대한 답은 무엇보다도 정치적이고 경제적인 정책에 달려 있다. 이들 가운데, 자유무역협정이 초국적인 공적 공간을 강화하고 조절해야 할 규칙을 시급하게 수반해야 한다는 점을 강조하고 싶다. 이를 위한 필요조건 중 하나는 시민의 권리 또한 세계화되고, 대량 이주에서 기인한 다민족적 혼종화가 시민권에 대한 개념을 보다 확대하여 다양한 국적을 인정하는 것이다.

다양한 혼종화의 가능성과 이종성을 회복하는 것은, 세계가 동질화의 논리하에 고착되지 않기 위한 첫번째 정치적 움직임이라는 점을 말하고 싶다. 금융 자본은 수익을 손쉽게 할 목적으로 이 동질화의 논리를 가지고 시장을 유사하게 재편하는 경향이 있다. 금융을 경제의 일부분, 즉 재화와 메시지 생산의 일부로 간주하고, 경제를 정치적 논쟁과 문화적 차이의 장으로 재정의하는 것이 필요하다. 이는 시장과 국가적 상징 목록의 개방 과정으로 이해된 세계화가 세계 시장의 동질화 독재 기제인 세계화주의globalismo로 의미가 축소되지 않도록 하기 위한 다음 과정이다.

이런 방향에서 세계은행, IMF, OECD에 대한 저항 운동(생태주의 운동, 인권 운동 등)에, 다양성을 인정하고 연대를 확인하는 특별한 상호문화적인 과업이 더해지는 것이 필요하다. 앞서 나는 국경과 대도시를 전략적인 무대로 언급했다. 이러한 과업을 위해서 망명과 이주를 문화 간 혼합과 다양화를 위한 적절한 조건으로 고려하는 것이 필요하다.

에드워드 사이드는 설명한다. "전 세계를 낯선 땅으로 간주하는 것은 세계화에 하나의 독창성을 부여해 준다. 대부분의 사람들은 특히 하나의 문화, 하나의 환경, 하나의 가정을 의식하고 있는데, 망명객들은 적어도 두 개를 자각하고 있다. 이러한 관점의 복수성이 하나의 의식, 음악적 표현을 사용하자면 대위법적인 의식을 만들어 낸다. 망명객에게 새로운 환경에서의 생활 관습, 표현 혹은 활동은 필연적으로 다른 환경에서의 사물들에 대한 기억과의 대조 속에서 일어난다. 이렇게 새로운 환경뿐만 아니라 이전 환경도 생생하고 사실적이 되며 대위법 속에서 공존하게 된다."

제임스 클리포드는 사이드의 이 단락에 대해 코멘트하면서, 디아스포라 담론과 혼종 담론이 우리로 하여금 현대 생활을 "대위법적인 근대성"처럼 사유할 수 있게 한다고 주장한다.[17] 그러나 그는 같은 텍스트(『통문화적 여정』)의 다른 페이지에서, 여행 개념이 탈근대적 사유에서 사용된 전위, 노마디즘, 순례 같은 다른 개념들보다 더 적절한 것인지 자문하고 있다. 그는 이 개념들의 한계를 지적하고는, **여행하기**를 다른 것들 사이의 "**번역의 개념**"으로 제안한다. 즉 "전략적이고 우연한 방식의 비교를 위해 사용되는, 명백히 일반적으로 적용되는 단어"라는 것이다. 그는 다음과 같이 밝힌다. 모든 번역의 단어들은 "우리를 잠시 동안 데려가고, 곧 무너져 내린다. **번역자는 반역자다**Traduttore, traditore. 나에게 더 흥미로운 번역의 형식 속에서, 사람들은 민중, 문화, 다른 사람의 역사에 관해 많은 것을 배우

---

17) James Clifford, *Itinerarios transculturales*, Barcelona: Gedisa, 1999.

는데, 이것은 누군가가 잃고 있는 것을 인지하기에 충분하다."[18]

나는 **혼종화**를 메스티사헤, 신크레티즘, 융합 그리고 특정한 혼합을 설명하기 위해 채용된 다른 단어들 사이에서 번역의 용어로 다루는 것을 매력적으로 간주한다. 아마도 결정적인 문제는 이러한 개념들 중에서 무엇이 보다 함축적이고 생산적인가의 문제가 아닐 것이다. 세계를 보다 해석가능한 것으로, 즉 차이들 속에서 공존이 가능하게 해주고 동시에 각자가 혼종화될 때 얻는 것과 잃는 것을 수용하도록 도와주는 방법론적인 절차와 이론적인 원칙을 어떻게 지속적으로 구축할 것인가의 문제이다. 나는 하이문두 파기네르Raymundo Fagner에 의해 음반으로 만들어진 페헤이라 굴라르Ferreire Gullar의 시에서 이러한 딜레마를 다루는 하나의 뛰어난 방식을 발견한다. 이 음반에서 그는 자신의 목소리와 모국어를 메르세데스 소사Mercedes Sosa와 조안 마누엘 세랏Joan Manuel Serrat의 것과 교차하면서, 어떤 곡들은 포르투갈어로 노래하고, 어떤 것들은 스페인어로 노래한다. 굴라르의 시처럼, 이 음반의 이름은 **스스로를 번역하기**Traduzirse이다.

    나의 일부는 모든 사람
    다른 부분은 어느 누구도 아니지, 끝없는 심연

    나의 일부는 군중이고
    다른 부분은 낯설고 고독하지

    나의 일부는 비중 있고, 사색을 하고

---

18) ibid., p.56.

다른 부분은 환상을 헤매지

나의 일부는 점심을 먹고, 저녁을 먹고
다른 부분은 두려워하지

나의 일부는 변함없고
다른 부분은 갑자기 깨닫게 되지

나의 일부는 그저 현기증이고
다른 일부는 언어행위지

나의 일부를 다른 부분 내에서 번역하는 것,
이것이 삶과 죽음의 문제지
이것이 예술일까?

이처럼 우리는 오늘날 무엇을 위해 예술과 문화가 존재하는가라는 문제를 우리들 내부의, 그리고 우리들 사이에서 찢겨지고 다투고 있거나 이해할 수 없는 것으로 남아 있는, 아마도 혼종화될 것을 번역하는 과제와 결합시킬 것이다. 이 과정이 단 하나의 정체성을 재현하는 '민속적' 책무에서 음악, 문학 그리고 미디어적 실천을 해방시킬 수 있다. 미학은 이러한 책무를 애국주의적 교육학으로 변모시켰던 19세기와 20세기의 경향에서 분리된다.

전에 내가 분석했던 것에 따라, 오늘날 다른 위협이 이런 민속주의적 혹은 내셔널리즘적 목표를 대체하고 있다고 말해야 한다. 이것은 세계화주의적 시장의 유혹이 가져오는 위협이다. 즉 예술을 전 지구적 화해의 담론으로 축소하는 것이다. 전 세계 영화와 음악, 그리고 시각예술과 문학이 '국제적 스타일'로 표준화된 양상은 소통되는 것과 분열되는 것, 세계화되는 것과 차이에 집착하거나 혹은 세계화 밖에 밀려나 있는 것 사이의 긴장을 때때로 중지시킨다. 시장이 예술을 순치하면서 나타난 것과 같은, 혼종화에 대한 단순화된 관점은 다른 지역에 보다 많은 음반과 영화, 텔레비전 프로그램의 판매를 쉽게 해주고 있다. 그러나 차이의 균질화 및 중심과 주변 사이의 불균형이 소멸되었다는 허상은, 예술——그리고 문화——이 혼종화가 불가능하거나 혹은 혼종화를 허용하지 않는 요소들이 새로운 이름을 갖는 장소가 되는 것을 막는다.

혼종화의 가능성과 한계를 구별하기 위한 첫번째 조건은, 예술과 문화를 보편적 이해라는 마술적 사실주의를 위한 수단으로 이용하지 않는 것이다. 오히려 이것들을 번역과 '반역'이라는 불안정하고 갈등적인 장에 위치시키는 것이 중요하다. 예술적 모색이 소통이 될 수 있고 동시에 번거로움이 될 수 있다면, 예술적 모색은 이 책무에서 중요한 열쇠가 되는 것이다.

감사의 말

상호문화적이고 학제적인 연구를 수행하려는 이번 시도는 여러 나라, 다양한 장의 전문가들과의 공동 작업에서 자양분을 얻는 것이 필요했다. 가장 지속적인 자극은 멕시코국립역사인류학학교(ENAH)의 대학원 학생 및 교수들과의 관계였다. 특히 '문화와 이데올로기 워크숍'을 같이 이끌었던 에스테반 크로츠와 파트리시아 사파는 많은 자극을 주었다. 파트리시아와 함께 미국과 멕시코 간 국경 지역의 문화소비를 연구하면서, 문화 관습의 형성에 있어 가족과 학교의 복합적인 관계를 보다 잘 이해할 수 있었다. 국경문화 프로그램의 책임자인 알레한드로 오르도리카와 교육부의 문화진흥부서 책임자인 루이스 가르사는 제안적인 성찰과 재정 지원을 통해 이 연구를 도와주었다.

여러 제도들이 제공한 것과 다양한 관객들의 수용 사이에는 차이가 존재한다는, 문화 커뮤니케이션의 중요한 문제를 해석하기 위해서 국립예술연구소의 역사학자들, 그리고 멕시코국립역사인류학학교의 학생 및 교수들과의 공동연구는 매우 소중한 것이었다. 그 연구는 에스더 시멧, 마르타 두호브네, 훌리오 굴코, 크리스티나 멘도사, 에우랄리아 니에토, 프란시스코 레예스 팔마, 그라시엘라 쉬밀추크, 후안 루이스 사리에고 그리고 구아달루페 솔테로 등과 함께 진행되었다.

    이러한 문제들을 근대성의 위기라는 보다 넓은 지평에 위치시키기 위해서는 이 연구들을 다른 나라의 연구와 비교하는 것이 필요했다. 1982년과 1985년 받은 존사이먼구겐하임재단John Simon Guggenheim Memorial Foundation의 장학금은 유럽의 예술혁신, 박물관 그리고 문화정책을 이해할 수 있게 해주었고, 프랑스 사회학자들—부르디외, 모니크·미쉘 팽송—의 연구들, 그리고 이탈리아의 인류학자들—알베르토 치레제, 아말리아 시뇨렐리, 피에트로 클레멘테, 그리고 엔조 세그레—의 연구들을 접할 수 있게 해주었다. 이들은 라틴아메리카에서 우리가 진행하던 연구와 매우 개방적인 대화를 유지하고 있었다. 프랑스 정부의 장학금, 그리고 파리도시사회학센터Center for Urban Sociology of Paris의 방문연구원 초청은 라틴아메리카에서는 접근하기 힘든 문헌과 자료에 대한 접근을 가능하게 해주었다. 또한 1989년 오스틴 대학과 런던 대학에서 세미나를 진행하면서 이 책의 여러 장들을 논의하고, 관련 도서관 자료를 검색할 수 있었던 것은 커다란 도움이 되었다. 여러 참가자들을 언급하자면, 헨리 셀비, 리처드 아담스, 아르투로 아리아스, 파블로 빌라, 미겔 바라오나, 마리-카르멘 라미레스, 엑토르 올레아, 파트리시아 올리아르트, 호세 요렌스, 윌리엄 로우, 그리고 존 크라니아우스카스 등이다.

    다른 나라의 문화정보를 주로 심포지엄에서의 사적인 관계와 같은 거의 근대적이지 못한 과정에서 얻고 있는 라틴아메리카 대륙에서, 이런 모임들에 대한 언급은 기본적인 감사의 표현이라고 할 수 있다. 무엇보다도 1983년부터 수차례에 걸쳐 아르헨티나에 되돌아 갈 수 있었던 것이 의미하는 바를 강조하고 싶다. 또한 늘 문화 재건과 정치적 민주화를 통해 형성된 희망과 좌절로 가득 차 있던 각종 학술모임과 세미나 등의 참석 경험을 긍정적으로 평가하고 싶다. '문화 정책과 인류학의 기능'Políticas culturales y función de la antropología 심포지엄(1987)과 '대중문화: 학제간 균형'Cultura popular: un balance interdisciplinario 세미나(1988)에서 이 책의 일부분을 발표할 기회를 가졌다. 특히 마르타 블라시, 리타 세바요스, 아니발 포드, 세실리아 이달고, 엘리자베스 헬린, 호세 페레스 고얀, 루이스 알베르토 로메로, 베아트리스 사를로의 조언을 기억하고 있다. 로사나 구베르, 카를로스 에란, 카를로스 로페스 이글레시아스, 마리오 마르굴리스, 그리고 후안 카를로스 로메로와의 많은 대화는 아르헨티나에 대한 나의 관점을 가다듬고 관련 자료를 찾는 데 도움이 되었다.

라틴아메리카사회과학연구회(CLACSO) '문화정책 연구 그룹'Grupo de Trabajo sobre Políticas Culturales의 모임을 특별히 언급하고 싶다. 여기에서 우리는 라틴아메리카 각 도시의 문화소비에 대한 비교연구에 사회학적·인류학적·커뮤니케이션학적 관점들을 결합하고자 했다. 브라질에서 지식인들과 국가에 대한 세르지오 미첼리와의 대화, 캄피나스 지역의 문화정책 담당자secretario Cultura de Campinas가 되어 역사 유산을 담당하는 것이 한 인류학자에게 무엇을 의미하는지에 대한 안토니오 아우구스토 아란테스와의 대화, 아르헨티나와 칠레에 대한 오스카르 란디, 호세 호아킨 브루네르, 카를로스 카탈란, 지젤 무니사가의 해석을 가지고 멕시코의 민주화 과정을 살펴볼 수 있었던 것, 리마, 부에노스아이레스 그리고 보고타에서 루이스 페이라노와 함께 연극을 본 것, 헤수스 마르틴 바르베로가 어떻게 텔레노벨라telenovela를 연구하는지를 배운 점 등은 정말 많은 도움이 되었다. 페르난도 칼데론과 마리오 도스 산토스는 이 모임이나 CLACSO의 다른 모임에서 고마운 동료였다.

이 책의 여러 부분을 읽고 몇몇 문제들을 정교화하는 데 도움을 준,

기예르모 본필, 리타 에데르, 마리아 테레사 에헤아, 후안 플로레스, 진 프랑코, 레이문도 미에르, 프랑수아즈 페루스, 마벨 피치니, 아나 마리아 로사스, 호세 마누엘 발렌수엘라에게 감사하고 싶다. 라틴아메리카연구소 Instituto para América latina에서 했던 공동 작업과 라파엘 론카그리올로, 에두와르 델가도와 그의 문화연구지원센터 Centro de Estudios y Recursos Culturales, 텍스트에 인용된 모든 저자와 예술가들, 그리고 여기에 미처 못 적은 다른 많은 분들께도 감사를 드린다.

호세 세사르와 함께 경제적 근대화와 문화적 모더니즘 사이의 몇몇 관계들을 해명할 수 있었다. 또한 수많은 수정을 거쳐 4백여 페이지에 달하는 책을 마치고, 더 이상 원고를 쳐다보기도 싫을 때, 블랑카 살가도가 매우 뛰어난 효율성과 인내심을 가지고 라틴아메리카초국학연구소(ILET)에서 이 책을 꼼꼼하게 검토해 준 것이 많은 도움이 되었다. 로헬리오 카르바할, 아리엘 로살레스, 엔리케 메르카도는 내 글쓰기의 불투명성이 몇몇 문제들의 불투명성을 보다 악화시키지 않도록 도와주었다.

마리아 에우헤니아 모데나는 망명과 새로운 정착 경험, 그리고 이러한 성찰의 토대에 존재하는 상호문화적 교차에 대한 사유가 의미하는 바를 일상생활과 지적 작업에서 결합하는 과정에서 내게 가장 가까운 동료였다.

이 책이 내 자식들인 테레사와 훌리안에게 바쳐진다면, 이는 고급문화 요소와 민중문화 요소가 대중문화에서, 그리고 일말의 죄책감이나 선입관 없이 전적으로 정당한 활동으로 일상성에 정착되어 소비의 즐거움에서 통합될 수 있다는 것을 보여 준 내 자식들의 능력 때문이다. 국립소비자원 Instituto Nacional del Consumidor이 강박적으로 다음과 같이 반복했던 그 크리스마스를 기억해 내는 것이, 이 점을 인정하기 위한 보다 좋은 방법일 것이다. 텔레비전과 라디오를 통한 반(反)소비 광고에서 "선물을 사기보다는 애정을 선물하세요"라고 했던 것 말이다. 테레사는 네 살배기의 언어 속에서 처음으로 '애정'이라는 단어를 사용했다. "무슨 말인지 아니?"라고 내가 묻자 딸아이가 재빨리 대답했다. "네, 아빠가 돈이 없다는 뜻이에요."

들어가며

1990년대에 근대성을 넘나들기 위한 전략은 무엇인가?

이렇게 질문을 하는 것은 전통이 아직 사라지지 않았고 근대성은 도래하지 않은 라틴아메리카에서 정치인, 경제학자, 첨단 기술광고가 주장하는 것처럼, 근대화가 꼭 우리의 주요한 목표가 되어야 하는지에 대해 의구심을 갖고 있기 때문이다. 임금의 구매력은 20년 전으로 후퇴했고, 80년대에 아르헨티나, 브라질, 멕시코같이 가장 발전한 나라들의 생산 또한 정체되었다. 이런 상황에서 다른 몇몇 영역들은 근대화라고 하는 것이 대다수 사람들에게 과연 가능한 것인지 자문한다. 또한 탈근대성의 철학들이 유토피아적이고 진보를 보증하는 문화적 움직임들을 폄하하는 요즘, 근대적이라고 하는 것은 의미를 상실했다고 보는 것도 가능하다.

이런 불일치가, 경제·정치·문화 영역 등이 근대성에 대해 서로 상이한 개념을 가지고 있기 때문이라고 설명하는 것으로는 충분하지 않다. 이론적인 문제와 함께 정치적인 딜레마가 문제되고 있기 때문이다. 수공예업을 진작하고, 역사 유산을 복원하거나 재사용할 필요가 있을까? 또 인문학 과정이나 엘리트 예술, 혹은 민중문화의 쇠락한 활동과 관련된 과정에 많은 학생들이 계속 입학하도록 하는 것은 의미가 있을까? 마이크로 전자공학이나 정보통신 대신에 이미 낡은 기술이나 지식을 되풀이하면서 저임금 업종에 머물 것이 분명한데, 긴 학업 기간을 투자하는 게 의미—개인적으로나 집단적으로나—를 가질까?

근대성에 대한 관점의 차이를 이해하기 위해, 시민과 정치인, 노동자와 기업인, 수공예업자와 예술가 사이에 재화를 얻기 위한 기회의 불균등이 존재하고 이로 인해 이데올로기적 차이가 나타난다는 근대 사유의 특정 원칙에 기대는 것으로도 충분하지 않다. 이 책의 첫번째 가정은 근대성의 의미와 가치에 대한 **불안정성**은 국민들, 민족들, 계급들의 분리뿐만 아니라, 전통적 요소와 근대적 요소가 뒤섞이는 사회문화적인 교차에서 나온다는 것이다.

TV 탁자 위에 토착 수공예품과 전위예술 목록이 서로 공존하고 있는 것을 어떻게 이해할 것인가? 화가들이 하나의 화폭에 식민 이전, 식민 시대 그리고 문화산업 시기의 이미지들을 동시에 사용할 때, 그리고 이것들을 컴퓨터와 레이저를 이용해 재가공할 때 얻고자 하는 바는 무엇인가? 고급예술과 민속문화를 대체하는 것처럼 보였던 전자통신 미디어가 이제는 오히려 이것들을 대규모로 전파하고 있다. 메트로폴리스에서조차도 록과 '유식한'crudita 음악이, 아시아나 아프리카계 미국인들의 민중적인 멜로디를 따라 새롭게 변모하고 있다.

이것을 단지 헤게모니 부문이나 제도가 취하는 전략만으로 보는 것은 적절치 않다. 이러한 전략은 농민 이주자들이 도시에서 생존하기 위해 자신들의 앎을 변용하고, 또 소비자들의 관심을 끌기 위해 자신들의 수공예업 기술을 변화시키는 경제적이고 상징적인 '재전환'에서도 발견된다. 또한 노동자들이 새로운 생산 기술 앞에서 자신들의 오랜 신념을 버리지 않으면서 노동문화를 재조직할 때, 그리고 민중운동이 라디오와 텔레비전을 통해 자신들의 요구를 표현할 때에도 드러난다. 누구든 민중전통과 고급전통을 가로지르면서 고전음악과 재즈, 민속 음악, 탱고와 살사를 혼합한 피아졸라Piazzola, 카에타누 벨루주Caetano Veloso, 그리고 루벤 블레데스Rubén Blades와 같은 작곡가들의 음반이나 카세트테이프를 가지고 있다.

전통성과 근대성 사이의 극단적인 대립이 가능하지 않은 것처럼, 고급문화, 민중문화 그리고 대중문화 역시 예전의 위치에 존재하지 않는다. 이제 문화에 대한 파편화된 개념, 즉 문화를 세 가지 층위로 나누는 이러한 분리를 해체하는 것이 필요하다. 그리고 이렇게 문화를 분리하여 연구하던 분과학문의 도구를 가지고 **혼종화**[1]를 이해할 수 있는지 살펴보는 것이 중요하다. 예술사와 문학사는 '고급문화 요소'에 관심을 가지고 있었고, 민속학이나 인류학은 민중적 요소를 주된 연구 대상으로 삼았으며, 마지막으로 커뮤니케이션 연구는 대중문화에 특화되어 있었다.[2] 이제 이러한 분리된 각층을 연결하는 계단을 통해 순환할 수 있는 노마드적 사회과학이 필요하다. 다시 말해, 층간을 수평적으로 소통시키고 다시 디자인할 수 있는 그런 학문 말이다.

두번째 가정은 이러한 분과학문들의 공동 작업을 통해 라틴아메리카 근대화를 인식하는 또 다른 방법을 만들어 낼 수 있다는 것이다. 라틴아메리카의 근대화는 전통적이고 고유한 요소를 대체하는 이질적이고 지배적

---

1) 혼종화 과정을 설명하기 위해 신크레티즘, 메스티사혜 그리고 다른 용어들이 사용되는 경우들이 간혹 있다. 나는 혼종화라는 용어를 선호하는데, 그 이유는 통상 메스티사혜라고 한정하는 인종적 혼합뿐만 아니라, 다양한 상호문화적 과정을 포함하기 때문이다. 또한 거의 항상 종교적 혼합 혹은 전통적인 상징운동의 혼합을 언급하는 신크레티즘보다 혼종의 근대적 형식들을 잘 포함할 수 있게 하기 때문이다.
2) 여기서 '고급문화 요소'로 번역된 'lo culto'는 문맥에 따라, 고급문화적인 것, 고급문화, 고급문화적 특성 등으로도 번역했다. 'lo popular', 'lo masivo' 등도 유사한 방식에 따라 '민중적 요소', '대중적 요소' 등으로 번역했다.—옮긴이

인 힘이 아니라, 다양한 영역이 자신의 나라에 존재하는 **다시간적 이종성** heterogeneidad multitemporal을 감당하기 위한 혁신의 의지로 등장한다.

세번째 가정은 혼종화된 영역에 대한 이러한 통학문적 관점은 문화연구를 넘어서는 결과를 가져온다는 것이다. 민족문화와 새로운 기술체계, 그리고 수공예적 생산양식과 산업적 생산양식이 왜 공존하는가에 대한 설명은 자연스럽게 정치 과정에 대한 이해로 이어진다. 예를 들어, 민중계층뿐만 아니라 엘리트 계층이 근대적 민주주의와 낡은 형태의 권력관계를 결합하는 이유에 대한 설명이 그것이다. 문화적 이종성에 대한 연구에서 우리는 자유주의적 제도와 권위주의적 관습을, 그리고 민주적 사회운동과 가부장적 체제를 뒤섞는 사선적인 권력 및 이들 간의 상호작용을 설명하기 위한 방식들 중 하나를 발견할 수 있다.

여기서 논란이 되는 세 개의 문제가 등장한다. 라틴아메리카에서 근대성을 구성하고 라틴아메리카 근대성에 특수한 모습을 부여하는 혼종문화를 어떻게 연구할 것인가? 그리고 라틴아메리카 근대화의 모순과 좌절에 대한 보다 설득력 있는 이해 방식을 얻기 위해 문화를 다루는 분과학문들의 부분적인 지식들을 어떻게 결합할 것인가? 끝으로 근대성이 논쟁적이고 혹은 신뢰할 수 없는 기획이 된 상황에서 이종적인 기억과 불완전한 혁신의 결합을 통해 무엇을 할 수 있는가?

고급문화적이지도, 민중적이지도, 대중적이지도 않은

근대성의 왕래, 그리고 토착적이고 식민적인 유산과 현대 예술 및 전자문화 간의 교차를 분석하기 위해서는 아마도 한 권의 책을 쓰지 않는 게 나을 것이다. 또한 한 편의 영화나 한 권의 소설책, 즉 장과 절로 구성되고 처음에서 끝으로 진행되는 그 어떤 것도 하지 않는 것이 좋을 듯하다. 아마도 이 텍스트는 고급문화 요소, 민중문화 요소 혹은 대중문화 요소가 각자의 길을 따라 서로 통합되는 하나의 도시처럼 사용될 수 있을 것이다. 안에서 모든 것이 뒤섞이고, 각각의 장은 서로 다른 장들을 지시하기 때문에 어떤 길을 통해 도착했는지를 아는 것은 중요하지 않다.

그러나 때때로 근대적이지 않고, 또 도시로 기능하지 않는 근대 도시가 있다면 이 도시에 대해 어떻게 말해야 할까? 과거에 거주지barrio들의 결합이었던 것은, 우리가 관련시킬 수 있는 범위를 넘어서 붕괴된다. 어느 누구도 모든 길과 느슨하게 연결되어 제시되는 모든 상징적·물질적 재화를 다 포함할 수 없다. 이주자들은 수많은 방향에서 도시를 관통하고, 정확히 교차로에 자기 지역의 사탕과 밀수 라디오, 약초와 비디오테이프가 바로크식으로 진열된 가판대를 설치한다. 도시가 도시 공간에 도착해 번식하는 모든 것을 화해시키고, 무질서를 막기 위해 사용하는 수단을 우리는 어떻게 연구할까? 즉 농경적 요소와 초국적 요소의 교환, 시위대 앞의 교통 혼잡, 실업자의 요구와 함께 소비의 확대, 각지에서 온 상품과 행동 방식 사이의 분쟁과 같은 무질서를 말이다.

사회과학의 다양한 관찰 기준은 이러한 난관을 부추긴다. 인류학자는 걸어서 도시에 도착하고, 사회학자는 자동차를 타고 큰길을 통해, 그리고 커뮤니케이션 전문가는 비행기를 타고 도착한다. 각자는 자신이 할 수 있는 바를 기록하고, 서로 다른, 따라서 부분적인 관점들을 만들어 낸다. 여기에 네번째의 시각인 역사가의 관점을 덧붙일 수 있다. 그의 관점은 도시로 이주하는 것이 아니라 도시를 떠나면서, 즉 오래된 도시의 중심에서 현대적인 주변으로 이동하면서 얻게 되는 시각이다. 그러나 현재 도시의 중심은 더 이상 과거에 있지 않다.

예술사, 문학, 그리고 과학적 지식은 근대 세계에서 **고급문화인**이 되기 위해 알아야 할 목록을 지정해 왔다. 다른 한편으로, 정치적 민중주의뿐만 아니라 인류학과 민속학 역시 전통적인 지식과 관습들을 복원하면서 **민중문화**의 세계를 구성해 왔다. 문화산업은 커뮤니케이션 전문가와 기호학자 같은 새로운 전문가들이 관심을 기울인 **대중적인** 메시지라는 제3의 체계를 만들어 냈다.[3]

전통주의자뿐만 아니라 근대주의자들도 순수한 대상을 구성하고자 했다. 전통주의자는 '진정'으로 민족적이고 민중적인 문화를 상상했고, 산업화와 도시적 대중화, 그리고 외부의 영향들에서 그것을 온존하게 보존하고자 했다. 근대주의자는 영토적 경계가 없는 예술을 위한 예술, 앎을 위한 앎이라는 개념을 만들어 냈고, 자신들이 가진 진보라는 환상을 자율적인 실험과 혁신에서 얻어 내고자 했다. 이들 사이의 이러한 차이가 재화와 제도를 조직화하는 데 영향을 주었다. 즉, 수공예품은 전통 시장과 민속 경연대회로 나아갔고, 예술작품은 박물관과 비엔날레로 진전되어 갔던 것이다.

지난 세기[4]의 자유주의부터 개발주의까지의 근대 이데올로기는 이런 이분법적인 태도를 강조했고, 근대화가 전통적인 생산양식, 신념체계,

---

3) **고급문화적, 민중적** 그리고 **대중적**이라는 개념들은 여러 장에서 개념적으로, 그리고 역사적으로 논의될 것이다. 가장 논란이 많은 것은 첫번째 개념이다. 고급문화적, 엘리트적, 유식한 혹은 헤게모니적인 것에 대해 말하는 것이 바람직한가? 이러한 용어들은 부분적으로 겹치고 있으며, 어떤 것도 만족스럽지 않다. 이 중 유식한이라는 표현이 가장 취약한데, 그 이유는 이 방식이 축적된 앎의 광범위함에 의해 문화를 조직하지만, 특정 종류의 지식과 관련된 것은 간과하기 때문이다. 즉 민간치료사나 수공예업자는 유식하지 않다는 말인가? 우리는 엘리트나 헤게모니 개념을 고급문화 요소에 엘리트들이 자신들의 특권을 부여하는 사회적 위치를 지시하기 위해 사용할 것이다. 그러나 엘리트보다는 자주 헤게모니라는 표현을 사용할 것인데, 이는 스페인어에서 가장 많이 사용하는 개념이기 때문이다.
4) 이 책에서 '지난 세기'는 19세기를 말한다.—옮긴이

재화와의 단절을 가져온다고 주장했다. 즉 과학적 지식이 신화를 대체하고, 산업의 확장이 수공예업을, 시청각적인 커뮤니케이션 수단이 서적을 대체한다는 것이다.

오늘날에는 전통과 근대 사이의 관계에 대한 보다 복합적인 관점들이 존재한다. 전통적으로 존재해 왔던 고급문화적 요소가 상징적 상품의 산업화가 이루어짐에 따라 사라진 것은 아니다. 오히려 다른 시대보다 더 다양하고 더 많은 판매 부수의 책들이 출판되고 있는 것이다. 학술대회의 해석학적 토론 주제가 됨과 동시에 베스트셀러 작품이 된 『장미의 이름』처럼, 지적이면서 대중적인 작품들이 존재한다. 이 소설은 영화화되기 전인 1986년 말에 이미 25개 언어로 번역되어 5백만 권이 팔렸다. 가르시아 마르케스와 바르가스 요사Vargas Llosa의 작품 역시 각색된 영화보다 더 많은 독자를 확보했다.

따라서 민중적인 측면에 대해서도 소멸되는 것보다는 오히려 변화하는 것에 더 많은 관심을 기울여야 한다. 이전에는 이렇게 많은 수공예업자와 민중음악가가 존재했던 적이 없었고, 민속이 이렇게 많이 보급된 적 또한 없었다. 이들의 생산품들은 (원주민과 농민에게 일거리를 제공하는) 전통적인 기능을 유지하고 있을 뿐만 아니라, 근대적인 기능 역시 발전시키고 있다. 즉, 도시의 소비자들과 관광객들로 하여금 민속품에서 차이의 기호를, 다시 말해 산업 생산품이 주지 못하는 개별화된 특성들을 발견하게 하는 것이다.

근대화는 전체 상징시장에서 전통적인 고급문화와 민중문화가 수행하던 역할을 축소시키기는 했지만 없애지는 못했다. 근대화는 예술과 민속, 고급 지식과 산업화된 문화를 상대적으로 비슷한 조건하에 재위치시켰다. 예술가의 작품과 수공예업자의 작품은 각자가 몸담고 있는 특화된 상징 질서가 시장 논리에 의해 재정의되는 것을 경험하면서, 서로 근접해 간다. 그들은 점점 더 근대적인 정보와 도상학에서, 자기 중심적인 세계에 대한 환멸에서, 그리고 미디어의 스펙터클화가 부추기는 새로운 미혹에서 벗어날 수 없게 되었다. 결국 사라지는 것은 고급문화적인 혹은 민중적인 것으로 알려졌던 재화들이 아니라, 자족적인 세계를 만들고자 했던 각 영역의 시도와 그 영역에서 생산된 작품이 창조자들의 유일한 '표현'이라는 주장이다.

이러한 세계를 연구하는 분과학문들이 합쳐지는 것 또한 당연하다. 전시회 카탈로그를 작성하는 예술사가는 예술가나 특정한 예술 경향을 일련의 연쇄적인 모색 과정에 위치시키고, 그 영역의 성취와 관련하여 일정한 '진전'을 발견하고자 한다. 민속학자와 인류학자는 수공예업을 하나의 신화적인 기반 혹은 이러한 수공예품에 엄밀한 의미를 부여하는 하나의 자율적인 사회문화 체제와 관련시켜 왔다. 오늘날 이러한 과정들은 예술 영역 혹은 상징 영역을 넘어서는 행위자들에 의해 다양하게 조건 지어진 문화적 구성물로 제시된다.

예술이 무엇인가라는 것은 단순히 미학적인 질문만은 아니다. 즉 신문 기자와 비평가, 역사가와 박물관 기획자, **예술품 판매자**, 수집가 그리고 투자자들이 행하는 작업의 교차점에서 예술이 어떻게 대응하는가를 고려해야 하는 것이다. 마찬가지로 민중적 특성은 선험적 본질에 의해 정의되는 것이 아니라, 하위 부문이 자신의 위치를 구성하기 위해 사용하는 고정되지 않은 다양한 전략에 의해 규정된다. 또한 민속학자들과 인류학자들이 박물관이나 학문제도를 위해, 사회학자들이 정당을 위해, 더 나아가 커뮤니케이션 학자들이 미디어를 위해 민중문화를 제시하는 방식에 의해 규정된다.

탈근대성 이후의 근대성

상징시장의 이러한 변화들은 부분적으로 근대 기획을 급진화하고, 어떤 의미에서 기존의 것과의 단절이라는 탈근대적인 상황으로 이끌기도 한다. 이러한 이중적 움직임에 대한 최근의 논의는 라틴아메리카의 다양한 논쟁들을 새롭게 사고하도록 해준다. 무엇보다도 문화적 모더니즘과 사회적 근대화 사이의 불일치로 인해, 메트로폴리스에 의해 정전화된 근대성의 불충분한 판본이 나타났다는 명제,[5] 혹은 역으로, 라틴아메리카가 다양한 시대와 미학들이 인용되는 혼성모방과 **브리콜라주**의 땅이기 때문에 이미 독특한 방식으로 수 세기 전부터 탈근대적이었다는 자부심을 가져도 된다는 명제가 그것이다. 모방의 '패러다임'이든, 독창성의 패러다임이든, 이 모든 것을 종속과 관련시키는 '이론', '경이로운 현실' 혹은 라틴아메리카 초현실주의를 통해 현실을 설명하는 안이한 이론이든, 그 어떤 것도 우리의 혼종문화들을 설명하지 못한다.

이는——라틴아메리카 역시 그 일부인——서구 근대성의 위기 속에서 전통, 문화적 모더니즘 그리고 사회경제적 근대화 사이의 관계가 어떻게 변화하는지와 관련된 문제이다. 이를 위해서 탈근대적 참고문헌에서 두드러진 철학적 고민과 미학적 직관주의를 넘어서야 한다. 이른바 탈근대적 과정 속에서 문화의 위치에 관한 경험적인 연구의 부족은 전근대적 사

---

5) 나는 위르겐 하버마스부터 마샬 버먼까지 여러 이론가들에 의해 만들어진 역사 단계로서의 근대, 근대를 구성하고자 하는 사회경제적 과정으로서의 **근대화**, 그리고 **모더니즘** 혹은 실험적이거나 비판적 의미를 가지고 상징적 실천을 새롭게 했던 문화적 기획들 사이의 구별을 유연하게 받아들이고자 한다(Jürgen Habermas, *El discurso filosófico de la modernidad*, Madrid: Taurus, 1989; Marshall Berman, *Todo lo sólido se desvanece en el aire: La experiencia de la modernidad*, Madrid: Siglo XXI, 1988).

유의 왜곡에 다시 빠지게 한다. 즉 현실적인 차이를 무시하고 이상적인 위치를 설정하는 것이다.

첫번째 과제는 근대성에 대한 일치하지 않는 개념들을 살펴보는 것이다. 많은 나라들의 경우 탈근대적인 흐름이 예술, 건축, 철학 영역에서 지배적인 데 반해, 라틴아메리카의 정치와 경제에서는 여전히 근대적인 목표가 지배적이다. 최근 선거에서 구조조정이나 재전환 계획을 수반하는 정치적 메시지들은 라틴아메리카 각국이 기술 발전을 받아들이고, 경제를 근대화하며, 권력구조 내에서 비공식적 유착관계, 부패 그리고 여타의 전근대적 관행을 극복하는 것이 우선 과제라고 주장한다.

이런 '결함'의 일상적 무게로 라틴아메리카에서 나타난 탈근대 논쟁에 대한 가장 빈번한 태도는 반어적인 저평가일 것이다. 우리 대륙에 근대적 발전이 완전하게, 모든 사람에게 도래하지 않았다면 우리는 왜 탈근대성에 대해 고민하고 있는가? 우리는 아직 튼실한 산업화도, 농업생산의 기술화도, 그리고 칸트에서 베버에 이르기까지 볼 수 있었던 것처럼 서구의 상식이 된 형식적이고 물질적 합리성에 토대한 사회정치적 질서도 갖고 있지 못하다. 이러한 질서는 시민이 사회 발전에 참여하고 민주적으로 공존하는 공적 공간의 모델이라고 할 수 있다. 또한 진화론적 진보주의도, 민주적 합리주의도 라틴아메리카에서의 대중적인 명분이 되지 못했다.

"'빛나는 길'의 봉기가 일어난, 여전히 전근대적 요소를 갖고 있는 나라에서 탈근대성에 대해 어떻게 말할 것인가?"라는 질문을 페루의 사회학자이자 대통령 후보였던 헨리 피스 가르시아가 최근에 던진 바 있다.[6]

---

6) Henry Pease García, "La izquierda y la cultura de la posmodernidad", *Proyectos de cambio: La izquierda democrática en América Latina*, Caracas: Editorial Nueva Sociedad, 1988, p. 166.

나라에 따라 모순이 서로 다르기는 하지만, 어떤 일반적인 여론은 존재한다. 즉 자유주의와 대의제도가 헌법에 나타나 있지만, 우리 사회가 통치가 능한 사회가 되기 위해 필요한, 확립된 근대적 정치문화와 사회적 합치가 결여되어 있다는 것이다. 카우디요[7]가 비공식적인 유착관계와 폭력을 통해 정치적 결정에 여전히 개입하고 있다. 실증주의 철학자와 사회과학자들이 대학을 근대화하는 데에는 기여했지만, 카시키스모,[8] 종교성, 커뮤니케이션 조작이 대중의 사고를 지배하고 있다고 옥타비오 파스는 지적한다. 또한 엘리트들이 전위주의 예술과 시를 만들어 내는 동안, 대부분의 대중은 문맹이었다는 것이다.[9]

즉, 근대성은 하나의 가면처럼 보인다. 그것은 엘리트와 국가기구, 특히 예술과 문화 영역의 종사자들이 출현시킨, 그러나 바로 이런 이유로 이 모든 것들을 비재현적이고 비현실적으로 바꿔 버린 하나의 환영이다. 19세기와 20세기 초반의 자유주의 과두세력은 마치 자신들이 국가를 건설한 것처럼 행동했지만, 단지 종속적이고 일관성 없는 개발을 위해 일부 지역만을 통제했을 뿐이다. 그들은 국민문화를 형성한 것처럼 행동했지만, 수많은 원주민 인구와 농민들을 배제한 채 자신들만의 엘리트 문화를 만들었다. 소외된 사람들은 수많은 반란과 도시를 '교란'하는 이주를 통해 자신의 존재를 드러냈다. 민중주의는 이런 배제된 영역을 통합한 것처럼 행동했지만, 구조적 변화없이 경제와 문화에 나타난 그 분배주의 정책은 곧 전복되거나 선동주의적 후원주의clientelismo로 변모되었다.

---

7) 카우디요(caudillo)는 스페인어로 권위주의적 정치·군사 지도자를 의미하며, 라틴아메리카의 역사에서는 카리스마를 지닌 민중주의 지도자를 지칭한다.—옮긴이
8) 카시키스모(caciquismo)는 특정 지역이나 사회의 지도자인 카시케(cacique)가 지역단위에서 후원주의에 기반한 정치 행태를 통해 절대권력을 행사하는 통치시스템을 말한다.—옮긴이
9) Octavio Paz, *El ogro filantrópico*, México: Joaquín Mortiz, 1979, p.64.

작가인 호세 이그나시오 카브루하스José Ignacio Cabrujas는 '베네수엘라 국가개혁을 위한 대통령위원회'의 자문을 받았을 때, 국가가 "위장의 체계"라면 우리가 마치 국가를 가지고 있는 것처럼 행동할 이유는 무엇인지 묻는다. 그는 베네수엘라는 원래 이동하는 부족들을 위한 야영지로 만들어졌고, 이후 약속된 금을 찾아 포토시Potosí나 엘도라도를 향해 가는 중간 기착지로 스페인 사람들이 사용하던 곳이었다고 설명한다. 개발과 함께 야영지는 커다란 호텔로 변모했다. 이 안에서 거주자들은 자신을 투숙객처럼 느꼈고, 국가를 "손님의 안전을 보장해야 할 순간에 늘 실패하는" 관리자로 느끼게 된다.

산다는 것, 즉 생을 유지한다는 것, 내 행위가 무엇인가 의미 있는 것으로 해석되기를 바라는 것, 역사적인 시간 속에서 하나의 목표로 나가는 것, 이것은 호텔의 규칙과 충돌하는 어떤 것이다. 왜냐하면 호텔에 머물 때 나는 호텔의 시설을 변화시키거나, 개선하거나, 내 필요에 맞추려 하지 않는다. 단지 그것들을 이용할 뿐이다.

한때 그것을 경영할 수 있는 국가, 최소한의 질서를 보장할 수 있는 일련의 제도와 법률, "우아한 원칙들, 아니 우아하다기보다는 오히려 균형 잡혀 보이는 원칙이 필요하다고 생각되었다. 그리고 이것들을 통해서 우리는 문명사회에 속할 수 있을 것"이라고 믿었다.

호텔방에 들어설 때마다 발견하게 되는, 늘 문에 걸려 있는 "당신은 여기서 어떻게 지내야 합니다", "몇 시에 체크아웃을 해야 합니다", "방에서는 음식을 드시면 안 됩니다", "방에 개를 들여놓으면 안 됩니다" 등등의 규칙을 만들어 냈다면 보다 정당했을 것이다. 말하자면 어떠한 거추장스런 겉치레도 없는 그런 실용적인 규칙 말이다. "이것이 당신의 호텔입니다. 많이 즐기시고 가능한 한 귀찮게 하지 마시기 바랍니다." 이것이 헌법의 첫번째 구절을 작성하는 가장 진지한 형식이 될 수 있을 것이다.[10]

라틴아메리카 국가, 사회, 정치문화 사이에 존재하는 이러한 불일치를 어떻게 극복할 수 있을 것인가? 대답에 앞서 우리는 이 질문이 잘된 질문인지를 물어야 한다. 작가들과 라틴아메리카 대부분의 참고문헌들에 있어, 근대성은―막스 베버가 생각한 방식으로―세계의 미몽에서 벗어나는 것, 경험적 과학, 그리고 특히 잘 조직된 국가기구와 효율적인 생산조직에서 정점에 이르는 사회의 합리주의적 조직화와 연결될 것이다. 이런 점들은 리오타르나 들뢰즈 같은 탈근대 이론가나, 근대 기획을 여전히 고수하는 사람들의 재해석에서 근대성을 특징짓는 유일한 요소는 아니다. 이들 중에는 특히 앞서 인용했던 하버마스, 페리 앤더슨[11] 그리고 프레드릭 제임슨[12]이 있다.

이 책은 근대성 이론에 대한 재검토를 1980년대 이후 라틴아메리카에서 나타난 변화와 관련시키고자 한다. 예를 들어, 정치경제적 근대화로 이해되었던 변화 말이다. 이제 산업화, 수입대체, 자율적인 국민국가의 강화라는 제안은 구태의연한 사고로 저평가되고 있으며, 라틴아메리카 사회의 근대성 달성을 지체시킨 오류의 원인으로 평가된다. 생산의 효율성

---

10) José Ignacio Cabrujas, "El Estado del disimulo", *Heterodoxia y Estado: 5 respuestas, Estado y Reforma*, Caracas: n.p., 1987.
11) Perry Anderson, "Modenrity and Revolution", *New Left Review* no. 144, 1984.
12) Frederic Jameson, "Marxism and Postmodernism", *New Left Review* no. 176, 1989.

과 생산성이 높은 곳에 재화가 투여되어야 한다는 요구가 여전히 근대 정책의 일부분으로 남아 있다. 그러나 국가가 자국의 생산을 보호하거나, 심지어 기술 발전과 모순적인 것으로 평가되는 민중적 이익을 위해 기능해야 한다는 것은 '전근대적인 순진함'이 되어 버렸다. 분명히 논쟁은 아직 진행 중이고, 모든 것을 국제적인 경쟁에 맡겨 두었을 때 라틴아메리카 국가들과 이들의 개발주의적이고 보호주의적인 정책의 만성적인 비효율성이 해소되지 않을 것이라는 충분한 근거를 우리는 가지고 있다.[13]

또한 사회와 문화 영역에서 근대성으로 이해되었던 것도 변화되었다. 우리는 관습의 간단한 세속화를 통해 사회문제들을 해결할 수 있을 것이라고 믿었던 진화론을 버렸다. 즉 1960년대와 1970년대에는 정해진 행위에서 선택적 행위로, 농경적 혹은 전통적 관습의 무기력함에서 목표와 집단 조직이 과학적이고 기술적인 합리성에 따라 구성되는 도시 사회에 적합한 행위들로 변해야 한다고 말해졌다. 오늘날 우리는 라틴아메리카 사회를 전통과 근대성들(다양하고 불균등한)의 보다 복합적인 절합으로, 개별 국가에 다양한 발전 논리들이 공존하는 나라들로 구성된 이종적인 대륙으로 이해하고 있다. 이러한 이종성을 새롭게 사유하기 위해서 탈근대주의의 반진화론적인 성찰은 유용하며, 이전의 어떤 다른 성찰보다 더 급진적일 수 있다. 역사에 대한 전지적인 내러티브를 비판하는 탈근대주의의 논리는 전통주의, 인종주의, 내셔널리즘의 근본주의적인 성향들을 드러내고, 자유주의와 사회주의의 권위주의적인 분파들을 이해하는 데 도움을 준다.

---

13) 이런 비판의 전개를 위해서는 José I. Casar, "La modernización económica y el mercado", eds. R. Cordera Campos, R. Trejo Delarbre and Juan Enrique Vega, *México: el reclamo democrático*, México: Siglo XXI-ILET, 1988을 참조.

이런 맥락에서 우리는 탈근대성을 근대세계를 대체하는 하나의 단계나 경향으로 이해하기보다는, 근대사회가 스스로 구성되기 위해 배제하거나 혹은 넘어서기를 원했던 전통과 맺는 애매한 관계들을 문제 삼는 하나의 방법으로 이해한다. 모든 근본주의 혹은 진화론에 대한 탈근대적인 상대화는, 여전히 근대성의 근거가 되고 있는 고급문화, 민중문화, 대중문화 간의 분리를 새롭게 사유하게 한다. 또한 그것은 집단적인 감수성의 층위들, 장르들, 형식들 사이의 상호작용과 통합을 포함하기 위한 보다 개방적인 사고를 만들어 낼 수 있다.

이러한 문제들을 다루기 위해서는 처음부터 끝까지 기승전결의 방식으로 나아가는 책의 형식은 적절하지 못하다. 나는 다양한 층위에서 움직일 수 있는 에세이의 유연성을 선호한다. 클리포드 기어츠가 썼던 것처럼 에세이는 서로 다른 방향에서 탐구할 수 있게 해주고, 무엇인가 진전이 없다면 "논문이나 저술에서처럼 100쪽에 달하는 사전 설명을 통해 방어할" 필요도 없이 이정표를 수정할 수 있게 해준다.[14] 그러나 이 경우에서 보는 것처럼 과학 에세이가 문학 혹은 철학 에세이와 차별되는 점은 경험적인 연구에 기반하고 있으며, 데이터의 통제된 가공에 가능한 한 해석을 종속시키려 한다는 것이다.

또한 나는 분과학문과 영역들 사이에 존재하는 분리와 평행주의를 재생산하는, 분리된 에세이들의 단순한 모음을 피하고자 했다. 어찌되었건, 이 책을 위한 구조를 찾으면서 다초점적이고 보충적인 접근을 통해 근대성의 개념화를 다양한 분과학문에서 다시 시도하고자 했다.

---

14) 사회적 지식을 드러내기 위한 에세이의 장점에 대한 논거는 Clifford Geertz, *Local Knowledge: Further Essays in Interpretative Anthropology*, New York: Basic Books, 1983의 서문을 참조.

1장과 마지막 두 장의 일부분은 문화 영역의 자율적 창조라는 이상향과 상징시장의 산업화 사이의 모순을 탐구하기 위해, 메트로폴리스 국가들의 근대성과 탈근대성에 대한 성찰을 다시 다룬다. 2장에서는 라틴아메리카 문화에 대한 사회학적·역사적 연구를 통해 모더니즘과 근대화 사이의 결합을 재해석한다. 3장은 혁신 혹은 민주화라는 근대의 기본적인 두 개의 선택에 직면하여 예술가, 중개인, 관객이 어떻게 행동하는지를 분석하고자 한다. 4, 5, 6장에서는 역사 유산과 민중전통을 사용할 때, 근대적 행위자와 제도가 취하는 전략을 연구하고자 한다. 즉 박물관과 학교, 민속학 및 인류학 연구, 문화사회학, 정치적 민중주의 등이 이것들을 어떻게 이용하는지를 살펴보고자 한다. 마지막으로 새로운 커뮤니케이션 기술, 도시 공간에서 공적 요소와 사적 요소의 재조직화 그리고 상징과정의 탈영토화를 통해서 만들어지고 촉진된 혼종문화들을 살펴보고자 한다.

　　이처럼 매우 이종적인 공간들을 관련시키면서, 인접 공간의 도전이 있을 때 관습적으로 각자의 영역을 차지하고 있던 분과학문에 어떤 일이 발생하는지를 경험할 수 있다. 예술을 다른 실천과 구별되게 하는 관습적 요소들을 인류학이 연구하고, 이런 경향을 시장이 약화시키는 조건들을 경제분석이 보여 줄 때, 근대문화의 전략에 대한 좀더 다른 이해가 가능할 것인가? 도전받거나 기반이 약화된 권력이 현재 속에서 권력을 강화하기 위해 어떤 식으로 과거를 극화하고 기념하는지를 정치사회학적 관점에서 살펴볼 때, 역사 유산과 전통문화는 현재적인 역할을 드러낼 것이다. 커뮤니케이션 기술에 영향받은 문화의 초국화, 그리고 그것의 성취와 효용성은 국가 간의 경계를 완화하고 국가, 민중, 정체성 개념을 재정의하는 이주 및 대중 관광과 함께 도시 문화의 새로운 구성요소로서 긍정적으로 평가될 것이다.

많은 파편과 교차들에서 증식되는 이러한 관점이, 분과학문적 분리가 은폐했을 성싶은 유일 질서라는 구도를 추구하지 않는다고 밝히는 것이 필요할까? 내셔널리즘의 낭만주의적 통합이 헤겔의 이성주의rationalism나 치밀한 맑스주의의 신고전주의적인 통합만큼이나 매우 불확실하고 위험한 것이라는 것을 알지만, 우리는 사회적 총체성에 대한 고려가 의미를 결여하고 있다고 생각하지는 않는다. 불평등에 관심을 가지기보다 사람 사이의 차이에만 관심을 가질 때, 총체성은 망각될 것이다.

이런 탈근대적 산종과 민주적 탈중심화의 시기에 지금껏 인류가 알아 온 문화의 초국적 중심화 및 권력 축적의 가장 집중적인 형식들 또한 증가했다는 것을 우리는 알고 있다. 이 권력의 이종적이고 혼종적인 문화적 토대에 대한 연구는, 상호작용으로 가득 차 있고 다양한 힘들이 작동하고 있는 사선적인 경로를 조금 더 잘 이해하게 한다. 또한 근대성의 다양한 의미들을 경향들 간의 단순한 분기로서 연구할 뿐만 아니라, 해결되지 않은 갈등의 표현으로도 연구할 수 있게 해준다.

| 일러두기 |

1 이 책은 Néstor García Canclini의 *Culturas híbridas: Estrategias para entrar y salir de la modernidad*(Nueva edición), Editorial Paidós SAICF, 2001을 완역한 것이다.
2 본문의 주석은 모두 각주로 표시되어 있다. 옮긴이 주는 끝에 '― 옮긴이'라고 표시했으며, 표시가 없는 것은 모두 지은이 주이다.
3 본문과 각주의 대괄호([ ])는 옮긴이가 독자의 편의를 위해 부기한 것이고, 인용문 안에 지은이가 첨가한 것은 대괄호 안에 '― 인용자'라고 표시하여 구분했다.
4 단행본·정기간행물은 겹낫표(『 』)로, 논문·미술작품은 낫표(「 」)로 표시했다.
5 외국 인명이나 지명, 작품명은 2002년에 국립국어원에서 펴낸 외래어 표기법을 따라 표기했다.

1장
유토피아에서 시장으로

1장_유토피아에서 시장으로

근대적이라는 것은 무엇을 의미하는가? 네 개의 기본적인 움직임, 즉 해방, 팽창, 혁신, 민주화의 기획이 근대성을 구성한다고 하면서 근대성에 대한 현재의 해석들을 요약하는 것이 가능하다.

　해방의 기획은 문화적 장의 세속화, 상징실천의 자기 표현적이고 자율적인 생산, 그리고 자율 시장에서 상징실천이 확산되는 것을 의미한다. 사회 생활의 합리화와 특히 메트로폴리스 지역에서 점증하는 개인주의는 이러한 해방적 움직임의 일부를 구성한다.

　팽창의 기획은 자연에 대한 지식과 소유, 재화의 생산과 유통 그리고 소비를 확대하고자 하는 근대성의 경향을 말한다. 자본주의에서 이러한 팽창은 우선 이익의 증가에 의해 동기화되지만, 보다 넓은 의미에서 과학적 발견과 산업적 발전의 확대에서도 나타난다.

　혁신의 기획은 곧잘 상호보충적인 두 측면을 포함한다. 하나는 세계가 어떻게 존재해야 하는지를 규정한 모든 신성한 규범에서 해방된 사회와 자연의 관계에 나타나는 지속적인 개선과 쇄신의 추구이다. 다른 한편으로는, 대량 소비가 약화시킨 차이의 기호들을 지속적으로 재정립하고자 하는 욕구이다.

민주화의 기획은 이성과 도덕의 발전을 위해 교육과 예술을 확산하고, 전문 지식을 신뢰하는 근대성의 움직임을 말한다. 이는 계몽에서 시작하여 유네스코까지, 실증주의에서부터 자유주의 및 사회주의 정부들, 그리고 대안적이고 독립적인 그룹들에 의해 시작된 과학과 문화의 대중화와 교육 프로그램까지 포함한다.

해방된 상상?

이 네 가지 기획들은 발전하면서 서로 갈등하는 모습을 보여 준다. 이 모순적인 등장에 대한 첫번째 접근에서, 우리는 갈릴레오에서 현대 대학들까지, 그리고 르네상스 예술가에서 전위주의까지 근대문화의 가장 열정적이고 지속적인 유토피아들 중 하나, 즉 지식과 창조가 독립적으로 발전해 나갈 수 있는 공간 만들기의 과정을 분석할 것이다. 그럼에도 불구하고, 경제적·정치적·기술적 근대화는——이런 세속화와 독립 과정의 일부로 나타난——상징생산의 혁신적이고 실험적인 힘을 종속시키는 사회적 포장막을 형성해 왔다.

이러한 모순이 주는 의미를 포착하기 위한 가장 적절한 예는, 근대 미학과 예술 발전의 사회경제적 동력 사이에 나타나는 불일치이다. 이론가들과 역사가들이 예술의 자율성을 주장할 때, 박물관을 비롯한 시장과 매스 커뮤니케이션은 미학 외적인 과정에 예술품을 종속시킨다.

각자 자신의 모국인 독일, 프랑스, 미국에서 근대성의 정의 요소로서 문화의 자율성을 연구한 하버마스, 부르디외 그리고 베커에서 출발해 보자. 틀림없이 각국의 다양한 역사와 이론적인 차이는 예술적 장(부르디외) 혹은 예술 세계(베커)의 형성이 갖는 세속화의 의미에 대한 상호보충적인 분석을 보여 줄 것이다. 이들은 상징적 실천의 자기표현적이고 자율적인 생산에서 근대 예술의 진전이 가지고 있는 차별적인 지표를 발견했다.

하버마스는 근대적 특성이 종교와 형이상학에 의해 신성화된 실체적 이성에서 문화가 독립했을 때 만들어지고, 과학, 도덕 그리고 예술이라는 세 개의 자율적인 층위에서 구성된다는 막스 베버의 입장을 다시 취한다. 이 층위들은 각각 지식, 정의, 취향이라고 하는 특정한 문제를 통해 구조화되고, 진리, 규범적 정의, 진정성과 미美라는 독자적인 가치 영역에 의해 통제되는 하나의 체계 속에서 조직된다. 개별 영역의 자율성은 제도화되고, 자기 영역의 전문적인 권위를 지닌 특화된 전문가를 만들어 낸다. 이러한 특화는 전문적인 문화와 대중문화 사이에, 그리고 과학이나 예술적 장과 일상 영역 사이의 거리를 강조한다. 그럼에도 불구하고, 이러한 기획의 주인공이었던 계몽철학자들은 사회를 이성적으로 조직하고 동시에 일상생활을 풍부하게 하기 위해 전문 지식을 확장하고자 했다. 종교의 후원에서 해방된 예술과 과학의 성장이 자연의 힘을 통제하고, 세계에 대한 이해를 넓히고, 도덕적으로 진보하며, 사회적 관계와 제도들을 보다 정당화하는 데 기여하리라는 것이다.

오늘날 헤게모니적인 도덕, 과학, 예술 사이에 나타나는 극단적인 차이, 그리고 이 세 영역과 일상생활 간의 단절은 계몽주의적 유토피아에 대한 불신을 야기했다. 하버마스에 따르면 과학적인 인식과 일상관습, 예술과 삶, 거대한 윤리적 명제와 일상 행위를 결합하고자 하는 시도들이 지속되었지만 별 성과를 거두지 못했다. 그렇다면 근대성은 실패한 운동인가 아니면 미완의 기획인가? 예술과 관련해서 하버마스는 혁신적 힘이 소진되지 않도록 자율적 실험이라는 근대 기획을 다시 수용하고 심화시켜야 한다고 주장한다. 동시에 전통의 반복 속에서 일상의 실천이 빈약해지는 것을 피하기 위해서 전문화된 문화를 일상의 실천 속에 포함할 수 있는 다른 방법을 모색해야 한다고 제안한다. 이는 아마도 전문 지식의 전유와 수용이라는 새로운 정책을 통해 실현될 수 있을 것이다. 사람들이 "거의 자율적인 경제체제 및 행정기구의 내적 동력과 요구를 제한할 수 있는 그들 나름의 제도를 만들 수 있도록" 사회적 주도권을 민주화하면서 말이다.[1]

근대 기획에 대한 하버마스의 옹호는 안드레아스 후이센과 같은 이론가들에 의해 비판되었다. 하버마스가 근대성에 내재한 허무주의적이고 무정부적인 충동을 손쉽게 간과하고 있다는 것이다. 후이센은 이런 누락이 아도르노상 수상연설을 했던 1980년대 초반, 이성과 지배를 혼동하고 있었던 프랑스와 독일의 냉소적인 경향에 맞서 계몽주의의 해방적 힘을 복원하고자 했던 하버마스의 목표 때문이라고 파악한다.[2] 두 나라에서 예술가들은 70년대에 볼 수 있었던 정치 참여를 포기하고, 서사와 극에서의 기록적인 실험들을 자서전으로, 그리고 정치 이론과 사회과학을 신화적이고 비의적인 계시물들로 대체했다. 프랑스인들에게 근대성은 무엇보다도 니체나 말라르메에게 기원을 둔 하나의 미학적인 문제였다. 또한 많은 독일 청년들에게는 합리성에서 벗어나는 것이 바로 지배에서 벗어나는 것으로 간주되었다. 이에 반해, 하버마스는 계몽을 추진했던 합리주의가 갖고 있는 해방적 관점을 복원하고자 한 것이다.

근대성에 대한 하버마스의 계몽주의적 독해는 그가 근대적 동요 속에서 간파한 두 개의 위험에 의해 조건 지어져 있는 것처럼 보인다. 마르

---

[1] Jürgen Habermas, "La modernidad, un proyecto incompleto", ed. Hal Foster, *La posmodernidad*, Barcelona: Kairós, 1985.
[2] Andreas Huyssen, "Guía del posmodernismo", *Punto de vista* año X, no.29, 1987, Offprint, pp. xx-xxvii.

쿠제와 벤야민을 검토하면서 하버마스는 정치적 기능을 수행하기 위해 예술의 자율성을 넘어서는 시도는 위험한 짓이었다고 지적한다. 근대 예술에 대한 파시즘적 비판과 억압적인 대중미학을 위해 파시즘이 예술을 재조직한 것에서 나타났던 것처럼 말이다.[3] 탈근대주의자들에 대한 최근의 비판에서도, 신세대의 명백히 탈정치적인 미학주의가 신보수주의적인 퇴보와 암묵적이고도 때로는 명백한 관계를 맺고 있다고 지적한다.[4] 이러한 현상들을 비판하기 위해 하버마스는 계몽주의 유산을 해방적인 맥락에 제한하고자 『인식과 관심』에서 시작했던 근대성에 대한 선택적 읽기를 심화한다. 이렇게 해서 그는 억압적인 요소들을 근대적 기획 바깥에 위치시키고, 근대성이 합리성과 함께 합리성을 위협하는 요소 또한 동시에 수반한다는 점을 사고하기 어렵게 만든다.

하버마스의 지적 궤적은, 예술과 지적 영역에서 해석자가 취하는 입장에 따라 근대성에 대한 사유가 전근대적인 저자나 탈근대적인 저자들과의 대화를 통해 어떻게 구성되는지를 보여 주는 예이다. 경험적인 탐구를 통해 철학적 성찰을 이어 가는 것이, 사회적이고 지적인 **실천들**에 이론을 개입시키는 것이 필요하다는 하버마스 자신의 인식과 부합하지 않았을까?

부르디외와 베커는 사회구조 내에 자율적인 공간이 구성된다는 점에서 근대문화가 이전의 모든 시기와 차별된다는 것을 보여 준다. 두 사람

---

3) Jürgen Habermas, "Walter Benjamin", *Perfiles filosófico - políticos*, Madrid: Taurus, 1975, pp. 302 이하.
4) Habermas, *El discurso filosófico de la modernidad*. 또한 이 텍스트의 불어판 역자 서문을 참조하시오. 크리스티앙 부솅돔므(Christian Bouchindhomme)와 라이너 로힐리츠(Rainer Rochlitz)는 하버마스의 마지막 10년간의 작품이 근대세계에 대한 데리다, 푸코, 바타유의 비판에 대한 독일적 이해와의 논쟁 속에서 어떻게 만들어졌는지를 보여 준다(*Le discourse philosophique de la modernité*, Paris: Gallimard, 1988).

모두 근대성의 문제를 폭넓게 다루지는 않았지만, 사실상 이들의 연구는 기술적·사회적 노동분화가 진전되고, 제도가 자유주의적인 모델에 따라 조직된 세속화된 사회 내에서의 문화의 역동성을 설명하고자 하는 것이었다.

부르디외는 16~17세기를 문화의 역사에서 예술과 과학 영역이 상대적인 독립성을 가지고 완성되는 새로운 시기의 시작으로 간주한다. 박물관과 갤러리가 생겨나면서 예술작품은 종교 권력이 교회를 위해 그림을 주문하거나 정치권력이 궁정을 위해 주문할 때 부과하던 강요 사항 없이 평가받게 되었다.

이러한 "선택과 신성화의 특정한 국면들"에서 예술가는 이제 교리적인 승인이나 궁정인들과의 공존을 위해서가 아니라, "문화적 적통성"을 위해서 경쟁하게 된다.[5] 같은 의미에서 문학 살롱과 출판사들은 19세기부터 문학 관습을 새롭게 구성했다. 세속화된 대학의 증가와 함께 과학자가 했던 것처럼, 각 예술의 장들은 고유한 상징자본에 의해 형성된 공간으로 변모했다.

예술의 장이 획득한 독립성은 관련 연구의 방법론적 자율성을 정당화한다. 작가의 계급이나 생산양식에서 의미를 추론하던 대부분의 문학과 예술의 사회사와는 달리, 부르디외는 각 문화의 장이 자신의 고유 법칙에 의해 지배되고 있다고 간주한다. 작가의 작업은 사회의 총체적 구조가

---

5) Pierre Bourdieu, "Campo intelectual y proyecto creador", ed. Jean Pouillon, *Problemas del estructuralismo*, México: Siglo XXI, p. 135. 부르디외가 장(champ) 이론을 다룬 다른 텍스트들로는 *Le marché des biens symboliques*, Paris: Centre de Sociologie Européenne, 1970, 그리고 "Quelques propriétés des champs", *Questions de sociologie*, Paris: Minuit, 1980이 있다. 이 마지막 텍스트의 스페인어 번역본인 *Sociología y cultura* (México: Grijalbo, 1990)는 여기서 하고 있는 부르디외에 대한 분석을 확장한 우리의 서문을 포함하고 있다.

아니라, 작품의 생산과 유통에 관련된 행위자들이 만든 관계망에 의해 조건 지어진다는 것이다. 따라서 예술에 대한 사회학적 연구는 각 장의 문화자본이 어떻게 구성되었는가, 그리고 그것을 전유하기 위해 어떻게 투쟁하고 있는가를 분석해야 한다. 문화자본 소유자들과 문화자본을 소유하려는 사람들이 투쟁을 시작하는데, 이것이 생산된 작품의 의미를 이해하는 데 있어 본질적이다. 그러나 이런 경쟁은 많은 부분 서로 공모점이 있으며, 이것을 통해 장의 자율성에 대한 믿음 또한 강조된다. 근대사회에서 특정 장 밖의 어떤 권력——교회나 정부 같은——이 검열을 통해 예술 작업의 내부 동학에 개입하고자 했을 때, 예술가들은 '표현의 자유'를 지키기 위해 대립을 멈추고 서로 연대하고자 하는 것이다.

 소비자 수의 증가를 통해 시장을 확대하고자 하는 자본주의적 경향과 제한된 영역에서 전문적인 관객을 만들기 위한 이러한 경향은 어떻게 서로 타협하는가? 근대 미학 내에서 유일한 작품을 추구하는 것과 수익 증가를 위해 작품을 대량화하는 것은 서로 모순적이지 않은가? 부르디외는 이 질문에 대해 부분적인 답변을 내놓는다. 그는 특정한 재화들이 희소성에 의해 평가되고, 독점적으로만 소비되는 취향과 지식의 특별한 장이 만들어지는 것은 엘리트들의 차이를 구축하고 갱신하는 데 기여한다고 본 것이다. 혈통과 작위라는 특권이 없는 근대 민주사회에서, 소비는 차이를 만들어 내고 소통시키는 중요한 공간이 되는 것이다. 상품에 대한 대중적 접근이 상대적인 민주화를 가져올 때, 부르주아는 사물들이 마치 박물관에서처럼 유용성이 아니라 스타일의 유사성에 의해 분류되듯이 구체적인 삶의 필요와 유리된 영역을 필요로 하게 된다.

 근대 예술작품을 감상하기 위해서는 작품이 생산되는 장의 역사를 이해해야 하고, 형식적 차이를 통해 인상주의적 혹은 극사실주의적 풍경화와 르네상스적인 풍경화를 구별할 수 있는 충분한 능력을 갖추어야 한다. 특정 사회계층에 속함으로써 얻게 되는, 다시 말해 특별한 경제적·교육적 수단의 소유를 통해 얻게 되는 이러한 '미학적 성향'은 습득되는 것이 아니라 본래적인 어떤 것, 즉 하나의 '재능'으로 나타난다. 이렇게 예술적 장의 분리는 부르주아가 자신의 특권을 경제적인 축적 이상의 어떤 것을 통해 정당화하는 데 기여하게 된다. 근대 예술이 언어 실험과 취향 혁신에 있어서 발전하는 데 중요한 역할을 했던 형식과 기능의 차이는, (물질적 재생산을 위해 효율적인) 재화와 (상징적 차이를 조직하기 위해 유용한) 기호 사이의 차이를 통해 사회 생활에서도 재생산된다. 근대사회는 **확산**——이윤을 증대하기 위해 재화의 소비와 시장을 확장하는 것——과 **차별**——확산의 대중화 효과를 제어하기 위해 헤게모니 집단을 구별해 주는 기호들을 만들어 내는 것——을 동시에 필요로 한다.

    문화산업에 거의 관심을 두지 않은 부르디외의 저작은, 엘리트의 기호와 공간까지 대량화되고 민중적 요소와 섞이게 되는 상황에서 어떤 일이 일어나는지를 이해하는 데 도움이 되지 않는다. 박물관에 수백만의 관람객이 찾아오고 고전문학이나 전위문학 작품이 슈퍼마켓에서 팔리거나 비디오로 각색되고 있는 상황에서, 확산과 차별 사이의 변증법을 어떻게 재조직할 것인가를 설명하기 위해 부르디외에서 출발해야 하지만, 우리는 그를 넘어서야 한다.

    그러나 먼저 하워드 베커의 견해를 따라 예술의 장이 갖는 자율성에 대한 분석을 완성해 보자. 사회과학자이자 음악가인 그는 예술 생산이 갖는 집단적이고 협동적인 성격에 특히 민감했다. 그의 예술사회학이 창조적 자율성에 대한 긍정과 그것을 조건화하는 사회적 관계들에 대한 주의 깊은 인식을 결합하는 것도 이 때문이다. 문학이나 조형예술에서는 개별적이고 천재적인 창조자라는 환상이 만들어지기 쉽고, 작품 역시 독자적으로 만들어지는 데 반해, 오케스트라 공연은 많은 사람들의 협력을 필요로 한다. 또한 이는 악기가 제작되고 보존되었다는 것, 음악가들이 학교에서 연주법을 배웠고, 연주회 광고가 있으며, 음악사에 대한 이해를 통해 음악에 몰입하고 이해할 준비가 된 청중이 있다는 것을 의미한다. 실제로 모든 예술은 필요한 물리적 장비의 제작, 공유된 관습적 언어의 창조, 이 언어를 사용하기 위한 전문가나 관객의 훈련, 그리고 특정한 작품을 구성하기 위해 이러한 요소들을 조합하거나 실험하는 창조과정을 전제한다.

이런 일련의 과정에서, 천재성을 부여받은 개인들에 의해서만 가능한 몇몇 예외가 있다고 주장할 수 있다. 그러나 예술사에는 이러한 구분을 어렵게 만드는 예들이 많이 있다. 작업의 일부분을 학생이나 조수들에게 맡긴 조각가와 벽화예술가, 해석이나 즉흥적인 연주가 작곡보다 중요한 재즈, 연주자가 완성할 수 있도록 일부분을 비워 놓는 존 케이지와 스톡하우젠Stockhausen의 작품 같은 것들, 「모나리자」에 수염을 그려 넣어 레오나르도 다빈치를 '조력자'로 바꿔 버린 뒤샹 등이 그 예이다. 첨단 기술이 예술의 탄생과 재생산에 창조적으로 개입하면서부터, 생산자와 협력자 사이의 경계는 보다 더 불확정적인 것이 되었다. 한 예로 음향기술자는 서로 다른 곳에서 녹음된 음원들을 합성하고, 다양한 자질의 음악가들에 의해 연주된 소리들을 기계적으로 조작하고 편성한다. 베커는 예술가가 "작업을 예술로 바꾸는 가장 본질적인 역할을 수행하는 인물"로 정의될 수 있다고 주장했다.[6] 그러나 그는 예술 행위의 의미가 상대적으로 자율적인

---

[6] Howard S. Becker, *Art Worlds*, Berkeley: University of California Press, 1982, pp. 24~25.

'예술 세계' 내에서 예외적인 창조자들이 갖는 독특함에 의해서가 아니라, 많은 참여자들 사이에서 만들어진 합의를 따라 어떻게 구성되는가를 밝혀내는 데 자기 작업의 대부분을 할애한다.

때때로 '조력 그룹'(해설자, 배우, 편집자 그리고 사진사들)은 그들 나름의 이해와 취향을 계발하여, 작품이 공연되고 전달되는 과정에서 중심적인 위치를 얻게 된다. 따라서 예술 세계에서 일어나는 일은 협력의 산물이기도 하고, 경쟁의 산물이기도 하다. 경쟁은 곧잘 경제적인 조건에 의해 제한을 받기도 하지만, 주로 '예술 세계' 내에서 예술적 실천을 규정하는 일상적인 관습을 준수하거나 일탈하는 정도에 따라 조직된다. 이러한 **관습들**(예를 들자면, 음원으로 사용되어야 할 소리의 수, 이 소리들을 연주하기에 적당한 악기와 그것들을 조합하는 방법)은 사회학과 인류학이 규범 혹은 습관으로 탐구해 왔던 것과 동질적이고, 부르디외가 문화자본이라고 부른 것과 유사하다.

음악가가 인정하고 공유하는 관습들은 오케스트라가 하나의 집단으로 연주하고 대중과 소통하는 것을 가능하게 한다. 예술 세계를 규정하는 사회미학적인 체계는 '창조자들'에게 강한 제약을 가하여 독립적인 개인이 되고자 하는 욕구를 최소화한다. 분명히 근대사회에는 이러한 조건화와 차별되는 두 측면이 존재한다. 하나는 이러한 제약이 정치적이거나 신학적인 규범에서 나온 것이 아니라, 예술 세계 내에서 합의된 것이라는 점이다. 두번째는 최근 수 세기 동안 예술의 생산, 해석, 소통에 있어 비관습적인 방법이 선택될 가능성이 점차 확대되었으며, 이를 통해 과거보다 훨씬 더 다양한 경향이 나타나고 있다는 것이다.

이러한 개방과 복수성이 근대의 특징이다. 이 안에서 베커가 말하는 정치적이고 경제적인 자유와 예술 기법의 광범위한 확산은, 개별적이건 집단적이건 간에 많은 사람들로 하여금 지속적으로 다양한 대상들을 만들어 내게 했다. 자유주의적 사회조직(비록 베커가 이렇게 부르지는 않았지만)은 예술 세계에 자율성을 부여했고, 조건 지어진 자율성을 가지고 근대적 예술 행위의 토대가 되고 있다. 이와 동시에 예술 관습의 변화가 사회조직에 반향을 일으키는 것처럼, 예술 세계는 지속적으로 사회와 상호의존적인 관계를 유지하고 있다. 예술 규칙을 바꾸는 것은 단지 미적 문제만이 아니라, 예술 세계 구성원들의 상호관계 구조와 수용자들의 관습 및 신념체계에 문제를 제기한다. 한 조각가가 야외에서 흙을 가지고 소장 가치가 없는 작품을 만든다면, 그는 박물관 종사자, 박물관에 전시를 원하는 예술가, 그리고 근처 박물관에서 영혼을 울리는 작품을 보고자 하는 관객에게 도전하는 것이다.

예술을 사회적 행위로 만드는 관습은 협력과 이해라는 공통의 형식을 만들 뿐 아니라, 관습과의 단절에서 예술성을 발견하고자 하는 사람과 이미 신성화된 예술 형식에 머물고 있는 사람을 구별한다. 근대사회에서 이러한 분화는 관객과 관련해 통합과 차별이라는 두 가지 방법을 만들어 낸다. 한편으로, 예술 작업은 예술작품의 토대로는 어울리지 않는 일반 상식과 대립적인 지식 및 관습을 통해 자기 고유의 '세계'를 건설한다. 이런 전문적인 의미를 이해하는 데 있어서 나타나는 차이는 곧 관객을 '우발적인' 집단과 '주도면밀하고 전문적인' 집단으로 분리한다. 따라서 작품에 생명을 불어넣는 무대화 과정이나 공동 수용의 작업에서 예술가들과 "지속적으로 협력할" 수 있는 사람과 그렇지 못한 사람이 구별되는 것이다.[7]

다른 한편으로, 혁신적 예술가는 예술의 특정한 발전과 특정 대중 사

---

7) Becker, *Art Worlds*, p. 71.

이에 존재하는 공모관계를 부식한다. 때때로 이러한 현상은 훈련받지 못한 관객들과의 거리를 확장하는 예상 밖의 관습을 만들어 내고자 하는 데에서 나타난다. 또한 베커가 라블레Rabelais에서 필립 글래스Philip Glass까지의 많은 예를 들고 있듯이, 현실을 재현하는 통속적인 방법들을 예술 세계의 관습적인 언어에 포함시키기 위해서 나타난다. 이러한 긴장을 통해 헤게모니 세력과 하위주체 세력, 그리고 포함된 요소와 배제된 요소 사이에 도식적이지 않은 복합적인 관계가 만들어진다. 바로 이것이 근대성이 다양한 사회 부문들과 그 상징체계 사이의 분리 과정일 뿐만 아니라, 혼종화 과정이 되는 이유 중 하나인 것이다.

베커의 인류학적이고 상대주의적인 관점은, 예술성을 선험적인 미적 가치가 아니라 적어도 예술이라고 부르는 재화의 생산에 협력하고 있는 일군의 사람들과 동일시하면서 정의한다. 이런 입장은 예술 활동이 벌어지는 영역에 대한 민족중심적이지도 사회중심적이지도 않은, 새로운 분석을 위한 길을 열었다. 작품보다는 작업 과정이나 집단화 과정에 주목하는 것은, 예술이라는 이름에 무엇이 합당한지에 대한 동의가 불가능한 미적 정의의 문제를 예술가 집단들의 생산양식과 상호작용이 갖는 사회적 의미에 대한 규정의 문제로 옮겨 간다. 또한 이런 과정을 내부 구성원 간에, 그리고 그 구성원들과 다른 생산자 집단을 비교하면서 관련짓게 한다. 베커가 말하는 것처럼 근대성에서 예술 세계는 다양하고, 그들 사이에서도 다른 사회 생활과의 관계에서도 명확하게 구분되지 않는다. 또한 각각은 다른 영역과 인적 자원, 경제 및 지적 자원의 공급, 그리고 재화와 관객의 분배 메커니즘을 공유한다.

예술 세계의 **내적** 구조에 대한 베커의 연구가, 문화적 장의 자율성에 대한 부르디외의 사회학적인 **외적** 분석이 거의 주목하지 않았던 사회와의 원심적인 결합을 드러낸다는 점은 흥미롭다. 반대로 베커의 작업은 예술 세계의 구성요소들 사이의 갈등이나 다양한 세계들 사이의 갈등을 다룰 때 보다 덜 견고해 보인다. 왜냐하면 그에게 갈등은——예를 들어 예술가와 조력자 사이의——작품 속에서 예술적 책무를 완성하고자 하는 욕망과 협력을 통해 쉽게 해소되거나, 예술 세계의 구성원들 간의 결속을 창출하는 협력 메커니즘에 비해 부차적인 긴장으로 남게 되기 때문이다. 부르디외에게 있어 각 문화 영역은 본질적으로 상징자본을 전유하고자 하는 투쟁의 공간이다. 이 자본에 대한 위치, 즉 소유자인지 소유하고자 하는 자인지에 따라 보수적 혹은 이단적인 경향들이 만들어진다. 부르디외의 분석에서 문화자본과 이것의 전유를 위한 경쟁이 차지하고 있는 위치를, 베커의 작업에서는 경쟁자들의 작업을 가능하게 하는 합의와 관습이 수행하고 있다. 즉 "변화하는 조건 내에서 행해지는 관습은, 협업하던 부분들이 이 조건에 따라 지속적으로 조정되고 있음을 보여 준다".[8]

예술적 실천을 사회적 생산과 재생산, 그리고 적법화와 차이의 과정에 위치시킴으로써 부르디외는 다양한 실천들을 계급 간 그리고 계급 내 분파 간 상징투쟁의 일부분으로 해석할 수 있었다. 또한 그는 베커가 "순진"하고 "민중적인" 것이라고 불렀던 예술적 표현들을, '적통적'이고 자율적인 엘리트 문화에 덜 통합된 중간 및 피지배 계층의 표현으로 탐구했다.

부르디외는 민중 부문이, "'평범하고' '단순한' 사람들에게 '평범하고' '단순한' 취향을 부과하는 경제적 필요"에 의해 강제된 "실용적이고 기능주의적인 미학"에 의해 지배되어 왔다고 주장한다.[9] 특정한 행위들을 실

---

8) Becker, *Art Worlds*, p. 58.
9) Pierre Bourdieu, *La distinction: Critique social du jugement*, Paris: Minuit, 1979, p. 441.

용적인 의미에서 분리해 내지 못하고, 거기에 그와는 다른 자율적인 미적 의미를 부여할 능력을 갖지 못하기 때문에 민중적인 취향은 부르주아나 근대적인 취향과 대립된다는 것이다. 따라서 민중적 실천은 바로 그 하위 부문에 의해서도, 마치 진정한 예술이 무엇인지를 아는 듯한 사람들의 미학인 지배 미학에 따라 정의되고 온당한 평가를 받지 못하게 된다. 저들에게 진정한 예술은 '숭고한 취향'의 자율성과 독립성을 기준으로 평가되는 것이다.

부르디외는 문화자본의 불균등한 전유에 의하여 계층화된 구조 내에서 다양한 미학과 예술적 실천들을 연관 짓는다. 비록 이러한 입장이 베커가 가지지 못한 전체 사회와의 연관 속에서 설명할 수 있는 힘을 부르디외에게 주었다고 할지라도, 여전히 현실에서 이러한 방식으로 상황이 진행되고 있는지에 대해서는 질문의 여지가 있다. 부르디외는 민중예술 그 자체의 고유한 발전, 다시 말해 기능적이지 않고 자율적인 미학적 형식을 보여 주는 민중예술의 능력을 이해하지 못한 것이다. 이 점에 관해서는 뒤에서 민중 공예와 축제를 분석할 때 살펴볼 것이다. 또한 그는 문화산업에 의해서 만들어진 커뮤니케이션 논리 내에 재위치했을 때, 고급문화 예술과 민중적인 재화의 고전적 형식도 새롭게 변모한다는 것도 분석해 내지 못했다.

전위주의 예술의 종언, 혁신의 제의만 남았다

전위주의는 예술에서 자율성을 극한까지 추구하고, 때로는 근대성의 다른 움직임들——특히 혁신과 민주화——과 결합하고자 했다. 전위예술의 분열, 정치사회 운동과의 갈등관계, 그리고 전위예술의 집단적이고 개인적인 좌절은 근대 기획들 사이에 존재하는 모순의 절망적인 표현으로 읽힐 수 있다.

비록 오늘날에는 근대성을 대표하는 형식으로 보일지라도, 몇몇 전위예술들은 고급문화적이거나 근대적이기를 거부하는 시도로 나타났다. 19세기와 20세기의 다양한 예술가와 작가들은 서구의 예술 유산을 거부하고, 근대성과 유산의 결합물도 거부했다. 그들은 부르주아적 안락함과 합리성의 발전에는 거의 관심을 두지 않았고, 산업과 도시의 발달 역시 그들에게는 비인간적인 것으로 보였다. 가장 극단적인 예술은 이러한 거부를 망명으로 바꾸었다. "범죄" 사회, "황금에 의해 지배되는" 사회에서 벗어나기 위해 랭보는 아프리카로, 고갱은 타히티로 떠났다. 놀데Nolde는 남태평양과 일본으로, 샤갈은 브라질로 갔다. 보들레르처럼 남아 있는 사람들은 도시 생활의 "기계적인 타락"을 비난했다.

물론 예술의 자율성을 향유하고, 개인적이고 실험적인 자유에 열광한 사람들도 있었다. 어떤 사람에게는 사회성에 대한 관심의 결여가 미학적 삶의 징후가 되었다. 고티에Téophile Gautier는 "아름답지 않은 것을 추구하는 예술가는 결코 예술가가 아니다. …… 어느 것에도 쓰임이 없는 것보다 더 아름다운 것은 없다"고 말했던 것이다.

그러나 많은 경향들에서 미적 자유는 윤리적 책임성과 결합했다. 다다이즘의 허무주의를 넘어서 예술 혁명과 사회 혁명을 결합하고자 하는 초현실주의의 희망이 출현했다. 바우하우스는 새로운 산업과 도시 설계에서 형식 실험을 했으며, 일상문화에서 전위예술을 발전시키고자 했다. 즉 "수공예업자와 예술가 사이의 오만한 장벽을 없애, 계층 간 차이가 없는 작가들의 공동체"를 만들고자 했던 것이다. 이 안에서 그들은 예술의 창조성과 기술적 진보가 가지고 있는 차가운 이성 사이의 대립이 극복되기를 또한 원했다. 구성주의자들 역시 이 모든 것을 추구했지만, 혁명 이후에 러시아의 변화에 개입하기 위한 더 좋은 기회를 갖게 되었다. 즉 타틀린Tatlin과 말레비치Malevitch는 자신들의 혁신적 실험을 각종 기념물, 포스터 그리고 다른 공공 예술 형식에 적용할 수 있는 권한을 갖게 된 것이다. 아르바토프Arvatov와 로드첸코Rodchenko를 비롯한 많은 예술가들은 디자인을 혁신하기 위해 산업현장으로 뛰어들었고, 예술학교에서 본질적인 변화를 추동했다. 이것은 학생들에게 "형식에 대한 산업적 태도"를 발전시키고, 그들을 사회주의적 계획에 유효한 "디자인 공학자"로 만들고자 하는 목적 때문이었다.[10] 이들 모두는 예술의 자율성을 신장하는 것과 동시에 이것을 일상에 적용하고, 고급문화 경험을 일반화하며, 집단적인 행위로 변화시키는 것이 가능하다고 생각했다.

우리는 이 모든 것의 결말을 알고 있다. 초현실주의는 내부의 투쟁과 제명이라는 혼란 속에서 흩어져 소멸해 갔다. 바우하우스는 나치즘에 의해 진압되었지만, 그 이전에 이미 기술의 합리주의와 예술적 영감 사이의 순진한 융합, 즉 바이마르 공화국이 손대지 않고 남겨 놓은 부동산 투기와 자본주의적 소유관계에 도시 생산의 기능적 혁신을 도입하는 데 있어 존재하는 구조적인 난점들이 나타나기 시작했다. 구성주의는 소비에트 혁명 이후 10년 동안 추진된 근대화와 사회주의화에 영향을 끼칠 수 있었다. 그러나 종국에는 스탈린주의의 억압적인 관료제 아래에서 압살되었고, 근대 이전 러시아의 도상학 전통을 복원하여 공식 화풍에 적용한 사실주의 작가들에 의해 대체되었다.

전위주의의 좌절은 부분적으로 그 발생을 부추겼던 사회적 조건의

---

10) Boris Arvatov, *Arte y producción*, Madrid: Alberto Corazón, 1973.

붕괴로 인해 파생되었다. 또한 우리는 그들의 경험이 예술사와 사회사에서 유토피아적인 유산으로서 지속되었고, 이후의 운동들, 특히 1960년대 운동은 이 안에서 근대성의 해방적, 혁신적 그리고 민주적 기획을 다시 제기할 자극을 발견했다는 것을 알고 있다. 그러나 예술의 현재적 상황과 사회적 위치는 전위주의의 혁신을 집단적 창조성의 원천으로 바꾸고자 했던 1920년대와 1960년대의 이런 시도들의 남루한 유산을 보여 준다.

이러한 반복적인 좌절의 이유를 미학적이고 사회학적으로 검토한 수많은 문헌들이 있다. 여기서는 전위주의 예술의 좌절을 통해 근대 기획의 쇠퇴를 새롭게 사고하기 위해, 제의^{ritual}에 대한 지식을 발전시킨 인류학적 방법을 제안하고자 한다.

행동(사회적 과정에 대한 실제적인 개입)이 되지 못한 예술가들의 단절의 **몸짓**이 제의가 되어 버리는 순간이 있다. 전위주의의 본래적 충동은 전위주의를 근대성의 세속화 기획과 결합하게 했다. 그 분출은 세상을 미몽에서 깨어나게 하고, 부르주아 문화를 재현하는 상투적이고, 아름답고, 순종적인 방식들을 탈신화화하고자 했다. 그러나 이러한 파격이 박물관에 점차 쌓여 가고, 공식적 예술 교육과 카탈로그에 포함되면서 단절은 하나의 관습이 되었다. 옥타비오 파스가 말한 것처럼, "단절의 전통"이 세워진 것이다.[11] 따라서 전위주의의 미적 생산이 화랑연회, 시상식 그리고 학문적 신성화 등 제의성의 가장 시시한 형식에 종속되었다는 사실은 전혀 낯설지 않다.

그러나 전위주의 예술은 또 다른 의미에서 제의로 변모했다. 이것을 설명하기 위해 제의에 관한 일반적인 이론에 다소간 변화를 주어야만 한

---

11) Octavio Paz, *Los hijos del limo*, México: Joaquín Mortiz, p. 19.

다. 통상 제의를 사회적 재생산의 실천으로 탐구하곤 한다. 사회가 있는 그대로의 자신의 모습을 재확인하고 자신의 질서와 동질성을 방어하는 장소가 제의라고 가정되는 것이다. 부분적으로는 맞는 말이다. 그러나 제의는 또한 사회가 아직 거부하거나 금지한 다른 질서를 위한 움직임이 될 수도 있다. 즉 탄생, 결혼, 죽음과 같은 '자연적인' 사건과 결합된 축제처럼 사회적 관계를 확인하고 그것에 지속성을 부여하기 위한 제의가 있고, 사실적인 혹은 영속적인 형식으로는 불가능한 위반을 상징적이고 특별한 무대에서 실현하기 위한 다른 제의가 존재하는 것이다.

부르디외는 카빌 족에 대한 자신의 인류학 연구에서 많은 제의가 올바른 수행 방법을 설정하고 이를 통해 금지된 것과 용인된 것을 구분하는 기능뿐만 아니라, 특정한 위반들을 제한하면서 동시에 이것들을 통합하는 기능 또한 갖고 있다고 밝히고 있다. 세상에 질서를 부여하고자 하는 "최상의 문화적 행위"인 제의는, 어떤 조건하에서 "이러한 제한에 대한 필요하고도 불가피한 위반"이 정당화되는지를 정한다. 자연 및 사회 질서를 위협하는 역사적인 변화들은 한 공동체를 해체할 수 있는 대립과 갈등을 만들어 낸다. 이때 제의는 구질서를 옹호하는 보수적이고 권위적인 단순한 반응이 아니라, 앞으로 전통주의적인 의식에서 살펴볼 것처럼 한 사회가 변화의 위험을 통제하기 위한 움직임으로 작동할 수 있다. 사실상 기본적인 제의적 행위는 **거부된 위반**이다. 사회적으로 승인되고 집단적으로 수용된 활동을 통해서, 제의는 "특정 집단의 재생산을 공고히 하기 위해 재통합되어야 할 원칙들이 분열적이고 대립적이 될 때" 나타나는 모순들을 해결해야 한다.[12]

---

12) Pierre Bourdieu, *Le sens pratique*, Paris: Minuit, 1980, p. 381.

이러한 분석에 비추어, 전위주의가 세운 특정한 제의 형식에 대해 질문을 던질 수 있다. 제의성에 대한 연구는 **입문제의** 혹은 **통과제의**에 더 관심을 가지고 있다. 즉 누가, 어떤 자격을 가지고 집안이나 교회에 들어갈 수 있는지, 그리고 혼인과 관련하여, 또 어떤 직책이나 직위를 담당하기 위해서 어떤 절차들을 밟아야 하는지 등이 그것이다. 이런 과정에 대한 인류학의 기여는 문화 제도 내의 차별화 기능을 이해하는 데 도움이 된다. 엄격한 관람 코스와 엄밀하게 재현되고 수행되어야 할 행위 코드 등 박물관 건축이 관객에게 강제한 제의화가 거기에 기술된다. 박물관은 마치 종교사원과 마찬가지로, 역사적이고 예술적인 대상물을 기념할 만한 기념물로 만들기 위한 세속의 사원인 셈이다.

캐럴 던컨Carol Duncan과 앨런 월러치Alan Wallach는 루브르 박물관을 연구하면서 웅장한 건축물, 기념비적인 복도와 계단, 천장의 장식, 그리고 프랑스 역사의 다양한 시기와 문화의 많은 작품들이 프랑스 문명의 승리를 제의적으로 극화한 도상학적 프로그램을 형성하고 있다고 파악한다. 다시 말해 프랑스 문화를 인류 가치의 계승자처럼 신성화한다는 것이다. 대신 뉴욕근대미술관은 창문이 거의 없고 금속과 유리로 된 차가운 느낌의 건물에 자리 잡고 있다. 외부세계와 단절되어 있고, 내부의 다양한 통로는 마치 원하는 곳은 어디든지 개인의 자유로운 선택에 따라 갈 수 있다는 느낌을 준다. 또한 방문객으로 하여금 현대 예술가들의 특징이라 할 수 있는 창조적 자유를 체험할 수 있게 해주는 것 같다. 즉 "당신은 그 어느 곳에도 존재하지 않는 곳, 원초적인 무無이자 자궁과 같은, 하얗지만 볕이 들지 않으며, 역사와 시간의 외부에 위치해 있는 것처럼 보이는 무덤에 있는 것이다". 큐비즘에서 초현실주의와 추상표현주의로 나아감에 따라 나타난 "빛과 공기와 같은 주제들에 대한 강조에서 보이듯이", 점점 더 탈물질화된 형식들은 일상적이고 세속적인 필요에 대해 "정신적이고 초월적인 것의 우월성을 선언하게 된다".[13] 결론적으로 말해, 역사박물관의 제의성과 현대 미술관의 제의성이 각자의 방식으로 공간과 대상을 신성화하고 인식체계를 구성할 때, 이는 사회 집단들 간의 차이를 조직화하는 것이다. 들어온 사람과 밖에 위치한 사람 사이의 차이, 그리고 의식儀式을 이해할 수 있는 사람과 그것을 의미 있게 수행할 수 없는 사람 사이의 차이처럼 말이다.

연극과 춤에서와 마찬가지로, 해프닝에서 퍼포먼스와 육체예술까지 조형예술의 탈근대적인 경향은 제의적이고 신비적인 의미를 강조한다. 그러한 경향은 이성적 소통(언어 표현, 정확한 시각적 레퍼런스 등)으로 간주되는 것을 축소하고, 지배 관습에 의해 억압된 원초적인 감정(힘, 에로티시즘, 공포)을 표현하기 위해 새로운 주관적인 형식들을 추구한다. 또한 개별 주체나 잃어버린 에너지와의 마술적인 재회를 독창적으로 표현하기 위해 일상 세계에 대한 코드화된 언급과 단절한다. 미적 경험의 핵심으로 제의를 위치시킬 때, 예술이 제안하는 이러한 자기중심적인 소통의 가장 쿨한 형식은 비디오로 상연되는 퍼포먼스이다. 즉 행위자가 자기 자신의 육체와 내면의 코드를 가지고 의식에 몰입하고, 여기에 스크린과의 수동적이고 반半최면적인 관계가 더해진다. 응시가 되돌아와 예술 언어의 가장 큰 해방은 움직임 없는 황홀경임을 암시한다. 이는 실천과 이미지의 세속화를 없애기 때문에 반反근대적인 해방인 셈이다.

근대성의 가장 심각한 위기 중 하나는 이런 신화 없는 제의의 복귀에

---

13) 캐럴 던컨과 앨런 월러치의 다음 논문들을 참고하시오. "The Universal Survey Museum", *Art History* vol.3, no.4, 1980과 "Le musée d'art moderne de New York: un rite du capitalism tardif", *Histoire et critique des arts* no.7~8, 1978.

의해 초래된다. 제르마노 첼란트Germano Celant는 블랙마운틴 대학에서 로센버그Rauschenberg, 튜더Tudor, 리처즈Richards 그리고 올슨Olsen과 함께 존 케이지가 했던 "사건"에 대해 다음과 같이 언급한다.

…… 행위의 모태가 되는 이념이 없기 때문에, 이러한 사물들의 집적은 서로 다른 언어들을 상호종속의 상태로부터 해방시키는 경향이 있다. 또 그것은 자율적이고 자기기표적 단위로서 그들 사이에 가능한 '대화'를 보여 주는 경향이 있다.[14]

서사를 조직하는 총체적인 서사가 없기 때문에, 육체와 행위 그리고 몸짓의 연쇄는 근대사회 혹은 어떤 고대 공동체의 제의성과 차별되는 제의성이 된다. 이런 새로운 형태의 의식성은 공동체를 통합하는 신화를 재현하지도 않고, 예술사의 자율적인 서술을 나타내지도 않는다. 결국 각 참여자들의 '유기적인 나르시시즘' 외에는 아무것도 재현하지 않는 것이다.

가장 중요한 퍼포먼스 공연가 중 한 명인 팩스톤Paxton은 "우리는 순간의 독특한 질감을 위해 매 순간을 살고 있는 열차에 타고 있다. 이런 즉흥성은 역사적인 것이 아니다"라고 선언했다. 그렇다면 내면적이고 순간적인 각각의 폭발을 지나, 수용자와의 대화나 이미지들로 체계화된 어떤 지속적인 형식을 가정하는 스펙터클에 어떻게 이르게 되는가? 어떻게 개별 발화가 담론이 되고, 독립적인 발화가 소통이 되는가? 예술가의 관점에서 볼 때, 퍼포먼스는 예술적 장의 자율성 탐색을 주체들의 표현적 해방

---

14) Germano Celant, Intervención in "El arte de la perfomance", *Teoría y crítica* 2, Buenos Aires: Asociación Internacional de Críticos de Arte, 1979, p. 32.

의 탐색으로 해체한다. 그리고 주체는 일반적으로 자신의 경험을 공유하기를 원하기 때문에, 자기 자신을 위한 창조와 스펙터클 사이에서 동요한다. 또한 이러한 긴장은 자주 미적 유혹의 근거가 되기도 하는 것이다.

이러한 나르시시즘적인 단절의 격렬함은 새로운 형식의 제의를 만들어 내는데, 이는 실제로 전위주의가 수행해 온 극단적인 결과이다. 이것을 우리는 **이탈의 제의**라고 부를 것이다. 최상의 미적 가치가 끊임없는 혁신인 이상, 예술 세계에 속하기 위해서는 이미 행해진 것, 적통적인 것, 공유된 것을 반복해서는 안 된다. 따라서 코드화되지 않은 재현형식을 시작하고(인상주의에서 초현실주의까지), 예측 밖의 구조를 만들어 내며(환상예술에서 기학학적인 것까지), 현실 속에서 다양한 의미의 연쇄에 속해 있지만 아무도 연결시키지 않았던 이미지들을 결합해야 하는 것이다(콜라주에서 퍼포먼스까지). 근대 예술가에 대한 최고의 비난은 작품 속에 반복이 존재한다는 지적이다. 이러한 영원한 탈주라는 의미에 따르면, 예술사에 존재하기 위해서는 늘 그것으로부터 이탈하고 있어야 한다.

이런 점에서, 근대 전위주의와 이것을 거부한 탈근대적인 예술 사이에 나는 **사회학적** 연속성이 존재한다고 본다.

탈근대주의자들이 근대 미학의 핵심인 단절이라는 개념을 포기하고 예술 담론에서 다른 시대의 이미지들을 사용할지라도, 이미지들을 분절하고 탈구하는 그들의 방식, 그리고 전통에서 이탈하거나 패러디하는 독법은 예술 세계의 고립적이고 자기지시적인 성격을 재확립하고 있다. 근대문화는 전통과 정해진 영역들을 부정하면서 실현되었다. 아직도 근대문화의 자극은 새로운 관객들을 찾는 박물관 안에서, 부유하는 경험 속에서, 그리고 문화적으로 중요하지 않은 도시 공간을 사용하고 모국 밖에서 작품을 생산하며, 대상을 탈맥락화시키는 예술가에게서 유효하다. 탈근대 예술은 본질적으로 새로운 무엇인가를 제공하겠다는 욕구 없이 이러한 작업을 지속적으로 진행하며, 비상투적인 방식으로 과거를 포함해 낸다. 이 과정을 통해 궁극적으로 '적통적' 차이를 재현할 예술 영역의 능력을 새롭게 하는 것이다.

이러한 통문화적인 실험들은 언어, 디자인, 도시형태 그리고 청소년 행위에서 변화를 만들어 냈다. 그러나 전위주의의 영웅적인 몸짓과 탈근대 예술의 각성적인 제의가 가지고 있는 주요 목적지는 박물관과 시장의 제의화였다. 예술과 예술 세계의 탈신화화와 상이한 관객들을 향한 새로운 소통에도 불구하고, 실험주의자들은 자신들의 고립성을 강조했다. 기능보다는 형식, 그리고 내용보다는 말하는 방법에 대한 강조는 관객에게 의미를 이해하기 위해 점점 더 세련된 태도를 요구하게 된다. 예술가들은 작품 자체 내에 작품의 작품다움에 대한 질문을 담아내고, 실재에 대한 자연주의적인 환상과 지각적 쾌락주의를 제거한다. 뿐만 아니라 심지어 바로 한 해 전의 것을 포함한 과거 관습의 해체를 자신의 조형 방식으로 삼은 예술가들은, 부르디외에 따르면 한편으로는 자신의 영역에 대한 지배를 공고히 하지만 다른 한편으로는 예술 속에서 예술가와 동일한 혁신적 경험을 할 준비가 안 된 관객들을 배제한다. 근대 예술과 탈근대 예술은 하나의 "역설적 독해", 즉 "소통 코드를 문제화하는 경향이 있는 또 하나의 소통 코드의 지배"를 제안하는 것이다.[15]

실제로 예술가들은 자기 영역에 대한 지배를 공고하게 했는가? 그들이 보여 준 위반의 소유권자가 된 사람은 누구인가? 예술 시장과 박물관

---

15) Pierre Bourdieu, "Disposition esthétique et compétence artistique", *Les Temps Modernes* no. 295, 1971, p. 1352.

을 용인함으로써, 적통 예술을 만드는 근대적 방법으로서의 끊임없는 탈주, 즉 이탈의 제의들은 변화를 하나의 틀 안에 예속시키지는 않는가? 그렇다면 예술적 실천의 사회적 기능은 무엇인가? 그것은 사회적 변화를 재현할 과제, 다시 말해 총체적인 사회질서를 교란하지 않도록 그 행동과 유효성이 제한된 제도적인 틀 내에서 위반이 수행되는 상징적 무대의 역할을—성공적으로—부여받지 않았는가?

이러한 예술적 혁신과 불경의 유효성, 즉 제의적인 신성모독이 갖는 한계를 새롭게 사고해야 한다. 예술의 숭고함과 우월성에 대한 환상을 부수려는 시도(무례함, 자기 작품의 파괴, 박물관 내의 예술가들의 똥)는 부르디외에 따르면 결국 신도들만 놀라게 하는 신화화하는 탈신화화인 것이다. "예술 정통성의 가장 이교적인 수호자들"이 결국에는 차지하게 될, 외견상 급진적인 전복적 시도들의 운명보다 예술적 장이 고립적인 기능으로 나아가는 경향을 더 잘 보여 주는 것은 없다.[16]

근대성이 미완이지만 실현가능한 기획이라는 하버마스에 동의하는 것이 가능한가, 아니면 자율적인 실험과 사회조직에 민주적으로 개입하는 것이 양립할 수 없는 과제임을—미혹에서 벗어난 예술가 및 이론가들과 함께—인정해야만 하는가?

만약 우리가 이러한 근대 기획들 사이의 모순을 이해하고자 한다면, 문화생산과 유통의 현재적 조건 내에서 예술의 자율성과 종속 사이의 결합이 어떻게 재구성되고 있는지를 분석해야 한다. 나는 근대적이고 '자율적인' 고급문화적 실천이 전근대적 예술, 소박하고/하거나 민중적인 예

---

16) Pierre Bourdieu, "La production de la croyance: contribution a une économie des biens symboliques", *Actes de la Recherche en Sciencies Sociales* vol. 13, 1977, p. 8.

술, 국제적 예술 시장 그리고 문화산업과 같은 '이질적인' 영역과 맺고 있는 네 가지 상호관계를 고려해 보고자 한다.

원시적인 것과 민중적인 것에 매혹되다

옛것과 전통의 극복으로 근대성을 말하는 근대성 촉진자들이 왜 매번 점점 더 과거의 참조점에 매혹을 느끼는가? 이 문제에 대한 답을 이번 장에서 제시하는 것은 불가능하다. 우선 역사 유산이 갖고 있는 권위를 통해 현재의 헤게모니를 정당화하려는 **정치적** 요구와 현재에 보다 강렬한 의미를 부여하려는 **문화적인** 요구를 탐구해야 할 필요가 있다. 예를 들어, 왜 민속이 청년들의 음악적 취향이나 전자매체에서 반향을 일으키는지 살펴보아야 할 것이다.

여기서 우리는 평론가와 박물관 전문가들이 왜 점점 더 전근대 예술과 민중예술에 중요성을 부여하는지에 관심을 기울일 것이다. 라틴아메리카 화가들은 1980년대 말과 1990년대 초반에 미국과 유럽의 박물관과 시장에서 높은 인기를 얻었는데, 이는 수년 전에 시작된 근대적이지 않은 것에 대한 개방의 일환으로 이해된다.[17]

현대 예술의 주역들이 원시적 요소와 민중적 요소에서 무엇을 찾고 있는지를 분석하는 방법은, 박물관들이 이것들을 어떻게 전시하고 카탈로그에서 이것들을 정당화하기 위해 어떤 수사를 사용하는지를 살펴보

---

17) 많은 비평가들이 라틴아메리카 예술의 이런 활력의 원인을 미국 내 '히스패닉' 고객의 확대, 예술 시장에 대한 투자 여력의 증가, 그리고 대륙 발견 500주년이 다가오고 있다는 것에 돌리고 있다. Edward Sullivan, "Mito y realidad. Arte latinoamericano en Estados Unidos", 그리고 Shifra Goldman, "El espíritu latinoamericano. La perspectiva desde los Estados Unidos", *Arte en Colombia* vol. 41, 1989.

는 것이다. 징후적인 전시회는 1984년 뉴욕근대미술관에서 열린 '20세기 예술에서 원시주의'라는 제목의 전시회이다. 최근 20년 동안 새로운 경향들을 합리화하고 신성화한 최고 기관이었던 뉴욕근대미술관은, 근대 예술가의 자율성과 혁신을 강조하는 것 대신에 옛날 작품들과 근대 예술가들의 작품들 사이에 존재하는 형식적 유사성을 강조하는 읽기를 제안한다. 피카소가 그린 한 여성은 콰키우틀 족의 가면에서, 자코메티Giacometti의 길게 늘여진 얼굴들은 탄자니아의 다른 가면에서, 클레의 「공포의 가면」은 주니 족의 전쟁신神에서, 막스 에른스트Max Ernst의 새의 머리는 투스얀 족의 가면에서 각각 그 유사성을 발견할 수 있다는 것이다. 이 전시회는 옛것에 대한 근대인들의 의존이 야수파부터 표현주의자까지, 그리고 브랑쿠시Brancusi에서 대지의 예술가와 '원시적인' 제의에서 영감을 얻어 퍼포먼스를 발전시킨 예술가까지 망라하고 있음을 보여 준다.

카탈로그의 주된 설명이 피카소가 파리 벼룩시장에서 콩고 가면을 샀는지, 클레가 베를린이나 바젤의 민족박물관을 방문했는지를 밝히는 탐정적인 해석에 치중하고 있다는 사실은 유감스러운 일이다. 다시 말해, 근대성이 부여한 쓰임과 의미를 원래의 쓰임 및 의미와 비교하지 않고, 단순하게 아프리카, 아시아, 오세아니아의 물건이 유럽이나 미국에 도착하게 된 과정과 어떻게 서구 예술가들이 그것을 받아들였는지에 집중하고 있는 것이다. 이럴 경우, 서구의 근대 예술이 보여 주는 탈중심화는 미완성으로 남게 된다. 그러나 무엇보다 우리의 관심을 끄는 것은, 커다란 반향을 일으키는 이런 종류의 전시회가 근대문화적 장의 자율성을 상대화하고 있음을 드러낸다는 점이다.

또 다른 주목할 만한 사례는 이른바 순수하거나 민중적인 작가들을 모은 파리국립근대미술관의 1978년 전시회이다. 이 전시회는 풍경화가, 개인 예배당 및 성 건축가, 일상 거주공간의 바로크적 장식가, 독학 화가와 조각가, 쓸모없는 기계와 엉뚱한 장난감 제작자들을 모았다. 페르디낭 슈발Ferdinand Cheval 같은 몇몇은 이질적인 작품들을 평가할 줄 아는 안목의 예술가나 역사가들이 늘어나면서 알려졌다. 그러나 이들 대부분은 어떠한 훈련이나 제도적인 인정도 받지 못했다. 그들은 홍보, 경제 혹은 미적 측면을 고려하지 않고—전위주의 혹은 시각 및 조형예술의 의미에서—, 새로움이나 독창성이 드러나는 작품을 만들었다. 이들은 재료·형식·색을 관습적이지 않은 방법으로 다뤘고, 이 점이 기획 전문가가 미술관에 전시할 만한 것으로 평가한 이유였다. 전시회 카탈로그는 마치 다른 전시회보다 더 설명하고 주지시켜야 할 필요성이 있는 것처럼 다섯 편의 서문을 싣고 있다. 이 중 네 편은 전시 작가들의 특징을 찾기보다는, 이들을 근대 예술의 경향들과 연결시키면서 이해하려 했다. 미셸 라공은 "착란적인 상상력"으로 표현주의자들과 초현실주의자들을 떠올렸고, "비정상성"으로 반 고흐를 떠올렸다. 그는 이 둘이야말로 "모든 진정한 예술가들의 두 가지 특징"이라 할 수 있는 "고독하고 순치되지 않은 이들"이기 때문에 예술가라고 선언한다.[18] 가장 감칠맛 나는 서문은 미술관 디렉터인 수잔느 파제Suzanne Page의 글이다. 그녀는 이 전시회를 '예술의 특이성' Les singuliers de l'art이라 명명한 이유를 설명하는데, 그것은 참여한 예술가들이 "축소할 수 없는 유일성의 생생한 표지를 세상에 붙이는, 환원할 수 없는 그들 스스로의 욕망과 기발함의 자유로운 주인"이기 때문이라는 것이다. 그녀는 미술관이 이 전시회를 "지친 전위주의"에 대한 대안을 모색하기 위해서 기획한 것이 아니라, 이 문화예술에서 야생의 것을 재발견하고 시선을 새롭게 하기 위해서라고 밝히고 있다.

이 작가들이 『라루스 소사전』Petit Larousse의 핑크 페이지[19], 『파리 마치』Paris Match, 『에펠탑』La Tour Eiffel, 종교적 도상학 그리고 당대의 신문이나 잡지 등에서 배운 것을 뒤섞으면서 작품 생산을 하고 있다는 것을 인정하는 동시에, 이토록 이들의 유일성, 순수함, 순진함 그리고 야생에 대해 집착하는 것은 왜일까? 이제 더 이상 유지될 수 없는 '근대적 특성'의 편협성에서 벗어나려는 미술관이, 여기에서 벗어나는 이런 작품들을 적통적인 예술 경향과의 관계뿐 아니라 이단적인 것을 명명하기 위한 항목과 연결시켜 분류하는 이유는 무엇인가? 레이몽 물랭Raymonde Moulin의 서문은 이 문제에 대한 몇 가지 단서를 제공한다. 먼저 그는 20세기 초반부터 예술에 대한 사회적 정의가 부단하게 확장되었으며, 그 결과 생겨난 불안감

---

18) Michel Ragon, "L'art en pluriel", *Les singuliers de l'art*, Paris: Museo de Arte Moderno, 1978.
19) 핑크 페이지(pink pages): 『라루스 소사전』에서 본문에 삽입된 핑크 색 페이지로, 라틴어와 그리스어의 관용구를 설명하는 섹션, 속담 및 격언을 설명하는 섹션, 그리고 역사적 사건을 설명하는 섹션으로 구성되어 있다.—옮긴이

이 낯선 예술적 경향들을 끊임없이 명명하고자 했다는 점을 지적한다. 그리고 그는 전시 작품들을 "분류할 수 없는" 것으로 간주하자고 제안하고, 이 작품들이 선택된 이유에 대해서 자문한다. 무엇보다도 그 이유는, 고급 문화적인 시각에서 볼 때 이런 순진한 예술가들이 "그들 계급의 규범을 부분적으로 위반"하는 반면, "예술적 구원을 달성"하기 때문이다. 그리고

…… 자유 시간의 창조적인 사용 속에서—여가 시간에, 혹은 더욱 종종 은퇴 후에—분리되지 않은 작품이라는 잃어버린 지식을 재발견하기 때문이다. 고립되어, 문화적 혹은 상업적 유통체계와의 관계나 모든 접촉에서 벗어나 있기 때문에, 그들은 오직 내면의 필요만을 따른다. 즉 위대하지도, 형편없지도 않고 다만 순수할 뿐이다. …… 미몽에서 깨어난 사회의 세련된 시선이 그들의 작품에서 현실원칙과 쾌락원칙의 조화를 인지할 수 있다고 믿는다.

고급예술은 더 이상 소수를 위한 상업이 아니다

예술가와 비평가가 세운 미적 원칙에 기초한 예술적 장의 자율성은, 문화 외적인 힘이 결정적인 역할을 하고 급격하게 팽창하고 있는 시장에서 예술이 경험하고 있는 새로운 결정요소들로 인해 축소된다. 미적 판단에서 예술적 장 밖의 요구가 갖는 영향력이 근대 내내 나타나지만, 이 세기 중반부터 예술의 분류를 담당하는 행위자들—박물관, 비엔날레, 잡지, 국제적인 상賞—이 상업적 마케팅과 소비를 위한 새로운 기술과 관련하여 새롭게 조직되었다.

소규모 '아마추어'와 소장자 집단에서 미적 가치보다는 경제적 투자

가치에 관심을 보이는 광범위한 대중으로 예술 시장이 확대되면서, 예술의 평가 방식 또한 바뀌었다. 작품 가격을 알려 주는 잡지들은 항공사, 자동차, 골동품, 가구, 사치품 광고와 함께 관련 정보를 싣는다. 아니 베르제르는 『코네상스 데자르』*Connaissance des arts*에 발표된 지표들을 이용하여, 예술작품이 명성을 얻어 가는 과정의 변화를 조사하고 있다.[20] 그에 따르면 1955년에 발표된 첫번째 지표는 예술가, 비평가, 예술사가, 미술관장, 박물관 관리위원들 중에서 선정된 백 명의 의견을 구해서 만들어졌다. 이 잡지는 5년마다 새롭게 지표를 만들었고, 이때마다 의견자 집단을 변경했다. 즉 그 집단에는 (미적 판단에서 늘어나는 국제화를 받아들이면서) 비프랑스인들이 포함되었고, 예술가들의 수는 1955년의 25%에서 1961년에는 9.25%로 감소하며 1971년에는 완전히 사라진다. 반대로 보다 많은 소장가, 전통적인 박물관 관리위원 그리고 판매자들이 참여하게 된다. 이러한 의견자 집단의 변화는 예술적 신성화를 위한 투쟁에 나타난 변화를 보여 주고, 과거와 차별되는 다른 선택기준을 만들어 낸다. 이제 전위주의 예술가들의 비율이 줄고 '위대한 선조'들이 부활하게 되는데, 이는 근대성과 혁신이 더 이상 최고의 가치가 아니라는 것을 의미한다.

예술적 장에 대한 이러한 미학 외적인 조건화가 가장 공격적으로 드러나고 있는 곳은 독일, 미국 그리고 일본이다. 금융잡지 기자인 빌리 본가르트Willi Bongard는 1967년 『예술과 상업』*Kunst und Kommerz*을 출판했다. 여기에서 그는 전시실도 없이 건물 위층에 자리 잡은 채 고객과 비밀스러운 관계를 맺으며 작품을 단지 두세 주만 전시할 뿐 아니라, 광고를 사치

---

20) Annie Verger, "L'art d'estimer l'art. Comment classer l'incomparable?", *Actes de la Recherche en Sciences Sociales* vol. 66/67, 1987, pp. 105~121.

고급문화적인 것과 대중적인 것 사이의 분리는 끝났는가? 세계적인 주간지의 표지 테마인 피카소와 움베르토 에코. 예술품 경매에서 자주 기록을 갱신한 예술가, 그리고 자신의 '기호학적' 소설을 25개 언어로 5백만 부 이상 판매한 학자. 시장의 미학화인가 아니면 고급 지식 코드의 파괴인가?

스러운 일로 간주하는 미술관들의 "소수 위주의 잘못된 비즈니스" 전략을 비판한다. 그는 작품의 배포와 상업화를 위해 보다 발전된 기법을 사용할 것을 조언했다. 이 조언은 1970년부터 경제지인 『자본』$Kapital$에 가장 권위 있는 예술가 명단이 실리고, 예술 시장의 최근 경향을 소개하고 자신의 소장품을 관리할 최선의 방법을 제안하는 『현대 예술』$Art\ aktuel$이라는 잡지가 출판되면서 사실상 받아들여진다.

이제 권위에 목마른 교양 없는 백만장자나 기업들은 "매우 좋다"라고 말한다. 여기에 대해 비평가나 박물관 관리자들은 "오히려 기뻐할 사람은 우리"라고 대답한다. 대화가 이래야 하는가? 역사학자인 후안 안토니오 라미레스는 경매의 최고 가격이 전문가들이 보다 의미 있거나 우수한 작품이라고 평가한 작품과 일치하지 않는다는 사실을 증명하면서 "결단코 아니다"라고 결론짓는다.²¹⁾ 미국만큼 기업가의 힘, 따라서 "예술경영가"의 힘이 강한 나라도 없다. 따라서 이 직업은 다양한 대학에서 공부할 수 있는 잘나가는 직종이다. 예술과 투자전략에 대해 교육받은 졸업생들은 아트 디렉터와 함께 미국의 대형 미술관에서 특별한 위치를 차지한다. 이들은 매년 전시 계획을 세울 때, 선택할 예술 유형이 문화기구뿐만 아니라 상업, 호텔, 레스토랑의 재정 정책과 일자리에도 영향을 끼친다는 것을 염두에 둔다. 전시회의 이러한 다양한 반향은 권위 있는 전시회를 경제적으로 지원하거나 광고로 이용하려는 기업들을 유인한다. 예술 영역이 비즈니스, 광고, 관광업 사이의 이러한 게임에 포섭된다면, 예술의 자율성, 미학적 모색의 내적 혁신 그리고 관객과의 '정신적' 교감이 머물 곳은 어디인가? 「나, 피카소」Yo Picasso라는 자화상을 1981년 583만 달러에 구입해 1989년 4,785만 달러에 판매한 우마나 기업Humana Inc.의 회장인 웬델 체리Wendell Cherry처럼, 연간 19.6%의 수익을 줄 수 있다면 예술은 무엇보다도 권위 있는 투자처가 될 것이다. 혹은 이러한 데이터를 제공한 논문에서 로버트 휴즈가 말한 것처럼, 예술은 "통합관리 예술산업"이 될 것이다.²²⁾

탈세와 광고가 자선과 박애라는 국가적 전통의 일부로 완곡하게 말해지는 미국과 같은 사회에서, 박물관에 대한 기부는 예술의 정신적 가치를 '보호'하게 해주고 있다.²³⁾ 그러나 이런 환상까지도 깨지기 시작했다. 1986년 들어 레이건 정부는 미국의 기록적인 박물관 증가에 있어 결정

---

21) Juan Antonio Ramírez, "Una relación impúdica", *Lápiz* no.57, 1989.
22) Robert Hughes, "Art and money", *Time*, November 27. 1989, pp. 60~68.
23) 미국인들이 매년 800억 달러를 종교활동(47.2%), 교육활동(13.8%), 예술과 인문학(6.4%)에 '기부'한다는 사실은, 무욕과 대가 없음이 아직도 예술을 이끄는 이데올로기적인 핵심 요소라는 것을 믿게 한다('자선, 후원, 정치학'이라는 주제로 『대달루스』*Daedalu*의 116호에 실린 탁월한 글들, 특히 이러한 데이터를 제시하고 있는 스테펜 그라우바드Stephen R. Graubard와 앨런 피퍼Alan Pifer의 글을 참조).

적인 수단이었던 기부금에 대한 세금 감면 법률을 수정한다. 1989년 말 소더비즈Sotheby's에서 팔린 것처럼, 피카소와 반 고흐의 작품이 4천만 혹은 5천만 달러에 이르게 되면 연간 예산이 최고 2백만~5백만 달러인 미국 박물관들은 가장 비싼 작품들을 개인 소장자들에게 넘겨야 한다. 급격한 가격 증가로 인해 1981년 메트로폴리탄 박물관이 기획한 반 고흐 전시회는 작품 보험료로 50억 달러를 책정해야 했기 때문에, 이 박물관조차도 개인 소장품들을 대중적으로 공개할 수가 없었다. 이런 박물관을 설립하는 이유이기도 했던 몇몇 근대적 유토피아——인류의 공동소유로 평가된 위대한 문화적 창조물들을 확대하고 민주화하는 것——도 가장 악의적인 의미에서 박물관의 소장품이 되어 버렸다.

이것이 메트로폴리스의 상황이라면, 라틴아메리카에는 예술과 예술의 근대적 유토피아에서 무엇이 남아 있는가? 텍사스 대학 헌팅턴 미술관의 라틴아메리카 미술 큐레이터인 마리-카르멘 라미레스Mari-Carmen Ramírez[24]는 타르시라Tarsila, 보테로Botero, 타마요Tamayo의 작품 가격이 30만에서 75만 달러에 달하는 상황에서, 미국 박물관들이 라틴아메리카 고전작품과 새로운 경향의 작품을 포함해 소장품을 확대하는 것은 매우 어렵다고 설명한다.[25] 따라서 예술 기부에 익숙하지 않은 부르주아와 거의 '금욕적'이라 할 만한 공식 예산을 가지고 있는 라틴아메리카의 박물관에서 진행되는 어떠한 소장 계획도 상황은 훨씬 더 열악하다. 그 결과 우리는 곧 라틴아메리카 예술의 가장 뛰어난, 혹은 적어도 가장 고가의 작품들을 라틴아메리카에서는 볼 수 없게 될 것이다. 라틴아메리카 박물관은 보

---

24) 이 인터뷰는 1989년 11월 오스틴에서 진행되었다.
25) 보다 많은 데이터를 위해서는 Helen-Louise Seggerman, "Latin American Art", *Art and Auction*, 1989. 9, pp. 164~165를 참조.

다 빈곤해지고 상투적인 전시장이 될 것인데, 개인 소장자들이 자기 나라의 위대한 작가들의 작품을 박물관에 대여해 주기 위해 필요한 보험금을 지불할 능력도 없기 때문이다.

아니 베르제르는 미적 판단을 독점하기 위한 경쟁에서 새로운 주체들이 등장함에 따라, 예술적 장과 이것을 적통화하고 신성화하는 후원자들이 새롭게 조직되고 있다고 말한다. 우리의 관점에 따르면 문화제도와 상업금융 영역의 투자나 가치평가 전략 사이에 새로운 관계망이 나타나고 있는 것이다. 가장 명백한 증거는 1980년대에 박물관, 비평가, 비엔날레 그리고 국제예술전 등이 미국, 독일, 일본 그리고 프랑스의 대표적인 갤러리들을 추종하게 되면서, 지금까지 보여 주었던 예술적 혁신의 보편적인 형성자라는 권위를 상실해 가는 현상이다. 이 갤러리들은 이러한 문화기구들의 상징적 적통화 수단, 그리고 광고와 마케팅 기법 등을 동시에 사용하면서 "서구 전체, 그리고 동일한 출현 메커니즘 내에 동일한 예술경향을 나타내게 하는" 상업망에 통합되어 있다.[26] 예술 시장의 세계화는 점점 더 자본의 총체적인 집중 및 탈국가화와 긴밀하게 결합되게 된다. 문화적 장의 자율성은 전 지구적 자본주의의 규칙들 속에서 사라지는 것이 아니라, 서로 간의 유례없는 결합양상을 보여 주면서 이 규칙들에 종속되는 것이다.

우리는 시각예술, 특히 조형예술에 초점을 맞추면서 문학과 함께 작금의 변화에 가장 저항했던 영역이었던 이 분야에서도 엘리트들이 상징적 자율성을 상실하고 있다는 점을 보여 주고자 한다. 그러나 20세기 초

---

26) Raymonde Moulin, "Le marché et le musée. La constitution des valeurs artistiques contemporaines", *Revue Française de Sociologie*, xxvii, 1985, p. 315.

부터 근대 고급문화는, 이전 시기 엘리트들의 전유물이었던 문학, 음악, 조형 작품을 새로운 미디어가 재가공하고 대중적으로 전파하면서, 문화산업에 의해 유통되는 상당수의 생산물을 포함하게 되었다. 대중적 취향, 거의 모든 상징재화의 생산과 유통의 산업적 구조, 비용과 효율성에 대한 사업적 패턴 등과 고급문화의 상호작용은 근대성 내에서 '고급문화'로 이해되는 것을 만들어 내는 수단을 근본적으로 변화시키고 있다.

영화, 음반, 라디오, 텔레비전, 비디오에서 예술가, 중재자 그리고 관객 사이의 관계는 과거 예술을 지탱해 주던 미학과는 차별되는 미학을 내포한다. 즉 이제 예술가는 관객을 알 수 없고, 작품에 대한 관객의 평가 역시 직접적으로 받을 수도 없다. 기업가들이 생산과 유통 여부를 결정하고, 그들이 비평가나 예술사 같은 다른 어떤 미적 전문중재자보다 더 중요한 역할을 하게 되었다. 이런 권위 있는 중재자들의 입장은 경제적 이익에 최고의 중요성을 부여하고, 그들이 시장의 경향이라고 해석한 것에 미적 가치를 종속시키면서 얻어진다. 이러한 결정을 내리기 위해 필요한 정보는 갤러리 관련자와 고객 사이 같은 인격화된 관계보다는, 점점 더 시장조사와 순위 산정이라는 전자기법에 의존하게 된다. 또한 허용된 변화와 형식의 '표준화'는 예술가의 개별적인 선택이 아니라, 조정과 이윤이라는 시스템의 상업적 동학에 따라 이루어지게 된다.

이와 같은 시스템 안에서 레오나르도 다빈치, 모차르트 혹은 보들레르가 오늘날 무엇을 할 수 있을 것인가라는 질문을 던질 수 있다. 한 비평가의 답변처럼, "이러한 규칙에 적응하지 않는 한 아무것도 할 수 없다".[27]

---

27) C. Ratcliff, "Could Leonardo da Vinci make it in New York today? Not, unless he played by the rules", *New York Magazine*, 1978. 11.

소비자를 위한 이데올로기로서의 근대 미학

이러한 변화가 아직 많은 대중들에게 거의 알려지지 않거나 받아들여지지 않았기 때문에, 근대 고급예술의 이데올로기——예술의 자율성과 실용성에 대한 무관심, 고립된 개인의 독특하고 고양된 창조성——는 이러한 믿음을 만들어 낸 엘리트보다 오히려 대중 관객에게서 더 지속되고 있다.

이는 역설적인 상황이다. 즉 예술가와 '고급문화' 관객은 현실이 다른 방식으로 작동한다는 것을 인식하고 전위주의와 순수예술 미학을 버리고 있는 상황에서, 예술 생산에서 이러한 환상을 깨버린 바로 그 문화산업이 광고와 보급의 병렬 체제 내에서 전위주의와 예술을 되살리고 있는 것이다. 예술가의 전기적인 인터뷰, 연극이나 영화 작품을 준비하기 위한 '고통스러운' 작업 혹은 개인사에 대한 가공된 이야기를 통해, 물질주의의 홍수 속에서 영혼의 가치를 고양하는 고독하고 이해받지 못한 예술가와 그의 작품에 대한 낭만적인 관점이 보존된다. 이렇게 해서 미적 담론은 더 이상 창조과정의 재현이 아니라, 소비의 순간에 예술적 경험의 핍진성을 '보증해 주기' 위한 보족적인 수단으로 변화한다.

이 장에서 살펴본 것처럼 근대 예술사회학과 최근 20년 동안의 예술적 실천 사이에는 또 다른 역설적인 분리가 존재한다. 하버마스, 부르디외 그리고 베커 같은 철학자나 사회학자들은 예술과 과학적 장의 자율적인 발전에서 이것들의 동시대적 구조를 설명할 수 있는 단서를 발견하고, 이런 방법론적 접근법을 가지고 연구에 영향을 주었다. 반면에 예술 영역의 참여자들은 자기 작업에 대한 성찰의 근거를 문화적 장의 탈중심화 그리고 문화산업과 시장에 대한 불가피한 의존성에서 찾는다. 이 점은 예술작품 자체에서 나타날 뿐만 아니라, 사유 및 전시 대상의 핵심 가치를 예술과 예술 외적인 요소 사이의 상호관계에서 찾는 박물관학자, 국제전시회나 비엔날레 기획자 그리고 잡지 편집자의 작업에서도 나타난다.

이러한 불일치의 이유는 무엇인가? 특정 분과학문과 다른 학문 사이에 존재하는 명백한 초점상의 차이 외에도, 세기말 예술이 보여 주는 혁신적 힘과 창조성의 감소에서 우리는 하나의 단서를 발견할 수 있다. 조형예술, 그리고 연극이나 영화가 점점 더 과거 작품들을 인용하는 **콜라주**가 되어 가는 현상은 몇몇 탈근대적 원칙에 의해서만 설명될 수는 없다. 박물관 디렉터가 빈번하게 회고를 통해 전시회를 기획하고, 박물관이 건축학적인 혁신과 무대 장치를 통해 관객들을 유혹한다면, 이는 동시대 예술이 이제 20세기 전반과 같은 스타일의 충격, 그리고 위대한 작품이나 경향들을 더 이상 만들어 내지 못하기 때문인 것이다. 우리는 이러한 진단이 단순히 비판적인 느낌만으로 끝나기를 원하지 않는다. 우리는 근대성의 혁신적이고 팽창적인 충동이 이제 한계에 다다랐다고 생각하지만, 그러나 이것은 아마도 미지의 것에 대한 끝없는 진전이 아닌 또 다른 혁신의 방법을 사유하게 할지도 모른다. 우리는 "예술 운동과 경향이 다소는 체계적인 틀을 가지고 발전해 갔던 60년대보다" 70년대 이후 문화가 "다양성에 있어서 보다 풍요롭고, 더 무정형적이며 확산적"이라는 후이센의 지적에 동의한다.[28]

마지막으로 고급예술 영역의 전술한 네 가지 개방은 근대성의 행위자들이 예술의 자율성, 그리고 문화적 진화론에 대한 신뢰를 어떻게 상대화하는지를 보여 준다고 말해야 한다. 그러나 근대 예술이 외부 요소와 상

---

28) Andreas Huyssen, "En busca de la tradición: vanguardia y posmodernismo en los años 70", ed. Josep Picó, *Modernidad y posmodernidad*, Madrid: Alianza, 1988, p.154.

호작용하는 방식이 처음의 두 경우와 나중 두 경우 사이에 서로 다르다는 것을 인식해야 한다.

역사가나 박물관이 고대나 원시 예술, 그리고 순수예술 혹은 민중예술을 전유할 때, 발화나 전유의 주체는 근대적이고 고급문화적인 주체이다. '20세기 예술에서 원시주의' 전시회의 디렉터인 윌리엄 루빈은 전시회에 대한 포괄적인 서문에서 종족적 혹은 민족적인 개별 사물이 갖고 있는 본래적 의미나 기능보다는 "'근대' 예술가들이 그것들을 발견했던 서구적 맥락"에 더 관심이 있다고 말한다.[29] 우리는 '예술의 특이성' 전시회에서, 역사가나 비평가들이 순수성 혹은 민중성의 차이를 근대 예술의 엘리트적인 형식으로 말하지 않기 위해 마찬가지의 어려움을 겪고 있음을 보았다.

반대로, 시장과 문화산업의 힘에 맞닥뜨린 서구 예술은 자신의 독립성을 유지할 수 없게 되었다. 동일한 체계 내의 타자성은 정치적·경제적으로 종속된 낯선 문화의 타자성보다 훨씬 더 강력하고, 또한 그 사회의 주변적인 집단 혹은 하위 집단과의 차이보다 훨씬 강력하다.

---

29) William Rubin ed., *'Primitivism' in 20th Century Art* vol.1, New York: Museum of Modern Art, 1984, pp. 1~79.

2장
라틴아메리카의 모순
— 근대화 없는 모더니즘?

2장_라틴아메리카의 모순
근대화 없는 모더니즘?

라틴아메리카 근대성에 관한 논문에서 가장 많이 반복되는 가설은 '불충분한 근대화에 비해 풍부한 모더니즘을 가지고 있다'로 요약될 수 있다. 파스와 카브루하스Cabrujas에게서 이런 입장을 볼 수 있고, 다른 글이나 역사학 및 사회학 연구에서도 이런 입장이 존재한다. 라틴아메리카는 반종교개혁과 다른 반근대적 움직임에 종속된 가장 뒤처진 유럽 국가들에 의해 식민화되었기 때문에, 라틴아메리카 국가들은 독립 이후에야 비로소 현재화를 시작할 수 있었다. 이때부터 근대화의 파도가 나타난 것이다.

19세기 말과 20세기 초 근대화의 물결은 진보적인 과두세력, 문해화 文解化, 유럽화된 지식인에 의해, 20년대와 30년대에는 자본주의의 팽창, 자유주의적인 중간 계층의 민주적 성장, 이주자들의 기여와 대규모 학교 설립 그리고 언론과 라디오에 의해, 40년대부터는 산업화, 도시의 확장, 대규모 중고등 교육 그리고 새로운 문화산업에 의해 추동되었다.

그러나 이러한 움직임들은 유럽 근대가 가진 기능을 달성하지 못했다. 개별 예술의 장을 위한 자율적인 시장을 형성하지 못했고, 예술가와 작가들의 광범위한 전문화도 이루지 못했으며, 문화적 민주화와 실험적인 혁신의 힘들을 지탱할 만한 경제개발도 달성하지 못했다.

몇몇 대조들을 통해 이러한 사실을 명확하게 확인할 수 있다. 프랑스에서 앙시앵레짐 시기 30%였던 문해율은 1890년에는 90%로 증가했다. 1860년 파리에서 발간된 신문은 5백 종에서 1890년에는 2천 종으로 늘어났다. 20세기 초 영국은 97%의 문해율을 기록했고, 『데일리 텔레그래프』 Daily Telegraph는 1860년에서 1890년 사이 판매 부수를 배로 늘려 30만 권을 찍었다. 『이상한 나라의 앨리스』는 1865년과 1898년 사이에 15만 권을 팔았다. 이런 식으로 해서 이중적인 문화공간이 만들어졌다. 한편으로는 루이스 캐럴Lewis Carroll의 소설처럼 간혹 높은 판매량을 보이는 경우가 있지만 제한된 유통공간이 존재했고, 이 안에서 문학과 예술이 발전했다. 다른 한편으로 20세기 초반부의 신문이 보여 준 것처럼 광범위한 유통공간이 존재했는데, 이 안에서 신문은 텍스트 소비를 위한 대중독자의 형성을 가능하게 했다.

헤나투 오르치스가 지적하는 것처럼,[1] 브라질의 경우는 이와는 상당히 달랐다. 문맹자가 1890년에 84%, 1920년에 75%, 1940년에 아직도 57%에 달하는 상황에서, 작가들이나 예술가들이 어떻게 특화된 독자층을 가질 수 있었겠는가? 1930년까지 소설의 평균 발행 부수는 천 부에 불과했다. 이후로도 수십 년 동안 작가들은 문학으로 생계를 유지할 수가 없었다. 따라서 교육자나 공무원 혹은 신문기자로 일해야 했으며, 이것은 문학발전을 대중적 정보시장과 국가관료제에 의존하게 만들었다. 따라서 오르치스는 브라질에는 유럽 사회와 같은 예술문화와 대중적 시장 사이의 분명한 구분이 나타나지 않았고, 이들 사이의 모순이 매우 적대적인 형

---

[1] Renato Ortiz, *A moderna tradição brasileira*, San Pablo: Brasiliense, 1988, pp. 23~28. 이 책에 여기서 인용한 데이터들이 들어 있다.

식을 띠지도 않았다고 결론짓는다.[2]

다른 라틴아메리카 국가에 대한 연구 역시 유사하거나 보다 열악한 상황을 보여 준다. 근대화와 민주화가 소수 집단에게만 해당되었기 때문에, 자율적인 문화의 장을 성장시킬 수 있는 상징시장이 형성되는 것이 불가능했다. 근대적 의미에서 고급문화인의 요건이 무엇보다도 문자해독을 의미한다면, 1920년까지 우리 대륙의 인구 절반에게 이는 불가능한 일이었다. 이런 제약은 근대 고급예술에 대한 진정한 접근을 가능하게 하는 고등교육 단계에서 첨예화된다. 1930년대 중등학교 입학자 중 대학 입학이 허용된 학생 수는 10%도 채 되지 않았다. 이 시기 칠레에 대해 브루네르가 말한 것처럼, "전통적인 엘리트 집단"은 신문이나 문화잡지에 글을 쓰거나 문학 살롱에 참여하기 위해 지배계급에 속해야 했다. 칠레 사회 내 과두층의 헤게모니는 근대적 팽창을 제한하는 사회 내부의 분리에 토대하고 있으며, "국가의 유기적 발전에 대해 자신들의 구성적인 한계들(상징시장의 협소함과 지배계층의 홉스주의적 분열)을 대립시킨다".[3]

이렇듯 라틴아메리카에서 시장의 제한적인 확장, 소수를 위한 민주화, 사회적 과정에 있어서 사고체계의 비효율적인 변화라는 한계와 함께 근대화가 진행되었다. 모더니즘과 근대화 사이의 이런 불균등은 지배계급의 헤게모니를 유지하기 위해서 유용했다. 때로 그들은 자신들의 헤게모니를 정당화할 필요도 없었고, 단지 지배계급이기만 하면 되었다. 문자문화의 경우, 지배계급은 책과 잡지의 소비 그리고 취학을 제약하면서 이

---

[2] Ortiz, *A moderna tradição brasileira*, p. 29.
[3] José Joaquín Brunner, "Cultura y crisis de hegemonías", J. J. Brunner and G. Catalán, *Cinco estudios sobre cultura y sociedad*, Santiago de Chile: FLACSO, 1985, p. 32.

를 달성했다. 시각예술에서는 이러저러한 근대적 변화에 맞서 자신들의 귀족주의적인 개념을 재정립하기 위해 세 가지 활동을 활용했다. ⓐ 예술적 '창조'라는 측면에서 문화생산에 정신적 가치를 부여하고, 이를 통해 예술과 수공예를 구분하는 것, ⓑ 상징재화를 박물관, 궁전 혹은 다른 배타적인 기관에 집중시키면서, 재화의 유통을 소장품에 한정하는 것, ⓒ 이러한 재화를 소비하는 유일하고 적법한 방법으로 정신적 가치가 부여되고, 계층적이며 재화를 지속적으로 응시할 수 있는 수용의 방식을 제안하는 것이 그것이다.

이것이 학교와 박물관이 재생산해 온 시각문화라고 한다면 전위주의는 무엇을 할 수 있었던 것일까? 항상 공존하고 갈등하는 문화적 전통들, 그리고 서로 다른 부문들이 불균등하게 받아들인 차별적인 합리성들을 가진 이종적인 사회를 어떻게 다른 식으로 재현―현실을 이미지들로 바꾸고, 이 이미지들이 현실을 나타내야 한다는 이중적 의미에서―할 것인가? 사회경제적 근대화가 지나치게 불균등한 상황에서 문화적 근대성을 추진하는 것이 가능한가? 몇몇 예술사가들은, 혁신적 움직임들이 우리 현실과 단절된 "이식되고 접목된 것"이라고 결론 내린다. 유럽에서,

…… 큐비즘과 미래주의는 기계문명의 첫번째 절정에 의해 유발된 물리적이고 정신적인 변화에 대한 전위주의의 첫번째 열광적인 찬양이라 할 수 있다. 초현실주의는 기술문명 시기의 소외에 대항한 혁명이었고, 구체예술 운동은 통합적이고 프로그램화된 방식으로 새로운 인간적 환경을 만들려는 산업디자인과 기능주의 건축과 함께 등장했으며, 비형식주의는 합리주의적 엄격함, 금욕주의 그리고 기능주의 시기의 조립라인 생산에 대한 또 다른 대응으로서, 제2차 세계대전에 의해 유발된 존재론적

공허와 가치의 첨예한 위기에 대응한다. …… 우리는 유럽과 동일하게 이 모든 경향을 실행해 왔다. 그러나 우리는 미래파들의 '기계적 왕국'에 거의 들어가지도 않았고, 어떤 산업적 절정에 이르지도 않았으며, 소비사회에 완전히 도달하지도 못했다. 또한 조립라인 생산이 전면화되지도, 과도한 기능주의에 의해 제약받지도 않았다. 즉 우리는 바르샤바나 히로시마를 갖지 못한 채 존재론적인 번민을 경험해 온 것이다.[4]

이러한 비교에 문제를 제기하기에 앞서 1977년 출판된 책에서 내가 이 단락을 인용한——그리고 확대한——적이 있다는 것을 밝히고자 한다.[5] 그 책을 재출간하지 않을 정도로 나는 지금 그때의 입장과는 많은 이견을 갖고 있는데, 이는 라틴아메리카 근대성에 대한 보다 복합적인 관점에서 기인한다.

왜 라틴아메리카 국가들은 메트로폴리스의 근대화 모델을 뒤늦게 그리고 잘못 쫓아가고 있는가? 경제 교역의 결과로 인해 우리가 감당해야 할 구조적 종속, 그리고 사회적 근대화에 저항하고 자신들의 권위에 우아함을 부여하기 위해 모더니즘을 취하고자 했던 상류 계급의 자잘한 이익 때문만인가? 이런 식의 잘못된 해석은 부분적으로 중심부 국가들에서 진행된 근대화 과정에 최적화된 이미지를 가지고 우리의 근대성을 재단하는 데서 나타난다. 먼저 유럽 근대화와 우리의 근대화 사이의 그렇게 많은 차이점이 존재하는지를 재검토해야 한다. 그리고 라틴아메리카 근대성을

---

4) Saúl Yurkievich, "El arte de una sociedad en transformación", ed. Damián Bayón, *América Latina en sus artes*, México: UNESCO-Siglo XXI, 1984, p. 179.
5) Néstor García Canclini, *Arte popular y sociedad en América Latina*, México: Grijalbo, 1977.

메트로폴리스에 기계적으로 종속되어 진행된 억압되고 뒤처진 것으로 파악하는 입장이, 우리의 '뒤처짐'에 대한 연구들이 늘 주장하는 것처럼 그렇게 확실하고 또 그렇게 역기능적이었는지를 분석해 보고자 한다.

혼종의 역사를 어떻게 해석할 것인가

이런 문제를 새롭게 사고하기 위한 바람직한 방법은, 라틴아메리카의 근대성을 중심부 국가들의 뒤처지고 결함 있는 반향으로 간주하는 페리 앤더슨의 글을 검토해 보는 것이다.[6] 그는 유럽의 문학적·예술적 모더니즘은 20세기 초반의 30년 동안 전성기를 맞이했고, 이후 그만큼의 활력을 보여 준 작품이나 예술가가 나타나지 않은 채 그 미학적 이데올로기에 대한 "숭배"로서 지속되어 왔다고 주장한다. 그는 우리 대륙으로 창조적인 활력이 뒤늦게 건너온 이유를 다음과 같이 설명한다.

> 일반적으로 제3세계에서는 한때 제1세계에서 유행했던 것의 일부를 마치 그림자처럼 재생산하는 하나의 형식이 존재한다. 그곳에는 가장 다양한 형태의 전자본주의적 과두층, 무엇보다도 토지와 관련된 과두계층이 넘쳐났다. 또한 전형적인 자본주의 발전은 그 지역들에서 다른 메트로폴리스 지역보다 훨씬 더 빠르고 역동적이었지만, 다른 측면에서 매우 불안정했고 취약했다. 사회주의 혁명은 지속적인 가능성을 가지고 이런 사회들을 겨누고 있었다. 앙골라나 베트남, 쿠바나 니카라과 같은 이웃 국가에서 이미 나타난 것처럼 말이다. [마샬] 버먼의 범주에 해당하는 최근의

---

6) Perry Anderson, "Modernity and Revolution", *New Left Review* no.144, 1984.

진정한 걸작들, 즉 콜롬비아의 가브리엘 가르시아 마르케스의 『백 년 동안의 고독』이나 인도의 살만 루시디의 『한밤의 아이들』 같은 소설들, 그리고 터키에서 일미즈 귀니Yilmiz Güney의 「욜」Yol과 같은 영화들을 생산해 낸 것은 바로 이러한 조건들이다.[7]

이 긴 인용은 유용하다. 왜냐하면 이 인용문은 적절한 관찰과 기계적이고 성급한 왜곡의 혼합을 보여 주는데, 이러한 왜곡은 메트로폴리스에서 우리를 해석할 때 자주 나타나며 우리 역시 그림자처럼 이를 지나치게 반복해 왔다. 분명, 모더니즘과 근대성 사이의 관계에 대한 앤더슨의 견해는 지나치게 자극적이어서, 여기에 대한 비판에는 별로 관심이 없다.

가장 중요한 것은 제3세계에서는 거의 사용되지 않는 이러한 광적인 입장, 즉 제3세계라는 범주를 사용하여 콜롬비아, 인도, 터키를 동일한 틀 안에 집어넣는 입장에 문제를 제기해야 한다. 두번째 불만은 『백년 동안의 고독』──우리의 마술적 사실주의라고 가정된 것에 대한 현혹적인 아첨──에서 라틴아메리카 모더니즘의 징후를 찾으려는 태도이다. 세번째는 근대성 논쟁의 가장 지적인 이론가 중 한 명인 앤더슨의 글에서 특정한 사회경제적 조건이 예술과 문학의 걸작들을 "생산"했다는 결정론을 발견하는 것이다.

이러한 잔재가 앤더슨 글의 다양한 층위에 오점을 남기고 영향을 끼쳤다고 할지라도, 그의 글에는 섬세한 해석이 존재한다. 그 하나는 문화적 모더니즘이 경제적 근대화를 표현하지 않는다는 것이다. 자신의 나라이자 자본주의 산업화의 선구자였고, 100년 동안 세계 시장을 지배했던 영

---

7) Anderson, "Modernity and Revolution", p. 109.

국이 "20세기 초반에 두드러지고 의미 있는 모더니즘 형태의 어떠한 자생적 운동도 생산하지 못했다"는 지적이 보여 주는 것처럼 말이다. 앤더슨의 말처럼 모더니즘 운동은 **구조적인** 근대화의 변화가 일어난 곳이 아닌, "다양한 역사적 시간성들의 교차"라고 하는 복합 국면이 존재했던 유럽에서 나타났다. 유럽에서 이런 유형의 국면은 세 개의 결정적인 좌표에 의해 삼차원화된 강력한 문화적 장으로 나타났다. ⓐ 경제발전에 의해 극복되었지만 1차 대전까지도 여전히 문화와 정치의 분위기를 이끌고 있던 귀족계급 혹은 지주계급이 지배하던 사회나 국가에 의해 제도화된 시각예술과 여타 예술에서 높은 수준으로 형성된 아카데미즘의 코드화, ⓑ 이런 사회 내에서 제2의 산업혁명이 만들어 낸 전화기, 라디오, 자동차 등의 새로운 기술제품의 출현, ⓒ 러시아 혁명이나 다른 서유럽의 사회운동에서 나타나기 시작한 사회혁명이 곧 일어날 것이라는 상상이 그것이다.

> **앙시앵레짐**과 이것들을 동반한 아카데미즘의 지속은 이들의 문화적 가치에 대한 비판적 틀을 만들어 냈다. 예술의 전복적 힘은 이러한 문화적 가치에 대한 저항을 통해 측정되었지만, 또한 이 가치 내에서 부분적으로 스스로를 절합할 수 있었다.[8]

엄격하게 말해 아직 귀족주의적인 것을 포함하고 있는 구질서는 일련의 코드와 수단을 제시했는데, 혁신가를 포함해서 지식인과 예술가들은 이를 통해 문화와 사회의 조직 원칙으로서 시장이 자행하는 황폐화에 저항하는 것이 가능하다고 보았다.

---

8) ibid., p. 105.

비록 기계주의의 에너지가 파리 큐비즘과 이탈리아 미래파의 상상력을 위한 강력한 자극이었음에도 불구하고, 이러한 흐름들은 생산의 사회적 관계들로부터 기술과 생산도구를 추상화함으로써 기술 근대화의 물질적 의미를 무화시킨다. 전체 유럽 모더니즘을 살펴보면서 앤더슨은 20세기 초반 "아직 유용한 고전적 과거, 결정되지 않은 기술적 현재, 예측할 수 없는 정치적 미래"가 서로 섞이는 공간에서 유럽 모더니즘이 꽃피었다는 것을 발견할 수 있다고 말한다. 그리고 그것은 "반ᴺ귀족적인 지배질서, 반ᴺ산업화된 자본주의 경제, 그리고 반쯤 부상하거나 혹은 반쯤 혁명적인 노동운동 사이의 상호교차에서 나타났다"고 계속한다.

모더니즘이 사회경제적 근대화의 표현이 아니라, 엘리트들이 서로 다른 역사적 시간성들의 상호교차를 담당하고 이 다양한 시간성들을 가지고 전지구적 기획을 만들려는 하나의 양식이라면, 라틴아메리카에서 이러한 시간성들은 무엇이고 그들의 교차가 빚어내는 모순은 무엇인가? 어떤 의미에서 이러한 모순이, 근대성의 해방적이고 팽창적이며 혁신적이고 민주적인 기획들의 실현을 둔화시키는가?

라틴아메리카 국가들은 실제로 원주민 전통(특히, 메소아메리카나 안데스 지역), 가톨릭적·식민적 스페인중심주의, 그리고 근대적 정치·교육·커뮤니케이션 활동들의 침전, 병존, 교차의 결과이다. 원주민적 특성과 식민적 특성을 민중 부문으로 한정하고 엘리트 문화에 근대적 측면을 부여하려는 의도에도 불구하고, 계급 간 혼혈은 모든 사회 지층에 혼성적 형성물을 만들어 냈다. 근대성의 혁신적이고 세속적인 자극은 '고급문화' 집단에서 보다 효율적이었지만, 몇몇 엘리트들은 대중문화의 확장에 의해 도전받고 있는 구질서의 권위를 정당화하기 위한 수단으로, 스페인적이고 가톨릭적인 전통과의 연관성 및 농촌지역의 토착 전통에 집착했다.

산티아고 데 칠레, 리마, 보고타, 멕시코시티 그리고 다른 많은 도시의 높은 교육수준을 갖춘 중산 계층과 부르주아의 저택에는 다양한 언어의 책들이 구비된 도서관과 원주민 수공예품, 케이블 TV와 식민지풍 가구와 위성 안테나, 그리고 유구한 종교적·가족적 제의 및 금주의 금융투자 관련 정보를 싣고 있는 주간지 등이 공존한다. 근대적인 고급문화를 포함하여 고급문화적이라는 것은 근대적인 메시지나 사물과 배타적으로 결합하는 것이 아니라, 기술 발전뿐만 아니라 전위주의 예술과 문학을 상징적 차이와 사회적 권위라는 전통적인 메트릭스에 포함시킬 줄 아는 것을 의미한다.

근대문화의 이 **다시간적 이종성**은 근대화가 전통적 요소와 옛것을 대체하면서 활동한 경험을 거의 갖지 못한 라틴아메리카 역사의 결과물이다. 유럽보다는 뒤늦게 진행되었다고 할지라도, 보다 더 가속적인 산업발전과 도시화에 의한 단절이 라틴아메리카에도 존재했다. 교육팽창을 통해 문학과 예술 시장이 나타났고, 이것은 몇몇 작가와 예술가들의 전문화를 가능하게 했다. 19세기 말 자유주의자들 그리고 20세기 초반 실증주의자들의 투쟁—아르헨티나에서 시작해서 곧 다른 나라로 번진 1918년의 대학개혁에서 정점을 이뤘는데—은 많은 유럽 나라들보다 먼저 민주적으로 조직되었고 세속적인 대학의 건설로 이어졌다. 그러나 이러한 과학적이고 인문학적인 자율적 장의 구축은 인구 절반에 해당하는 문맹자, 그리고 전근대적 정치 행태 및 경제 구조와 충돌했던 것이다.

고급문화 요소와 민중적 요소 사이의 이러한 모순은, 작품이 엘리트에게 갖는 의미에만 주목한 문학사와 예술사보다는 실제 작품에서 더 중요하게 취급되었다. 문화적 모더니즘과 사회적 근대화 사이의 불일치를 단지 지식인들의 메트로폴리스에 대한 종속 때문이라고 이해하는 태도는, 사회의 내적 갈등에 대한 작가와 예술가들의 관심, 그리고 민중과의 소통 고리를 발견하고자 하는 그들의 강렬한 고민을 간과하는 것이다.

사르미엔토Sarmiento부터 사바토Sábato와 피글리아Piglia까지, 그리고 바스콘셀로스Vasconcelos에서 푸엔테스Fuentes와 몬시바이스Monsiváis까지, 자율적 문화적 장이 가능할 정도로 충분히 발달된 시장이 존재하지 않은 사회에서 문학을 한다는 것의 의미에 대한 질문이 문학적 실천을 조건 지웠다. 이들은 많은 작품들과의 대화 속에서 혹은 간접적으로는 서사방법에 대한 고민 속에서, 자유주의적 민주주의가 불안정할 뿐만 아니라 문화와 과학에 대한 국가 투자가 빈약하고, 근대국가의 형성을 통해서도 민족 분열이 아직 극복되지 못했으며 공동의 유산을 불균등하게 전유하는 나라에서 문학이 갖는 의미에 대해 자문한다. 이러한 질문은 에세이에만 나타나는 것이 아니라, '형식주의자'들과 '민중주의자'들 사이의 논쟁에서도 나타난다. 그리고 이 질문이 나타나는 이유는, 이것이 보르헤스를 아를트Roberto Arlt와 차별화하고 파스를 가르시아 마르케스와 차별화하는 작품의 구성요소이기 때문이다. 언젠가 라틴아메리카에서 이러한 질문이 독자와 작가 사이의 관계를 조직하는 데 기여할 것이라는 전제는 독서사회학의 설득력 있는 하나의 가정일 것이다.

수입하고, 번역하고, 자신의 것을 만들기

모더니즘과 근대화 사이의 이러한 모순이 작품과 예술가들의 사회문화적 기능을 어떻게 조건 짓는지를 분석하기 위해서는, 반영 이데올로기나 물적 토대와 상징적 재현 사이의 직접적이고 기계적인 대응이라는 어떠한 가정에서도 자유로운 이론이 필요하다. 이러한 단절에 대한 개시적인 텍스트로 마차도 데 아시스Machado de Assis에 대한 호베르투 슈와르츠의 책 『승리자에게 감자를』Ao Vencedor as Batatas에 실린 탁월한 서문 「제 자리가 아닌 사유들」As idéias fora do lugar을 들 수 있다.⁹⁾

여전히 노예제도가 존재하고 있는 상황에서 어떻게 인권선언이 1824년 브라질 헌법에 부분적으로 등장할 수 있었을까? 라티푼디움 농업 경제가 외부 시장에 종속되어 있어서, 브라질은 최소 시간 노동이라는 부르주아적 경제 합리성을 알 수 있었다. 그러나 노예들의 삶에 대한 전적인 통제를 통해 지배를 유지하던 지배계급은, 노동을 최대한의 시간으로 확장함으로써 노예들을 하루 종일 통제하고자 했다. 왜 이러한 모순이 "비본질적"이며 자유주의의 성공적이고 지적인 확산과 공존할 수 있었는지에 대해 이해하려면, 호의favor의 제도화를 고려해야만 한다고 슈와르츠는 말한다.

식민화는 대농장주latifundista, 노예 그리고 '자유민'이라는 세 가지 사회계층을 만들었다. 대농장주와 노예 사이의 관계는 분명했다. 그러나 프롤레타리아도 아니고, 자산가도 아닌 수많은 자유민은 실력자의 호의에 물질적으로 의존하고 있었다. 이러한 메커니즘을 통해 광범위한 자유민 부문이 재생산된다. 더 나아가 호의는 사회 생활의 다른 영역으로 확대되고, 다른 두 집단을 행정과 정치 그리고 상업과 산업에 끌어들이게 된다. 의사처럼, 유럽적 의미에서 누구에게도 아무것도 빚지지 않았던 자유주의적인 직업까지도 브라질에서는 "우리의 거의 보편적인 중재"라고 할 수 있는 이러한 과정을 통해 통제되었다.

---

9) Roberto Schwarz, *Ao Vencedor as Batatas*, San Pablo: Duas Cidades, 1977, pp. 13~25.

호의는 노예제만큼이나 반근대적이다. 그러나 노예제보다 더 '우호적'이고, 물질적인 이익이 종속되어 있는 타인에 대한 존경과 자기긍정 사이의 유동적인 게임에 의해, 그리고 자신의 자의적 구성요소에 의해 자유주의와 결합할 가능성을 가지고 있다. 유럽적 근대화가 개인의 자율성, 법의 보편성, 이해관계에서 자유로운 문화, 객관적인 보상과 노동윤리에 토대하고 있다면, 호의는 개인의 종속, 규칙에 대한 예외, 이해관계에 종속된 문화 그리고 개인적 서비스에 대한 보상에 의존하고 있음은 사실이다. 그러나 생존의 어려움 앞에서, "브라질의 어느 누구도" 호의가 함의하고 있는 모순들에 맞서 싸우면서 "그런 생각, 혹은 말하자면 호의에 대해 칸트 같은 철학자가 될 힘을 갖지는 못할 것"이다.

슈와르츠는 후원주의적 관계와 단절하지 않고 근대 부르주아 국가를 만들려고 할 때, 흙벽에 그레코로만 양식의 건축 모티프들을 그려 넣거나 유럽풍 장식지를 붙일 때, 그리고 진보적인 열정으로는 가득 차 있지만 현실성은 떨어진 1890년에 만들어진 브라질의 애국가 가사에도 이런 경향은 나타난다고 덧붙인다. 즉 "우리는 이렇게 고귀한 나라에 과거에 노예들이 있었다는 것을 믿을 수조차 없네"라고 노래할 때 말이다(노예제 폐지가 1888년에 일어났으니까, 이때의 과거는 불과 2년 전이었다).

이런 자유주의적 사고를 허위라고 문제시한다면, 우리는 거의 한 발도 앞으로 나아가지 못한다. 혹시라도 이 자유주의적 사고를 포기할 수 있었을까? 오히려 진실과 허위가 공존하는 이 게임에 참여하는 것이 더 흥미로울 것이다. 자유주의적 원칙은 현실에 대한 기술보다는, 호의의 교환 속에 나타난 전횡과 이것이 허용한 '구조화된 공존'에 권위 있는 정당화를 부여하는 측면이 있다. "종속을 독립으로, 변덕을 실용으로, 예외를 보편성으로, 혈연관계를 장점으로, 특권을 평등으로" 부르는 것은 자유주의 이데올로기의 인식론적 가치를 신뢰하는 사람에게는 모순적으로 보일 수 있다. 그러나 끊임없이 '대부와 담보'의 순간——특히 상호인정이라는 결정적 순간——을 경험하고 있는 사람들에게는 그렇지 않은데, 그것은 이 두 부분의 어떤 쪽도 다른 쪽을 비난할 준비가 되어 있지 않기 때문이다. 비록, 추상적인 원칙을 근거로 이렇게 할 모든 요소가 있더라도 말이다.

외래 사상을 부적절하게 수용하는 이런 방식은 대부분의 라틴아메리카 예술과 문학 작품의 밑바탕에 존재한다. 즉 슈와르츠가 분석한 마차도 데 아시스에게도, 그리고 뒤에서 인용할 피글리아가 보여 주는 것처럼 아를트나 보르헤스에게도 나타난다. 또한 카브루하스의 연극인 「네가 나를 사랑할 때」El día que me quieras에서 1930년대 카라카스의 한 집을 무대로, 러시아 혁명만큼이나 존경받던 카를로스 가르델Carlos Gardel이라는 방문객 앞에서 소비에트 집단농장으로 떠나기를 갈망하던 한 쌍의 연인의 대화에서도 그것은 잘 드러난다.

엘리트 문화와 그 사회 간의 이러한 모순적인 관계는 단순히 메트로폴리스에 대한 종속의 결과에 불과할까? 엄격하게 말해, 슈와르츠에게 있어 이런 탈구되고 모순적인 자유주의는 국가 "문화의 내적이고 능동적인 요소"이자, 그 사회의 갈등구조, 외부 모델에 대한 종속, 그리고 이것을 변화시키려는 기획들을 전체적으로 다룰 수 있게 된 지적 경험의 방식이다. 상징적이고 물질적인 구체적 과정을 사용하면서 삼중의 조건요인——내적 갈등, 외부 종속, 그리고 변혁적 유토피아——을 가지고 예술작품이 수행하는 역할은, 예술과 문학에 대한 비합리적인 해석으로는 설명될 수 없다. 상징생산의 토대로 무형적이고 난삽한 재료를 상상하는 '환상적 사실주의'와는 달리, 사회인류학적 연구는 작품에 자양분을 제공하는 사회적 과정과 예술가들이 이 과정을 재처리하는 방법에 대한 동시적 설명을 통해 작품이 이해될 수 있음을 보여 준다.

조형예술에 눈을 돌리면 우리는 메트로폴리스에서 만들어진 원칙과 지역 현실 사이에 존재하는 이런 불일치가, 항상 착취를 은폐하는 장식적 수단인 것은 아니라는 증거를 발견할 수 있다. 라틴아메리카 모더니즘의 첫번째 단계는 유럽에서 일정 기간 체류를 끝내고 귀국한 예술가와 작가들에 의해 촉진되었다. 라틴아메리카의 조형예술에서 근대화의 흐름을 자극한 것은 유럽 전위주의의 직접적인 이식의 영향이 아니었다. 바로 라틴아메리카인들 스스로의 질문, 즉 자신들의 국제적인 경험과——혁명 와중에 있는 멕시코의 사회문제처럼——발전하고 있는 라틴아메리카 사회가 그들에게 요구한 역할을 어떻게 양립시킬 것인가라는 문제였다.

아라시 아마랄은, 러시아 화가인 라사르 세갈이 1913년 상파울루에 도착했을 때 그곳의 지나치게 지역적인 예술 세계에서 그다지 반향을 일으키지 못했다는 사실을 지적한다. 반대로 오스발지 지 안드라지Oswald de Andrade가 마리네티의 「미래파 선언」을 가지고 같은 해 유럽에서 돌아왔을 때는 막 산업화가 시작되었고, 상파울루에는 이태리계 이주자들이 이미 정착해 있어 커다란 반향이 가능했다. 베를린 체류 후 야수파가 된 아니타 말파티Anita Malfatti와 다른 예술가 및 작가들은 마리우 지 안드라지Mario de Andrade와 함께 독립 백 주년을 기념했던 1922년에 '근대 예술 주간'Semana de Arte Moderno을 조직하였다.

여기에 암묵적인 일치가 존재한다. 19세기에 그랬던 것처럼, 고급문화인이 되기 위해서는 유럽적인 태도를 모방하고 "우리 고유의 특징을 열등감을 가지고" 거부하는 것이 불가피하다고 아마랄은 말한다.[10] 또한 그는 근대성은 브라질적 요소를 이해하고 정의하고자 하는 관심과 접합된다고 주장한다. 근대주의자들은 이중적이고 대립적인 원천, 즉 한편으로는 프랑스와 같은 국제적인 정보, 다른 한편으로는 "우리의 뿌리에 대한 모색과 영감에서 보일 법한 토착주의(20년대에는 우리 민속에 대한 연구 또한 진행되었다)"로부터 자양분을 섭취했다. 이러한 결합은 디 카발칸티 Di Cavalcanti의 『구아란틴게타의 소녀들』 Muchachas de Guarantinguetá에서 잘 드러나는데, 여기서 큐비즘은 물라타 소녀를 그리기 위한 표현방식을 제공하고 있다. 또한 구성주의적인 미학에 따라 브라질의 대표적인 색과 분위기를 새겨 넣으면서, 로트Lhote와 레제Léger에게서 학습한 것을 변화시키는 타르실라Tarsila의 작품에서도 이러한 결합은 잘 드러난다.

페루에서, 1929년 아카데미즘과의 단절은 형식적 자유에 대한 고민뿐만 아니라, 당대의 국가 문제들에 대해 조형적으로 발언하고 '안데스의 인간'에 어울리는 인간형을 그리고 싶어 하던 젊은 예술가들에 의해 진행되었다. 이런 측면에서 그들은 비록 민속과의 동일시를 넘어서고 있다고 할지라도 '인디헤니스타'[11]라고 불렸다. 이들은 새로운 예술을 만들고 근대 미학의 발전 속에서 국가적 특성을 재현하기를 원했다.[12]

예술사회사 연구자들은 라틴아메리카 국가들에서 문화적 근대화의 출현에 대한 일치된 의견을 보여 주는데, 이는 의미가 있다. 특히 문화적 근대화는 주요 조형예술가와 작가들에서 볼 수 있는 이식이 아니라, 사회 변화에 기여하고자 하는 재가공의 문제라는 것이다. 자율적인 예술적 장의 구축, 이미지의 세속화 그리고 직업의 전문화를 위한 이들의 노력은,

---

10) Aracy A. Amaral, "Brasil: del modernismo a la abstracción, 1910~1950", ed. Damián Bayán, *Arte moderno en América Latina*, Madrid: Taurus, 1985, pp. 270~281.
11) 인디헤니스타(indigenista)는 인디헤니스모(indigenismo)를 주장하는 사람을 뜻하는데, 원주민(indio)을 서구의 관점에 따라 관념화하지 않고, 그들의 입장에서 바라보고자 하는 사람을 지칭하는 것이다.—옮긴이
12) Mirko Lauer, *Introducción a la pintura peruana del siglo XX*, Lima: Mosca Azul, 1976.

사회 근대화에 적대적인 몇몇 유럽 전위주의가 했던 것처럼 미학주의적 세계로의 매몰을 의미하지 않는다. 그러나 모든 역사에서 개인의 창조적 기획은 부르주아 계층의 경직화, 독립적인 예술 시장의 결여, 지역주의(부에노스아이레스, 상파울루, 리마, 멕시코시티 같은 첨단 도시에서도 볼 수 있는), 아카데미즘과의 뜨거운 경쟁, 식민적 악습, 순수한 원주민주의와 지역주의에 직면하게 되었다. 토착 전통, 식민 전통 그리고 새로운 경향을 동시에 받아들이기 위한 난관 앞에서, 많은 예술가들은 마리우 지 안드라지가 1920년대를 끝내면서 정리했던 바를 느끼게 된다. 즉 근대주의자들은 "자기 자신의 확신에 갇히고, 고립된" 그룹이라는 것이다.

…… 이들은 국가의 예술적 문제를 자신들의 유일한 고민거리로 삼은 유일한 집단이다. 그럼에도 불구하고, 그들은 브라질 현실의 어떤 것도 재현하지 않는다. 우리의 사회적 리듬, 경제적 불안정, 브라질의 관심사 바깥에 존재하는 것이다. 이 소수그룹이 브라질 현실에 적응하고 브라질과 친밀성을 갖게 될지라도, 브라질 현실은 이들과 친밀하게 지내는 데 익숙하지 않았던 것이다.[13]

오늘날 보충적인 정보를 통해 이런 전위주의를 좀더 유연하게 평가할 수 있다. 아르헨티나와 같이 민족사와 전통 대부분이 제거된 나라에서도, 유럽 모델에 '집착하고' 있는 예술가들은 수입 미학의 단순한 모방자들이 아니다. 또한 그들이 자신의 문화를 탈국가화desnacionalizar했다고 비난받아서도 안 된다. 길게 보아 그들이 텍스트에서 시도했던 것들이 늘 익

---

13) Amaral, "Brasil: del modernismo a la abstracción, 1910~1950", p. 274에서 재인용.

미 없는 소수의 것으로 판명나지도 않는다. 스페인의 울트라이즘ultraísmo, 그리고 이태리와 프랑스의 전위주의의 영향을 받은 부에노스아이레스의 『마르틴 피에로』Martín Fierro지紙 같은 코즈모폴리턴적인 운동은 아르헨티나의 사회문화적 갈등 속에서 이러한 영향을 재정의했다. 보르헤스의 첫 번째 작품에 나타나 있는 이주와 도시화, 루고네스Lugones와 크리오요 전통 사이에 나타난 과거 문학적 권위와의 논쟁, 보에도Boedo 그룹의 좌파적인 사회적 사실주의 등이 그 대표적인 예이다.

> …… 해석의 메타포를 문화적 중심에 대해 주변부 자본주의 국가의 문학 엘리트들이 가지고 있는 전형적인 지적 기능의 이미지로 차용하고자 한다면, 통상 이 영역 **전체**가 번역의 매트릭스로 작동하고 있는 것을 이해하는 것이 필요하다고 알타미라노와 사를로는 말한다.[14]

이 영역의 존재가 아무리 불안정하다고 할지라도, 외부 모델을 재조직화하는 구조이자 재가공의 장으로 기능한다.

많은 경우 문화적 모더니즘은 탈국가화의 기제가 되기보다는 국가 정체성을 구성하기 위한 자극과 상징적 목록을 제공해 왔다. '브라질성'에 대한 가장 강렬한 고민은 1920년대의 전위주의와 함께 시작됐다. 헤나투 오르치스가 말한 것처럼, "우리는 오직 국가적일 때만 근대적이게 될 것이다"는 마치 전위주의자들의 구호 같았다. 오스발지 지 안드라지부터 브라질리아의 건설까지, 근대화를 위한 투쟁은 외세와 과두세력 혹은 보수

---

14) Carlos Altamirano and Beatriz Sarlo, *Literatura/Sociedad*, Buenos Aires: Hachette, 1983, pp. 88~89.

세력이 원하는 것과는 차별되는 나라를 세우려는 비판적인 운동이었다. "모더니즘은 하나의 기획으로서, 장소에 고착되지 않은 사상"인 것이다.[15]

멕시코 혁명 이후 다양한 문화운동들은 근대화와 국가발전이라는 목표를 동시에 달성했다. 바스콘셀로스가 "원주민들을 구원"하고 그들을 "낙후"에서 해방시키기 위해 고전문화를 전파하고자 했던 것처럼, 이 문화운동들은 포르피리오 집권 시기에 등장했던, 가끔은 뭔가 어울리지 않는 목표를 지닌 아테네오Ateneo적인 기획을 다시 불러온다. 그러나 산 카를로스 아카데미Academia de San Carlos와의 대립과 혁명 이후 변화에 대한 개입을 통해, 많은 예술가들은 종속적이고 불균등한 발전의 결과물인 다음과 같은 핵심적인 분리들을 새롭게 사고했다. 즉 고급예술과 대중예술, 문화와 노동, 전위주의 실험과 사회의식을 대립시키는 분리들 말이다. 멕시코에서 자본주의적 근대화가 결과한 이런 부정적인 분리들을 극복하려는 시도는 국가 사회의 형성과 결부되어 있었다. 민중계급에 교육과 문화를 통해 서양 지식을 전파하려는 시도와 더불어, 멕시코 수공예업과 예술을 공동의 문화유산에 포함시키고자 한 것이다. 리베라, 시케이로스Siqueiros, 오로스코Orozco는 국가정체성을 표현하기 위해 마야나 아즈텍의 작품, 교회의 제단 양식, 선술집의 장식, 시골 도자기 공장의 디자인과 색깔, 미초아칸Michoacán의 칠기 그리고 유럽 전위주의의 실험주의적 발전에서 얻은 다양한 영감의 도상학적 종합을 제안했다.

조형 언어의 이러한 혼종적 재조직화를 지탱한 것은 예술가, 국가, 민중계층 사이의 전문적인 관계에 나타난 변화였다. 공공건물의 벽화, 대규모로 배포되는 달력, 벽보, 잡지들은 막 태동하는 문화 영역 내외 새로운

---

15) Ortiz, *A moderna traduçao brasileira*, pp. 34~36.

미적 경향에 대한 강력한 승인의 결과이자, 예술가들과 공교육 행정가, 노동조합, 기층 운동 등이 함께 만들어 온 새로운 결합을 인정한 결과였다.

1930년대에서 1950년대까지 멕시코 문화사는 이러한 유토피아의 취약점과, 예술 내적인 조건 및 사회정치적인 조건으로 인해 겪게 된 쇠퇴를 잘 보여 준다. 교조적 사실주의, 내용 우선주의, 그리고 정치적 복무 등이 지배하는 조형예술의 장은 이전 시기의 활력을 상실하고 새로운 변화를 거의 받아들이지 못했다. 게다가 혁명적 충동이 '제도화'되거나 주변적인 저항 운동 속에서 근근이 명맥을 유지하게 되면서, 예술의 사회적 행위를 강화하는 것은 어려워졌다.

멕시코 근대문화의 장은 독특한 형성과정과 기념비적인 대중 작품들을 통해 변화의 과정에 참여했던 예외적인 경험을 가지고 있다. 그럼에도 불구하고, 1950년대와 1960년대 새로운 근대화 단계가 출현했을 때 멕시코의 문화적 상황은 다른 라틴아메리카 나라들과 별반 다르지 않았다. 이제는 중요한 작품을 거의 생산하지는 못하지만, 아직 내셔널리즘적 사실주의의 유산이 존재한다. 라틴아메리카 평균보다 부유하고 안정적인 멕시코는 여전히 박물관과 문화센터를 건설하고, 지식인, 예술가, 작가들에게 지원금과 장학금을 줄 능력을 가지고 있다. 그러나 이러한 지원은 새로운 경향들을 만들기 위해서 다각화되고 있다. 주된 논점은 다른 라틴아메리카 사회와 비슷한 축을 중심으로 진행된다. 즉 지역적 요소와 세계적 요소, 근대성의 약속과 전통의 타성을 어떻게 절합할 것인가? 어떻게 하면 문화의 장이 더 많은 자율성을 확보하고, 동시에 자신의 독립의지를 불안정하게 발달한 예술 및 문학 시장과 양립가능하게 할 것인가? 또 예술의 산업적 재조직화가 어떤 방식으로 불균등성을 재생산하게 되는가?

라틴아메리카 어느 사회에서도 모더니즘은 수입 모델을 모방한 채용이었거나, 단순히 형식적인 해결을 위한 모색이 아니었다. 진 프랑코에 따르면 그 이름까지도 라틴아메리카 전위주의가 사회적 뿌리를 가지고 있었다는 것을 보여 준다. 즉 유럽에서 혁신가들은 표현주의, 상징주의, 큐비즘 등 예술사와의 단절을 지칭하는 개념들을 선택한 데 반해, 라틴아메리카에서는 모데르니스모modernismo, 신세계주의nuevomundismo, 인디헤니스모 등 예술 외적인 요소들에 대한 대응을 암시하는 단어로 불리는 것을 선호한 것이다.[16)]

이런 사회적 참여 기획들이 부분적으로 아카데미즘, 다양한 공식 문화 혹은 시장의 게임 속에서 퇴색되었다는 것은 사실이다. 차이가 있기는 하지만 페루의 인디헤니스모, 멕시코의 벽화주의 그리고 브라질의 포르치나리Portinari가 보여 주는 것처럼 말이다. 그러나 이러한 좌절이 예술의 숙명적인 운명이나 사회경제적인 근대화와의 불균형에서 기인한 것은 아니었다. 이들의 내적 불일치와 모순은 사회문화적인 이종성을 나타낼 뿐 아니라, 동일한 현재 속에 공존하고 있는 상이한 역사적 시간성들 사이의 갈등을 표현하는 과정의 어려움을 나타낸다. 따라서 '전통문화냐 아니면 전위주의냐'라는 선택의 문제에 집착하는 이해방식에서 벗어나, 모더니즘을 반#과두제적 지배질서, 반#산업화된 자본주의 경제, 그리고 반#변혁적인 사회운동 사이의 교차에 개입하고자 하는 의지로 새롭게 사고하고, 이를 통해 라틴아메리카의 굴곡진 근대성을 이해하는 것이 필요하다. 문제는 라틴아메리카 국가들이 유럽에서 이미 완벽하게 실현된 근대화 모델을 엉터리로 따라했다는 것이 아니다. 또한 자본주의의 세계적 팽창으로 인해 이미 변해 버린 전통을 가지고, 무언가 대안적이고 독립적인 패

---

16) Jean Franco, *La cultura moderna en América Latina*, México: Grijabo, 1986, p. 15.

러다임을 반동적으로 모색했다는 것도 아니다. 특히 최근 시기에, 즉 경제와 문화의 탈국가화가 우리를 "모든 인간들의 동시대인"(옥타비오 파스)으로 만들고 있음에도 불구하고 국가적 전통을 없애지 못한 상황에서, 종속성이냐 내셔널리즘이냐, 근대화냐 지역적 전통주의냐를 배타적인 방식으로 선택하는 것은 지나친 단순화이다.

소비의 팽창과 문화적 의지주의

1930년대부터 문화생산에 있어 보다 자율적인 시스템이 라틴아메리카에서 만들어지기 시작했다. 아르헨티나의 급진주의를 받아들인 중산층이 혁명 이후 등장한 멕시코나, 비슷한 사회적 과정을 통해 중산층이 등장한 브라질과 칠레에서 중산층들은 고유의 동력을 지닌 문화 시장을 구성했다. 브라질의 사회변화 과정을 연구한 세르지오 미셀리는 출판 부문에서 "수입 대체"의 시작에 대해 언급한다.[17] 이들 나라에서 출판 경험을 가진 이주자들과 새롭게 등장하고 있던 국내 생산자들은 도시 중심에 상업망을 갖춘 문화산업을 만들어 갔다. 독서층을 증가시키는 문화유통망의 팽창과 함께 작가, 기업인, 정당이 상당한 정도로 국내생산을 자극했다.

아르헨티나에서는 무정부주의자와 사회주의자들에 의해 20세기 초에 시작된 노동자 도서관, 민중학습센터 및 문화기구 등이 30년대에 확장되었다. 이 무렵 만 권에서 이만 오천 권에 달하는 출판물들을 펴냈던 끌라리닷 출판사La editorial Claridad는, 급격하게 성장하고 있던 독자층의 수요

---

17) Sergio Miceli, *Intelectuais e classe dirigente no Brasil(1920~1945)*, San Pablo-Rio de Janeiro: Difel, 1979, p. 72.

에 부응하고 정치문화의 형성에 기여했다. 세계적인 사상의 변화 경향에 발맞추어, 국내의 다양한 변화를 지적으로 세련되게 만들었던 일간지나 잡지들도 마찬가지였다.[18]

그러나 사회과학, 예술, 문학 영역의 엘리트들이 라틴아메리카에서 사회경제적으로 안정적인 근대화의 기호를 발견한 것은 20세기 후반에 이르면서이다. 1950년대와 1970년대 사이에 적어도 다섯 종류의 사건들이 구조적인 변화를 보여 준다.

ⓐ 선진 기술산업의 성장과 산업 수입 및 임노동의 증가에 바탕을 둔 보다 안정적이고 다변화된 경제발전의 시작.
ⓑ 40년대부터 시작된 도시 성장의 안정화와 팽창.
ⓒ 문화상품 시장의 확대. 부분적으로는 대규모 도시집중에 의한 것이지만, 무엇보다 모든 교육단위에서 취학률이 급격히 증가한 까닭이다. 문맹률은 대부분의 나라에서 10~15%로 감소했고, 지역의 대학생 수는 1950년 25만 명에서 70년대 말 53만 8천 명으로 늘어났다.
ⓓ 텔레비전과 같은 새로운 커뮤니케이션 기술의 도입. 이것은 문화적 관계의 국제화와 대중화에 기여했고, 라틴아메리카에서 생산되기 시작한 자동차, 전자제품 등 '근대적' 상품의 엄청난 판매에 기여했다.
ⓔ 급진적인 정치운동의 진전. 급진적 정치운동은 근대화가 기본적인 재화의 보다 정당한 분배와 사회적 관계에서 깊은 변화를 가져올 것이라고 믿었다.

---

18) Luis Alberto Romero, *Libros baratos y cultura de los sectores populares*, Buenos Aires: CISEA, 1986; Emilio J. Corbiére, *Centros de cultura populares*, Buenos Aires: Centro de Estudios de América Latina, 1982.

이미 알고 있는 것처럼, 이러한 다섯 가지 과정의 절합이 쉽지는 않았지만 오늘날 상징적 실천의 종속성과 자율성, 그리고 사회적 근대화와 문화적 모더니즘 사이의 관계를 변화시켰다는 점은 명확하다. 일상문화와 정치문화에서 세속화가 나타났으며, 라틴아메리카에 대한 종종 비합리적이고 에세이적인 해석을 보다 현실정합적이고 경험적인 연구로 대체하는 사회과학 분야가 만들어졌다. 사회학, 심리학 그리고 대중매체 연구 등은 사회관계와 사회계획을 근대화하는 데 기여했다. 이 학문들은 제조 기업 및 새로운 사회운동과 결합하여, 전통과 근대 사이의 대립에 대한 구조적이고 기능주의적인 관점을 고급문화적인 상식의 핵심으로 변모시켰다. 또한 생존 경제와 전통 가치에 의해 지배되는 농경사회에 대해, 개인의 자유로운 선택이 보장되는 도시적이고 경쟁적인 관계가 갖는 장점을 주장했다. 개발주의 정책은 이러한 이데올로기적이고 과학적인 전환을 추동했고, 이것을 새로운 정치인, 전문가, 학생 세대로부터 자신들의 근대화 기획에 대한 동의를 얻기 위한 수단으로 사용했다.

고등교육 및 예술과 문학 시장의 성장은 문화의 기능을 전문화하는 데 기여했다. 자신의 책과 작품으로 생계를 유지할 수 없던 대부분의 작가와 예술가들이 교육이나 특화된 언론 활동에 종사했는데, 이제 이 안에서 자기 직업의 자율성을 재인식하게 되었다. 많은 수도에 최초의 근대 미술관과 다양한 미술관이 세워졌는데, 이것들이 상징재화의 선택과 가치평가를 위한 특정한 영역을 제공했다. 근대 미술관이 1948년 상파울루와 리우데자네이루에, 1956년 부에노스아이레스에, 1962년 보고타에, 1964년 멕시코에 세워졌다.

문화 시장의 확대는 전문화, 예술 언어의 실험적 탐색 그리고 국제적 전위주의와의 동시성을 촉진했다. 고급예술이 형식 실험에 몰입하게 되면, 엘리트들의 취향과 문화산업에 의해 통제되는 민중과 중간 계급의 취향 사이에 보다 급격한 단절이 나타난다. 이 단절이 시장의 팽창과 분화의 동력이라 할지라도, 좌파의 정치적이고 문화적인 움직임은 예술을 사회화하고 많은 대중들에게 새로운 사상의 변화를 전달해 어떤 식으로든 헤게모니 문화에 참여하도록 하는 대립적인 활동들을 만들어 내는 것이다.

시장의 성장이 갖는 사회경제적 논리와 정치적 문화주의의 의지주의적 논리 사이의 대립이 나타나는데, 이 대립은 특정 운동 내부나 더 나아가 동일한 개인 내부에서 발생할 때 특히 극적이었다. 사회문화 시스템의 팽창적이고 혁신적인 합리성을 수행하는 사람들이, 예술 생산을 민주화하고자 했던 바로 그 사람들이었다. 이들은 형식 실험, 공통 지식과의 단절 등 상징적 차이화를 극단적으로 실천하는 동시에 대중들과의 결합을 모색했다. 이 예술가들은 밤에는 상파울루와 리우데자네이루에 있는 전위주의 미술관의 개막 연회와 부에노스아이레스의 텔라연구소Instituto di Tella의 해프닝 공연에 갔다. 그리고는 다음 날 아침에 전투적인 노동조합이나 민중문화센터Centros Populares de Cultura의 '의식화'와 대중 선전을 위한 행사에 참여했다. 이것이 1960년대의 분열 현상 중 하나였다. 또 다른 양상 하나는 공적인 요소와 사적인 요소 사이의 대립이 거칠어지면서, 예술가는 자신의 충성을 국가와 기업 사이, 혹은 기업과 사회운동 사이에서 나눠야 했다는 것이다.

정치적 의지주의의 좌절은 많은 연구를 통해 분석되었지만, 문화적 의지주의의 경우에는 그렇지 못했다. 문화적 의지주의의 쇠퇴는 개입해 있던 혁명 세력의 위기 혹은 질식에서 기인한다. 이것은 부분적으로 사실이지만, 모더니즘과 근대화를 절합하려던 새로운 시도가 좌절하게 된 문화적 원인을 분석하는 것이 필요하다.

첫번째 단서는 문화적 장의 발전 논리를 고려하지 않고, 변혁적 움직임을 과대평가한 것이다. 1960년대와 1970년대 초의 문화와 예술에 대한 비판적인 논의에서 중요하게 취급된 거의 유일한 사회적 동학은 종속의 논리였다. 20~30년 전부터 문화적 장에서, 그리고 그 장과 사회와의 관계에서 진행되던 재조직화는 간과된 것이다. 이러한 오류는 지금 그 시기의 선언문, 정치 및 미학적 분석 그리고 논쟁들을 다시 읽으면 명백하게 드러난다.

문화소통에 관한 최근의 새로운 시각은 사회 논리의 두 가지 기본적인 경향에서 출발한다. 하나는 문화생산의 전문화 및 계층화이고, 다른 하나는 대기업이나 민간 재단으로 인한 공적 요소와 사적 요소 간의 관계의 재조직화이다.

첫번째 경향의 초기적인 징후를 1940년대 멕시코의 문화정책이 보여 준 변화에서 찾을 수 있다. 전통과 근대, 대중적 요소와 고급문화 요소의 통합을 촉진했던 정부는 독일식 모델을 따라 민중적 유토피아보다는 근대화를, 혁명적 유토피아보다는 산업발전 계획을 우선시하는 프로젝트를 밀어붙였다. 이 시기 정부는 사회계급에 따라 문화정책을 차별화했다. 즉 한편으로는 '고급'문화에 전념할 국립예술연구소(INBA)를 만들었고, 다른 한편으로 거의 비슷한 시기에 국립민중예술산업박물관Museo Nacional de Artes e Industrias Populares과 국립토착문화연구소Instituto Nacional Indigenista를 설립했다. 분리된 관료기구 조직은 방향의 변화를 제도적으로 보여 준다. INBA가 고급예술의 탈엘리트화를 시도하던 시기가 있었고, 민중예술을 위한 몇몇 조직이 자주 다계급적인 통합이라는 혁명적 이데올로기를 부활시키고자 했지만, 분열된 문화정책 구조는 국가가 사회적 재생산과 각각의 차이가 있는 쇄신을 어떻게 생각하고 있는지를 보여 주었다.

마찬가지로 다른 나라에서도 국가의 정책은 상징세계의 파편화에 기여했다. 그러나 두 상징세계 간의 분리를 보다 강화하는 것은 엘리트 시장과 대중 시장에서 보이는 차별적인 투자의 증가이다. 이러한 분화는 생산자와 관객의 점차적인 전문화와 결합하여, 고급문화와 대중문화 사이의 균열이 갖는 의미를 변화시켰다. 이제 그 균열은 더 이상 19세기 초반과 같은 계층 간, 그리고 교육받은 엘리트와 대다수 문맹자 혹은 반#문맹자 사이의 분리에 근거하지 않는다. 상류 계급과 중간 계급 대부분, 그리고 거의 대부분의 민중계급이 문화산업의 대중 프로그램에 고착되는 반면에, 고급문화는 소수의 부르주아와 중산층에 의해 장려되는 영역이 된 것이다.

문화산업은 조형예술, 문학, 음악 분야의 예술가들이 선의로 진행한 자기 작품들의 대중적인 확산에서 얻을 수 있던 최고의 성과보다 더 큰 반향을 제공한다. 민속 모임과 정치 행사에서 콘서트가 증가하기는 했지만, 같은 음악가가 음반, 카세트, 텔레비전을 통해 접할 수 있는 관객과 비교할 때는 아주 적은 양이었다. 가판대나 슈퍼마켓에서 팔리는 문화시리즈물 및 패션이나 장식 잡지는 한 번도 서점이나 박물관을 가 본 적이 없는 사람들에게 문학적·조형적·건축적 혁신을 전달한다.

'고급'예술과 대량소비 사이의 관계에서 나타나는 이러한 변화와 함께, 메트로폴리스의 혁신에 대한 접근에도 변화가 나타난다. 예술 혹은 정치적 취향의 변화를 알기 위해서 꼭 외국의 장학금을 받거나 부르주아 가문에 속할 필요가 없어졌다. 즉 코즈모폴리터니즘이 민주화된 것이다. 지속적인 소비의 확충이 요구되는 산업화된 문화에서, 소수를 위한 배타적인 목록을 준비할 가능성은 낮다.[19] 그럼에도 불구하고, 다양한 주체들이 새로움을 전유할 때 차별적인 메커니즘들은 새롭게 만들어진다.

국가가 유산을 관리하고, 기업은 이를 근대화한다

상징적 차이를 부여하는 과정은 다른 식으로 작동하기 시작한다. 즉 이중적인 분리에 의해 진행되는데, 하나는 국가에 의해 관리되는 전통적 요소와 사기업에 의해 후원되는 근대적 요소 사이에 존재한다. 다른 하나는 특정 종류의 기업이 장려하는 엘리트를 위한 근대적 혹은 실험적인 고급문화와, 다른 종류의 기업이 조직화한 대중적인 문화 사이의 분리이다. 일반적으로 엘리트 및 대중문화의 근대화에서 사적 영역이 주도권을 행사하는 경향이 지배적으로 나타난다.

국가가 전통 유산의 관리를 책임지는 반면에, 근대문화를 진흥하는 일은 점차 사기업과 사조직의 몫이 된다. 이런 차이로부터 문화 행위의 두 가지 스타일이 파생된다. 즉 정부 정책이 역사 유산의 보존과 보호에 집중된다면, 혁신적 주도권은 민간 영역, 특히 위험을 무릅쓰고 자금을 지원할 수 있는 경제력을 갖춘 사람들의 손안에 놓이게 된다. 각각은 예술에서 두 종류의 상징적 수입을 찾는다. 예를 들어, 국가는 민족사historia nacional의 대표자로서 등장하기 위한 적법성과 동의를 구하고, 기업은 첨단의 혁신 문화를 통해 자신들이 추구하는 경제적 팽창과는 차별되는 '사심 없는' 이미지를 구축하고 이익을 얻고자 한다.

메트로폴리스와 관련하여 앞 장에서 이미 분석한 것처럼, 라틴아메리카 예술사가들이 통상 예술가들의 실험적 결과로만 간주하는 시각문화의 근대화는 30년 전부터 대기업에 깊게 종속되어 있었다. 특히 대기업

---

19) 이런 변화에 대해서는 거의 모든 것이 연구되지 않고 있다. 이에 대한 선구적인 작업 하나를 언급하고자 한다. José Carlos Durand, *Arte, privilégio e distinção*, San Pablo: Perspectiva, 1989.

이 예술 생산의 후원자, 혹은 산업 디자인과 인쇄 디자인을 통해 대량 유통할 수 있는 혁신의 전달자 역할을 하게 되면서 더욱 그렇다. 라틴아메리카에서 문화적 근대성이 보여 주는 모순의 한 측면은, 후원자라고 하는 매우 전근대적인 특징을 가지고 있는 이러한 정책의 결과일 수도 있다. 이는 19세기와 20세기 초반의 과두층이 예술가와 작가, 아테네오, 문학 및 조형 살롱, 음악가 조직과 콘서트 등을 지원했던 보조금에서 시작된다고 할 수 있다. 그러나 결정적인 시기는 1960년대였다. 이 시기 산업 부르주아는 생산의 근대화와 소비에서의 새로운 습관을 수반했다. 이것은 사적 주도권을 행사하기 위한 문화 시장의 재배치 과정에서, 주도적인 역할을 수행할 실험적 조직과 기구를 가지고 부르주아 자신이 추동한 것이다. 이런 행위들 중 몇 개는 초국적 기업에 의해 추진되었는데, 특히 미국의 메트로폴리스에서 탄생한 전후의 미학적 흐름들이 라틴아메리카에 수출되었다. 따라서 라틴아메리카 종속에 대한 1960년대의 다양한 비판은 정당하다. 비판 중에서 쉬프라 골드먼의 연구가 두드러진다. 그녀는 북미의 자료를 이용해, 라틴아메리카에서 사회적 사실주의를 대체할 "탈정치화된" 형식 실험을 확산하기 위해 거대 컨소시엄(에쏘Esso, 스텐다드 오일Standard Oil, 쉘Shell, 제너럴 모터스)이 박물관, 잡지, 예술가 그리고 미국 및 라틴아메리카 비평가들과 어떻게 결합했는지를 파악했다.[20] 그러나 음모론적 의도와 지배자들의 마키아벨리적인 동맹을 부각하는, 역사에 대한 이러한 해석은 근대화가 야기하는 갈등과 복합성을 간과하고 있다는 것이다.

이때 라틴아메리카에서는 다음 장에서 보게 될 사회, 교육 그리고 문

---

20) Shifra M. Goldman, *Contemporary Mexican Painting in a Time of Change*, Austin and London: University of Texas Press, 1977. 특히 2장과 3장 참조.

화의 급격한 변화가 일어나고 있었다. 예술 생산에 있어 새로운 재료(아크릴, 플라스틱, 폴리에스테르)와 구성적 수단(조명과 전자기술, 작품의 시리즈화)의 채용은 메트로폴리스 예술의 단순한 모방이 아니다. 이러한 재료와 기술은 이미 라틴아메리카 산업 생산에서 사용되고 있었고, 따라서 라틴아메리카의 일상적 취향 및 생활에 결합되어 있었다. 전위주의의 조형예술에 등장한 새로운 아이콘에 대해서도 동일하게 말할 수 있다(텔레비전, 패션의류, 매스 커뮤니케이션의 인물들).

이러한 물질적, 형식적 그리고 도상학적 변화는 상징생산의 전시와 가치를 부여하기 위한 새로운 공간이 출현하면서 공고해졌다. 아르헨티나와 브라질에서는 전통적인 일간지, 잡지, 학원 등 농산물 수출업에 기반한 과두층의 대표적인 기구들이 자리를 비우고, 텔라연구소, 마타라소 재단Fundación Matarazzo 그리고 『프리메라 플라나』*Primera Plana* 같은 세련된 주간지들이 공간을 얻게 되었다. 예술 실험의 많은 자율성을 주장하는 동시에, 예술 실험을 기업가의 영향력 아래에 있는 산업, 기술 그리고 일상 환경의 근대화 과정의 일부분으로 간주하는 새로운 유통과 평가 시스템이 구축되었다.[21]

멕시코에서 근대 부르주아 계층과 전위주의 예술가의 문화활동은 세기 초반 혁명에 의해 주변화된 전통적 과두층에 대한 반대로 등장한 것이 아니다. 오히려 그것은 혁명 이후 정부가 후원한 멕시코 학파의 사실주의적 내셔널리즘에 반대하면서 나타난다. 조형 영역에서 헤게모니 세력과 타마요Tamayo, 쿠에바스Cuevas, 히로네야Gironella, 블라디Vlady 등 표현방식

---

21) 우리는 아르헨티나의 이 과정을 폭넓게 연구했다. Néstor García Canclini, *La producción simbólica*, 4th ed., México: Siglo XXI, 1988. 특히 "Estrategias simbólicas del desarrollismo económico"를 참조.

을 혁신하고자 하는 새로운 화가들 사이의 논쟁은 거칠고 길었다.[22] 그러나 이 화가들이 가진 자질과 헤게모니 집단의 경직화로 인해 새로운 흐름이 갤러리나 사적 문화 공간에서 인정받았고, 국가기구가 이 흐름을 자신의 정책에 포함시키면서 그것은 공식적으로 인정받게 된다. 1964년 근대미술관Museo de Arte Moderno이 설립되었고, 이후 다른 공식적인 신성화 국면들이 이어졌다. 즉 전위주의가 상을 받았고, 공공작품위원회 및 정부에 의해 국내외 전시회가 진작되었다.

1970년대 중반까지 멕시코에서 예술에 대한 정부 지원과 사적 지원은 균형을 이루고 있었다. 생산자들의 요구에 비해 이 두 후원이 충분하지 못했음에도 불구하고, 이러한 균형을 통해 콜롬비아, 베네수엘라, 브라질 혹은 아르헨티나 같은 나라와 달리 예술의 장은 시장에서 보다 자유로워졌다. 70년대 말, 그러나 본격적으로는 1982년 경제위기부터, 정부를 슬림화하고 개발주의 정책을 종식시킨 신보수주의 경향이 멕시코를 대륙의 다른 나라들과 동일한 상황으로 몰고 갔다. 그때까지 민중 권력의 통제 아래에 있었던 생산의 광범위한 영역이 사기업으로 옮겨 감에 따라, 서로 다른 계급들을 내셔널리즘 아래에 통합시키던 특정 헤게모니가 사기업이 모든 사회 영역에서 문화의 진흥자로서 등장하는 다른 종류의 헤게모니로 대체된다.

국가와 사적 주도권의 문화적 경쟁은 텔레비사Televisa 같은 거대 기업군에 집중된다. 이 기업은 멕시코와 미국에 많은 계열사, 비디오 제작사 및 배급사, 출판사, 라디오, 그리고 대중예술과 고급예술을 전시하는 박물

---

22) 이 시기에 대한 참고문헌에서 리타 에데르의 책, 특히 1장과 2장에 제시된 자료와 분석이 두드러진다. Rita Eder, *Gironella*, México: UNAM, 1981.

관을 소유한 네 개의 국내 방송 채널을 운영하고 있다. 이 박물관이 1986년까지는 루피노 타마요 현대미술관Museo de Arte Contemporáneo Rufino Tamayo이었고, 지금은 현대예술문화센터Centro Cultural de Arte Comtemporáneo이다. 독점적인 집행부에 의해서 통제되고 있는 이런 문어발식 기업행태가 문화 시장들 사이의 관계를 구조화한다. 1950년대에서 1970년대까지 엘리트 예술과 대중예술 사이의 분리는 다양한 형태의 자본 투자, 그리고 생산자와 관객의 점차적인 전문화에 의해 심화되었다. 비슷한 일이 글로부Rede Globo와 함께 브라질에서도 일어났다. 글로부는 텔레비전 및 라디오 방송망 그리고 국내외 텔레노벨라 유통망을 소유하고, 문화에 대한 새로운 기업 정서를 만들었는데, 이것이 예술가, 기술자, 생산자와 관객 사이에 매우 전문적인 관계를 설정했다.

이렇게 기업은 대형 전시관, 텔레비전과 라디오 방송망 그리고 잡지 등에 비판과 홍보 공간을 동시에 소유함으로써 반향이 크거나 고비용의 문화활동을 조직할 수 있다. 그리고 방송망을 통제함으로써 비판을 제약하고 어느 정도까지는 다양한 관객들의 의미해독 과정까지도 통제할 수 있게 되는 것이다.

엘리트 예술에게 이러한 변화는 무엇을 의미하는가? 근대문화가 각 실천의 특정한 행위자들——예술의 경우 예술가, 미술관, 박물관, 비평가 그리고 관객——에 의해 형성된 장을 자율화하면서 실현된다면, 모든 것을 포함하고 있는 후원 단체는 이 기획의 중심적인 어떤 것을 공격한다. 예술적 장의 행위자들 사이에 존재하는 상호관계가 기업 의지에 종속되면서, 예술적 장의 자율적인 발전이 무효화되는 경향이 나타난다. 문화 종속의 문제와 관련하여 메트로폴리스 기업의 제국주의적 영향이 사라지지 않는다고 할지라도, 텔레비사, 글로부 그리고 라틴아메리카의 여타 조직들이 가진 거대 권력은 라틴아메리카의 상징시장 구조 및 다른 중심부 나라들의 상징시장과의 상호작용을 변화시키고 있다.

이러한 후원자 독점의 진화를 보여 주는 주목할 만한 사례는 호르헤 글루스베르그Jorge Glusberg라는 거의 한 사람에 의해 지도되는 '부에노스 아이레스 예술 및 커뮤니케이션 센터'Centro de Arte y Comunicación de Buenos Aires라고 하는 조직이다. 아르헨티나의 대규모 조명기구 생산 회사 중 하나인 모둘로르Modulor의 사주인 호르헤 글루스베르그는 센터나, 센터가 결성한 예술가 조직(처음에는 '13인 그룹'Grupo de los Trece이었다가, 나중에는 CAYC 그룹이 된다),[23] 그리고 이 센터에서 전시회를 하거나 센터에 의해 해외에 소개된 다른 예술가들의 활동을 재정적으로 지원할 수 있는 수단을 가지고 있다. 예술가가 재원을 갖고 있지 못한 경우에 글루스베르그는 카탈로그 및 광고 비용, 작품 운반료, 때로는 재료비 등을 지불했다. 이렇게 해서 그는 예술가, 건축가, 도시계획 연구자, 비평가 등과 전문가적인 그리고 준전문가적para profesional인 촘촘한 충성관계를 형성했다.

게다가 CAYC는 이러한 전문가들을 커뮤니케이션 전문가, 기호학자, 사회학자, 공학자, 정치인들과 결합시키는 학제간 센터로 기능한다. 이를 통해 CAYC는 국제적인 선진 기관들과 결합하기 위해서뿐만 아니라 (그들의 카탈로그는 곧장 스페인어와 영어로 출판된다), 아르헨티나의 다양한 문화 및 과학 생산 영역에 개입하는 데 필요한 거대한 다양성을 갖게 되었다. 20년 전부터 매년 유럽과 미국에서 아르헨티나 예술가들의 전시

---

[23] 1971년 아르헨티나 호르헤 글루스베르그에 의해 소식된 예술가 그룹. 주로 호르헤 글루스베르그의 '예술 및 커뮤니케이션 센터'와 밀접한 관계를 가지고 활동했기 때문에 1975년 몇몇 구성원을 보강하면서 이 센터의 약자를 딴 CAYC 그룹으로 명칭을 바꾼다. 이들은 주로 예술의 시각성을 강조했으며, 식민 이전과 20세기 후반 라틴아메리카 사회를 관통하는 라틴아메리카 문화에 대한 폭넓은 조망을 시도했다.—옮긴이

회를 조직해 오고 있다. 또한 부에노스아이레스에서 외국 예술가들의 전시회와 유명한 비평가들(움베르토 에코, 히울리오 카를로 아르간Giulio Carlo Argan, 피에르 레스타니Pierre Restany 등)이 참여하는 콜로키엄을 개최하고 있다. 동시에 글루스베르그는 다양한 비평활동을 전개해 왔다. 그의 활동은 CAYC의 거의 모든 카탈로그, 주요 일간지들(『라 오피니온』La Opinión, 나중에는 『클라린』Clarín)의 예술과 건축면 편집, 그리고 국제적인 예술 및 건축 잡지의 아티클 편집에까지 이른다. 이 안에서 그는 센터의 역할을 광고하고 전시회 목표에 대한 고려 속에서 예술작품 읽기를 제안했다. 다양한 매체를 통한 이러한 활동은 아르헨티나예술비평가협회Asociación Argentina de Críticos de Arte 회장 및 국제비평가협회Asociación Internacional de Críticos의 부회장으로서 그가 가지고 있는 지속적인 통제력을 통해서 가능했다.

다양한 문화적 장(예술, 건축, 언론, 관련 기관 등)에 대한 조정과 정치 및 경제 세력과의 결합을 통해, CAYC는 최근 40년 동안 단 하나의 합헌적 정부만이 임기를 마칠 수 있었던 아르헨티나에서 20년 동안 놀랄 만한 생명력을 보여 주었다. 또한 앞서 말한 센터가 적어도 모순적인 세 단계를 지나왔음에도 불구하고, 국내에서 그들의 명성을 감소시킬 만큼의 비판은 하나도 없고 오로지 내밀한 비판만이 가능했다는 점은 많은 생산단계와 예술유통을 통제한 결과처럼 보인다.

처음에는, 그러니까 1971년에서 1974년까지 이 조직은 다양한 성향의 예술가 및 비평가들과 다원적인 활동을 전개했다. 개념론자들처럼 예술 시장에서 아직 평가를 받지 못하고 있던 경향을 후원하면서, CAYC의 작업은 자율적인 미학적 혁신에 기여했다. 몇몇 경우에 광범위한 관객들과 소통을 모색했는데, 그 중 한 사례는 부에노스아이레스의 여러 광장에서 계획된 전시회들이다. 기획된 전시회 중 단지 하나만이 1972년에 개최되었지만 경찰에 의해 제지되었다. 1976년부터 글루스베르그는 작업 방식을 바꾸었다. 그해부터 그는 1983년까지 권력을 잡았던 군부 정권과 밀접한 관계를 맺게 된다. 예를 들어, 그 관계는 전시회에 대한 공식적인 후원과 당시 대통령이었던 비델라Videla 장군의 전문에서 잘 드러난다. 비델라 장군은 1977년 상파울루에서 열린 제14회 비엔날레에 전문을 보내 그의 수상을 축하했고, 이에 대해 그는 "해외에서 아르헨티나 예술의 인문주의를 보여 주는 데" 최선을 다할 것이라고 대답했다. 세번째 단계는 1983년 12월 독재가 끝나고 알폰신Alfonsín 정권이 들어선 다음 주에, 글루스베르그가 CAYC와 부에노스아이레스의 다른 미술관에서 '민주주의 주간'Jornadas por la Democracia을 개최했을 때이다.[24]

    60년대에 들어서 미술관 소유자와 작품 판매상의 중요성이 증가하게 된다. 이들이 미적 의미가 구성되는 사회적 과정에 개입하고 있다는 것을 언급하기 위해, 아르헨티나에서 "전파자들의 예술"이 언급되기 시작했다.[25] 최근에 설립된 재단들은 작품의 유통에만 관여하는 것이 아니라, 예술가, 중재자, 관객 사이의 관계를 재형성하는 등 좀더 많은 영역에 개입한다. 이를 위해 그 재단들은 문화의 장에서 다양한 위치를 차지하고 있는 행위자들 사이의 갈등이나 상호관계를 한 명 혹은 소수의 실력자에게 종

---

24) 루스 가르시아(Luz M. García), 엘레나 크레스포(M. Elena Crespo), 그리고 크리스티나 로페스(M. Cristina López)의 연구에 따르면, CAYC과 글루스베르그에 대한 평가는 예술가와 비평가 사이에서 다르게 나타난다. 이 연구는 1987년 국립 로사리오 대학교(Universidad Nacional de Rosario)의 예술학부에서 실시되었다.

25) Marta F. de Slemenson and Germán Kratochwill, "Un arte de difusores. Apuntes para la comprensión de un movimiento plástico de vanguardia en Buenos Aires, de sus creadores, sus difusores y su público", eds. J. F. Marsal et al., *El intelectual latinoamericano*, Buenos Aires: Editorial del Instituto, 1970.

속시킨다. 이처럼 수평적인 결합, 적법성을 위한 투쟁, 그리고 혁신이 예술적인 기준에 따라 실현되고 문화적 장의 자율적인 역동성을 구성하던 구조에서, 권력 흐름이 사기업이나 후원자의 의지 아래로 수렴되는 피라미드 구조로 옮겨 간다. 이제 미적 혁신은 국제 상징시장 내에서 하나의 게임으로 변모하게 된다. 첨단 기술이나 '보편적' 기술(영화, 텔레비전, 비디오)에 가장 많이 의존하는 예술에서 보이는 것과 마찬가지로, 20세기 중반까지 몇몇 전위주의의 관심 사항이었던 민족적인 측면들은 사라진다. 국제화 경향이 전위주의 자체의 것이었다고 할지라도, 몇몇 전위주의들은 재료와 언어에서의 실험적인 모색과 문화적 전통을 비판적으로 재정의하려는 관심을 결합하고자 했다. 그러나 이제 이러한 관심은 세계 시장의 지배적인 경향을 모방하면서 쇠퇴하게 된다.

아르헨티나와 멕시코의 조형작가와 예술가들은 작품이 판매되고 인정받기 위해서 해야 할 일에 대한 일련의 인터뷰에서, 무엇보다도 1980년대 라틴아메리카 시장의 침체와 예술가들이 봉착하고 있는 "불안정성"에 대해 지속적으로 언급한다. 이러한 불안정성은 미적 흐름들의 지속적인 위축뿐만 아니라, 수요의 경제적인 가변성 때문에 나타난다. 이러한 조건 아래에서 사회적 고민이나 미학적 도전 없이, "지나치게 과격하지 않고, 우아하며, 지나치게 격정적이지 않은" 20세기 말 예술의 무비판적이고 오락적인 스타일과 통합하라는 압력이 매우 강했다. 가장 성공적인 예술가들의 대표적인 작품들은 조형적 위업이나 능력뿐만 아니라, 기사나 광고물, 의상과 같은 재료, 여행, 모아 놓은 전화영수증, 국제적인 잡지나 카탈로그의 모니터링에 토대하고 있다. 미학 외적인 것의 도입이 중요한 위치를 차지한다는 사실에 비판적인 사람들이 있다. 그러나 이 경우라도 이러한 보충적인 수단들은 불가피한 것으로 용인된다.

예술가 혹은 작가가 된다는 것, 상징시장과 세계화된 사회의 재조직화 속에서 의미 있는 작품을 생산한다는 것, 그리고 광범위한 대중과 소통한다는 것은 훨씬 더 복잡한 문제가 되었다. 곧 살펴보겠지만 수공예업자나 민중문화 생산자들이 이제 전통적인 세계만을 언급할 수 없게 된 것처럼, 예술가들 역시 자신의 영역에만 갇혀 있다면 사회적으로 인정된 프로젝트를 실현할 수 없을 것이다. 상징과정의 산업적, 상업적 그리고 흥행을 고려한 재조직화에 의해 조정된 민중문화와 고급문화는 새로운 전략을 필요로 하게 된다.

90년대에 이르러 라틴아메리카가 근대화되었다는 것은 부정할 수 없다. 사회에서도 문화에서도 그러한데, 상징적 모더니즘과 사회경제적 근대화는 이제 그렇게 아주 분리되어 있지 않다. 문제는 근대화가 지난 수십 년 동안 기다려 왔던 것과는 다른 방식으로 만들어졌다는 것이다. 20세기 후반 근대화는 국가에 의해서 진행된 것이 아니라, 사적 주도권에 의해 진행되었다. 문화의 '사회화' 혹은 민주화는 생산자들의 정치적 혹은 문화적 선의가 아니라, 거의 대부분 사기업의 손에서 문화산업에 의해 달성되었다. 또한 상징재화의 전유와 문화적 혁신에 대한 접근에 있어서 불평등이 여전히 존재한다. 그러나 이러한 불평등은 이제 개별 나라를 지배자와 피지배자, 혹은 세계를 제국주의 국가와 종속국가로 나눌 때 나타날 것이라고 믿었던 그런 단순하고 극단적인 형식을 갖지 않는다. 이러한 구조적 변화를 추적한 후에 생산자, 중재자, 관객 등 다양한 문화 행위자들이 자신들의 실천을 근대성의 이러한 모순들 앞에서 어떻게 재배치하는지, 혹은 그것의 가능성을 어떻게 상상하는지를 살펴보아야 한다.

3장
예술가, 중재자 그리고 관객
— 혁신할 것인가 아니면 민주화할 것인가?

3장_예술가, 중재자 그리고 관객
혁신할 것인가 아니면 민주화할 것인가?

상징시장의 변화에 따른 주요 행위자들의 새로운 방향 설정을 면밀하게 검토하기는 쉽지 않다. 라틴아메리카에서 예술가가 어떻게 수용자와 고객을 찾는지, 중재자가 어떻게 기능하고, 관객이 어떻게 반응하는지에 대한 경험적인 연구가 많지 않다. 또한 근대성의 변화를 평가하는 개인들의 담론이, 그들의 예술적 실천 속에서 발견되는 저항이나 적응과 항상 일치하는 것은 아니기 때문이다. 예술가와 지식인들의 개인적인 위기뿐만 아니라, 사회변화의 중재자이자 해석자로서 그들 스스로 가져왔던 역할이 위기에 봉착했음을 보여 주는 몇몇 사례들을 살펴보겠다.

먼저 호르헤 루이스 보르헤스와 옥타비오 파스 두 명의 작가를 선택해 보자. 이들은 문학적 장의 자율성을 확립하는 동시에, 자신들의 혁신적 성취를 대량 소통의 대상으로 변모시켰다. 그리고 나는 미적 실험을 전근대적인 유산 및 민중적인 상징체계와 연결하고자 한 조형예술의 몇몇 움직임도 살펴볼 것이다. 현대 예술을 이 두 가지 전통에 위치시킬 때 나타나는 난관에 대한 분석을 통해, 상징적 혁신의 민주화와 소통, 그리고 문화기관 종사자와 비평가들의 역할에 대한 논쟁을 새롭게 사고할 수 있다. 그러나 무엇보다도 우리의 관심을 끄는 것은 수용자들에게 무슨 일이 일어나는지, 박물관 방문객, 독자 그리고 관객의 관점에서 근대성의 관객이 된다는 것이 무엇을 의미하는지를 아는 것이다.

파스에서 보르헤스로: 텔레비전 앞에서의 태도들

문화적 장의 전문화와 독립성에 보다 많이 기여한 예술가와 작가들은 국가와 시장에 대한 비판을 자신들의 논리의 축으로 이용한다. 그러나 다양한 이유로 인해 시장권력보다는 국가권력에 대한 거부가 더 맹렬하고 일관성이 있게 나타난다. 이 책의 「들어가며」에서 인용한 카브루하스의 텍스트는 가장 많이 들었던 여러 논리들 중 하나를 과장하고 있다. 즉 라틴아메리카 국가들을 진지하게 받아들일 수 없기 때문에, 사람들은 라틴아메리카 국가를 고려할 수 없다는 것이다. 그러나 고급 희곡 작품을 쓰는 동시에 베네수엘라에서 가장 인기 있는 이 드라마 작가는 문화산업에 대해서는 동일한 비판적인 성찰을 하지는 않는다. 왜 자신의 희곡 작품을 드라마 제작사의 요구대로 각색하면서 2백 시간이나 되는 텔레노벨라를 썼는지에 대해 그가 한 설명은 전근대적인 것이었다. 즉 그는 "라틴아메리카 사람들이 그들 자신의 위대한 신화와 일체감을 형성하고", "스스로를 아름답고 숭고한 신화처럼 인식하기를" 바란다고 설명한 것이다.[1]

가장 정교하고 영향력 있는 옥타비오 파스의 입장을 살펴보도록 하자. 초기 텍스트부터 그는 예술가가 필요로 하는 자유는, "황태자"와 시장으로부터 멀어지면서 얻어진다고 단언했다. 그러나 실제로 그는 시장과

---

1) Iván Gabaldón and Elizabeth Fuentes, "Receta para un mito", *Magazine de El Nacional*, April 24. 1988, p. 8.

의 유대를 통해 생산적인 관계를 모색하고 자신의 담론을 확장하기 위해 대중매체에 의존하는 반면에, 작품에서는 국가권력에 대한 분노를 확대하고 있었다. 파스의 반국가주의적인 강조는 예술적 장의 자율성에 관한 전통적이면서 동시에 근대적인 양가적인 개념의 옹호와 연결된다.

파스는 고급문화적인 작가의 전형이다. 독자들에게 많은 것을 요구하는 형식 실험, 시와 에세이를 밀도 있게 전개해 주는 함축적인 지식, 그리고 문학적이고 미적인 원천을 공유하고 있는 사람들과의 공모 관계 때문만은 아니다. 그것은 그가 문화, 역사, 정치의 해석에 있어서 주로 엘리트들과 관념에 관심을 두기 때문이기도 하다. 가끔 그는 사회운동, 기술변화, 자본주의와 사회주의의 물적 변화 등을 언급하지만, 이런 과정을 분리하여 하나만을 체계적으로 분석하지는 않는다. 또한 사회경제적인 구조에 대한 언급을 하지만, 이것은 그가 진지하게 고민하는 문제를 다루기 위해 필요한 무대장치적인 표식에 불과하다. 그의 주된 관심은 예술과 문학운동, 개별 창조자, 그리고 기술과 국가관료의 '위협'에 대한 그것들의 반응이다.

파스는 미학적 모더니즘에 대한 전투적인 집착을 사회경제적 근대화에 대한 열정적인 거부와 어떻게 조합할 수 있는가를 보여 준 뛰어난 사례를 보여 준다. 국가는 바로 근대성의 관료적이고 비틀린 표현이라고 할 수 있는데, 이 근대성의 물적 측면이 근대성을 담고 있는 생생한 현실, 신화 그리고 제의를 "합리적 기하학"을 통해 질식시킨다. 지식인과 예술가의 역설적인 임무는 바로 미적 혁신이라는 광채로 간과되어 온 전통적인 가치를 밝히는 것이다. 즉 소련에서는 러시아 민중의 원시주의에, 그리고 서유럽에서는 낭만주의 이후 분열된 다양한 시적 전통에 주목했다. 그러나 파스는 보들레르, 말라르메, 엘리엇, 파운드 그리고 초현실주의자들 같이 매우 이질적인 작가들을 따라가면서 이 다양한 시적 전통들의 공통된 자극을 복원하고자 했다. 또한 멕시코에서는 정복 이전의 문화유산, 스페인의 식민적 유산, 그리고 전근대적 유토피아로 해석된 사파타주의 사이의 혼합을 드러내려 했다.[2]

역사가 아길라르 카민Aguilar Camín은 이러한 회귀들 사이의 불일치에 주목한다. 어떻게 스탈린주의의 중앙집권적 시스템을 공격하는 사람이, 16~17세기 누에바 에스파냐에서 원주민의 3분의 2를 전멸시키고 칼의 힘으로 만든 정치적 안정과 건축의 위대함을 칭송할 수 있는가? 다른 작가들이 토지 재분배를 위한 급진적이고 비타협적인 투쟁의 토대로 간주하는 멕시코 혁명의 진정한 중심으로서 사파타주의를 옹호하는 것을, 파스는 "기원으로 회귀하고자 하는 시도", 즉 "사회경제적인 질서가 아닌 전통적이거나 정신적인 질서에 의해 위계가 만들어진 공동체"로 회귀하고자 하는 시도로 해석한다.[3] 이처럼 탈물질화되었을 때, 사파타주의는

······ 황금시대로의 회귀라는 신화에 종속된 신비한 분파의식을 회복하기 위해 사회적 투쟁을 멈춘다. 생존을 위한 그들의 투쟁은 투쟁이 아니라 하나의 '계시'가 되는 것이다. 그들의 종교성은 교회와 관료주의의 식민적 잔존과 지배의 표현이 아니라, 종교적 관료주의에 대한 하나의 투쟁 거점이다. (미국의 이웃국가에서) 국가적 의식과 지각을 결여하고 있다는 것은 [사파타주의] 운동의 심각한 제한이 아니라, 미래를 위해 되살려야 할 가치이다. 이러한 결여가 바로 정부와 국가를 건설하고 통제하는 데

---

2) 이런 파스의 입장은 그의 여러 책에 나타난다. 여기서는 특히 인용한 *El ogro filantrópico*와 *Los hijos del limo*, 3rd ed., México: Seix Barral, 1987의 3장에서 6장을 살펴보고자 한다.
3) Paz, *El ogro filantrópico*, p. 27.

필요한 "잔인한 추상화"가 구체적인 정치적 지평이었던——그리고 아직도 거기[멕시코]에 존재하는——당파들의 손에 의해 그들[사파타주의]이 패배하게 된——다른 농민 운동들처럼——비밀이다.[4]

라틴아메리카 문학과 예술에서 근대성의 가장 섬세한 후원자 중 한 명인 파스가 왜 전근대로의 회귀에 매력을 느끼는지 살펴보기로 하자. 사파타주의의 유토피아를 "경제적 질서가 아닌, 전통적이거나 정신적인 질서에 의해 위계가 만들어지는 공동체로의 회귀"로 해석하는 것에서 그 징후를 볼 수 있다. 오늘날 이러한 정신적 위계를 누가 재현할 수 있을 것인가? 세속화가 사제의 영향력을 축소시켰고, 파스 또한 국가의 관료제만큼이나 종교에 존재하는 관료제를 증오했기 때문에 사제는 아닐 것이다. 그렇다면 예술가와 작가가 남는다. 이렇게 해서 미학적 모더니즘과 사회적 전근대성을 동시적으로 고양하는 것이 가능하다는 점이 밝혀진다. 즉 근대적 예술 세계의 사제들은 국가권력의 확장, 창조성의 산업화, 그리고 관객들의 대중화에 의해서 자신의 자율성과 상징권력이 약화되고 있음을 느끼면서 이상화된 고대로 피난하는 것을 하나의 대안으로 간주하는 것이다.

모더니즘을 찬양하고 동시에 근대화를 비판하는 것으로, 문화적 근대성과 사회적 근대성 사이의 모순에 대응하고, 박물관 같은 엘리트들의 전통적인 신전까지도 커뮤니케이션 산업논리가 지배하고 있는 사회에서 고급문화의 재조직화에 대응하는 것이 가능하겠는가? 이러한 모순을 극적

---

4) Héctor Aguilar Camín, *Saldos de la revolución. Cultura y política de México, 1910~1980*, México: Nueva Imagen, 1982, pp. 226~227.

으로 보여 주는 파스의 텍스트가 하나 있다. 멕시코시티의 타마요 박물관에 의해 기획된 피카소 전시회의 카탈로그에 썼던 글이 그것이다.

1982년 말 아직 피카소에 대한 평 하나 하지 않고, 그에 대한 글 하나도, 복제품 하나도 보지 못한 관객이 있었는데도, 그 무렵 박물관을 인수한 텔레비사는 방송채널을 통해 다양한 시기의 작품들을 매일 보여 주면서 피카소가 얼마나 힘들게 작품을 그렸는지, 그 그림을 타마요 박물관에 대여해 온 사람들의 노력이 어떤 것이었는지에 대해서 이야기했다. 전시회를 방문한 오십만 관객은 뉴스가 되지 않는 이벤트, 그리고 사전 홍보가 없는 즐거움을 발견하기가 날로 더 어려워졌다는 것을 발견했다. 지난 세기 예술은 즉흥적인 것이 되기를, 덧없고 불타오르는 즐거움의 도피처가 되기를, 그리고 항상 누군가가 찾고자 했던 그곳과는 다른 장소에 있기를 원했다. 그럼에도 불구하고 박물관은 이러한 모색과 위반들을 체계화했다. 그리고 대중매체는 놀라지 않고 이런 모색과 위반들에 접근할 수 있게 해주었고, 이것들을 하나의 해석이자 동화흡수라고 할 수 있는 특정 분류체계 내에 위치시켰다.

20세기의 거의 모든 불경스러움과 새로운 제안에 참여했다는 이유로 인해서, 피카소는 이제 원작을 보기가 어렵고 계획되지 않은 전시회가 거의 불가능한 작가가 되었다. 타마요 박물관이 매번 25명의 입장만을 허용하면서 고급예술의 관조적인 규칙을 유지하고자 했지만, 텔레비전은 대중적인 관람을 이끌어 냈다. 이렇게 해서 대기 열이 더 길어지게 되었다. 텔레비전은 이것을 카메라에 담아 광고로 이용하고, 더 많은 사람들이 긴 줄에 참여하도록 독려했다. 이 과정을 통해서 우리는 피카소 작품 외에도 퐁피두센터나 메트로폴리탄 박물관 같은 기관에서는 일상적으로 이루어지는, 고급예술과 대중예술 간의 모순과 공모 사이의 유혹적인 게임 하나를 멕시코에서 즐길 수 있게 되었다.

예술가의 창조적인 희생과 전시회 주최 측의 노고에 대해 알아야 할 거의 모든 것을 광고에서 듣고 난 후에는, 결과물이 전시되어 있는 신전에 도착하기 위해 기나긴 줄을 거쳐야 한다는 것이 정상적으로 보일 수도 있다. 즉 박물관의 줄은 마치 종교적 행진과 같다. 그럼에도 불구하고, 많은 원주민 종교 행사에서와 마찬가지로 타마요 박물관의 축제는 하나의 시장으로 변모했다. 핫도그와 음료수 가판대, 기념품으로 판매되는 포스터나 티셔츠, 예술가의 서명이 새겨진 깃발 등이 이 제의에 참여했다.

전시회 카탈로그는 피카소를 예외적인 개인으로 소개하면서, 그의 대중화된 이미지를 덜어 낸다. 파스는 자신의 텍스트에서 피카소가 "야생적인 개인주의자이자 저항적인 예술가"라고 말한다. 그리고 관객은 적당히 관조적인 태도를 취하면서 작품의 해방적 메시지에 "순진한 시선으로" 빠져들어 그의 혁신적 힘을 공유할 때, 그와 닮아 갈 수 있다는 것이다. 그러나 방문객은 그 자신의 혁신은 금지되어 있다는 것을 발견하게 된다. 앞 전시실의 그림으로 되돌아갈 수도, 스스로의 관람 순서를 만드는 것도 불가능하다. 경호원들은 사람들이 박물관 전문가들이 만들어 놓은 질서와 일련의 흐름을 깨트리는 것을 막았다. 관람객의 줄은 마치 종교 행렬 이상의 고행처럼 건물 안으로 이어지는 것이다.

마지막으로, 피카소는 무엇인가? 즉 엘리트를 위한 예술인가 아니면 대중을 위한 예술인가? 텔레비사에 의해 방영된 피카소의 작품들은, 어떤 '대립적인' 요소들이 어떻게 상호보충적인 것이 되어 서로 침투하고, 서로 섞이는지를 잘 보여 준다. 영향력 있는 텔레비전 뉴스 진행자는 피카소 작품전 개막에 관해 10분 이상의 시간을 배정했고, 피카소에 대한 파스의 아티클이 실린 『부엘타』*Vuelta* 최근호를 추천했다. 이렇게 위대한 회화, 위대한 문학, 그리고 이것을 소수 독자들에게 전달하는 잡지 또한 텔레비전의 구경거리로 변모하게 된다. 이와 반대로, 텔레비사는 재정적으로 후원하고, 자신의 로고를 전시회 입구에 붙이며, 관람객에게 관람 방법을 알려주면서 박물관에 등장한다. 문화 간, 그리고 계층 간 차이는 고급예술과 대중 관객 간의 만남에서 '화해'한다. 그러나 이러한 민주화의 허상은 하나의 무화 과정을 필요로 한다. 즉 그 자신의 서문에서 보여 주듯이, 20세기 가장 비판적인 예술가 중 한 명을 탈정치화하고 있는 파스는 피카소의 혁명에 대한 관심을 반항으로, 정치를 도덕으로, 도덕을 예술로 해소해 버린다.

파스에 따르면 피카소의 위대함은 "광고가 가진 익명적인 떠들썩함 가운데에 그가 보존되고 있다"는 데 있다. "무엇보다도 수많은 예술가와 작가들이 명예, 성공, 돈을 쫓아 헐떡이며 뛰고 있는 것을 보고 있는 지금", 그리고 문화산업이 그의 작품을 멕시코에 가져와 설명할 때, 피카소가 이러한 떠들썩함과는 아무런 관계가 없다고 말하는 게 필요한 것이다. 파스의 텍스트는 처음 부분에서 루피노Rufino와 올가 타마요Olga Tamayo라는 설립자를 중심으로 이루어진 박물관의 노력을 인정한다. 즉 문화를 위해 설립된 기관은 광고처럼 익명적이지도 않고, 그 기원에 사람들, 다시 말해 예술가들이 있다는 것이다. 파스는 텔레비사의 참여에 대해서는 아무런 언급을 하지 않고, 사회의 익명성에 대한 피카소의 반항을 분석하면서 정당, 베스트셀러주의 그리고 미술관에 대해 언급한다. 또한 그는 피카소가 "스탈린이 정점에 있던 그 순간에 공산당 입당을 선택했다"는 것을 기억해 내지만, 몇몇 질문들을 유보적으로 남겨 놓는다. 이 사건에 대해서, 그리고 반나치 저항과 그의 작업 간의 관계 및 그의 작품을 사회와의 "단절의 미학"으로 축소시킬 수 없도록 하는 다양한 정치적 투쟁과의 관계에 대해서는 어떠한 설명도 하지 않으면서 말이다.

 이 텍스트는 정치적 권위주의와 시장이 적어도 예술가에게는 적이거나 그와 유사한 위험이라는 점을 암시한다. 그러나 그것은 피카소 작품을 실제로 대여해 온 사람들, 그것을 볼 수 있도록 광고를 통해 알린 사람에 대해서는 단 한마디 말도 하지 않는다. 이것들에 대해 추상적으로 말하는 것이 피카소와 예술 시장 그리고 정당과의 복합적인—또 모순적인—관계를 설명하는 데 도움이 되는가?

 그러나 이러한 낯선 갈등의 역사에 주목하는 것보다 오늘날 우리는 대중 전파로 인해 텔레비전 메시지, 핫도그, 청량음료 사이를 지나, 그리고—좀더 까다로운 사람들의 경우—박물관 1층의 (원문 그대로 표현하면) '타마요 샌드위치' 사이를 지나 근대 문학과 예술을 접하게 될 때, 거의 대부분의 경우 수용자와의 내밀한 관계를 위해 만들어진 근대 문학과 예술에 어떤 일이 일어날 것인가를 묻는 데 더 흥미를 갖는다. 전시회를 넘어서는 본질적인 질문은, 보다 효율적인 소통 통로가 되는 문화산업의 규칙 아래에서 대중과 상호작용하게 되면서 상징적 전통, 형식적인 절차, 고급예술이라 불리는 이런 차이의 메커니즘이 어떻게 변모할 것인가에 관한 것이다.

 보르헤스와의 대립이 유용할 수 있는 지점이 바로 여기이다. 보르헤스 역시 파스처럼 작가를 개인성의 최대 표현으로, 그리고 정치인을 집단주의적 위협의 표현으로 간주하면서 작가와 정치인을 대립시킨다. 그의 무정부주의적 선언들, "최소한의 정부"에 대한 희망, 그리고 "대통령 이름을 잘 알지 못하는" 스위스처럼 국가가 드러나지 않았으면 하는 희망(보수주의에 대한 찬양이 그로 하여금 권위주의적 정부를 칭찬하게 되는 상황에 이르게 했을 때, 그가 흔들리면서 보여 준 입장)은 널리 알려져 있는 것이다.

1978년 11월 보르헤스가 채널 13 방송국에 초대받아, 후안 호세 아레올라(Juan José Arreola)와 TV대담을 하기 위해 멕시코에 왔을 때, 파스가 카미노레알 호텔에 그를 초대했다. 파스가 텔레비사에 계약되어 있었기 때문에, 텔레비사도 채널 13도 이 만남을 촬영하는 것을 허락하지 않았다. 그러나 펠리페 에렌베르그(Felipe Ehrenberg)가 이 만남을 그리는 것은 허용되었다.

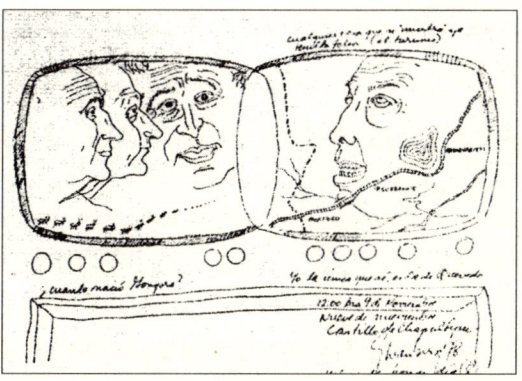

3장_예술가, 중재자 그리고 관객　153

그는 또한 보르헤스가 된다는 것의 불편함을 잘 알았다. 이것은 문화의 대량화 속에서 고급예술 프로젝트를 유지하기 위해 겪어야 할 충격이었다. 말년에 보르헤스는 읽히는 작품 이상으로 널리 알려진 하나의 자서전이었다. 그의 역설적인 정치적 선언들, 어머니와의 관계, 마리아 코다마María Kodama와의 결혼, 그리고 그의 죽음과 관련된 소식들은 고급문화를 다룰 때 대중문화가 보여 주는 경향을 화가 날 정도로 잘 보여 준다. 즉 작품을 에피소드로 대체하고, 텍스트의 즐거움보다는 대중적 이미지의 소비가 주는 쾌감으로 이끄는 것 말이다.

보르헤스의 사례가 교훈이 되는 것은, 말년의 몇십 년 동안 그가 이러한 대중적 소통과의 강요된 상호작용을 비판적 사유의 원천, 즉 엘리트 문학의 대표자가 대중매체의 도전에 대해 무엇을 할 수 있을 것인가를 고민케 하는 장소로 바꾸었다는 것이다.

첫번째 반응은, 고급예술가와 대중적 상징시장의 연계는 피할 수 없다는 것이다. 동시에 이런 생각은 뭔가 불편하다는 것이다. 오랜 시간이 지난 후에 우리는 보르헤스의 『마르틴 피에로』 그룹 시기에 대한 회고를 들을 수 있었다. 그는 이 그룹이 문학은 끊임없이 새로워야 한다는 프랑스적인 사고를 표현했기 때문에, 거기에 속해 있던 것을 좋아하지 않았다고 말한다. "파리가 한가로운 토론과 자기 선전에 탐닉하는 문학모임을 가지고 있었기 때문에, 우리도 시대에 뒤떨어지지 않기 위해 마찬가지의 것을 해야만 했다."

대중적인 보급과 관련한 가장 소모적인 토론 중 하나는, 창조성이라고 하는 근대 고급예술의 핵심적 사유를 중심으로 전개된 것이다. 뛰어난 작가가 된다고 하는 것은 모방자들을 견뎌야 한다는 것과 동일하다. 보르헤스가 말하기를, 모방자들은

……늘 스승보다 우월하다. 그들은 보다 지적인 방식으로 보다 침착하게 그것을 잘 할 수 있다. 지금 글을 쓰면서, 나는 보르헤스와 닮지 않으려고 노력한다. 왜냐하면 나보다 그것을 잘하는 사람들이 많이 있기 때문이다.

모방은 문학 시장에서 경쟁력을 갖기 위한 전술의 하나에 불과하다. 편집자들이 보르헤스를 끌어들이는 권위의 경주에서, 이 유명 작가가 무엇을 할 수 있을까?

이탈리아에서 사바토의 책들이 "사바토, 보르헤스의 라이벌"이라는 띠지를 두르고 팔린다고 한다. 내 책들이 "보르헤스, 사바토의 라이벌"이라는 띠지를 가지고 있지 않은 것이 이상하다.

모방과 경쟁 앞에서, 독자에게 남겨진 것은 책에 '권위'를 부여해 주는 헌사와 서명의 제의이다. 어떤 독자라도 익명으로 만들어 버리는 급증하는 판매량 속에서, 작가와의 이러한 '개인적인' 관계는 작품과 고급 독자의 원본성과 비반복성을 복원한다. "나는 너무 많은 책들에 사인을 했기 때문에 죽는 날, 서명이 없는 책을 가진 사람은 대단한 가치를 가지게 될 것이다. 어떤 이들은 책이 그렇게 값싸게 팔리지 않게 하기 위해서 서명을 지워 버릴 것이라고 확신한다"라고 보르헤스는 밝혔다. 출판 기념 저자 사인회가 열리고 있는 부에노스아이레스의 한 서점에서, 그가 장님이라는 것을 아는 독자가 지금 앞에 놓인 것은 독일어 번역본이라고 말했다. 그러자 보르헤스는 "그럼 제가 고딕체로 사인해야 합니까?"라고 대답했다.

간접적인 방식으로 보르헤스 작품의 일부분이 되는 이런 간헐적인 발언이나 인터뷰 역시 신중하게 고려되어야 한다.[5] 문화산업 초창기에 작품활동을 시작했던 그는 영화의 의미론적 가공 전술과 서사 구조에 매우 예민한 작가였다(서부극과 탐정영화에 대한 글, 그리고 할리우드에 대한 그의 매혹을 기억해 보자). 따라서 그는 작가에 대한 독서망, 즉 비평적 자산이 작품과의 관계뿐만 아니라 대중매체가 선호하는 이런 다른 공개적인 관계에서도 형성된다는 것을 이해했다. 이렇게 해서 그는 작가로서의 자신의 활동에 기자회견이라는 명백히 비문학적인 공간의 특정한 장르를 포함시켰다.

광고에 굴복하지 않고, 작가의 자율성을 대중적 텍스트성에 종속시키는 상황에서 스스로를 보호하기 위해, "담론의 생산을 구경거리로서 그 마지막 가능성까지 가져가야 한다"고 호세 사스본은 지적한다.[6] 보르헤스는 매스 커뮤니케이션 과정을 패러디하지만, 또한 대학을 오염시키고 문학 전문가들을 뒤덮고 있는 소비 행태에 대해서도 패러디한다.

미국 대학은 학생들에게 사소한 것들을 외우게 하고, 집에서는 읽지 않도록 한다. 도서관에서 책을 읽어야 하고, 그것도 교수가 지시한 것만을 읽어야 한다. 한 학생에게 『천일야화』에 관해 말하자, 그는 나에게 아랍어 과정을 듣지 않아서 잘 모른다고 대답했다. "나 또한 아랍어 과정을 듣지 않았지만, 그것을 야간 강좌에서 읽었지"라고 나는 그에게 말했다.

---

5) 우리가 알고 있는 한 이런 모습을 보여 준 첫번째 사람은, *Diccionario de Jorge Luis Borges*(Madrid: Altalena, 1979)를 만든 블라스 마타모로(Blas Matamoro)이다. 그는 보르헤스의 아포리즘, 에세이, 서문, 영화 비평, 신문 인터뷰 등의 일부분을 편집했다.
6) José Sazbón, "Borges declara", *Espacios* 6, 1987, p. 24.

보르헤스는 대중 담론의 구성에서 기본적인 작용들을 명확하게 하는 것을 즐겼다. 그 작용들이란 일상의 이야기를 구경거리로 바꾸는 것, 사회생활을 텍스트화하는 것, 매체들이 모든 진술을 "발언의 쇼"로 만드는 그라운드 제로 등을 포함한다고 사스본은 말한다. 그러나 그는 또한 끊임없이 자신의 발언과 발화지점을 변화시킴으로써 이러한 과정을 위반하고 침식시킨다. 예를 들어 "나는 나 자신을 반복하는 것에 지쳤다. 따라서 나는 매번 다르고 다른 것을 말한다"고 그는 진술한다.

이러한 언급들이 그의 작품을 지속시킨다. 왜냐하면 그는 이 언급들로 하나의 장르를 만들고, 이것의 미학 역시 자신의 서사나 시에서 보여 준 미학과 일치하기 때문이다. 자율적이고 혁신적이면서 동시에 자신의 종속성을 인정하는 보르헤스는, 주변부 국가에서 글을 쓴다는 것은 이미 점유된 공간을 [다시] 전유하는 것이라는 증거로서 인용과 번역을 자신의 텍스트에 포함했다. 많은 비평가들은 이러한 코즈모폴리턴적인 박식함을 종속적인 사회에서 고급문화인이 된다는 것이 의미하는 바에 대한 단서로 읽어 낸다. 그리고 이것이 보르헤스를 유럽적인 작가, 라틴아메리카 현실을 전혀 재현하지 못하는 작가로 공격하는 공통지점이 된다. 보르헤스 같은 유럽 작가가 한 명도 없다는 것을 알게 되면서 이런 비난들은 사라졌다. 보르헤스가 읽고 인용하고 연구하고 번역한 프랑스, 영국, 아일랜드, 독일의 작가들은 많다. 그러나 이들 중 어느 누구도 다른 모든 작가들을 알지 못할 것이다. 왜냐하면 이들은 서로에 대해 알지 못하는 각자의 지역 전통에 속해 있기 때문이다. 이것이 바로 위대한 문학은 다른 나라의 것이고, 자기 나라의 문학 이외에도 수많은 다른 나라 문학을 알아야 한다는 조바심을 가지고 있는 종속적인 작가의 모습이다. 이미 모든 것은 쓰여졌다고 믿는 작가만이 자신의 작품을 통해 다른 작품의 인용에 대해 고민하고 독서, 번역 및 표절의 문제에 대해 성찰하면서, 그에게 의미를 드러내는 낯선 텍스트들을 파악하는 데 진력하는 등장인물을 창조할 수 있다.

보르헤스가 자신의 작품들을 세계사의 모델들에 의존하면서 정당화하는 것은 확실하다. 그러나 리카르도 피글리아가 설명하는 것처럼 그의 문학적 유희의 대부분은 자료를 허구로 만들고, 실재와 가공의 것을 뒤섞으며, 다른 사람들과 자기 자신을 패러디하는 것으로 구성되어 있다. 보르헤스는 독창적이지 않은 문화를 문화라고 믿는 사람들을 조소하지만, 그 이유가 위대하고 '진정한' 문화에 속하지 못한 것을 유감스러워하거나, 자신만의 문화를 만들어야 한다고 믿기 때문은 아니다. 또한 그는 자신의 가공된 백과사전적인 텍스트에서 중심부 문학의 보편주의적 의도를 조롱했던 것처럼, 아르헨티나의 가우초나 도시 대중적인 주제를 다시 다루는 텍스트에서 '지역적 색채'의 본질을 발견하려는 환상도 조롱한다.[7]

근대 예술의 모든 받침대, 즉 새로움, 개인적인 명성, 권위를 부여하는 것처럼 보이는 서명, 보편주의, 내셔널리즘 등은 부서지기 쉬운 허구이다. 보르헤스에 따르면 "대중 사회"의 해악스럽고 불경스런 파괴에 대해 분노하는 것보다는, 이런 회의적인 작업을 통해 문학의 불가능한 자율성과 독창성을 얻는 것이 낫다. 문학성이 다양한 사회, 서로 다른 계급 및 전통의 상호관계에서 형성되는 시기에, 아마도 작가의 역할은 근대성의 이러한 사후 상황에 관해 성찰하는 것이다. 보르헤스의 역설적인 서사와 선언은

---

[7] 피글리아는 자신의 소설 『인공호흡』의 등장인물인 렌시(Renzi)를 통해서 강의나 컨퍼런스에, 그리고 『비판과 허구』(*Crítica y ficción*, 1986)의 인터뷰에 발표한 보르헤스에 대한 자신의 견해를 모은다. 이 책에서 그의 소설에 나타나는 보르헤스에 대한 자신의 해석은 "허구적" 효과를 유발하기 위해 "과장"되었다고 말하지만, 그는 자신의 해석을 부정하지는 않는다. 보르헤스 이후에, 인터뷰에서 개인적인 진술을 허구화하려는 작업, 즉 비판적 담론과 허구 사이의 차이를 교란시키는 작업을 가장 잘 수행한 사람은 피글리아일 것이다.

그를 탈근대적 무대의 중심에, 경계를 상실한 문화적 제의들이 만들어 낸 이러한 현기증에, 그리고 세상의 모습이라 할 수 있는 영속적인 시뮬라크르에 위치시킨다.

아이러니한 실험실

문화산업에 대한 보르헤스의 태도는, 고급예술이 버려야 할 요소와 지켜야 할 요소, 혹은 고급예술의 잔여물에 대한 하나의 제안이다. 또한 가능하지도 않은 미디어와의 일대일 경쟁도 아니고, 대중 조작으로부터 민중을 구원하고자 하는 메시아적인 의지주의도 아니다. 자율적이고 혁신적인 기획은 이미 희망 없는 과제로 변해 버렸다는, 종말론적이고 우수에 젖은 불만도 아니다.

사회의 대중화와 도시 및 문화산업의 팽창을 거스를 수 없는 경향으로 받아들인다면, 그리고 그것들을—심지어 그것들의 모순까지도—유머를 가지고 볼 수 있다면, 예술가의 기능을 다른 식으로 생각할 수 있다. 파스는 아날로지와 함께 아이러니를 근대 문학의 핵심적인 구성요소로 파악했다. 아날로지와 아이러니에 대한 『흙의 자식들』의 매력적인 페이지들에서 파스는 아날로지를 낭만주의자들에 의해 받아들여진 신플라톤적 관점으로 이해하는데, 이것은 우주를 조응의 체계로 상상하고 언어를 우주의 겹으로 생각하는 것이었다. 그러나 선형적 시간과 근대 세계의 모순에 대응해 왔던 신화에 대한 신뢰를 상실했고, 역사를 변화와 예외들의 총체로 경험하는 근대세계에서 아이러니는 아날로지를 동반한다. 이제 조응의 기원이자 원천을 발견하고자 하는 모든 시도는, 근대성이 야기하는 정해진 기준이 없는 변화에 의해 부식되어 버린다. 세속화는 의식의 빈곤,

그로테스크하고 이상야릇한 것, 그리고 질서의 파괴로 이르게 되었다고 파스는 말한다. 아날로지를 상대화하는 아이러니한 사유는 그것을 비극으로 몰고 간다. 이 비극의 종착지는 바로 죽음인 것이다.[8]

이와는 대조적으로 보르헤스는 유머를 가지고 아이러니를 실행한다. 유머는 익숙한 길에서 벗어나, "매번 다른 사물"을 생각하고 말할 수 있게 해주는 현명한 거리두기이다. 그것은 끊임없는 변위이자 실험을 위한 계속적인 의지인 것이다. 즉 독창성의 이론적이고 실제적인 위기에도 불구하고 혁신은 끝나지 않았다. 비록 시장의 요구에 따르거나 그 반대로 시장이 그것을 징발했다고 할지라도, 교묘한 조롱을 통해 이미 알려진 것들 및 존재하는 것들과 불화하는 사람들이 있는 것이다.

문화의 장은 아직 실험실일 수 있다. 그것은 유희하고 시도하는 장소이다. 그것은 생산주의적 '효용성'에 맞서 여흥을, 이윤이라는 강박관념 앞에서 기억 속의 유산을 사심 없이 재생할 수 있는 자유를 부활시킨다. 그리고 자본화할 수 없는 경험을 통해 단조로움과 무기력함에서 벗어날 수 있는 자유를 복원하고자 한다. 때때로 예술을 실험실로 간주하는 이런 관점은 사회적으로 인정된 효용성과 양립할 수 있다. 역사를 통해 과학의 위업이 기술적인 해결책으로 변모했던 사례를 볼 수 있는 것처럼, 예술 실험 또한 산업 디자인과 대중매체의 혁신으로 이어질 가능성이 존재한다(바우하우스와 구성주의를 예로 들 수 있고, 옵티컬아트나 팝예술, 표현주의와 극사실주의 등과 함께 이러한 시도의 초기 과정에 예기치 않게 등장했던 긴 목록을 덧붙일 수 있다).

그러나 물질적인 효용성을 배제한 다른 예술적 경험의 목록을 만들

---

8) Paz, *Los hijos del limo*의 4장.

수 있다. 쾌감만을 제공하고, 단지 소수만을 위한 유희의 목록이 가능한 것이다. 이런 경향은 대중적 적용 여부로 모든 혁신을 평가하고자 했던 근대 청교도주의라는 대립물과는 이미 싸울 필요도 없었다. 현대 미학은 인류학과 역사로부터 모든 사회에는 '대가 없고', '비효용적인' 실천이 존재한다는 것을 배웠다. 육체에 페인팅을 하거나, 하루만에 부서질 장식을 준비하기 위해 공동체가 1년 혹은 그 이상의 노동력을 허비하는 축제를 즐기는 것이 그 예이다. 인간은 늘 실용적 가치와는 다른 무엇에 관심을 기울이면서 예술을 한다. 예를 들어 쾌락을 위해서 예술을 하는데, 그 이유는 쾌락이 우리 내면의 무엇인가를 유혹하거나 소통시키기 때문이다. 만약 많은 민중적 실천이 '유용성'을 결여하고 있고, 단지 감정 표현과 정체성의 제의적인 혁신만을 찾는다면, 순수하게 감성적이고 형식적인 실험인 고급예술을 비난할 이유는 무엇인가?

금욕주의적이거나 생산주의적인 요구를 잠시 옆으로 밀어 둔다면, 상징적 효용성에 대한 질문이 나타날 것이다. 문화의 조직화에서 승리한 양식들—**시장과 미디어**—에 대한 보르헤스의 조롱은 생산적으로 보인다. 조롱이 유일하게 가능한 대응은 아니다. 그러나 모든 실험실에서 몇몇 질문들을 생동감 있게 하거나, 이런 질문들의 또 다른 형식을 실험하는 것은, 적어도 이런 질문들을 유지할 값어치를 가질 수 있다. 이런 질문들이 즉각적이고 눈부신 반향을, 때로는 반향 자체를 얻지 못하기 때문에 아이러니와 자기-아이러니autoiroía가 이러한 경험의 핵심에 위치한다.

아이러니, 비판적 거리, 유희적 재가공은 전근대적 요소의 도전과 상징적 장의 산업화와 관련하여 근대문화적 실천이 갖는 세 가지 생산적인 측면이다. 우리는 몇몇 조형예술가들에게 이런 문제가 어떻게 나타나는지에 특히 관심을 갖고 있다. 전시회를 조직하기 위해 우리는 전시회를 다음 세 가지 질문에 대한 답으로 제시할 것이다. 즉 우리의 기원을 가지고 무엇을 할 것인가? 시각문화의 급격한 산업화와 상업화의 시대에 어떻게 계속 그림을 그릴 것인가? 현대 라틴아메리카 예술을 만들기 위한 길들에는 무엇이 있는가? 유일한 길도 명확하게 확실한 길도 없기 때문에, 복수의 질문을 제시하고자 한다. 사례는 단지 사례에 불과하고, 좀더 확장되어야 할 것이라는 점 또한 명확하다.

우리의 기원을 가지고 무엇을 할 것인가? 근대성이 승리하면서 이 질문은 간과되었다. 많은 전위주의는 단지 미래에만 의미를 부여하고 있었고, 과거와 관련한 유일한 가능성은 과거에서 벗어나는 것뿐이었다. 그러나 어찌 됐든 상업적이고 정치적인 팽창은 역사를 이용하면서 진행되었다. 커다란 박물관, 옛것과 전통 기념품의 유통, 그리고 미디어 및 산업 디자인과 그래픽 디자인에서 복고의 유행이 이를 증명한다. 이처럼 과거는 근대성이 가진 완벽한 단절이라는 열망을 끊임없이 부식시키고 있다.

몇몇 예술가들은 역사나 기원을 다루기 위한 보다 신중한 형식을 제공한다. 기하학적인 조각가와 화가들이 사용한 형식만큼이나 신중한 것은 없다. 이것은 토레스 가르시아Torres García가 시작한 시도와 동일 선상에 있는 것이지만, 우리는 1960년대부터 진전된 기하학주의에 보다 주목하고자 한다. 기능적이고 절제된 구조를 선호하고 예술을 기술 발전이라는 구성주의적인 요구에 조응시키기를 원했던 조형예술가들이, 아메리카 대륙의 과거를 농밀한 형식으로 환기하고자 했다는 것은 흥미로운 것이다.

60년대에는 물질의 순수한 표현성에 관심을 가지고 있었고, 70년대에는 단지 경계만을 표시할 정도로 표면을 완전히 빈 공간으로 남겨 두는 데 관심을 가지고 있던 화가 세사르 파테르노스토César Paternosto가 지금은 왜 정복 이전의 디자인을 재가공하는 데 공력을 다하고 있는가?

세사르 파테르노스토, 「폭포」(Paqcha), 1987.

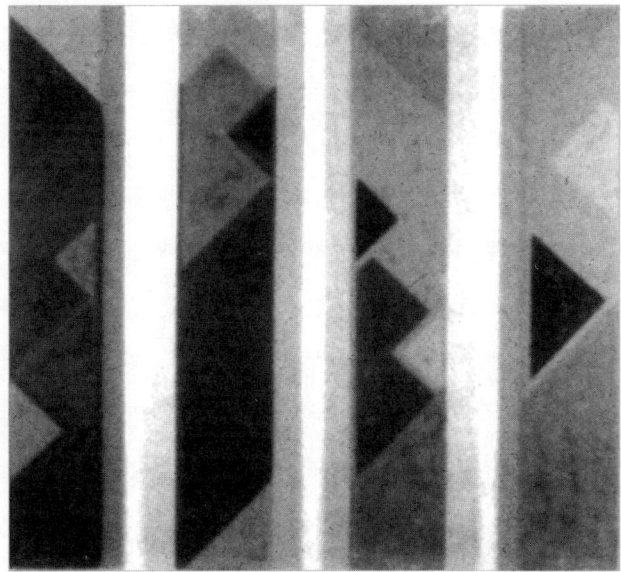

세사르 파테르노스토, 「네 개의 결합」(Tawantin), 1987.

파테르노스토는 다음과 같이 질문을 던진다. 돌을 쪼고 연마하던 잉카인들의 형식적 모색 속에 혹시 이러한 구성주의적인 고민이 존재하지 않았을까? 따라서 조셉 앨버스Josef Albers부터 헨리 무어Henry Moore까지 위대한 근대 조각가들이 페루와 멕시코를 방문했다. 파테르노스토는 자신의 기하학적 작업에 역동적인 구성, 자수를 변용한 진동, 피라미드 형식의 케추아 문양 등을 포함했다. 그러나 피라미드에 대한 직접적인 언급은 나타나지 않는다. 즉 피라미드의 삼각형 형식과 층이 진 선들은 신중하게 처리되어 암시적인 형태로 등장한다. 과거에 대한 어떠한 향수 혹은 손쉬운 모방과도 거리가 먼 그의 작품은, 각 시대가 조각과 건축 사이의 관계, 자연의 구도 내에서 예술의 위치, 그리고 건축물을 의미화하고 제의화하는 방식을 다뤄 왔던 다양한 수단에 대한 비교적인 성찰로부터 나온다.[9]

또 다른 아르헨티나 작가인 알레한드로 푸엔테Alejandro Puente는 파테르노스토와 마찬가지로 전혀 반복적이지 않고 민속적이지도 않은 방법으로 식민 이전의 유산을 다뤘다. 그는 뉴욕에 거주하면서 잉카 예술에 대해 처음 관심을 기울이기 시작했다. 앵글로색슨 문화에 대한 이질감과 통합의 어려움은 그를 추상적인 발견, 완전한 평면의 재가공, 식민 이전 시기 조형예술의 파편화된 선들에 대한 탐구로 이끌었다. 그의 기하학적 예술은 이것들을 가지고 동시대적인 문제에 대해 발언할 수 있었다. 공간의 구심적인 조직화를 근대적 관점의 핵심으로 보았던 르네상스인들과 달리, 잉카의 과거는—'지리적인 사실주의' 같이 상징적으로 사용할 수 있는 기호들의 목록을 넘어서는—"세계관에 대한 개방된 개념"을 제공하였

---

[9] 파테르노스토는 자신의 책에 정복 이전 시기의 예술, 그리고 이 예술과 우리 시기 예술과의 조응에 대한 자신의 빛나는 분석을 모았다. César Paternosto, *Piedra abstracta. La escultura inca: una visión contemporánea*, Buenos Aires: Fondo de Cultura Económica, 1989.

알레한드로 푸엔테, 「아카야과시」(Acallaguasi), 천 위에 아크릴, 1987.

알레한드로 푸엔테, 무제, 삼베 위에 깃털, 1986.

다.[10] 즉 이것은 현재의 시선을 탈중심화하고 산종하기 위한 수단으로서, 전근대적인 기원으로의 회귀라고 할 수 있다.

이런 화가나 조각가의 예술적 궤적을 아는 사람은, 먼 과거에 대한 그들의 애착을 시대착오적이라고 의심하지 않는다. 이것은 불편한 현재에서 도피하는 것이 아니다. 이들은 역사의 풍만함을 근대적 시선에 포함시키려는 사람들이다. 바이마르 공화국 시기의 바우하우스 디자이너들처럼, 또 러시아 혁명 이후의 생산주의자들처럼 우리 대륙에서 구성주의적인 자극은 사회적 변화의 출현과 결합되어 있었다. 이미 인용한 토레스 가르시아의 아메리카 기호학주의, 1940년대 아르헨티나의 구체예술-발명 그룹Agrupación Arte Concreto-Invención과 마디 운동Movimiento Madí, 그리고 1960~70년대 아르헨티나와 베네수엘라의 키네틱kinetic 예술가(훌리오 르 팍Julio le Parc, 소브리노Sobrino, 소토Soto, 크루스 디에스Cruz Diez)에게서 이러한 경향이 앞서 나타난다. 또한 그것은 오스카 니마이어Oscar Niemeyer와 루시우 코스타Lúcio Costa에게도 나타나는데, 이들의 모든 건축은 기능주의적 합리주의를 브라질리아에서뿐 아니라 브라질 민중의 문화적 감수성과 국가의 미래를 향한 기획에 결합시키고 있다.

조형적이고 건축학적인 구성주의가 생산의 발전이 나타나기도 전에 이 나라들에 나타났다면, 이것은 기술 발전의 반영이라기보다는 근대화를 위한 자극을 부여하고자 했기 때문이다. 페데리코 모라이스는 아직 모든 것이 만들어지지 않은, 아직 코드화되지 않은 공간에서 살고 있기 때문에 우리는 구성주의적인 소명을 가지고 있다고 약간 과장하면서 말한다. 이것은 "기하학을 넘어서" 유기적인 형식을 채용하고 서정직이며, 토레스

---

10) 1988년 3월 14일에 부에노스아이레스에서 한 알레한드로 푸엔테와의 인터뷰.

아구에로Tores Agüero가 부른 것처럼 "열렬"하고, 르 팍이 보여 준 것처럼 참여적인 기하학이다. 모라이스는 구성주의적인 사고의 확장, 도시와 산업의 발전, 그리고 라틴아메리카 국가들의 정치경제적인 통합 노력 사이의 (분명히 우연적이지 않은) 평행을 읽어 냈다.[11] 선진 사회라는 선언 이상으로 구성주의적 유토피아는 브라질과 베네수엘라에서는 도약의 징후였고, 멕시코에서는 벽화주의에 지친 언어와 예술적 장의 사실주의적인 관점에 대한 투쟁이었다. 로베르토 폰투알Roberto Pontual이 언급한 이런 "감각적 기하학"은 우리의 과도한 신비주의와 비이성적 경향에 대한 "건강한 중화제"였다고 후안 아차는 말한다.[12] 이것은 건강하지 못한 이식도 아니고, 고유의 현실과 조화를 이루지 못한 것도 아니다. 즉 역사를 버리지 않은 채 근대세계를 체계화하려는 시도였던 것이다.

구성주의의 유토피아적 의지는 멕시코 수도의 시우다드 우니베르시타리아Ciudad Universitaria에 세워진 조각 공원에서 정점을 이룬다. 이것은 화산석으로 된 원형 공간으로 직경이 120미터에 달하고 둘레는 64개의 다면체로 둘러싸여 있는데, 각각의 높이는 4미터, 바닥은 가로세로 각각 3미터와 9미터이다. 이끼를 제거한, 정지된 화산석이 보여 주는 동적 형상은 찬탄을 불러일으켰다. 그러나 이런 건조한 힘들은 공원을 꾸미고 있는 모듈 구조 덕분으로 분출한 것이다. 이 공원의 건축 스타일과 기념비성은 정복 이전의 피라미드 형식을 환기한다. 동시에 그것은 엘렌 에스코베도Helen Escobedo, 마누엘 펠게레스Manuel Felguérez, 마티아스 괴리츠Mathías

---

11) Federico Morais, *Artes plásticas na América Latina: do transe ao transitorio*, Río de Janeiro: Civilização Brasileira, 1979, pp. 78~94.
12) Juan Acha, "El geomerismo reciente y Latinoamérica", ed. Jorge Alberto Manrique et al., *El geometrismo mexicano*, México: Instituto de Investigaciones Estéticas, UNAM, 1977, pp. 29~49.

Goeritz, 에르수아Hersúa, 세바스티안Sebastián 그리고 페데리코 실바Federico Silva 등의 작품을 염두에 두었던 앞선 조각가 팀의 작업과 일치한다. 그러나 이들 그룹의 집단적인 노력으로 나타났을지라도, 그것은 여섯 예술가 누구의 스타일과도 닮지는 않았다.

이 조각 공원은 공학자, 수학자, 식물학자, 화학자를 포함한 학제간 작업이었고, 희곡 작품, 무용, 콘서트, 퍼포먼스를 위한 무대로 사용된다. 날바위의 엄격한 제의화는 개방적인 작품, 즉 예술과 과학이 섞이고 현재와 역사가 섞이는 장소를 만들어 냈다. 대학 50주년 기념 개막식에서 이 작품은 근대 예술의 공공적이고 이타적인 의미를 부각시켰으며, 이 작품은 "사적 이익의 대상이 되어서도, 몇몇의 선택된 자들만의 이익을 위해 감춰져서도 안 된다"고 말해졌다. 또한 이 작품은 "대립적인 것들의 통합과 변화에 대한 사랑의 기호 아래에서 태어났고, 이를 위해서는 최고의 전통에서 자양을 얻어야" 한다고 말해졌다.

이 작업 이후에 예술가들은 대학의 후원 아래, 조각 공원 인근에서 이제 관심이 줄어든 개인적인 작품들을 계속 만들었다. 괴리츠, 에스코베도 그리고 곤살레스 고르타사르González Gortázar처럼 뛰어난 대중적인 작품을 가진 소수의 조각가를 제외하고는, 멕시코에서 기하학적 운동의 주된 목표는 벽화주의를 대체하는 것이었다. 그리고 그 운동은 예술적 장을 지배하고자 하는 비슷한 열망과 수사적인 장식주의로의 경도라는 유사한 요소를 가지고 있었다. 다소 비슷한 일이 베네수엘라의 키네틱 예술가들에게서 일어났다. 이들은 베네수엘라에 다른 미학적 경향이 나타나는 것을 막았다. 시장에 흡수된 채 집단적인 반항을 일으키기에는 작은 지원을 받고 있는 오늘날, 기하학주의는 활력을 잃은 다른 경향들과 함께 예술의 창조적 가능성에 대한 회의를 공유하는 것처럼 보인다.

조각 공원, 시우다드 우니베르시타리아, 멕시코 D.F.

루이스 펠리페 노에, 「아메리카의 발견」(El descubrimiento de América), 1975.

아르헨티나의 루이스 펠리페 노에Luis Felipe Noé와 브라질의 후벵스 게르시망Rubens Gerchman 같은 예술가들은 어떤 의미에서 정반대의 길을 탐구한다. 이들에게 있어서 라틴아메리카의 시각성이 가지고 있는 고유성은 자연의 표현주의적인 야수주의를 펼쳐 보이고, 색채를 과장하며, 캔버스나 설치물 혹은 퍼포먼스에서 아메리카의 역사적 무대와 동일한 이미지들을 형상화하는 것이다.

노에는 라틴아메리카 예술가들이 "존재하지 않은 전통에 대한 향수 어린 모색"에 전념하는 것보다는, "가득 채워진 공간, 활기찬 색조"를 만들어 내는 지각방식을 채용해야 한다고 말한다.[13] 아마도 우리 역사와 동시대 작가에게 있어 바로크주의가 갖는 중요성은 "대상들의 과잉에 따른 종합의 불가능성"의 결과일 것이다. 그에 따르면 자신의 표현주의적인 힘은 자연이 아니라, 문화의

---

13) Luis Felipe Noé, "La nostalgia de la historia en el proceso de imaginación plástica de América Latina", Foro de Arte Contemporáneo, Encuentro *Artes visuales e identidad en América Latina*, México, 1982, pp. 46~51; *El color y las artes plásticas*, Buenos Aires: S. A. Alba, 1988.

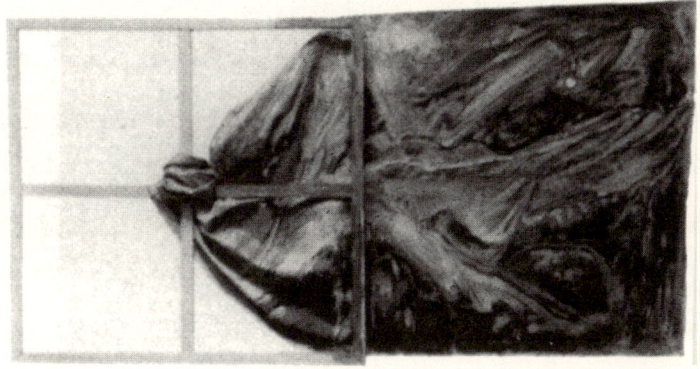

루이스 펠리페 노에, 「풍경을 위한 구조」(Estructura para un paisaje), 1982.

루이스 펠리페 노에, 「고갱처럼 도망치거나 루소처럼 꿈꾸다」(Huir como Gauguin o soñar como Rousseau), 1985.

다양성과 산종에 의해 과장된 세상 앞에서 원시인처럼 느껴지는 것에서 나온다. 그는 이것을 화폭에서 벗어나 천장이나 벽면에 표현하고 아마존, 역사적인 전투, 첫번째 정복자의 시선을 "재발견"하게 해주는 격렬한 풍경 속에 표현한다. 자연과 신화 간의 이러한 대화에 있어서 화가는 영점에서 출발하지 않는다. 따라서 그의 작품들 중 하나는 '고갱처럼 도망치거나 루소처럼 꿈꾸다'라는 제목을 가지고 있다.

게르시망의 표현주의 역시 뒤에서 살펴보게 될 펠리페 에렌베르그의 개념적인 네오팝 예술과 마찬가지로 도시 군중에게서 나온다. 그의 회화는 미학화된 재현이라는 의미에서 예술이 되기를 원하지 않는다. 그의 작품은 신문 뉴스, 만화책 그리고 도시 풍경과 경쟁하고, 예술 시장의 신성화된 취향뿐 아니라 "나쁜 취향"에도 아이러니를 적용한다. 줄을 지어 포즈를 취한 아가씨들, 축구 선수들, 버스에 가득 찬 손님들, 경찰 신원확인 사진들과 같은 상투성에 대한 그의 집착은 이러한 경향과 관련되어 있다. 비평가 윌송 코우치뉴는 멕시코 벽화주의――그럼에도 불구하고 게르시망이 존중하는――나 근대성의 다른 유토피아 운동과 게르시망을 차별 짓는 것으로 다음의 요소들을 꼽는다. ⓐ "국가성에 대한 하나의 이데올로기가 존재하는 것이 아니라, 한편으로는 국가적이고 강하며 분명하지만, 또 다른 한편으로는 불투명하고 실현불가능한, 덧없고 비지속적인 반半정체성에의 몰입"이 존재한다는 것, ⓑ "야만적인 다성성多聲性에서 동질적인" 것을 찾는다는 것, ⓒ "고립된 사람들", "거리에 있는 익명의 사람들"을 보여 주고 있다는 것이 그것이다.[14]

---

14) Wilson Coutinho, "Esse teu olhar quando encontra o meu", *Gerchman*, Río de Janeiro: Salamandra, 1989.

후벵스 게르시망, 「여름/여름 부드러운 입술」(Verão/Verão Boca Mole), 1986/1988.

후벵스 게르시망, 「흡혈귀와 펑크」(A Vamp e a Punk), 1985.

시각문화의 급격한 산업화와 상업화 시대에 어떻게 계속 그림을 그릴 것인가? 나는 에렌베르그에게 다음과 같이 물었다. 즉 예술사와 민중문화, 그리고 대중매체의 이미지들을 뒤섞으면서 잡종 예술을 시도하기 위해서, 그리고 미술관에서 인정받기 위해서 예술가는 어떤 제의들을 수행해야 할까?

첫번째 조건은 편재성이다. 작품에 따라 서로 다른 내용을 말하는, 기호들의 총체인 자모표 같은 이미지들을 사용하는 것이다. 나는 내 아티클 하나를 '작업 방법으로서 불복종'이라고 이름 붙였다. 따라서 나는 산만하고 요령 없는 작가로 비난받을 위험을 감수한다. 나를 가장 많이 비난하는 규범은, 만들어지고 있는 언어가 이해되기 위해서는 컨텍스트가 있어야 한다는 것이다.[15]

그는 멕시코에 엘리트적 시각문화와 민중적 시각문화 사이의 강한 상호작용의 역사가 있다고 덧붙인다.

코바루비아스Covarrubias는 그림이나 드로잉에서 민속 이미지들을 재가공하는 동시에 민속을 연구했다. 또한 디에고 리베라는 다양한 민족들의 민중적인 장면들을 그렸고, 그들의 물품을 수집했으며, 거리에서 그들의 대표자들을 구별할 수 있었다. 즉 "이 사람은 마사테코 족이고, 저 사람은 마사우아 족이다"라고 말이다.

---

15) 1988년 6월 6일에 멕시코시티에서 진행된 인터뷰.

그러나 오늘날 이러한 상호작용이 확대되고 이데올로기적인 확실성이 줄어든 상황에서, 작업하는 것은 더더욱 어렵게 되었다.

이렇게 많은 방향에서 작품을 개방하는 것은 쉽지 않다. 즉 컨텍스트를 만드는 데 필요한 멀티미디어를 사용하기 위해, 대중매체와 소프트 기술(복사기, 등사기)을 받아들이고, 다른 한편으로는 아마테 족과 민중예술의 세계를 작품에 수용하는 것은 어렵다. 이런 이유로 나는 멕시코 예술의 장에서 저항에 직면하게 되었다. 때때로 멕시코보다 미국에서 더 멕시코적인 예술가가 될 수 있다.

에렌베르그의 작품은, 원주민 신화와 시각성 내에 뿌리내리기를 선호했던 톨레도Toledo의 작품과 함께 멕시코적인 요소와 코즈모폴리턴적인 요소, 전통적인 제의와 현재의 민중적인 취향 사이에 매우 유연한 관계를 맺은 선구적인 작품이다. 이러한 관계는 점차 아르투로 게레로Arturo Guerrero, 마리사 라라Marisa Lara, 엘로이 타르시시오Eloy Tarcisio, 나훔 세닐Nahúm Zenil 등의 젊은 예술가들 사이에서 빈번하게 나타났다. 이들은 앞 세대에 존재했던 하나의 상징세계를 정의하고, 원칙을 만들려는 고민에서 벗어나 과거와 당면 현실의 애매모호성과 보다 자유롭게 결합하였다. 또한 자연스럽게 과달루페 성모와 텔레비전의 공존, 민중 부문의 '촌스러운' 특징인 급하고, 눈부시고, 요란한 취향과 함께 근대적인 장치와 기계의 증가가 공존하는 것을 받아들였다. 이러한 과정은 그들을 치카노 미학으로 나아가도록 했다. 그들은 내셔널리즘을 세속적인 종교로 사용하지 않았고, 원시성에 대한 향수도 갖지 않았다고 몬시바이스는 지적한다. 또한 그들이 공공연하게 옹호하는 멕시코주의는 기계적으로 정의된 배타적인 목록을 토대로 하는 것이 아니었다. 그것은 "순수함의 분방한 사용", 즉 일상성의 아이러니하고 감각적인 동화에 의해서——완벽한 총체성을 구축하려는 의도 없이——통합된 모든 영역에서 그들이 접하는 문화의 파편적인 경험들에 의존하고 있다.[16]

그러나 이런 작품들이 어떻게 시장에서 인정받을 수 있을까? 에렌베르그는 그 어떤 수공예업자나, 조각가 혹은 보석상과 마찬가지로 자신은 벽화를 위해서 스케치 작업을 한다고 말한다. 그러나 이것은 "**주류 예술에 편입하려는 희망을 가지고 작품을 생산하는, 즉 완벽하게 단절하지 않은 채 약간의 위반을 시도해 보는 태도**"이다. 그렇다면 단순한 수공예품과 구별되기 위해서는 무엇을 해야 하는가?

다양한 수단들이 있다. 예를 들어 끝까지 색이 칠해진 포스터와 달리, 종이의 경계 부분을 여백으로 남겨 두는 방법이 있다. 혹은 표면의 촉감과 관련된 것이 있다. 즉 평면을 완전히 평평하게 한다면, 이는 지나치게 포스터화하는 것이고 예술 담론 내에서 그것을 다룰 수 없을 것이다. 예술사에 축적된 모든 수단을 잊어야 할 이유는 없다. 그러나 또한 나는 아마테 족 화가들이 사용했던 수단을 전유한다. 예를 들어, 오른쪽에서 왼쪽으로 읽기, 인물을 나선형으로 제시하는 것 등을 말이다.

그렇다면, 라틴아메리카 예술을 만들기 위해 지금 필요한 여정은 무엇일까? 여기에 대한 대답은 우리가 방금 제시했던 사항들이다. 기하학적, 구성주의적, 표현주의적, 멀티미디어적 그리고 패러디적인 관점을 가지고

---

16) Carlos Monsiváis, "De las finuras del arte rascuache", *Graffiti* no. 2, 1989.

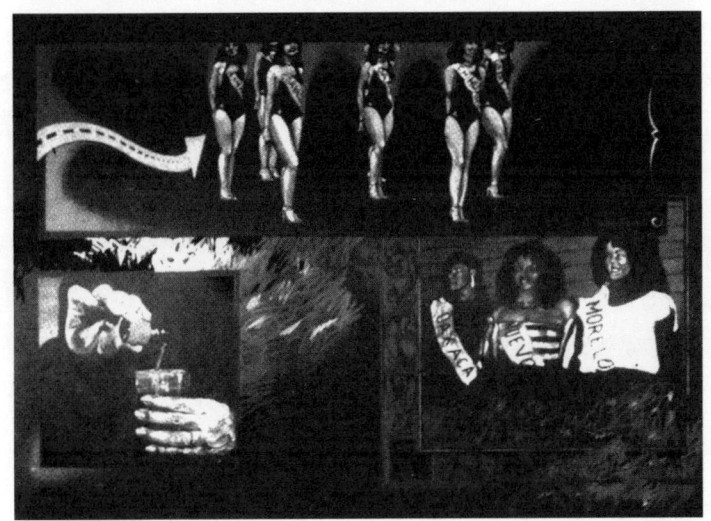

펠리페 에렌베르그, 「본영과 반영」(Umbras y penumbras) 시리즈 중에서, 1983.

펠리페 에렌베르그, 「트로피-뱅」(tropi-bang) 시리즈 중에서, 1988.

우리의 기원과 혼종의 역사를 재가공하는 것이다. 따라서 필요한 것은 경계에 위치하거나 다양한 경향의 상호작용 내에 위치하는 중간자적인 예술가나 편재성의 예술가라 할 수 있다. 이들은 미술, 라틴아메리카 역사, 수공예, 전자매체 그리고 도시의 뒤범벅된 색채 등에서 이미지를 잡아내고, 그 어떤 것도 배제하지 않는다. 즉 이들은 대중적인 인기와 함께, 예술의 **주류**에 편입하고 싶어 하는 것이다. 또한 그들은 자신들의 나라뿐만 아니라 해외에도 체류하고 싶어 한다. 그러나 지금은 이들이 이 모든 것에서 거의 아무것도 얻지 못했다고 말해야 할 순간이다.

따라서 여기에서 이 책의 구조가 균형을 잃게 된다. 앞 장에서 우리는 어떻게 해서 메트로폴리스의 근대 및 탈근대 예술이 절대적인 자율성을 개척하는 것이 불가능하게 되었는지, 그리고 어떤 전략——박물관과 시장의 전략, 그리고 문화산업과의 상호작용——을 가지고 보다 광범위한 사회적 움직임에 개입할 수 있었는지를 면밀하게 살펴보았다. 라틴아메리카에서 이와 비슷한 과정을 살펴보면서 우리는 작품, 개인적인 기획 그리고 미학주의적인 해결책에 대해서 기술해 보았다. 현대 예술을 역사, 대중문화, 구성주의적 고민, 대중적 유토피아 등과 어떻게 절합할 것인가에 대한 이런 실험과 성찰은 비평가들에 의해 높게 평가되었다. 그러나 앞서 인용된 예술가들은 생존에 필요한 작품들을 거의 팔지 못했으며 문화적 대안, 즉 그들 사회에 의해서 지속적으로 전유된 집단적인 기획을 형성하지도 못했다. 이들은 간헐적으로만 공공조각이나 벽화 제작을 요청받았고, 조각 공원과 같이 커다란 반향을 일으킨 작품의 제작은 매우 예외적인 경우였다.

이런 경험의 대부분이 비극적인 성찰로 이어지는 것은 바로 이러한 상황에서 기인한다. 구성주의적이고 민주적인 충동은 조각 공원, 역사적

 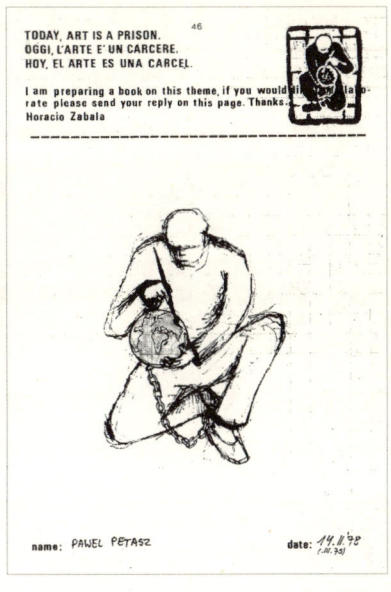

기호에 대한 찬양, 미디어에 대한 쾌활한 패러디뿐만 아니라, 아르헨티나의 건축가이자 예술가인 오라시오 사발라Horacio Zabala의 고통스러운 아이러니로도 나타났다. 그는 1976년 2백 명의 시인, 조형예술가, 비평가, 사진작가, 디자이너에게 다음의 구절을 코멘트해 달라는 요청이 적힌 모눈종이를 보냈다. "오늘날 예술은 하나의 감옥이다." 답변들을 소개하는 텍스트에서 사발라는 푸코처럼 감옥을 하나의 "발명품"이라고, 즉 개인들, 더 나아가 그들의 몸짓, 행동 그리고 에너지 등을 확인하고 규격화하기 위한 기술이라고 단언한다. 그것은 "시간의 견딜 수 없는 축적 장소"이자, 쓸모없고 순환적인 길들이 있는 장소이다. 따라서 그는 예술을 공동묘지가 아닌 감옥과 연결시킨다. 신의 죽음이 교회를 없애지 못한 것처럼, 예술의 개연성 있는 죽음은 "예술 세계의 죽음"을 이끌어 내지 못했다. 감옥처럼 이 세상은 "닫혀 있고, 고립되고, 분리된 체계"이자, 배제하고 부정하면서

3장_예술가, 중재자 그리고 관객 **179**

자유를 제한하는 총체성이다. 이 안에서 모든 것이 질식하고, 오직 "강화된 그 상상 자체"를 통해서만 벗어날 수 있다.

그는 1970년대 초에 커뮤니케이션과 언어 연구와의 관계 속에서 예술을 새롭게 사고하고자 CAYC의 구성원이 되었다. 그때 그는 당면한 죽음의 요구와 예정된 쇠락으로 인해, 예술 세계가 어떠한 혁신도 가능하게 할 것이라고 믿었다. 1973년 그는 CAYC에서 예술가가 처한 상황에 대한 메타포로서 감옥의 건축학적인 기획을 드러내기 위해 전시회를 개최했다. 그는 예술적 장의 구성원들이 답한 질문들의 아이러니한 유희였던 이 앙케트에서 자기 작품의 원재료를 발견한다. 거기에서 이제 예술가에게 무엇이 남았는가가 드러난다. 즉 "활기, 참여, 전파, 가장, 재생산, 전시, 모방" 등이 그것이다. 오늘날 예술은 하나의 감옥이다. 결국 개념 정의보다는 이런 하나의 **슬로건**을 선택한다면, 예술가들이 할 수 있는 것은 "어떤 지속적인 과정이든지, 순간적으로 이것을 단절시키면서 여기에 개입"하는 것이라는 가정에서 출발한다.[17]

행위acto를 구성하는 것이 불가능한 상황에서 제의에 빠지는 것을 피하기 위해, 예술은 하나의 몸짓이 되기를 선택하는 것이다.

수용자들의 근대성

마지막 실험실로서의 감옥. 시장에 대한 굴복, 위반적 아이러니, 개별 작품들의 주변적인 시도, 과거의 재창조, 이것들 이외에 다른 출구는 없는

---

17) Horacio Zabala, "Oggi, l'arte é una carcere", ed. Luigi Russo, *Oggi l'arte é una carcere?*, Boloña: Il Mulino, 1982, pp. 95~103.

가? 1960년대 민주화 운동의 절정은 예술이 다른 방식으로 개인 수용자들, 나아가 민중운동과 결합하면서 고립과 무력함을 극복할 수 있을 것이라는 기대를 불러일으켰다. 이러한 시도들의 거의 믿기 힘든 결과는, 그 성취에 대한 보다 복합적인 평가를 요구한다. 우리는 그들의 목표가 의미가 있었는지를 알아보고자 한다. 실천적인 질문 하나는 예술가와 관객의 거리를 없애는 것이 가능한가이다. 또 다른 미학적인 질문 하나는, 예술적인 메시지를 대중 관객을 위하여 바꾸려는 시도가 가치를 가지는가라는 문제이다.

우리는 이런 문제에 대해, 미학적이고 이론적인 고민보다는 정치적인 제안과 의지주의적인 에세이들에 더 많이 의존하고 있다. 이러한 실용적인 대답의 제일선은 **교육적인 맥락화**이다. 예술 관련 정보와 경험에 보다 손쉽게 접근하게 함으로써, 전문가들에 의한 앎의 독점을 끝내자는 것이다. 박물관은 각종 정보, 안내 표시 그리고 다양한 언어의 가이드 관람 등으로 가득 차 있다. 모든 예술 생산물은 사회적 관계망에 의해 조건 지어진다는 주목할 만한 논지에 토대해서, 전시회의 구성요소인 전시기획, 카탈로그, 비평과 시청각 자료 등은 그림과 조각품들의 이해를 돕는 맥락적인 지시물들 속에 위치한다.

이러한 커뮤니케이션적 재형성에 대해 두 종류의 비판이 존재한다. 하나는 '고급문화적'인 비판이고, 다른 하나는 민주적이라 부르는 비판이다. 첫번째에 따르면, 작품을 맥락화하는 것은 예술과의 모든 관계를 특징지어야 할 객관적인 응시에 편견을 제공한다. 교육적인 노력은 작품을 맥락으로 축소시키고, 형식적인 것을 기능적인 것으로, 가족과 학교에서 형성된 문화와의 감정이입적인 관계를 박물관이 제공하는 정보로 설명가능한 관계로 축소할 것이다. 많은 교육학은 '교육받은' 사람들이 자기 자신의 문화자본과 맺고 있는 공모관계 및 극적인 유혹, 그리고 대중에 의해 가로막힌 작품들을 볼 물리적인 가능성까지도 없앤다. 신전은 탈신화화되었고, 순례는 관광을 위한 소풍으로, 오브제는 기념품으로, 전시회는 '쇼'로 변모했다고 곰브리치는 말한다.

나는 미래의 박물관에 대한 불길한 전망을 가지고 있다. 이 미래 박물관에서 알라딘의 동굴이 가지고 있던 콘텐츠는 백화점으로 옮겨지고, 아마도 옆에 커다란 도표가 달린 『천일야화』 시기의 진짜 램프만이 남게 될 것이다. 그 도표는 기름 램프가 어떻게 작동했는지, 어디에 심지를 밀어 넣었는지, 기름을 넣어야 할 때는 언제였는지를 설명해 준다. 나는 기름 램프가 결국 인간적인 도구이고, 우리에게 알라딘 동굴의 귀중한 보석보다는 평범한 사람들의 삶에 대해서 더 이야기를 해준다는 점에 동의한다. 그러나 안락의자에 편안하게 앉아 램프에 관한 이야기를 읽는 것 대신에, 지친 발에 기대어 선 채로 이러한 실용적인 가르침을 꼭 받아야만 하는 것일까?[18]

이러한 문제 제기가 예리하기는 하지만, 곰브리치는 대량화 경향과 고급문화 제도의 공존이 어떻게 가능한가라는 중심문제를 다루지 않는다. 독점적 영역을 개방하는 위험을 감수하거나 영역 간 교차가 불가피한 것이라고 가정하는, 그리고 예술작품의 보급이 의도했던 목표를 얻을 수 있는지 알아보려는 민주화의 시도들이 내게는 보다 본질적으로 보인다. 유럽과 라틴아메리카 관객에 대한 연구들은 예술작품의 매력화가 작품의

---

18) E.H. Gombrich, *Ideales e ídolos*, Barcelona: Gustavo Gili, 1981, p. 243.

가독성을 확대하지만, 많은 관객 유인과 새로운 인지적 패턴의 결합이라는 측면에서는 얻는 게 별로 없다는 결론을 가능하게 한다. 훈련되지 않은 관객들은 전시회에서 그들에게 제공되는 예술사의 요약들이, 근대 작품이 암묵적인 지식으로 전제하는 것과 자신의 짧은 관람에서 소화할 수 있는 것 사이에 존재하는 거리를 없앨 수 없다고 느낀다. 결국 관객이 작품보다는 예술가의 자서전에 관심을 가지게 되고, 형식과의 투쟁을 역사적인 에피소드로 대체하는 일이 빈번하게 일어나게 되는 것이다.[19]

두번째 방법은, **박물관과 미술관에서 작품을 꺼내** 광장, 공장, 노동조합 등 탈신화화된 공간으로 가져가는 것이다. 예술가들은 전시회의 유일한 관객이 되기 위하여 돌아가면서 개막식을 하는 일에 지쳤다. 1971년 '위생적인 전시회'에서 에르베 피셰르Hervé Fischer가 보여 준 것처럼, 많은 예술가들이 이런 상황을 작품 속에서 조롱했다. 이 전시회에서 미술관은 텅 비어 있었고 벽은 거울로 덮여 있었다. 세속적인 장소로 예술을 가져가고자 하는 선교사적인 노력으로 무엇이 해결될까? 때때로 도움이 되기는 하겠지만, 그러나 예술가와 사회학자들은 다음과 같은 사실을 발견했다. 즉 산책을 하지 않고 미적 경험을 할 준비가 된 자식을 데리고 공원에도 가지 않는 관람객이, 형식 추구라는 근대적 자율성과 고립적인 언어의 자유로운 표현 공간을 위해 만들어진 작품을 도시의 소음 속에서 보았을 때, 이 작품은 곧잘 침묵한다는 것이다. 이제 예술가들은, 교통 신호, 광고, 정치 메시지로 가득 찬 현대 도시에서 대규모 관객과 소통하고자 할 때는 그래

---

[19] 예를 들어 다음을 보시오. Pierre Bourdieu and Alan Darbel, *L'amour de l'art. Les musées européennes et leur public*, Paris: Minuit, 1969; Rita Eder, "El público de arte en México: los espectadores de la exposición Hammer", *Plural* vol.4, no.70, 1977.

픽 디자이너처럼 행동하는 것이 좋다는 것을 알아차렸다.

몇몇 예술가들은 생태예술, 퍼포먼스 그리고 공공설치물 등과 같은 환경의 재의미화라는 실용적이지 않은 소중한 경험들을 만들어 냈다. 그러나 이런 경험을 극단화하는 사회적 예술 행위자들 또한 그 한계를 드러냈다. 이들은 주민들과 함께 납으로 색깔을 낸 음식 모임을 조직하면서 농촌 지역으로 하여금 오염에 민감하게 대응하게 했고, 주차장에 상징적인 나무들을 심었다. 또한 독일 일간지에 프랑스 지역 소식란을 발간하거나 또는 그 반대로 했는데, 이것은 대립적인 국가 집단들이 일상에서 시작해서 서로를 이해할 수 있도록 하기 위한 것이었다. 이런 움직임들을 평가하면서, 에르베 피셰르는 도시 공간의 체계화나 대중적 소통과 경쟁하기 위한 예술가의 이러한 노력에는 절망적인 무엇인가가 있었다고 말한다. 그리고 그는 이로 인해 그들이 "좌절이나 절망적인 환영"에 처해 있었다고 말한다. 이러한 노력은 사회를, 혹은 예술과 사회의 관계를 변화시키기보다는 "예술로 하여금 예술에 대한 진실을 말하게" 하려는 예술적 장 내의 "논쟁적인 질문"으로 기능한다.[20]

예술적 장의 귀족주의 및 자율성과의 가장 급진적인 단절이라고 생각되는 세번째 단절은 **민중적 창조성의 공간**을 확장하는 것이었다. 이는 "행위를 민중에게 되돌리는 것", 즉 생산품을 민중화하는 것뿐만 아니라 생산수단까지도 민중화하는 것이다. 모든 사람이 화가나 배우, 혹은 감독이 될 수도 있었을 것이다. '칠레 연대'의 벽화, 브라질과 아르헨티나에서 보알Augusto Boal이 연출한 관객참여극, 멕시코 타바스코 농민극장의 알리

---

20) Hervé Fischer, *L'histoire de l'art est terminé*, Mayenne: Balland, 1982, p.8, 그리고 pp.101~102.

시아 마르티네스Alicia Martínez가 만든 작품, 그리고 콜롬비아의 라 칸데라리아 극단과 함께한 산티아고 가르시아Santiago García 및 칼리 실험극단과 함께한 엔리케 부에나벤투라Enrique Buenaventura의 작품, 그리고 사히네스Sanjinés와 바예호Vallejo의 영화를 보고, 우리는 십 년 동안 예술학교에 다니지 않고도 아마추어들이 귀중한 작품을 만들어 낼 수 있다는 것을 알 수 있었다. 그러나 나는 위에서 언급한 사람들과 같은 재주 많은 전문가의 개입이, 이러한 행복한 경험 속에서 중심적인 역할을 하지 않았는지 곧 자문하게 되었다. 이러한 물음은 가장 뛰어난 창조 방법은 참여의 의지이고, 작품의 질은 이데올로기적인 선명함에 의하여 측정되며, 이 선명함은 특정 이데올로기에 대한 무비판적인 천착에 의하여 가능하다고 믿는 사람들에 의한 의도하지 않은 많은 미학적 테러를 겪은 후에 깨달은 것이다. 나는 천재처럼 보이는 무엇인가를 칭찬하는 것이 아니라 자신의 장, 즉 조형예술, 희극 혹은 영화의 장을 작동시키는 자율적인 규칙 내에서 잘 훈련된, 그리고 자율적인 코드들의 개방 절차를 만들고 전문적이지 않은 대중이나 예술가들에게 이를 이해할 수 있게 하는 예술가의 능력을 칭찬하고 있는 것이다.

이러한 경험이 활발했던 1960년대와 1970년대 이후에는 어떤 나라에서도 예술의 장을, 창조자와 수용자 사이의 거리를 없앤 전문적이지 않고 일반적인 창조성의 영역으로 해체하지 못했다. 이런 상황에서, 양과 질이 빈약해졌다는 것은 징후적이다. 1980년대 이런 거의 모든 그룹들은 해체되었고 장의 자율성, 개인 작업(물론 지나치게 개인주의적인 것은 아니지만)의 재평가와 전문화가 복원되는 경향을 보인다. 쿠바와 니카라과에서도 일어났던 것처럼, 유토피아의 쇠퇴 원인을 "자본주의 발전이라는 적대적이고 객관적인 조건", 혹은 "예술가들의 부르주아적 모순"에 돌리는 것은 바람직하지 않다. 오히려 예술적 장을 없애고 창조적인 주도권을 무차별적인 '모두'에게 돌리는 것 대신에, 실현가능한 사회화는 모든 계층에게 보다 접근이 가능한 직업적 전문화와 함께 경험의 민주화가 이루어지는 데 있는 게 아닐까라는 생각을 해야 할 것이다.

이런 움직임들의 한계를 이해할 때, 관객을 억압받거나 차별받는 예술가로 간주하는 태도는 사라진다. 또한 관객이 예술가가 아니라는 사실을, 좋은 교육이나 문화생산 수단의 헌신적인 이전을 통해서 해결가능한 결핍으로 해석되지 않게 한다. 이런 결론과, 독서를 **의미생산 과정**이자 동시에 쓰는 행위와 **비대칭적인** 것으로 제안하는 문학수용 이론의 관점을 결합한다면, 예술 생산과 수용 사이의 관계에 대한 보다 매력적인 전망에 이를 수 있다.

방법론적인 변화를 통해 우리는 다른 관점을 제시할 수 있다. 지금까지 우리는 근대성을 발화하고, 소통하고, 재가공하는 사람들의 위치에서 근대성의 운명을 살펴보았다. 이제 근대성이 어떻게 전개되고 있는지를 수용자 편에서 살펴보아야 한다. 이것을 살펴보는 하나의 방법은 문화소비를 연구하는 것이다. 다른 하나는 민중문화 상황에 대한 연구와 토론이다. 이 두번째 방법은 비록 완전히는 아니지만 부분적으로 첫번째와 겹친다. 왜냐하면 민중계급이 유일한 문화 수용자인 것은 아니고, 이론적이고 방법론적인 관점에서 두 개의 연구전략은 서로 다른 방향을 추구해 왔기 때문이다. 근대성과 대중문화의 관계는 뒷장에서 다루고, 여기서는 수용의 영역을 분석하고자 한다.

문화수용의 문제를 대중의 취향과 외견에 대한 경험적인 기록으로 제한하지 않기 위해서는, 수용의 문제를 근대성의 중심적인 문제인 헤게모니와의 관계 속에서 분석해야 한다. 지속성과 변화가 강요된 것이 아니라 동의의 산물이 되는 통합적이고 일치된 사회를 어떻게 건설할 것인가? 이 책의 관점으로 볼 때 이 물음은, 근대성의 구성적 움직임—사회의 세속적 재조직화, 전위주의의 혁신, 그리고 정치적·문화적 팽창—과 사회적 관계의 민주화는 어떻게 결합하는가라는 것이다.

문화소비에 대한 라틴아메리카 각국의 정보가 빈약해서, 문화가 헤게모니 형성에 어떤 유용성을 제공하는지를 알기는 어렵다. 우리가 근대화 정책의 의도에 대해서는 알고 있지만, 그 수용에 관한 연구들이 매우 빈약한 것도 사실이다. 대중매체의 시장 조사나 몇몇 기관에 대한 참여자 통계는 존재한다. 그러나 기관뿐만 아니라, 어떠한 미디어도 대중과 문화상품이 어떤 수용이나 이해의 기준에서 관계를 맺는지를 알아보려 하지 않았다. 더불어 일상 행위와 정치문화에 어떤 영향을 끼치는지는 더더욱 연구되지 않았다.

민주화 시도들의 효용성에 대한 평가는 문화소비에 대한 질적인 조사를 필요로 한다. 교육 캠페인, 예술의 보급 그리고 과학은 어느 정도까지 사회에 스며들었는가? 사회 각 부문은 학교, 박물관, 대중매체가 그들과 함께하고자 하는 바를 어떻게 이해하고 이용하는가? 이러한 질문들에 대한 답을 우리는 박물관 관객에 대한 연구를 통해서 찾아보고자 한다.

박물관이 라틴아메리카에서 충분하게 발달하지 않아, 박물관이 적절한 사례인지에 대해서는 이견이 있을 수 있다. 박물관이 메트로폴리스에서 문화적 근대성을 형성하는 데 있어 의미 있는 역할을 수행했기 때문에 선택된 것은 아니다. 삼사십 년 전까지 라틴아메리카에 박물관이 거의 존재하지 않았다는 사실은 흥미롭다. 박물관의 부재는 우리가 과거와 맺고 있는 관계의 징후 혹은 근대화 시도들이 실현되는 맥락의 징후이다. 물론, 이는 기억에 대한 무관심을 드러내는 것이기도 하다. 그러나 또한 박물관의 또 다른 섬세한 기능이 존재하지 않음을 보여 주는 것이기도 하다. 즉 그 사회의 조상들과 계층화된 지속적인 관계를 구축하는 기능 말이다. 각 시기나 세기에 따라 하나씩, 전시실에 따라 이미지와 대상을 분류하는 것은 시각적으로 역사적 장면들을 재구축하고, 이것들을 거의 동시적인 것으로 바꾸는 행위이다. 엄밀한 박물관 전시학은 한 사회의 형성이나 변화 속에서 결정적인 단계들을 부각시키고, 현재를 위한 설명과 해석적 열쇠를 제공하는 것이다.

박물관은 사회를 그 기원과 연관시켜 위치시킬 뿐만 아니라, 문화생산에서 앞 시대의 이미지 및 실천들과의 상호적이고 계층적인 관계를 만들어 내기도 한다. 유럽의 예술적 근대성을 만들었던 단절 작업은 기원에 대한 성찰에서 시작되었다. 회화의 모더니즘은 마네가 1860년에 그린 작품에서 시작되었지만, 그 새로움은 앞 시대의 조형적 논리를 간과하지 않았다. 예컨대,「올랭피아」Olympia는 티지아노Tiziano의「우르비노의 비너스」Venus of Urbino의 변형이다. 따라서 푸코는「올랭피아」와「풀밭 위의 점심」Dejeuner sur l'herbe이 박물관의 초기 작품들이라고 말한다. 이 작품들이 조르조네Giorgione, 라파엘Rafael 그리고 벨라스케스에 의해 축적된 것과 교감하고 있으며, 공유되고 보존된 하나의 상상체계에 대해 말하고 있기 때문에 인식가능하고 해독가능한 것이 되었다는 의미에서 말이다. 플로베르가 도서관을 통해 했던 작업처럼, 마네는 자신이 자리 잡고 있는 역사로부터 그림을 그렸다. 이 둘은 "고문서를 가지고 자신의 예술을 세웠고", 사회적인 뿌리나 역사적인 증언의 성격을 제거하지 않은 채 자신들이 자율적인 것으로 신성화했던 특정한 문화적 장괴의 연속성을 인정하는 바로 그 동일한 행위에서 재현의 과정을 새롭게 한다고 미셸 푸코는 덧붙인다.[21] 이것은 예술의 혁신적 힘은, 틀로서 사용되는 동시에 비판되는 전체

선행 가치와의 관계 속에서 스스로 절합된다고 한 페리 앤더슨의 관점과 비슷하다.

    라틴아메리카에서의 근대화는 스스로의 역사에 깊게 뿌리내리지 못했기 때문에, 수입된 강요였을 것이라는, 단절적인 시작이었을 것이라는 인상을 준다. 정치뿐만 아니라 예술에서도 라틴아메리카의 근대성은 기억을 망각할 때 조건 없이 상상할 수 있던 새로움에 대한 지속적인 추구였다. 과거와의 이러한 단절된 관계는 아르헨티나나 우루과이처럼, 사회적 프로젝트가 역사를 스스로 부정하는 기제로 작동했던 나라에서 더 잘 드러난다. 이들 나라에서 박물관의 효용성에 대한 질문은, 이들 나라가 근대문화의 형성과정에서 과거에 대한 가시적인 언급 체계를 갖고 있지 못함을 확인시켜 줄 뿐이다. 이 결여의 원인과 국민에게 끼치는 효과를 연구하기 위해서는 두 가지 가설이 도움이 될 수 있을 것이다. 첫번째는 문화와 문화정책 개념에 널리 퍼진 개인주의이다. 라틴아메리카에서 고급문화의 습득은 자유주의 지배 엘리트들의 개인적인 과업이었다. 문해화와 대중교육을 위한 대규모 캠페인이 있었지만, 예술가와 작가들의 작품은 공동의 유산에 쉽게 편입되지 못했다. 왜냐하면 예술작품은 자주 민중문화와 대립적으로 형성되었기 때문이다.

    우리의 또 다른 연구대상은 문해율이 일정 수치에 먼저 도달하거나 근대성이 문자 엘리트의 손에서 형성되었던 나라에서, 문자문화가 시각문화보다 더 지배적이었다는 사실이다. 아르헨티나, 브라질, 칠레 그리고

---

21) Michael Foucault, "Fantasia on the Library", *Language, Counter-Memory, Practice*, Ithaca: Cornwell University Press, 1977. 이는 Douglas Grimpen, "Sobre las ruinas del museo", ed. H. Foster, *La posmodernidad*, Barcelona: Kairós, 1985, pp. 80~81에서 재인용.

우루과이에서 문화 전통에 대한 최초의 기록은 시각문화 연구자들보다는 소설가나 에세이 작가들에 의해 실현되었다. 리카르도 로하스Ricardo Rojas, 마르티네스 에스트라다Martínez Estrada, 오스발두Oswaldo, 마리우 지 안드라지 등은 민속과 역사 유산에 대한 연구의 길을 열었고, 처음으로 국가 역사 내에서 이것들을 평가하고 사고했다. 시각문화를 포함하여 유산에 대한 이러한 문학적인 관점은 엘리트와 대중의 분리에 기여했다. 문맹률이 높은 사회에서 문자 수단을 통해 문화가 기록되고 조직되는 것은, 소수가 기억과 상징재화를 독점적으로 사용하는 토대가 된다. 우리가 이름을 나열했던 나라들처럼 20세기 전반부터 광범위한 부문들이 학교 교육을 받았던 나라에서조차도, 문자의 지배는 문화 재화의 유통과 전유에 있어 보다 지식인화된 방법을 함의했다. 즉 자신의 경험을 시각적으로 소통하고 재가공하는 데 익숙해 있던 하위 계층과는 거리가 먼 것이었다. 오늘날에도 지속적인 문해율 상승을 달성하기 위해 필요한 최소한의 기간인 초등학교 4학년에 도달하는 어린이 비율이 겨우 53%에 불과한 라틴아메리카에서 이것이 의미하는 바를 이해하기란 쉬운 일이다.

고급문화적이라는 것은 세계를 인지하는 데 있어 시각적 층위를 억압한다는 것과, 그것의 상징적 가공물을 문자로 기록한다는 것을 의미해 왔다. 라틴아메리카에는 시각예술이나 음악보다는 더 풍부한 문학사가 존재한다. 그리고 물론 이것은 민중계급의 문학보다는 엘리트 문학에 더 많은 관심을 보여 준다.

다른 나라들보다 멕시코의 예술가들은 집단적이고 공공적인 시각성을 형성하는 데 많이 기여해 왔다. 예술을 '유폐'하는 데 익숙한 박물관 같은 기관까지도 조형생산물을 전시하기 위해 유럽과 대등한 사회적 공간을 제공한다. 그러나 그것은 대등하지만 동일한 공간은 아니다. 시각예술이 20년 동안 영화의 영향력 아래 있었고, 4세기 동안 가톨릭 도상체계와 식민지 도시 공간에 의해 틀이 갖춰진 뒤인, 금세기 40년대에 들어서야 박물관들이 늘어나기 시작했기 때문에, 그 영향은 매우 늦었다. 또한 뒤에서 보겠지만 관객과의 관계에 있어서도 멕시코는 차별성을 보여 준다.

아무튼 1982~1983년 멕시코시티에서 개최되었던 네 개의 커다란 전시회의 관객들을 우리가 조사했던 것은, 문화 조정자로서 박물관이 완수해야 할 중요한 역할에 대한 확신이 있었기 때문이다. 우리는 예술궁전Palacio de Bellas Artes에서 열린 로댕전, 근대미술관에서 개최된 헨리 무어와 타피오 비르칼라Tapio Wirkkala전, 국립미술관Museo Nacional de Arte의 프리다 칼로Frida Kahlo와 티나 모도티Tina Modotti 공동전을 선택했다. 나는 근대화와 모더니즘의 관계에 관한 몇 개의 가설을 세우고, 예술은 모든 사람을 위한 것이어야 한다는 민주적 구호의 가치를 논의하기 위해 기본적인 데이터를 제공하고자 한다. 우리는 특히 수용자들로부터 어떻게 의미가 생산되는지, 그리고 이들이 지배적인 시각성과의 비대칭적인 관계를 어떻게 만들어 나가는지를 이해하는 데 관심을 가졌다.[22]

멕시코의 주요 박물관 입장객이 대규모였다고 할지라도, 설문조사에 따르면 그들 중 대다수는 중산층이나 상류층 출신이었다. 61%는 대학을 졸업했거나 재학 중이었고, 중등교육을 받은 사람의 비율은 13%, 초등

---

22) 내가 언급하고 있는 연구는 E. Cimet, M. Dujovne, N. García Canclini, J. Gullco, C. Mendoza, F. Reyes Palma, and G. Soltero, *El público como propuesta. Cuatro estudios sociológicos en museos de arte*, México: INBA, 1987이다. 여기에서 나는 이 장의 마지막에서 토론하게 될 문제들 중 몇 개를 팀의 나머지 구성원들과 함께 가다듬을 기회를 가질 수 있었다. 이들 외에 작업 기간 동안 도와주었던 에우랄리아 니에토(Eulalia Nieto)와 설문지 설계와 데이터 처리에 참여했던 후안 루이스 사리에고(Juan Luis Sariego)를 포함시켜야 한다. 조사를 할 때 부분적으로 존재했던 문제들을 가지고 이 자료들을 다시 검토해 보았지만, 다른 참여자들이 여기 도출된 결론에는 책임이 없다는 것은 명확하다.

교육을 마친 사람의 비율은 7.5%로 급감한다. 직업에 관한 정보는 이러한 구도를 확인해 준다. 즉 40%가 학생이었고, 26%가 전문가, 9%가 관리직, 6%가 가사노동, 3%가 기술자 혹은 숙련 노동자라고 답했다.

최근 10년 동안 박물관 관람객이 증가한 것은 텔레비전과 같은 대중매체를 전시회 광고에 집중적으로 이용한 결과일까? 설문조사는 방문객 증가에 있어 대중매체가 의미 있는 역할을 수행했지만, 사람들이 생각하는 것처럼 그렇게 절대적이지는 않았다는 것을 보여 준다. 텔레비전, 라디오, 언론에 의해 전시회 정보를 얻었다고 답한 참여자는 52%이다. 나머지 절반은 친구의 추천이나, 길거리의 박물관 광고 그리고 과제를 하기 위해 학생들을 박물관에 보내거나 데려가는 학교에 의해 알게 되었다고 한다. 즉 대중매체의 영향력은 백분율로 보아 거의 미시사회적인 형식 혹은 개인 간 소통 관계 형식의 영향력과 거의 동일했다.

게다가 모든 전시회에서 초등교육만을 받은 사람들의 참여가 낮았다는 것과 방문객의 48%가 박물관을 처음 방문했다고 답한 것(특히, 저학력층)을 고려하면, 미디어의 영향력은 예술의 전파에 있어 제한적인 성공만을 거두고 있다는 것은 명백하다. 매스 커뮤니케이션이 전시회 뉴스를 광범위하게 전파하고, 전시회 방문의 중요성을 암시하며, 특정 수의 사람들로 하여금 한 번쯤은 방문하게 하는 것은 사실이다. 그러나 이런 미디어의 간헐적인 활동은 지속적인 문화적 습관을 만들어 내는 데에는 거의 영향력을 갖지 못한다.

대학교육을 받은 관객의 비율이 높다는 것은 근대 미술관에 대한 관심이 경제 수준과 교육 수준, 그리고 엘리트 문화와의 지속적인 친밀성 정도에 따라 증가하고 있다는 것을 보여 준다. 이 점에서 우리의 연구는 부르디외와 알랑 다르벨Alan Darbel이 유럽 박물관을 대상으로 한 연구와 일치한다. 즉 관객과 예술의 관계는 대중매체 같은 일시적인 자극에 의해서는 거의 형성되지 않는다. 미디어는 학교나 가정의 보다 체계적인 교육에 의해 고급 재화를 즐길 준비가 되어 있는 사람들을 끌어오는 데 기여하는 것이다.

우리는 멕시코에서 근대성의 형성, 그리고 자율적인 고급문화적 장의 형성은 부분적으로 국가 활동에 의해 실현되었다는 점을 이미 언급했다. 그리고 혁명 이후의 고급문화와 민중문화의 분리 역시, 다른 라틴아메리카 국가들보다 민중 전통의 발전과 헤게모니 문화의 통합을 위해 민중 전통에 보다 많은 공간을 제공했던 국가 문화의 조직화에 종속되어 있었다고 말했다. 따라서 우리의 연구 결과는 박물관에 전시된 예술 개념과 관객의 예술 개념 사이의 상관관계에 대한 메트로폴리스에서의 조사나 라틴아메리카 다른 나라에서의 조사 결과와 일치하지 않는다.

부르디외는 박물관 이데올로기와 지배계급의 가장 큰 유사성이, 예술상품에서 근대 예술이 독립시킨 형식적 가치를 구별할 수 있는 그들의 중요한 자질에 있다고 보았다. 멕시코 미술관들의 전시 기준은 거의 항상 예술품의 자율성이라고 하는 근대적 사유의 재생산이었다. 이 기준은 특히 무어의 전시회에서 두드러졌지만, 설문에 대한 답에 따르면 관객들은 여기에 동의하지 않는다. 로뎅, 비르칼라, 칼로-모도티의 전시회에도 몇몇 역사적이고 맥락적인 설명이 주어지기는 했지만, 박물관의 전시전략(작품의 배치, 신분증, 카탈로그 등)은 여전히 전시품의 가치가 주로 형식적인 위업에 있음을 보여 주고자 했다.

그러나 관객의 작품 해석은 다른 논리를 따라갔다. 대학교육을 받은 대다수도 형식성과 기능성, 미와 유용성을 구별하는 데 익숙하지 않았다. 자신의 판단을 작품의 내적인 미적 가치에 두는 것이 아니라, 각 예술가의 자서전 혹은 일상 지식에서 얻은 사실과 관련짓고자 했다. 어떤 전시회에도 작품의 내적 구조를 언급하거나, 작품을 비평하기 위해 특별한 형식의 언어를 사용한 사람은 10%를 넘지 않았다.

이러한 수용자들의 태도와 의견은 20세기 전반기 동안 멕시코 조형 예술을 지배했던 미학을 보다 잘 보여 주었다. 그 기준은 벽화주의의 내셔널리즘, 수공예품, 고고학 및 역사 유물, 그리고 종교적인 도상학적 표상에서 유래한다. 다양한 전통의 구성요소들로 논리를 갖춘 관객의 답변은, 우리가 근대 인문주의라고 부를 수 있는 원칙들을 형성하는 혼합 담론을 구성한다. 관객이 예술작품의 자율성에 별로 반향하지 않을지라도, 근대적인 시각적 사유의 다른 측면들은 매우 확장되어 있다. 즉 '사실주의', 예술적 재현에 있어 인간 육체의 중심적인 위치, 예술과 역사의 관계에 대한 긍정적인 평가, 그리고 창조자의 기술적 숙련성과 세련된 감정을 표현하기 위해 이 숙련성을 사용하는 것에 대한 긍정적인 평가 등이 확산된 것이다. 다양한 부문들은 각자의 인지적이고 평가적인 규칙을 가지고 이 요소들을 절합한다.

근대성의 원칙들을 이렇게 이종적으로 전유하는 세 가지 예를 살펴보자. 감수성과 창조적 독립성 사이의 관계, 형식보다는 소재의 의미에 따른 작품 평가, 그리고 예술성과 장식성 및 유용성과의 결합이 그것이다.

ⓐ 작품 안에서 자신의 일상적인 감수성의 연장선을 확인할 때, 대부분의 관객은 그 작품에 보다 큰 가치와 적법성을 부여하면서 근대성의 낭만주의적 흐름에 집착한다. 「키스」처럼 개인적인 감수성을 표현하는 작품을 선호하느냐, 아니면 「칼레의 시민」혹은 「발자크」처럼 역사적인 사건이나 인물을 언급한 작품을 선호하느냐고 로댕 전시회의 방문객들에게 질문했을 때 대부분은 전자를 선호했다. 이것은 뒤에 언급한 작품들이

낯선 사회의 역사를 언급하고 있다는 점에서 놀랄 만한 일도 아닐 것이다. 주목할 만한 것은 주관성을 표현하는 작품들은 예술가의 자유로운 행위에 의해 만들어졌고, 주문에 의해 만들어진 역사적인 성격의 작품이 갖지 못한 '순수함'을 가지고 있을 것이라는 논리이다. 이런 판단은 그 부정확성(「키스」는 정부의 지원에 의해 만들어진 작품이고, 로댕의 경제적 성공은 사랑과 관련한 주제를 가진 작품들에서 기인한다)을 넘어서, 경제적 제약이나 예술적이지 못한 권위에서 벗어난 예술적 창조에 보다 많은 가치를 부여했다는 점, 그리고 예술가를 위대한 감정을 표현하는 영웅으로 고양했다는 점에서 주목할 만하다.[23]

ⓑ 분석한 모든 전시회에서 일부 작품들은 적어도 전시 기획자, 카탈로그, 비평이 계획했던 의미에서는 수용자들에게 도달하지 못했다. 비록 18만이라는 관객을 동원했고 전시 규모와 질에 있어서 가장 많이 홍보된 전시회 중 하나였지만, 헨리 무어전은 가장 큰 어려움을 보여 주었다. 관객은 무어의 작품에서 예술사가들이 가장 가치 있다고 생각하는 것, 즉 그의 조각 작품에 대한 광고와 비평의 찬사를 공유하지 않았다. 관객들에게서 "지나치게 반복된다", "모든 작품이 비슷하기 때문에 작품을 만들면서 지루했을 것이다" 등을 자주 들을 수 있었다. "변형이 그로테스크하다", "근대 예술을 이해할 수가 없다", "지나치게 추상적이다" 등이 가장 빈번하게 나오는 결론이었다. 그럼에도 불구하고, 방문객들이 보여 주는 무어의 형식적 유희에 대한 거부와, 선호하는 조각 재료에 관한 질문에 대한 다양한 답변은 상당한 대조를 보여 주었다. 그 답변에서 구리를 선택한 사

---

23) Esther Cimet S. and Julio Gullco, "El público de Rodin en el Palacio de Bellas Artes", *El público como propuesta*, pp. 83~86.

람들이 가장 많았고, 답변자들은 "표면 조직이 주목할 만하다"고 주장하며, "부드럽고", "따뜻하고", "윤기가 나고", "빛을 발하고", "만져 보게 하고", "차분함과 냉정함을 내보이며", 힘을 전달하고, 위대하고, 예민하고, 숭고하고, "우아함과 고결함"을 암시한다고 주장했다. 몇몇 관람객들은 구리에 대한 다른 처리방식들을 통해 "어떻게 그것들이 만들어졌고, 어떤 작품이 되었는지의 과정을 느끼면서" 다양한 감정을 경험했다.[24] 재료에 대한 이런 모든 언급들은 감각적이고 감성적인 반응, 그리고 촉각적이거나 열정적인 감정을 표현하기 위한 자유로움을 보여 주었다. 많은 사람들은 자신의 감수성을 발전시키거나 자극할 가능성을 형식적인 측면이나 내포된 개념적 의미보다는, 작품의 물질적 존재에서 발견했다. 이러한 접근 방식을 우선시하는 태도는 사실주의에 대한 선호, 그리고 예술을 인지하는 즉각적이고 '경험주의적' 방식과 서로 일치한다. 그러나 답변들의 다양성과 미묘함은, 재료를 통한 작품에 대한 이런 접근이 전혀 피상적인 것만은 아니라고 생각하게 만든다.

ⓒ 핀란드 태생의 화가이자 디자이너인 비르칼라의 전시회는 공간의 3분의 1을 조각으로, 나머지는 산업 디자인 작품으로 채웠는데, 이러한 배치는 관객의 보다 긍정적인 반응을 이끌어 냈다. 이는 주로 아름다운 실용품과 관객이 가진 인식적 성향의 수렴 때문이었다. 관객은 조각품을 거의 선호하지 않았고, 가이드 관람이나 작품 설명서가 언급하고 있는 형식적 장점——예를 들어 목재에서 유선 및 나선 형식의 사용, 그리고 비규칙적인 색의 강조——에 대해서도 이야기하는 사람은 거의 없었다. 그릇, 세라

---

[24] Néster García Canclini, "Henry Moore o las barreras del arte contemporáneo", *El público como propuesta*, pp. 106~109.

믹 그리고 유리세공에 나타난 비르칼라의 형식적 모색에 대해서도 그들은 거의 언급하지 않았다. 그럼에도 불구하고, 특히 재료와 관련된 미적인 판단, 그리고 "세련됨과 단순함의 결합"과 기술적 세련됨에 의해 달성된 감각적이고 정서적인 효과에 주목한 평가는 많았다. 관객들에게 **예술적인 작품, 장식적인 작품, 실용적인 작품**을 분류해 달라고 요청했을 때, 우리는 앞의 두 범주 사이의 경계가 명백하지 않다는 것을 발견할 수 있었다. 즉 그들은 많은 작품을 예술적이면서 동시에 장식적인 것으로 평가했다. 박물관에서 실용품을 전시하는 것에 관해서는 단지 4%만이 반대했다. 나머지는 박물관이 미적인 가치를 지닌 것에만 한정되어서는 안 된다고 때로는 강조하면서 다음과 같이 말했다. "전시회가 꼭 회화와 관련될 필요는 없지 않느냐", "모든 예술 표현과 장식적인 것을 결합하는 것이 필요하다", 실용품 디자인이 "개인에게 미적인 의미를 일깨운다"라고 말이다.

소유하고 싶은 작품과 작품의 용도에 대한 질문에 대해, 박물관과 집, 상징적 사용과 실용적 사용, 미학적 요소와 일상적 요소 사이의 분명한 분리 혹은 차별이 존재했다. 그러나 관객들은 또한 박물관은 실용성 및 장식성을 예술성과 결합해야 하고, 실생활과 덜 유리되어야 한다고 주장했다. '근대적 가치'에 대한 인정은 오직 예술작품만을 보여 주는 전시회보다 더 컸다. 미적 모색과 산업 디자인의 결합은 "창조적"이 되고, "표현력을 풍부하게" 하며, "집에 소유할 수 없는 사물들을 이해하도록" 한다는 점에서 박물관의 가치를 보여 주었다.[25]

---

25) Néstor García Canclini, "Tapio Wirkkala: lo artístico, lo decorativo y lo útil", *El público como propuesta*, pp. 139~157.

모든 사람을 위한 문화?

멕시코의 예술소비에 대한 연구는 박물관의 전시와 관객의 수용 코드 사이에 커다란 차이가 있다는 것을 보여 준다. 이 자료에서 시작해서 앞 장과 이번 장에서 제시된 다양한 문제들, 즉 사회적 근대화와 문화적 모더니즘 사이, 엘리트 정책과 대중소비 사이, 실험적 혁신과 문화적 민주화 사이의 불일치를 다시 검토해 보는 것이 가능하다.

첫번째 결론은, 예술 전파자와 수용자 사이의 이런 불일치를 수용자가 작품의 진정한 의미로 가정된 것을 잘못 이해하거나 거기에서 벗어난 것으로 간주해서는 안 된다는 것이다. 문화상품이 갖는 의미를 예술적 장의 구축, 즉 예술가, 시장, 박물관 그리고 비평가 사이의 상호작용의 구축이라고 할 때, 작품은 고정된 의미를 포함하고 있지 않다. 예술적 장의 서로 다른 구조들, 그리고 때로는 예술적 장과 사회 간 결합에 있어 서로 다른 구조들은 동일 작품에 대해 다양한 해석을 가능하게 한다. 예술작품이나 근대문학 텍스트의 개방적인 성격은 커뮤니케이션 과정에서 빈 공간과 가상 장소들을 예측하지 못했던 요소들로 채울 수 있게 한다. 그러나 이 점은 예술적이라고 명명된 것에서 보다 명백하지만, 모든 문화적 표현이 가진 하나의 자질이기도 하다. 또한 역사적 혹은 인류학적 가치만을 갖고 있던 대상이 미학적으로 읽혀질 수 있고, 예술적으로 평가된 작품이 장의 재조직화에 의해 인정받지 못할 수도 있다.

마찬가지로, 관객 개념도 동질적인 집단이나 지속적인 행위의 전체로 간주된다면 위험하다. 실제로 관객으로 징의되는 집단은 시장이 제공하는 재화와 관계를 맺기 위한 서로 다른 가용성과 문화적 소비 습관을 가질 뿐만 아니라, 다양한 경제적·교육적 층위에 속해 있는 부문들의 총합이기도 하다. 무엇보다도 문화상품이 매우 이종적인 복합 사회에는, 고급문화 전통, 민중 전통, 대중 전통에서 나온 상품들과 차별적인 관계를 맺고 있는 다양한 수용과 이해의 방식이 공존한다. 이러한 이종성은 다양한 역사적 시간들의 공존으로 인해 라틴아메리카 사회에서 강조되고 있다.

이런 토대 위에서, 수용미학은 유일하거나 올바른 해석이 존재한다는 가정에 문제를 제기한다. 그것은 문학작품에 대한 잘못된 해석이라는 관점도 부정한다. 모든 글쓰기와 메시지는 독자가 알려지지 않은 새로운 의미를 생산할 수 있도록 기다리는 여백, 침묵, 틈새로 된 공간들로 가득 차 있다. 에코에 의하면 작품은 스스로를 채우기 위해 독자와 관객의 협력을 요구하는 "게으른 메커니즘"이다.[26] 물론, 작품은 독서를 유도하고 수용자의 생산적인 활동을 제약하는 다소간 은폐된 지시물과 수사적인 장치들을 곧잘 포함하고 있다. 일반적으로 수용미학에 결여된, 보다 사회학적인 관점은 이러한 조건화 전략에 출판과 전시 방식, 광고, 비평을 포함할 것이다. 그러나 기본적인 것은 발화와 수용 사이의 비대칭성이 인정되어야 하고, 이 비대칭성 안에 예술을 읽고 바라보는 바로 그 가능성이 존재한다는 것이다. 끝없는 독백으로 반복되는 텍스트와 작품이 존재한다면, 진정한 의미에서 문학이나 예술은 아닐 것이다.

현대 미학에서 연구 대상의 변화가 나타난다. 예술을 분석하는 것은 이제 단지 작품만이 아니라, 텍스트와 텍스트 바깥, 그리고 미학적·사회적 조건들을 분석하는 것이 된다. 이 안에서 예술적 장의 구성원들 사이의

---

26) Umberto Eco, *Lector in fabula*, Barcelona: Lumen, 1981, p.76. 또한 Hans Robert Jauss, *Pour une esthétique de la reception*, Paris: Gallimard, 1978. 그리고 Wolfang Iser, *The Act of Reading: a Theory of Aesthetic Response*, London: Routledge & Kegan and The Johns Hopkins University Press, 1978를 참조.

상호작용이 의미를 만들고 그것을 새롭게 하는 것이다. 수용미학이 문학 텍스트에서 작동한다고 할지라도, 수용미학의 패러다임 전환은 다른 예술 영역에도 적용가능하다. 조형예술에서 '비평적 자산', 즉 어떤 작품이나 스타일에 의해 실험된 사례들을 분석하는 역사가들은 예술을 '하나의 관계'로 바라본다. 이 관계는 "작품과 역사를 통해 이 작품에 주어지고" 작품을 "지속적으로 변화시켜 왔던" 모든 관점들 사이에 존재한다. 니코스 하지니콜라우는 자기 책에서 이렇게 주장한다.「민중을 이끄는 자유의 여신」은 들라크루아가 강하게 전달하려 했던 내재적 의미의 운반자일 뿐만 아니라, 이 작품의 다양한 쓰임 속에 축적되어 온 의미들의 운반자이기도 하다고 말이다. 학교 교재, 광고, 다른 동시대 예술가들, 다양한 시대와 이데올로기에 대한 역사학자들의 독서, 서로 다른 정치적 목적을 가지고 이 작품을 활용하는 벽보 등이 이 작품을 다양하게 사용해 왔다는 것이다.[27]

자주 대립되는 이런 해석의 다양성에 주목해 보면, 예술적 장의 구성요소들 사이의 결합을 수용미학 전문가들의 정의에 따라 단순한 "해석적 협력"으로 생각하는 것은 불가능해 보인다.[28] 우리는 베커가 예술 세계 구성요소들 사이의 협력에 관해 이야기할 때 발견했던 것과 동일한 문제에 직면하게 된다. 독서에서 교정의 정도와 일탈의 정도 사이를 결정해야 하는 딜레마를 우리가 없앨 수 있을까? 한 텍스트에 대해 어떤 해석이라도 내리기는 것이 가능한가, 아니면 이런 다양한 해석들을 중재하는 방법이 존재하는가? 문화적 관계에서 사회적 토대로 옮겨 가는 것이 어렵다고 할지라도, 해석에 대한 정의와 통제 과정은 행위자들의 사회적 위치 및 전략

---

27) Nicos Hadjinicolaou, *La producción artística frente a sus significados*, México: Siglo XXI, 1981.
28) Eco, *Lector in fabula*의 3장과 4장을 참조.

과 어떻게 관계를 맺게 되는가?

거의 모든 수용미학 연구자들이 텍스트와 독자 사이에서만 일어나는 것처럼 간주하는 비대칭성은 예술적 장의 구성원들 사이에서도 나타난다. 게다가 예술가, 전파자, 관객이 지닌 불균등한 권력 사이에도 비대칭성이 존재하는데, 이 비대칭성이 각자에게 적통적인 해석을 만들기 위한 서로 다른 능력을 부여한다. 이러한 적통적인 해석을 신성화하기 위한 갈등은 반드시 분석되어야 한다. 여기에서 문학적 장의 몇몇 전문가들이 한 것처럼, 문학을 가능하게 하기 위해서 생산자, 제도, 시장과 독자 사이에 형성되는 '독서 협약'들을 연구해야 할 중요성이 나타난다. 이러한 협약이 만들어져 감에 따라, 해석의 전횡 그리고 제시와 수용 사이의 불일치는 감소된다. 주어진 사회와 시간 내에서 **가능한 해석공동체**라고 부를 수 있는 것에 대한 합의가 이루어진다. 이 합의는 어떤 독자들과 관계를 맺기 위해서 예술가와 작가들이 어느 정도의 변화가능성과 혁신을 사용할 수 있는지를 알게 한다. 또한 그것은 기관들로 하여금 커뮤니케이션 정책을 결정하게 하고, 수용자들로 하여금 자신들의 의미생산 행위가 어디에 토대하고 있는지를 보다 잘 알 수 있게 해주는 것이다.

이러한 문제들이 혁신과 문화의 민주화를 어떻게 절합할 것인가라는 논쟁과 관련되어 있다는 점은 명백하다. 자율적인 문화적 장의 발전과 민주화가 제한적인 라틴아메리카 상황에서 이러한 논쟁을 어떻게 재구성할 수 있을까?

멕시코에서 헤게모니적 문화정책과 수용 사이의 일치와 불일치는 문화적 협약과 변형의 역사를 통해 설명된다. 대규모 박물관 관람은 수십 년 동안 기획된 문화 전파 프로그램의 결과이다. 대중들이 현대 세계의 예술을 전유하기가 어려운 이유는, 이러한 전파가 불균형을 부분적으로밖에 해소하지 못한다는 점에서 유래하지만 말이다. 멕시코의 전통적인 조형 원칙과 예술에 대한 이상주의적이고 낭만주의적인 개념을 혼합하는 관객의 절충적인 취향은, 한편으로는 비상업적인 국민-민중문화를 증진하고, 다른 한편으로는 예술 미학에 일치하는 개인적인 신성화의 장으로서 예술 교육 및 박물관 제도를 강화하는 것 사이에서 국가가 보여 주는 동요와 상호연관될 수 있다.

다양한 문화 흐름이 완전히 섞이지 않은 교차와 퇴적의 장소인 문화 소비는 사회사의 모순을 증언해 준다. 소비에서 문화정책이나 왜곡된 조작에 의해 관객에게 나타나는 유순한 반향을 관찰하는 것 대신에, 소비 자체의 갈등적인 동력이 어떻게 권력의 동요를 가져오고 모방하는지를 분석해야 한다. 국가가 사회에 대해 부과하는 것으로부터가 아니라 양자 사이의 일치와 공모라는 형식으로부터 헤게모니가 만들어지는 것은 아닐까? 상대적으로 다른 위치로부터 얻어진 이러한 공모성이야말로 양자가 서로 인정하고 상호적으로 대표되고 있다고 느끼는 열쇠가 아닐까? 정치 체제의 안정성에 대한 문화적 비밀들 중 하나는 이런 공모성이 아닐까? 민중문화와 역사 유산의 사회적 사용에 관한 다음 장들에서 이 공모성을 다룰 것이다.

문화정책과 문화소비의 관계를 새롭게 설정하는 것이, 정책을 국가가 시민사회에 부과한 행위로 분석하는 연역적인 모델과는 반대로 국가와 시민사회 사이의 일종의 균형을 상상한다는 의미는 아니다. 소비자의 상대적으로 독립적인 역할과 특수성을 인정하는 것이, 소비자의 종속적인 위치를 망각하는 것은 아니다. 또한 수용자 문화가 헤게모니 빌화자들의 전략과 평행한 다른 역사를 지니고 있다고 해서, 멕시코의 문화정책이 갈등과 투쟁 그리고 사회문화적인 타협과 협약을 통해 지배자들이 실현한

의도적인 기획이 아니었던 것은 아니다.

    소비에서 보이는 이런 해결되지 않은 동요와 모순에 근대화의 모호성, 다양한 문화 전통의 공존 그리고 유산의 불균등한 전유가 잘 나타나 있다. 관객의 취향과 의견에는 문화적 모더니즘과 사회적 근대화의 (상대적인) 성공과 (상대적인) 실패가 나타난다. 그렇다면 혁신적이고 민주적인 기획의 유효성은 무엇인가? 아마도 라틴아메리카에서 이러한 질문이 보다 복합적이고 보다 밀도 있는 나라는 멕시코일 것이다. 왜냐하면 정복 이전 및 식민 전통과의 단절을 원하지 않던 사회에서, 가장 **빠른** 근대 혁명의 경험을 가졌기 때문이다. 이 경험은 보다 **급진적**이고 **지속적**일 수 있었다. 그 이유는 다른 나라들이 겪은 정권 전복이라는 급작스런 변동 없이, 방향의 변화를 통해 자신의 상징적 원천들을 발전시키고 문화를 지속적으로 민중화하고자 하는 정책을 만들어 냈기 때문이다. 결론은 근대문화가 소수에 의해 (혁명이 없었던 것보다는 훨씬 광범위하게) 공유되었고, 민족 혹은 지역 문화는 비록 국가적 상징체계와 분리될 수는 없었지만 완전히 이 상징체계와 섞이지도 않았다는 것이다. 또한 근대화 기획뿐만 아니라 사회통합의 기획도 완전한 승리를 거두지 못했다. 그러나 이들의 상대적인 승리는 전통주의적인 유토피아를 승인하지도 않았다. 다른 식으로 말하자면, 우리는 **하나의** 근대에 도달한 것이 아니라 근대화와 결합된 불균등하고 다양한 과정들에 도달한 것이다. 따라서 오늘날 문화 담당자들의 담론에서 가장 잘 정의되고 가장 막연하지 않은 측면은 내셔널리즘적, 인디헤니스타적 혹은 근대적 같은 형용사들이 아니라, 사회를 '다원주의적'으로 지정하고자 하는 모습이다. 그러나 오늘날 이 말은 무엇을 의미할 수 있을까?

    처음으로 박물관을 찾은 다양한 관객들과의 인터뷰에서, 우리는 다양한 답변을 발견할 수 있었다. 로댕전과 칼로-모도티전 같이 자신의 감수성과 가장 유사한 전시회에서, 대부분의 관객은 작품이 자신들에게 일깨우는 미학적 즐거움을 표현했다. 그러나 무어의 작품 앞에서 당황하는 모습, 질문에 대한 짧은 답변들, 전시장을 가로지르는 종종걸음 등은 그들이 라디오, 텔레비전 혹은 학교에서 왜 이것에 관해 들어야 했었는지를 때때로 알지 못한다고 말하는 것처럼 보였다. 이 모든 전시회에서 방문객의 약 절반에 달하는 사람이 처음으로 박물관을 찾았다는 사실을 알고, 우리는 방문객 중 대다수가 다시 방문하지 않거나, 적어도 자주 방문하는 문화를 갖지 못할 것이라고 결론 내렸다. 이런 반응을 고려할 때, **모든 사람들**이 예술 전시회를 관람하는 것이 바람직할 것인가?

문화적 이종성을 제거하려는 정책은 무엇에 기여하는가? 그것은 어떤 차이들은 없애고 다른 차이들은 나타낸다. 몇몇 사람들이 '문화'로 이해하는 요소를 대량으로 전파하는 것이 늘 예술적 감수성을 기르고 민주적 참여를 확충하는 가장 좋은 방법인 것은 아니다. 왜냐하면 '선택된' 예술을 대량으로 전파하는 것은 사회화 작용과 마찬가지로, 그것을 아는 사람, 형식과 기능을 분리할 줄 아는 사람, 박물관을 이용할 줄 아는 사람의 차이를 보증하기 위한 과정이기 때문이다. 이러한 차이를 강화하기 위한 메커니즘은 곧잘 헤게모니를 재생산하기 위한 수단이 된다.

멕시코 혁명에서 니카라과 혁명까지 라틴아메리카의 혁명과 포퓰리즘 정권에 의해 강화된 근대문화의 사회화라는 유토피아는, 공공의 이익으로 간주된 몇몇 재화의 불균등한 전유를 완화시켰다. 그러나 이런 움직임은 과학자와 노동자, 예술가와 민중, 창조자와 소비자 사이의 분리를 없애는 것을 경제적 불평등에 대한 투쟁의 연장으로 보았던 근대 인문주의와는 상당히 먼 지점으로 나아갔다. 이러한 급진적 민주화 운동의 담론을 조사해 보면 많은 경우 평등이라는 동질화 개념이 나타나는데, 이는 커뮤니케이션 시장을 무제한적으로 팽창하려는 기획과 유사하다. 우리는 문화 진흥자들의 활동과 매스 커뮤니케이션의 상업적 번성 사이에 존재하는 정치적이고 윤리적인 차이를 잊지 않고 있다. 우리가 문제를 제기하고 싶은 것은 박물관과 다른 문화기구들에 보다 많은 관객이 들어오면 그 기능을 보다 더 잘 수행하고 있을 것이라는 가정, 텔레비전과 라디오가 수백만의 시청자가 있기 때문에 성공적이라는 가정이다(이 가정이 양자에게 공통적이라는 증거는 박물관과 미디어, 그리고 국가와 사기업들이 관객의 수량화를 통해서 결과들을 평가할 뿐, 메시지들이 수용되고 작동되는 방식에 대한 질적인 연구는 거의 한 번도 하지 않았다는 점에서 찾을 수 있다).

좀더 이야기를 진전시켜 보자. 때로, 소비에 대한 양적인 평가와 다른 부문들의 질적인──다양한──요구를 간과하는 것 사이에는 어떤 공모와 권위주의가 드러난다. 문화의 민주화는 마치 예술가와 관객 사이의 거리와 차이를 없애려는 것처럼 생각된다. 왜 예술가와 수용자 사이의 일치를 추구해야 하는가? 모든 사람이 화가나 작가가 제안한 의미를 이해하기 위해 물리적으로뿐만 아니라, 그 영역에 대한 사전 수단──교육, 전문적 지식──을 사용해 문화상품에 접근할 수 있는 조건을 만드는 것은 민주사회의 토대이다. 그러나 수용자의 해석이 발화자에 의해 제안된 의미와 완전히 일치하기를 바라는 곳에, 권위주의적인 요소가 존재한다. 민주주의는 문화의 복수성이고 해석의 다의성이다. 예술가와 관객 사이의 의미 관계를 닫아 버리는 하나의 해석학이나 정책은 경험적으로 비현실적이고, 개념적으로 독단적이다.

또한 문화의 민주화는 단지 협업적이고 복수적인 문화공동체를 모색하는 것만도 아니다. 불평등에 토대한 차이들은 형식적 민주주의와 조화를 이루지 않는다. 사회 각 부문이 불균등한 문화적 자산과 **아비투스**를 가지고 소비를 하고 박물관이나 서점에 들어간다면, 모든 사람들에게 동일한 기회를 제공하는 것만으로는 충분하지 않다. 차이의 적법성을 인정하는 문화 상대주의가 근대성의 성취라고 할지라도, 우리는 근대적 민주화가 가치들을 다루어서도, 그것들을 계층화해서도 안 된다는 일부의 결론을 공유할 수 없다.

민주화 정책은 '적법한' 재화를 사회화할 뿐만 아니라, 문화로 이해되는 것에 문제를 제기하고, 이종적인 것의 권리가 무엇인지를 문제화하는 것이다. 따라서 문제를 제기해야 할 첫번째 것은 헤게모니 문화가 구성되기 위해 배제되거나 저평가했던 것의 가치이다. 또한 지배적인 문화―서구적이거나 민족적인 것, 국가적이거나 사적인 것―가 단지 재생산만 되는 것인지, 아니면 예술이나 문화의 주변적이고 이질적인 형식들이 표현되고 소통되기 위한 조건들을 만들어 낼 수 있는지를 물어야 한다.

이런 선상에서, 문화정책의 평가를 위한 참조점으로서의 소비 연구는 헤게모니 행위의 효과를 아는 것에만 그칠 수 없다. 소비 연구는 헤게모니를 조직하고 특정 형태의 상징재화와 이것을 전유하는 특정 방식에 적통성을 부여하는 원칙들에 문제를 제기해야 한다. 하나의 정책은 집단적 인식과 발전을 위한 공간을 만드는 것뿐 아니라, 나아가 이러한 인식을 가로막는 것에 대해 사유할 수 있도록 비판적이며 예민한 조건들을 추동해 낼 때 민주적이다. 아마도 오늘날 문화정책의 중심 주제는 모든 사람들을 균질화하지 않으면서 모든 구성원들이 공유할 수 있는 민주적 기획을 가진, 그리고 분리를 다양성으로 고양하고 불평등(계층 간, 민족 간 혹은 집단 간)을 차이로 완화하는 사회를 어떻게 건설할 것인가라는 문제일 것이다.

4장
과거의 미래

4장_과거의 미래

역사 유산 앞의 근본주의자와 근대화론자

근대 세계는 근대화의 기획을 가지고 있는 사람들로만 이루어져 있지 않다. 따라서 과학자, 기술자 그리고 기업가가 자신들의 입장을 관철하고자 한다면, 근대성에 저항하는 것에게도 관심을 기울여야 한다. 시장을 확장하려는 관심뿐만 아니라 자신의 헤게모니를 적통화하기 위해서도 근대화론자는 사회를 혁신하는 것과 동시에, 공동의 전통을 유지하고 있는 수취인들을 설득하는 것이 필요하다. 사회 모든 부문을 다 포함하려 하기 때문에, 근대 기획은 역사적인 재화와 민중 전통까지도 전유해야 한다.

전통주의자와 혁신주의자 간 상호의존의 필요성은 문화적·종교적 근본주의 집단과 근대화를 지향하는 경제·기술관료 집단 사이의 잦은 동맹으로 이어진다. 어떤 점에서 보면 이들의 위치는 객관적으로 서로 모순되기 때문에, 이 동맹은 자주 분열되거나 폭발적인 긴장을 담고 있다. 근대성이 가지고 있는 양가적인 발전을 이해하기 위해서는 이러한 모순의 사회문화적 구조를 분석하는 게 필요하다.

그럼에도 불구하고, 라틴아메리카 근대성에 대한 토론과 연구에서 유산의 사회적 사용에 대한 문제 제기는 여전히 나타나지 않는다. 역사 유산은 복원 전문가, 인류학자, 박물관학자 등 과거 관련 전문가들의 독점적인 영역처럼 보인다. 이 장에서는 근대적 정체성 구성에 있어서 중심적인 행위자(학교와 박물관 같은)를 구성하는 데 역사적 의미가 어떻게 개입하는가, 그리고 정치적 헤게모니의 형식에 있어서 제의와 기념식의 역할은 무엇인가를 살펴보고자 한다. 왜 근본주의——즉 외관상 근대성과는 이질적인 참조물에 대한 교조주의적인 이상화——가 최근에 다시 활성화되고 있는지를 설명하기 위해서는 역사 유산의 기능을 분석해야 한다.

문화유산은 근대성 논쟁과 동떨어진 것으로 간주되기 때문에, 사회적 공모관계를 보증하기 위한 의심을 가장 덜 받는 수단이 된다. 우리에게 국가 혹은 민족적 일체감을 부여해 주는 이러한 전통적인 관습과 재화의 총체는, 이의를 제기할 수 없는 상징적 권위를 가진 과거로부터 우리가 받은 무엇, 즉 선물로 평가된다. 이것을 보존하고, 복원하고, 보급하는 작업이 우리를 하나로 유지시켜 주는 사회적 시뮬라시옹의 가장 비밀스런 토대이다. 마야나 잉카의 피라미드, 식민지 궁전, 3~4세기 전의 원주민 공예, 혹은 국제적으로 유명한 국내 화가 작품의 화려함 앞에서, 현재의 사회적 모순을 생각할 겨를이 있는 사람은 거의 없다. 이러한 재화들의 지속성은 자신들의 가치를 확인시킬 뿐만 아니라, 재화들을 사회를 파편화하고 역사 유산의 전유 방식을 차별화하는 계급, 민족 그리고 집단 간 분리를 넘어서는 집단적 동의의 원천으로 상상하게 만든다.

따라서 유산은 과두층의 이데올로기, 즉 오늘날 본질주의적 전통주의가 잘 유지되고 있는 장소이다. 라틴아메리카에서 과두층——독립 시기부터 1930년대까지 헤게모니적이었고, 토지와 다른 계급의 노동력의 '자연적인' 소유자였던——은 특정한 문화적 재화들에 높은 가치를 부여한 사람들이었다. 즉 대도시의 문화센터, 고전음악, 인문적 지식이 그것이다. 또한 그들은 '민속적'이라는 이름으로 몇몇 민중적인 재화들을 포함시켰다. 여기서 민속적이라는 표현은 예술과 관련한 차이뿐만 아니라, '타자'들의 대상에서도 총체적으로 인간적인 것의 가치를 읽어 낼 수 있는 고급예술의 섬세함을 나타내 왔다.

이러한 이데올로기와 근대적 발전——18~19세기 유럽사회의 산업화와 대량화로부터 시작된——의 충돌은, 그 반작용으로 '국민성'에 대한 형이상학적이고 비역사적인 관점을 만들어 냈다. 신화적 기원에서 유래한 이런 국민성의 가장 뛰어난 표현은, 오늘날 그것을 다시 환기해 내는 작품들에서만 존재한다. 이 낡은 재화들을 보존하는 것은 현재의 실용성과는 거의 관계가 없는 일이다. 역사적인 장소 및 특정한 가구와 관습을 보존하는 것은 미학적이고 상징적인 전범을 보존하는 것 이외에는 다른 목적이 없다. 이것들의 변함없는 보존은 영광스런 과거의 본질이 변화를 이겨 낼 것이라는 점을 증언해 주는 역할을 한다.

전통 유산에 대한 현재의 관심은, 측정하기는 쉽지 않지만 민중의 현재적 안녕이 의존하고 있는 '정신적인' 효용성에 있을 것이다. 근대화, 신기술, 익명적 도시의 '재앙'에 대해서 농촌과 농촌의 전통은 '구원'의 마지막 희망을 나타낸다. 1987년 말 아르헨티나의 민속학자인 펠릭스 콜룩시오Félix Coluccio에게 "당신에게 지방은 무엇입니까"라고 묻자, 그는 다음과 같이 답했다.

지방은 그 나라의 영혼입니다. 구원의 가능성에 대해 생각해 보면, 지는 단지 지방에서만 도래할 수 있을 것이라고 봅니다. 지역의 내부에서 문화적 가치가 지속되고, 전통이 존중되며, 특히 공동체들이 스스로의 정체성을 존중하면서 그들을 넘어서는 초월적인 무엇인가를 만들고 있다는 사실은 점점 더 확실해져 가고 있습니다.[1]

권력의 극화(劇化)

근대성과 과거의 불가분한 관계를 이해하기 위해서는 문화적 제의화 작용을 살펴봐야 한다. 오늘날 전통을 만들었거나 전유했던 사람들을 적통화하기 위해서는, 전통을 무대에 올려놓는 것이 필요하다. 유산은 기념식, 기념물 그리고 박물관에서 극화되어 감에 따라 정치적 힘으로 존재하게 된다. 아직 모든 나라가 그런 것은 아니지만 몇 년 전부터 비로소 문해자가 다수가 된 라틴아메리카에서, 시각문화가 지배적이었다는 것은 이상하지 않다. 즉 고급문화의 습득은 자신의 역사에 대한 대체로 도상화된 지식 전체를 이해하는 일이다. 또한 헤게모니 집단이 그 사회로 하여금 스스로에게 기원의 스펙터클을 부여하게 하는 무대에 참여하는 것이다. 사회적 의미의 조직을 사상의 생산과 유통을 통해서 설명하는 일반적인 이데올로기 분석과는 달리, 나는 주로 의미화의 시각적이고 극적인 구성에 관심을 기울일 것이다.

일상생활과 권력의 극화는 몇 년 전부터 상징적 상호작용론자와 구조주의자들에 의해 연구되기 시작했다. 그러나 전에는 이 안에서 도시나 마을 문화 및 부르주아 계층의 핵심적인 구성 요소를 보았던 작가나 철학자들에 의해 이 주제가 인식되었다. 플라톤의 『법률』이나 페트로니우스

---

1) Carlos Ulanovsky, "El alma del país está en el interior. Conversación con Félix Coluccio", *Clarín*, November 22. 1987, p. 18.

Petronius의 『사티리콘』Satyricon처럼 삶의 개념을 극으로 보았던 전례가 있다. 그러나 여기서 흥미로운 것은 디드로, 루소 그리고 발자크가 관찰하기 시작했던 방식으로 사람들이 신성 앞에서가 아닌, 다른 인간 앞에서 행한 근대적 의미의 무대화이다. 즉 사회적 행위를 무대 상연, 시뮬라크르, 원래의 모델이 없는 거울들의 거울로 간주하는 것이다. 사회적 규범을 하늘에서 땅으로, 그리고 신성한 제의에서 일상의 토론으로 내려오게 한 세속화 속에서, 문화유산은 이런 과정에 가장 저항하고 있는 장소처럼 보인다.

유산의 극화는 오늘날 우리가 전범으로 삼아야 할 하나의 기원, 즉 토대가 되는 본질이 있다고 가장하기 위한 노력이다. 이 극화는 권위주의적 문화정책의 기초이다. 세상은 하나의 무대지만, 연기해야 할 것은 이미 쓰여 있다. 그리고 가치 있는 작품과 대상도 고정된 목록에 분류되어 있다. 고급문화적이라는 것은 이런 상징재화의 목록을 알고, 이것을 재생산하는 제의에 올바르게 개입하는 것을 의미한다. 따라서 소장품과 제의라는 개념이, 문화와 권력 사이의 결합을 해체하기 위한 열쇠가 되는 것이다.

전통주의의 '철학적' 기반은 현실과 재현 사이, 그리고 사회와 사회를 재현하는 상징품 사이에 존재론적 일치가 있다는 확신으로 요약된다. 유산 혹은 정체성으로 정의되는 것은 국가적 본질의 충실한 반영이 되고자 한다. 따라서 이것의 주된 극적 연기는 민간 축제나 종교 축제, 국경일 그리고 독재사회에서는 특히 복원행사 같은 대중적 기념식일 것이다. 건국과 관련된 사건, 그것의 주인공이었던 영웅, 그리고 이것들을 환기하는 물화된 대상에 의해 구성된 역사적 유산들이 기념된다. 적통화 제의는 체제를 반복하고 영구화하고자 하는 욕망을 무대화하는 것이다.

권위주의 정책은 하나의 단조로운 극이다. 정부와 국민 사이의 관계는 중요한 국가의 유산이라고 가정되는 것의 무대화로 구성된다. 역사적인 장소, 광장, 궁전과 교회 등은 태초부터 계획된 국가적 운명을 재현하기 위한 무대로 기능한다. 그리고 정치인과 사제들은 이 드라마의 대역들인 셈이다.

자신의 전문적인 지식을 이용해 비전문적인 연기자들의 극 기법의 사용방식을 평생 동안 연구한 브레히트는, 히틀러가 다양한 상황에서 어떻게 자신의 역할을 만들어 갔는지를 관찰했다. 즉 음악 애호가, 2차 대전의 무명용사, 민중의 쾌활하고 후덕한 동지, 가족을 걱정해 주는 친구 등이 그 역할이었다. 히틀러는 이 모든 것을 열정적으로 연기했으며, 특히 영웅적인 인물들을 재현할 때 그는 위엄 있는 발걸음을 위해 발을 쭉 내밀고 발바닥을 완전히 밀착했다. 그러나 이제, 뮌헨에서 배우 바질Basil에게서 수업을 받았던 히틀러나 보다 최근의 정치인들이 할리우드에서 그랬던 것과 같이, 주인공이 극적인 발성이나 동작을 배우는 것만으로는 충분하지 않았다. 오늘날 모든 정치는 부분적으로 극적인 수단으로 이루어진다는 사실을 우리는 알고 있다. 즉 필요한 운영 예산의 확보 여부가 알려지지 않은 개관식, 지켜질 수 없는 것에 대한 약속, 사적으로는 부정될 권리들을 공개적으로 인정하는 것 등이 그 예이다.

나는 브레히트보다 더 유창하게 이것을 잘 표현할 수 없다.

정치인들의 메시지는 폭발적이고 즉흥적인 분출이 아니라고 반세기 전에 쓰여졌다. 수많은 관점들로부터 다듬어지고 또 다듬어졌으며, 발표를 위한 날짜까지도 지정된다.

이렇다고 할지라도, 정치인이 말하는 내용을 어느 누구도 의심하지 않는다는 소문이 관객들——"민중은 관객으로 변화하기 때문에"——사이에서 떠돌아다닌다. 그럼에도 불구하고, 때가 되면 정치인은 예외적인 사람이 아니라 평범한 사람처럼 말한다. 자신의 말을 듣는 사람들이 자신과 동일시하기를 바라면서 말이다. 즉

> 그는 다른 사람들, 외무부 장관들 혹은 정치인들과의 개인적인 결투를 시작한다. 호머 같은 영웅적인 스타일로 격렬한 저주를 내뱉고, 자신의 분노를 널리 알리며, 상대방의 목을 조르고 싶지만 참기 위해 애쓰고 있다는 인상을 전달한다. 즉 그의 이름을 직접 부르면서 그에게 도전하고, 그를 모욕하는 것을 참는 듯한 인상을 말이다.[2]

긴장과 서스펜스——그 명명될 수 없는 것들——는 말해지는 것만큼 중요하다. 암묵적인 이해의 총체라고 할 수 있는 특정 지식을 모든 사람이 공유하도록 제의적인 장이 펼쳐지는 동안, 기념식의 극적 의미는 침묵에 의해 강조된다. 틀림없이 이런 상황이 적극적인 가치를 지닐 것이라는 점은 명백하다. 스스로를 차별화하고 정체성을 확립하려는 모든 집단은, 내적인 일치를 얻고 외부에 맞서 자신을 보호하기 위해 근본주의적인 동질화 코드를 전술적으로, 혹은 은밀하게 사용한다. 문화정책을 이미 존재하는 유산의 관리나 기존 해석의 반복으로 축소하는 보수적인 체제에서, 의식은 결국 단지 과잉된 것의 과시에 불과하다. 보수적인 체제는 축적된 문화자본과 관객-민중과의 전면적인 일치를 모색하는데, 이는 축적된 문화자본의 분배와 효과적인 사용을 통해서 이루어진다. 이러한 일치를 재현하기 위해서 상투적인 이미지들, 교육용 역사, 오래된 건물과 그 양식보다

---

2) Bertolt Brecht, *Escritos sobre teatro* vol. 2, Buenos Aires: Nueva Visión, 1973, p. 163.

더 좋은 것은 없다. 세습주의적 보수주의에게 있어 문화의 최종 목표는 자연이 되는 것이다. 마치 천부적인 자질인 것처럼 자연스럽게 되는 것이다.

학교는 유산의 극화를 위한 중심적인 무대이다. 그곳은 체계적인 교육을 통해서, 자연적이고 역사적인 공동 자산을 구성하는 재화에 대한 이해를 전파한다. 지리학은 국가의 영토가 무엇이고, 국가의 영토가 어디까지인지를 가르친다. 역사학은 대내외 경쟁자와의 투쟁에서 영토의 경계를 확립할 수 있었던 사건들을 이야기한다. 아르헨티나에서 세속 교육제도의 창립자(학생들이 부르는 애국가에서는 "강의실의 아버지"라 부른다)이자, 아르헨티나 근대사회를 만든 사람들 중 한 명인 도밍고 사르미엔토 Domingo F. Sarmiento만큼 명확하게 이것을 정식화한 사람은 거의 없다. 그의 "문명이냐 야만이냐"라는 테제는 미개한 원주민-메스티소 축과, 국가라는 존재를 가능하게 했던 크리오요 계층에 의한 개발주의적이고 지식인 위주의 발전 축을 구별한다. 그가 정초했던 자유주의 교육은 종교적인 후원에서 국가를 벗어나게 하는 장점을 가지고 있었다. 그러나 그것은 아르헨티나의 "가장 뛰어난" 거주자들이 스스로 인정받을 수 있었던 터전인 적통적인 유산——어떤 관점에서 보면 신성화된——을 배제했고, 영토에서 원주민들을 몰아냈다. 이 교육 프로그램은, 그 땅에 살기 위한 가장 적절한 방법을 제공했던 역사적 사실들을 국가 형성이라는 명분 아래 단절적으로 분리한다. 즉 "미개하고 거친 유목민에서 열심히 일하는 정주자로, 방랑자에서 농민으로의 변화"가 목표였다.[3]

이러한 의미들은 단지 교육이 전달하는 개념적인 내용을 통해서만

---

3) Graciela Batallán and Raúl Díaz, *Salvajes, bárbaros y niños. La definición del patrimonio en la escuela primaria*, 복사본.

'머리에 박히'는 것은 아니다. 그것들은 기념, 축하, 전시 그리고 신화적인 장소 방문 등의 모티프가 되는데, 이것들은 모두 유산을 본래적이고 '적통한' 것으로 정하는 기준의 '자연스러움'이 주기적으로 정해지고, 기억되고, 보증되는 하나의 제의 체계라고 할 수 있다. 바타얀Batallán과 디아스Díaz는 일상의 제의성, 학교 교육, 그리고 그것들의 특정한 언어가 이를 위해서 서로 협력하고 있음을 보여 준다. 질서를 위반할 때, 교사들은 학교에서 "야만인처럼 행동해서는 안 돼"라고 말하는 데 익숙하다. 그들은 운동장에서 강의실로 가기 위해서 "이제 원주민의 시간은 끝났어"라고 말하는 것이다.

이 지점에서 우리가 건국과 관련된 사건을 기념하는 의식의 필요성을 부정하는 것은 아니라는 점을 명확히 하고자 한다. 그 의식은 자기 집단의 동시대적 경험에 역사적 근거와 밀도를 부여하기 위해 모든 집단에게 불가피한 것이다. 또한 우리가 민족지적etnográfico 연구가 인정한 학교의 제의들이 갖는 가치를 무시하는 것도 아니다. 이것들은 선생과 학생 사이를 연결하고, 해야 할 활동에 대한 동의를 형성하며, '자동화'에 필요한 학습을 실현하기 위해 필요하다. 그러나 여러 연구들이 지적하고 있듯이, 과도한 제의화——교조적으로 사용되는 단일한 패러다임을 가진——는 동일한 맥락에서 단일하게 행동하도록 참여자들을 조건 짓는다. 또한 질문이 다르고 행위 요소들이 다른 방식으로 결합되어 있을 때는 행동을 불가능하게 한다.[4]

---

[4] Elsie Rockwell, "De huellas, bandas y veredas. una historia cotidiana en la escuela", eds. E. Rockwell and Ruth Mercado, *La escuela, lugar del trabajo docente*, México: Departamento de Investigaciones Educativas, IPN, 1986, pp. 21~22. 또한 Patricia Safa, *Socialización infantil e identidad popular*, tesis de Maestría en Antropología Social, Escuela Nacional de Antropología e Historia, México, 1986을 참조.

사회적 과정에서, 유일하고 배타적인 역사 유산과 고도로 제의화된 관계—지역적이든 국가적이든—는 변화하는 상황 속에서 역할 수행, 자율적인 학습, 그리고 혁신적 생산을 어렵게 한다. 다시 말해, 본질주의적인 전통주의는 곧 분석할 기회를 갖겠지만 이종성, 이동성, 탈영토화라는 특징을 가지고 있는 현대 세계에 생존하기에는 어울리지 않는 것이다.

분명히 전통주의는 많은 경우 당대의 모순을 견디기 위한 수단으로 나타난다. 근대성의 이익에 대해 회의하고 있는 지금, 보다 관용적이라고 상상되는 어떤 과거로 회귀하고자 하는 유혹은 증폭된다. 사회적 무질서, 경제적 빈곤화, 기술적 도전에 대한 무기력한 대응 앞에서, 그리고 이것들을 이해하는 어려움 앞에서 과거의 환기는 근대성이 대체했던 의고주의를 당대의 생활에 복원한다. 기념은 보정적인 실천이 되었다. 즉 선진 기술과 경쟁할 수 없다면 우리의 수공예업과 오래된 기술을 찬양하자는 것이다. 또한 근대 이데올로기 패러다임이 현재를 설명하는 데 무용한 것처럼 보이고, 더불어 새로운 패러다임이 나타나지 않는다면, 근대 이전의 삶을 만들었던 비의적인 의식이나 종교적인 도그마를 다시 신성화하자는 것이다.

전근대적인 요소의 발굴은 개인적인 도피로 끝나지 않는다. 최근의 라틴아메리카 독재는 특정 사건들과 이것들을 재현하는 상징에 대한 찬양을 보다 강화하면서 사회질서의 복원을 가져왔다. 즉 '적통적인' 과거, 다시 말해 '국가의 본질', 도덕, 종교, 가족에 해당하는 것을 기념하는 것이 압도적인 문화활동이 된다. 사회 생활에 참여하는 것은, 신성화된 질서에 도전하고 회의주의를 고무하는 '이질적인 요소'를 배제하는 제의화된 실천 체계를 따르는 것이다. 군사쿠데타가 다시 일어나지 않도록 하기 위해, 아르헨티나 군부는 국가의 위대했던 과거로 되돌아가자고 주장했다. 이 과거는 19세기 말 "과학적 합리주의, 기계화, 낭만주의 그리고 민주주의 등의 결합"에 의해 단절되었다. 보다 먼 과거로 돌아가기 위해서는 현재 많은 문화적 산물이 없어져야 한다.[5] 책, 회화 전시회, 영화, 텔레비전 프로그램, 외국 음악 그리고 심지어 민속 음악과 불경한 탱고까지 금지하면서, 최근 독재 시기 아르헨티나가 보여 주는 것처럼 말이다.

아르헨티나가 민주주의를 회복한 이후에도 근본주의적 움직임은 근대성, 정치적이고 성적인 자유주의, 예술과 과학의 실험을 계속 공격했다. 종교적 탐닉을 조롱하는 다리오 포Darío Fo의 작품들과 브레히트의 『갈릴레오 갈릴레이』 같은 작품들의 공연이 공격받았다. 교회는 이혼 합법화 그리고 공교육과 문화 영역에 있어 다원주의를 논의한 의원들을 파문하겠다고 위협했다. 이것이 1986년의 일이다!

1988년 1월 멕시코의 가톨릭 광신도 집단이 근대미술관에 침입했다. 이는 과달루페 성모를 주제로 한 회화 전시회를 방해하기 위한 것으로, 그 이유는 그 전시회가 정통적인 이미지를 변형시켰다는 것이었다. 그들은 성모를 마릴린 먼로처럼, 예수를 권투 글러브를 낀 페드로 인판테Pedro Infante처럼 그린 예술가들을 정신병원에 감금할 것과 근대미술관 소장의 추방을 요구했다. 지난 세기부터 법률에 의해 모든 종교적인 의식이 금지되었던 공공 장소가, 박물관에서의 성모 찬양과 전통적인 도상체계의 복원을 통해 현재의 모순을 해소하려는 사람들에 의해 상징적으로 재정복되었다. 그들은 정전적인 이미지들이 실은 상대적으로 자의적인 표상 관

---

[5] 이런 형식은 문화부 장관이었던 라울 카사(Raúl Casa)의 연설문에 나타나지만, 이것은 이 시기의 공식 연설에 지속적으로 등장하는 것이었다. 다음의 연구와 기록모음집을 참고하시오. Andrés Avellaneda, *Censura, autoritarismo y cultura. Argentina 1960~1983* vol.1~2, Buenos Aires: Centro Editor de América Latina, 1986.

습의 산물이라는 점을 알지 못하는 것 같다. 즉 과달루페 성모에 관해 말하자면, 르네상스적 형태, 원주민들과의 일체감을 증진시킨 짙은 피부색, 그리고 영화적인 재현부터 팝이나 치카노 예술의 키치까지의 긴 역사를 통해 나타난 변형들은, 그녀에 대한 **평가**를 순수한 모델에 종속시키려는 시도를 터무니없는 것으로 만든다.[6] 오히려 이것들은 종교적 열렬함이 확장되는 과정이 스페인적 요소와 원주민 요소의 혼합, 이후의 상호문화적 맥락의 다양성, 그리고 성모에 대한 재해석들의 지속되는 혼종적 변용에 토대하고 있음을 보여 준다.

전통주의자들의 기념식은 자주 과거에 대한 무지에 기반하고 있다. 과두세력이 고급문화적인 관점을 지지함에 따라, 그들의 '무지'는 이상화된 시기에 자신들이 얻었던 특권을 계속 유지하려는 의도에서 시작된다고 볼 수 있다. 그러나 과거의 복합성, 혼합의 잡종성 그리고 사회변화에 필요한 문화적 혁신을 부정하는 이런 입장이 어떻게 민중 부문의 열렬한 지지를 얻을 수 있는가? 민중적인 것에 관한 장에서 이 문제를 다시 논의할 것이다. 지금은 권위주의적인 기념의 최종 목표가 이것을 후원하는 헤게모니 계급의 이익을 훨씬 넘어서고 있다는 점을 살펴보려 한다. 문화생산과 소비를 심령화할 때, 사회와 경제에서 문화를 분절할 때, 그리고 모든 실험을 제거하고 사회의 상징생활을 교조적으로 정의된 국가 혹은 세계 질서의 제의화로 축소할 때, 이렇게 다양한 집단들이 추구하는 것은 본질적으로 사회의 불안정성을 중화하는 것이다.

---

6) Teresa del Conde, "Censura" and "La Virgen, una madona del Apocalipsis", *La Jornada*, January 28~29. 1988, p. 18.

내셔널리즘의 위기 이후에 국립 박물관은 가능한가?

유산이 사물에 응축된 전통의 고정된 목록으로 해석된다면, 그것을 담고 보호할 보관-장소와 그것을 전시할 전시-장소가 필요하다. 박물관은 유산의 의례적인 전시장이자, 그것을 보관하고 기념하는 장소, 헤게모니 집단이 사용했던 의미체계를 재생산하는 장소가 된다. 박물관에 들어서는 것은 단순하게 한 건물에 들어서서 작품들을 바라보는 것이 아니라, 사회적 행위의 제의화된 체계에 참여하는 것이다.

오랫동안 박물관은 전통문화가 차곡차곡 접혀 엄숙하고 지루하게 보존되어 있는 장례 공간으로 간주되었다. 하인리히 뵐Heinrich Böll은 "박물관은 비 오는 일요일을 위한 마지막 수단"이라고 말했다. 1960년대부터 박물관의 구조와 기능에 대한 거센 논쟁이 대담한 변화를 가져왔으며 박물관의 의미를 바꾸었다. 이제 박물관은 사물의 보관과 전시만을 위한 장소가 아니며, 소수가 찾는 나른한 도피처도 결코 아니다.

북미 지역 박물관의 방문객은 1962년 50만에 달했고, 1980년에는 전체 인구수를 넘어섰다. 프랑스에서 박물관들은 매년 2천만 이상의 관람객을 맞았고 퐁피두센터만 해도 8백만을 넘어섰는데, 이는 새로운 종류의 기구를 만들 매력적인 근거가 된다. 즉 근대미술관 이외에도, 이 기구는 스스로 체험할 수 있는 과학 및 기술, 도서, 잡지 그리고 음반을 대상으로 하는 임시 전시회 등을 제공한다. 간단히 말해, 다용도의 문화센터가 갖고 있는 자극적인 분위기를 제공하는 것이다. 유럽의 통계를 살펴보면 최근 연극과 영화 관객의 수가 감소한 데 반해, 박물관 방문객이 증가하고 있음을 알 수 있다.[7] 대중매체처럼, 박물관은 문화의 민주화와 문화 개념의 변화에 있어 의미 있는 역할을 수행할 수 있다.

건물과 전시의 혁신에서 전통적인 박물관(루브르, 뉴욕의 휘트니, 워싱턴의 국립미술관)을 새롭게 변모시키고 몇몇 박물관을 미적 혁신의 뛰어난 증거물(구겐하임, 퐁피두, 슈투트가르트, 네오슈타트 미술관)로 변모시킨 다른 활력 있는 신호들이 발견된다. 마르타 트라바는 "화장실을 찾기도 어렵고 카페도 없는 어두운 박물관을 무릎 꿇고 하던 순례는 이제 끝이 났"으며, 지금까지 박물관에서 예술은 기쁨의 대상이 아니라 노동의 결과물이었다고 북미의 새로운 박물관들을 발견했을 때 외쳤다. 또 트라바는 박물관이 우리가 먹고 즐기면서 하루를 보낼 수 있는 장소로 변하면서, 때때로 공공 광장을 대체한다고 말했다.[8]

박물관 개념의 변화——문화센터 안에 자리 잡기, 환경 박물관, 공동체 박물관, 학교 박물관, 지역 박물관의 탄생——, 그리고 소통과 공간 배치의 다양한 변화(새로운 환경 조성, 교육 서비스, 비디오 도입 등)를 통해 이러한 기구들은 과거의 단순한 저장고에서 벗어나게 되었다. 많은 박물관들이 역사 유산의 정의·분류·보존을 위해, 지역과 계층을 통합할 수 있는 상징적 표현들을 결합하기 위해, 그리고 과거와 현재 사이 및 고유 요소와 외부 요소 사이의 연속성을 체계화하기 위해, 박물관이 학교를 보충하면서 대중들에게 공개되었던 19세기부터 수행했던 역할을 다시 떠맡게 된다. 오늘날 자발적이건 강제적이건 간에 박물관, 대중매체 그리고 관광의 결합은 예술을 거리로 끌어내기 위한 예술가들의 시도보다도 예술의 보급에 있어 더 효과적이었다는 것을 인정해야 한다.

박물관의 위기는 끝나지 않았다. 문화적 재화를 본래의 맥락에서 분

---

7) *Políticas culturales en Europa*, Ministerio de Cultura de España, p.43.
8) Marta Traba, "Preferimos los museos", *Sábado*, suplemento de *Unomásuno* 247, México, July 31. 1982, p.15.

리하여 생활에 대한 흥미 위주의 관점에 따라 재배치할 때, 박물관은 시대착오적이고 폭력적인 것이 된다고 관련된 많은 문헌들은 문제를 제기하고 있다. 그 기원에서부터 문화의 민주화와 산업화 과정 속에서 자신의 위치를 새롭게 차지하기 위해 가장 엘리트주의적인 전략을 취하는 것을 특징으로 하는 박물관이라는 제도에 어떤 변화가 필요한지에 대해서는 논쟁이 계속되고 있다.[9]

결국 미국, 유럽, 일본의 많은 박물관들이 오늘날 국내외적인 문화 헤게모니의 혁신에 있어서 핵심적인 도구라는 것은 부정할 수 없다. 이것은 라틴아메리카의 상황이 아니다. 따라서 유산 관련 정책에 있어 박물관의 위치에 대한 성찰은 라틴아메리카의 미진한 문화 발전과 서구 근대성으로의 독특한 편입에 대한 설명을 찾는 데 기여할 것이다.

왜 라틴아메리카의 박물관들은 이리도 좋지 못한가? 물론 전부 그런 것은 아니다. 몇몇 박물관들은 특정 영역의 참고문헌에 의해 모범적인 것으로 인용된다. 멕시코의 국립인류학박물관과 민중문화박물관, 보고타의 황금박물관, 카라카스의 어린이박물관, 또한 여러 나라의 미술관들이 그 예라 할 수 있다. 이러한 예외에 반해, 즉흥적인 측면을 가진 수백 개의 박물관이 있다. 과거에도 항상 그랬듯이, 지금도 그 박물관들에는 기념비적인 건물의 천장에 닿을 정도로 유리장에 전시물을 쌓아 두는 전근대적인 상황이 지속되고 있다.

---

9) 몇 개의 예만을 들겠다. Kenneth Hudson, *Museums for the 1980's*, London-Paris: MacMillan/UNESCO, 1975; Aurora León, *El museo, Teoría, praxis y utopía*, Madrid: Cátedra, 1978; L. Binni and G. Pinna, *Museo*, Milán: Garzanti, 1980; Dominique Poulot, "L'avenir du passé. Les musées en mouvement", *Le débat* no. 12, 1981. 그리고 유네스코가 편집한 『박물관』(*Museum*)지를 들 수 있다. 스페인어로 된 가장 좋은 것은 그라시엘라 쉬밀추크의 선집이다. Graciela Schmilchuk, *Museos: comunicación y educación*, México: Instituto Nacional de Bellas Artes, 1987.

역사적 그리고 고고학적 풍요로움을 가진 나라들 중 하나인 페루에서는 많은 유산이 내외국인에 의해 약탈되었다. 60개 박물관 중 25%만이 전시물 취득 프로그램을 가지고 있고, 겨우 4%가 박물관 전시전문가를 가지고 있으며, 6%만이 매일 가이드 관람을 제공하고 있다. 유일하게 일곱 개의 박물관들이 소장품 보험을 들었고, 한 곳만이 수장고에 습도 조절기를 가지고 있다. 이러한 상황을 바로잡거나 적어도 문제의 심각성을 이해하는 데 있어 나타나는 정부조직의 대책 결여는, 알폰소 카스트리욘이 1982년 실시한 페루 박물관의 실태에 대한 첫번째 설문조사가 어떤 재정 지원도 받지 못했고, 국립문화연구소Instituto Nacional de Cultura가 이 설문조사를 "경솔한" 것으로 평가하며 이에 응하기를 거부했다는 사실에 의해 잘 드러난다.[10]

유산을 위한 뒤늦은 조치들은 곧잘 시민사회, 사기업 그리고 공동체들의 과제가 되었다. 브라질, 콜롬비아, 베네수엘라처럼 뛰어난 역사박물관과 미술관을 가진 몇몇 나라에서, 이러한 박물관들 중 많은 수가 은행 또는 비정부조직이나 재단에 속해 있다. 그 박물관들은 대도시에 집중되어 있으며, 교육시스템과 연계되지 않고 그들 서로 간에도 연결되지 않은 채 활동하고 있다. 이는 부분적으로 이 박물관들이 개별 조직에 의존하고 있고, 국가적 차원에서도 유기적인 문화정책이 부재하기 때문에 나타나는 현상이다. 또한 이 박물관들이 집단적인 시각문화의 형성자라기보다는, 사기업의 광고나 관광 진흥 수단으로 유산의 작은 부분을 보존하는 역할을 수행하고 있기 때문이다.

---

10) Alfonso Castrillón, "Encuesta: pobres y tristes museos del Perú", *Utópicos* no. 2~3, 1983, pp. 7~9.

라틴아메리카에서 혁명 이후 내셔널리즘적인 정책 방향성을 달성하기 위해, 시각예술을 확장하고 유산을 보존하며, 이 유산을 박물관과 고고학 센터 및 역사 센터 안에 통합시키려 했던 대표적인 나라가 아마도 멕시코일 것이다. 20세기 전반, 유산의 기록과 전파는 일시적인 이동 전시회, 문화 단체 그리고 벽화를 통해 진행되었다. 또한 전통 연구와 소장품 수집이 진행되었지만, 최종적으로 만들어진 국민문화를 박물관에 전시하려는 장기 지속적인 신성화의 태도는 없었다. 교육 정책이 보존 정책보다 우선시되었고, 소장품을 건물 안에 모으는 것보다 공적이고 대중적인 반향이 우선시되었다.

　혁명이 제도화되고 근대화의 흐름이 정부 정책에 강제되던 1950년대부터 차별화된 박물관들에서 유산이 체계화되었다. 산업과 관광 발전, 그리고 예술가와 사회과학자들의 전문화는 예술적 요소와 역사적 요소, 전통적 요소와 근대적 요소, 고급문화 요소와 대중문화 요소를 분리하는 데 기여했다. 각 영역의 전시와 신성화를 위한 고유 공간을 만들기 위해 박물관 연결망이 나타났는데, 이것은 6년마다 확장되었고 대중매체 및 학교와 함께 문화 재화의 분류와 평가를 위한 장을 만들었다. 멕시코가 강한 문학적 역량을 가졌다고 할지라도, 문화적인 윤곽이 주로 작가들에 의해 만들어진 것은 아니었다. 즉 코덱스부터 벽화주의까지, 호세 과달루페 포사다José Guadalupe Posada의 두개골에서 회화와 그림동화책까지, 수공예품 시장에서 박물관 관객까지, 유산의 보존과 기념 그리고 유산의 인정과 사용은 기본적으로 시각적인 과정이었던 것이다.

　멕시코의 대규모 박물관들은 자신들을 평가절하할 때 곧잘 쓰이던 다양한 상투적 표현들을 무력화한다. 또한 그들은 오늘날 박물관의 당면 문제가 박물관의 쇠퇴가 아니라는 점을 보여 준다. 물론 단순하게 소장품을 축적하기만 하는 많은 폐쇄적인 박물관들이 있다. 그러나 또한 건축학, 박물관 전시, 교육과 관련해 주목할 만한 혁신의 경험이 존재한다. 관람객의 증가를 관광객의 증가 탓으로 돌리는 다른 공격 역시 통계 수치에 의해 거짓임이 밝혀졌다. 미술관을 계산하지 않고 멕시코 인류학과 역사 부문의 박물관들만으로 1988년에 691만 6,339명의 관객을 동원했는데, 이들 중 외국인은 20%를 넘지 않는다.[11]

① 개인이나 국가의 문화유산 전시전략을 이해하기 위해서, 멕시코에 나타난 박물관 전시 정책의 두 가지 대표적인 사례를 살펴볼 것이다. 이 사례들을 선택한 이유는 그것들이 전통적인 고급문화를 근대성 안에 편입시키기 위해 다른 라틴아메리카 국가에서 일어났던 일과 일치하기 때문이다. 첫번째 전략은 유산의 **미학적 정신주의화**이다. 두번째는 **역사적·인류학적 제의화**이다. 국민문화를 신성화하려는 이런 방식들이, 내셔널리즘이 본질적으로 위기에 처한 이 시대에도 지탱될 수 있는지를 알아보기 위해 나는 위의 두 전략을 분석해 보고자 한다.

유산의 미학주의화로는 루피노 타마요가 자신의 소장품을 전시하기 위해 페르난도 감보아Fernando Gamboa의 지원으로 만든 오아하카Oaxaca 지방의 '루피노 타마요 정복 이전 미술관'Museo de Arte Prehispánico Rufino Tamayo이 모범적인 것으로 평가된다. 이 박물관은 휴스턴의 메닐 박물관 Museo Menil의 원주민 예술 소장품에서 나타나는 것처럼, 아직 스스로 선진 기관임을 주장하는 대영박물관과 루브르 같은 유럽의 고전적인 박물관 전시의 기준을 부분적으로는 따르고 있다. 오래된 소장품들이 그것들이 만들어진 근거인 사회적 관계들과 분리되어 전시되는 것이다. 또 근대

---

11) 국립역사인류학연구소(Instituto Nacional de Antropología Historia)의 자료를 참조.

미학에 의해 시작된 조각과 회화의 자율화라는 기준이, 예술을 종교, 정치 그리고 경제와 합치시켜 왔던 지금까지의 문화적 입장을 대체했다. 이제 물품이 **작품**으로 바뀌고, 작품의 가치는 박물관이라고 하는 명백히 역사 바깥의 중립적인 공간에서 다른 사물들과 인접성을 통해 형성된 형식적 유희로 축소된다. 이러한 작품들은 의미상의 참조점과 실용적인 참조점에서 분리되어, 전시회 프로그램의 자의적인 문형 규칙이 설정하는 미학적 관계가 부여하는 의미에 따라서 전시된다.

타마요 박물관을 조직했던 사람들은, 대상의 예술적 가치가 바로 전시에 대한 가장 커다란 정당화라고 생각했다. 입장권에 다음과 같이 쓰여 있다.

…… 여기 전시된 작품을 만든 무명의 제작자들이 예술가가 아니었다면, 그리고 그들의 손이 창조적 정신에 의해 인도되지 않았다면, 이 작품들은 오늘날 잊혀졌을 것이다. 또한 그들이 추구했던 목표가 사라진 순간에 사라져 버렸을 것이다.

그리고 그들은 전시품이 "고고학적, 역사적, 문화적 서류처럼 커다란 중요성을 가지고 있지만, 무엇보다도 오늘날 어떠한 깨어 있는 감수성에도 접근할 수 있는 독립적인 예술적 가치로서 존재한다"는 것을 부정하지 않는다. 타마요 박물관은 멕시코에서 최초가 되었다는 점을 자랑스러워한다.

…… 멕시코는 원주민들의 과거 작품들을 있는 그대로 예술로, 예술적 현상으로 전시한다. 이런 이유로 이 박물관에서는 서로 다른 문화들을 고려

하면서 소장품을 체계화하는 것은 거부되었다. 소장품들을 전시하기 위해 연대기적 연쇄의 기준을 채용했지만, 엄격하게 적용한 것은 아니었다.

따라서 맥락적인 정보 역시 결여되어 있다. 멕시코의 고대 예술을 고양하고자 하는 구실로, 그 가치의 중요 요소 중 하나를 제거한 것이다. 즉 원래 이용자들의 목적이었던 일상적이거나 제의적 기능 말이다.

미학주의적인 박물관 전시학은 박물관에서 의식적인 본질을 제거하지 않는다. 그것은 대상에 사회적 의미를 주기보다는, 고급문화적 시선의 우월성을 즐기기 위해 만들어진 이러한 세속적인 사원에 어울리는 다른 제의의 형식을 만들어 낸다. 건물의 엄숙함, 전달하는 메시지의 복합성, 그리고 그 메시지들을 이해하는 데 있어 나타나는 어려움 등은 관객을 박물관 안에서 극적인 텍스트를 유순하게 재현하는 사람처럼 행동하게 한다. 이 극적인 텍스트에는 방문객이 자신의 행동이 의미를 갖기를 원한다면 어떻게 이동하고, 말하고, 또한 침묵해야 하는지에 대한 방법이 규정되어 있다.

이런 종류의 박물관이 다양한 문화에 쉽게 다가서게 하고, 문화들 간 이해를 증진하며, 공통의 세계사라는 시각적 증거를 우리에게 제공했다는 점은 부정할 수 없다. 라틴아메리카 민중과 고대 예술가들이 창조적이긴 하지만, 동시에 그들만이 창조적인 것은 아니었다는 사실을 보여 주면서, 박물관은 대중매체보다 훨씬 먼저 자민족중심주의를 완화시켰다. 그러나 루브르나 대영박물관, 뉴욕의 메트로폴리탄 박물관이 이집트 조각품, 페르시아 사원, 아프리카 가면을 모으기 위해, 그리고 오아하카의 타마요 박물관이 멕시코가 통일되기 이전의 다양한 민족의 생산품을 모으기 위해 사용한 예술 미학은, 정치적이고 지적인 팽창주의의 잘못된 관행을 강화하는 것이었다. 그것은 지리적이고 문화적인 차이를 넘어서는 연대적인 아름다움을 만들어 내는 데 기여했지만, 이러한 작품이 만들어지는 과정에 존재하는 사회적 갈등들을 은폐하는 획일성을 만들어 내기도 한다. 조각상들은 이제 더 이상 환기되지 않는다. 또한 이 박물관들에서 무엇을 위해서 그리고 어떻게 그 조각상들이 환기되었는지를 알기는 불가능하다. 접시들은 마치 한 번도 요리를 위해 쓰이지 않았고, 가면 역시 한 번도 춤을 위해 쓰이지 않은 것처럼 보인다. 이 모든 것은 단지 보이기 위해 거기에 있을 뿐이다.

아름다움에 대한 매혹은 차이에 대한 놀라움을 지운다. 그것은 낯선 사회에 도착한 사람들이 그들의 언어, 요리와 식사 방법, 노동과 유희의 방법을 배우는 데 필요한 노력이 아닌, 관조를 요구한다. 이런 박물관들은 자기 고유의 관습을 상대화하는 데는 거의 기여하지 않는다. 그 이유는 박물관이 다른 집단을 전시할 때, 자신의 세계에서 벗어나는 인류학자의 태도를 따르는 것이 아니라, 오히려 자신의 집에 정보를 가져오고 그것들을 알려진 틀에 맞추는 컴퓨터나 비디오와 유사한 방식을 취하기 때문이다. 즉 고급미학에 익숙해진 사람들에게 세계문화에 대한 국내용 판본을 제공해 주는 것이다.

② 국립인류학박물관은 다른 식으로 멕시코 유산을 전시한다. 그것은 미학적 숭배를 간과하지 않으면서, 문화의 **내셔널리즘적 제의화와 기념비화**에 의존한다. 국립인류학박물관의 기원은 1825년에 설립된 국립박물관이지만, 그동안 여러 차례 이름, 위치, 기능이 변했다. 국제적인 명성을 얻은 첫번째 단계는 4만 5천 평방미터의 현대식 건물을 보스케 데 차풀테펙Bosque de Chapultepec에 개관했던 1964년 9월 17일 시작되었다. 이 건물은 25개의 전시실, 넓은 작업실, 실험실, 수장고, 연구실, 25만 권의 장서,

극장, 공연장, 식당 그리고 서점을 갖추고 있었다.

멕시코에는 다양한 국립 박물관이 있지만, 국내외에서 그 어떤 것도 이것만큼 멕시코성을 대표하고 있다는 평가를 받지 못한다. 이런 권위는 통상 건물의 화려함, 수장품의 다양성과 그 양, 그리고 가장 많은 방문객 수에 의해 주어지곤 한다. 예를 들어 1988년 박물관의 방문객 수는 137만 9,910명이었다. 이 모든 것이 영향을 끼쳤지만, 성공은 무엇보다도 멕시코에 대한 두 가지 독법을 혼합하기 위해 건축 및 전시 수단을 세련되게 사용한 데 있다고 나는 생각한다. 하나는 과학적 독법이고, 다른 하나는 정치적 내셔널리즘의 독법이다.[12]

두 가지 관점의 수렴은 박물관의 구조와 권장된 관람 순서에 나타나 있다. 건물은 중심에 반쯤 개방된 정원을 두고, 박물관 깊숙이 닫혀 있는

---

12) 멕시코 국립인류학박물관 사진은 로우르데스 그로벳(Lourdes Grobet)이 찍은 것이다.

두 개의 측면 날개를 가진 커다란 직사각형 모양이다. 우측으로 들어서면 과학적인 소개가 시작된다. 즉 첫번째 방은 일반 관람객들의 질문에 기초해서 인간의 진화에 대한 설명으로 채워져 있다. 섹션 중 하나는 '뼈가 우리에게 무엇을 말해 주는가?'라는 제목을 달고 있다. 전시물들은 과학적인 가치뿐만 아니라 많은 경우 그 아름다움에 의해 선정되었고, 또한 여러 대륙이 균형 있게 재현될 수 있도록 고려되었다. 전시실은 "모든 인간은 서로 다른 수단을 가지고 동일한 필요성들을 해결했고, 서로 다른 방식으로 구성된 모든 문화들은 동일하게 소중하다"라는 최종 결론을 제시한다.

　다음 전시실들은 메소아메리카 역사를 그 기원부터 묘사하고, 각 지역과 오늘날 멕시코를 구성하고 있는 주된 민족을 설명하고 있다. 이 모든 문화에 대한 초기 적통화 과정은, 박물관이 몇몇 민족이 달성한 높은 지식과 창조적인 산물들을 보여 주면서 무대화한 원주민에 대한 찬양을 과학적으로 확고하게 한다.

　왼편의 처음 방들은 멕시코의 양쪽 끝 지역, 즉 북쪽 문화 및 마야 문화를 소개한다. 이 방들의 관람은 제시된 설명과 전시물의 체계를 총체화하고 정당화해 주는 과학적인 담론으로 끝을 맺는다. 원주민 전시품이 보여 주는 성취는 근대문화가 제공하는 과학적 인식이라고 하는 보다 체계적인 적법화 형식을 통해 완성되는 것이다.

　두 가지 관람 방향 모두를 통해, 두 날개가 하나로 합쳐지는 건물 안쪽에 배치되어 있는 중앙 전시실이 가장 두드러진다는 것이 명확해진다. 테노츠티틀란Tenochtitlan이 세워졌고, 오늘날 수도가 위치해 있는 멕시코의 중심지역에 살았던 메히카 족의 문화를 보기 위해서는 경사로를 올라가야 한다. 이것을 통해서 박물관이 현대 멕시코의 정치적 내셔널리즘에 의한 통합을 재현할 뿐만 아니라, 또한 권력의 중심부인 멕시코시티에 각 지역의 토산품을 모을 수 있었기 때문이다. 이 과정이 저항 없이 진행되지 않았고, 몇몇 경우 저항을 통해 전시품을 본래의 자리에 놓아두게 한 사례

4장_과거의 미래 **231**

가 있다는 것을 우리는 알고 있다.[13] 그러나 멕시코 전역의 수많은 증언들은 중앙집중적인 기획의 승리를 증명해 주고, 여기서 상호문화적인 통합이 진행되고 있다는 것을 알려 준다.

훌륭하고 다양한 전시품들이 여기 집중되어 있다는 것은 유산의 기념비화를 위한 첫번째 토대라고 할 것이다. 그렇게 뛰어난 작품들을 건물 하나에 모으는 것으로 충분하다. 즉 태양의 돌 혹은 아즈텍 달력, 불뱀의 거대한 머리, 두개골로 된 벽, 전면부의 상인방上引枋과 인물상, 부조가 된 비문과 석주, 벽화, 조상, 기둥, 남상주, 그리고 출생과 죽음, 바람과 물, 여물지 않은 옥수수와 여문 옥수수, 풍요로움과 전쟁 등을 위한 커다란 상像

---

13) 널리 알려진 사례는 몬테 알반(Monte Albán)의 7번 묘를 둘러 싼 연방정부와 오이하키 주 정부 사이의 논란이다. 이 논쟁은 울리세스 라디스라오(Ulises Ladislao)와의 인터뷰에서 드러난 다니엘 루빈 데 라 보르보야(Daniel Rubín de la Borbolla)의 이야기 속에서 모든 정치적이고 문화적인 복합성을 보여 주고 있다. "Evolución de la museografía en México", *Información científica y tecnológica* vol. 8, no. 21, pp. 14~15.

들이 거기에 모여 있다. 전시품의 엄청난 양만이 아니라, 그것의 혼종성과 시각적 풍부함 역시 기념비적인 효과를 내는 것이다.

가장 강조된 기념물은 민족의 성립과 관련된 사건을 언급한 것들이다. 기원에 관한 전시실은 많은 사람들이 베링 해협을 통해 아메리카에 도달해, 창으로 잡을 수 있다고 생각했던 많은 가축들과 함께 거대하게 펼쳐져 있는 대지와 얼음을 바라보고 있는 벽화와 함께 시작된다. 곧, 동일한 효과가 홍적세의 동물지를 보여 주는 거대한 그림에 의해 만들어진다.

국가의 역사에 대한 또 다른 중요한 참조물은 테오티우아칸Teotihuacán이다. 이 전시실에 들어갈 때, 멕시코 지도 위의 커다란 글씨는 우리에게 이곳이 **신들의 장소**라는 것을 알려 준다. 그릇과 축소 모형으로 가득 찬 긴 전시관이 있는 저층 전시실을 지나, 보다 낮고 정교하게 장식된 상인방 아래를 통과한다. 갑자기 8미터 높이의 커다란 전시실이 열린다. 전시실 안의 오른쪽 벽면에 케찰코아틀 사원Templo de Quetzalcóatl이

4장_과거의 미래 233

등장하고, 정면에는 깃털 달린 달팽이 궁전Palacio de los Caracoles Emplumados 의 커다란 복제 그림이 나타난다. 또 왼편에는 달의 여신인 찰치우틀리쿠에Chalchiuhtlicue의 커다란 조상이, 보다 안쪽으로는 6×14미터에 달하는 태양의 피라미드 사진 벽화가 있다.

    이 사례는 기념비주의적 수사학이 오직 거대한 것만으로는 만들어지지 않고, 사소한 것과의 대조나 축소 모형들의 축적을 통해 이루어진다는 것을 보여 주기 때문에 흥미롭다. 마찬가지 일이 멕시카 전시실에서도 일어난다. 커다란 태양의 돌 뒤에 약 50여 좌대에서 축소 모형으로 된 3백 명 이상의 사람들이 역시 축소 모형으로 만들어진 채소, 동물, 도자기, 낟알, 광주리, 바구니 등을 팔고 있는 시장이 있다. 이 시장이나 동일한 벽면에 15미터 혹은 20미터씩 펼쳐져 있는 전시관에 전시되어 있는 축소 모형물들은 전시품들을 화려하게 한다.

    담론 전략이 그 의미를 확장해 줄 때, 축소 모형들의 결합은 기념비화

를 위한 하나의 방식이 될 수 있다. 추상적인 혹은 비가시적인 실체에 접근할 수 있게 해주고, 단 한 번 보는 것으로도 그것을 이해할 수 있게 한다. 레비스트로스는 시스티나 성당의 작품들이 위압적인 크기에도 불구하고 축소된 모델이라고 주를 달았는데, 그 이유는 그 작품들이 제시하고 있는 주제가 시간의 끝이기 때문이다.[14] 국민정체성의 상징이자 멕시코성을 만들어 내는 우주적 혹은 역사적인 힘들의 상징으로 전시되는 각각의 축소 모형들은, 실재에 대한 관찰을 통해서는 담아낼 수 없는 총체성을 한번에 보게 한다. 박물관에서 인식 과정의 전위가 만들어지는 것이다. 일상 사물들을 알기 위해서 우리는 각각의 부분들을 분석하려는 경향이 있는 반면에, 축소된 척도와 추상적인 실재의 '구체적인' 이미지를 제공하는 상징들 앞에서 우리는 총체성이 나타나는 것을 느낀다. 멕시카 시장에서 판매하

---

14) Claude Lévi-Strauss, *El pensamiento salvaje*, México: Fondo de Cultura Económica, 1964, p. 44.

는 3백 개의 축소 모형이 모두 사실적인 구체성을 가지고 있지 않았을 때 조차도, 레비스트로스가 다른 맥락에서 했던 이야기를 적용시킬 수 있다. 즉 "축소된 모델의 내재적인 장점은 지적인 층위에서 얻은 것으로 감각적인 층위의 손해를 보상할 수 있다"는 점이다.[15]

인류학박물관은 거대한 소장품 전시, 사실적 장면의 신화화된 환기, 축소 모형의 축적 등을 통해서 유산의 기념비화된 판본을 제시한다. 관람객은 유혹되지만 이러한 수단들이 주는 감동에 압도되지는 않는다. 기념비화는 거친 방식으로 강제되지 않는 것이다. 사진, 그림, 지도, 투시화 등을 통해서 전시물을 맥락화한 명확한 설명이나 배경이 달린 설명문이 있다. 1층에는 선택적인 관람을 할 수 있는 각각의 전시실이 있고, 몇몇 전시실 끝에는 다음 전시실로, 정원 혹은 뜰로, 위층의 전시실로 향하는 다

---

15) Lévi-Strauss, *El pensamiento salvaje*, p. 46.

양한 출구가 있다. 위층에는 넓
은 격자창이 부분적으로만 지붕
이 덮인 정원을 볼 수 있게 하는
데, 이 정원은 건물들 사이의 공간
을 폐쇄하지 않고 박물관을 둘러
싸고 있는 차풀테펙 공원으로 시
야를 열어 준다. 이러한 열림과 가
벼움의 느낌은 정원을 덮고 있는
54×82미터의 지붕을 중앙의 커
다란 기둥 하나만이 지탱하고, 방
문객이 중앙부 기둥에서 하중을
지지하는 케이블 시스템을 알지
못하기 때문에 강화된다. 정원은 닫힌 공간이 아니라, "보호된 공간"인 것
이다.[16]

    이 박물관의 가장 위대한 업적은 최신 박물관 전시 기법을 사용해 근대 건축틀 내에서 멕시코 문화에 대한 전통주의적 전망을 제공하는 데 있다. 모든 것은 이러한 관점을 교조적인 틀로 강요하지 않고, 순수하고 자율적인 것으로 가정되는 옛 유산을 고양하도록 맞춰졌다. 이렇게 개방적인 방식으로 전시함으로써, 관람객으로 하여금 기념비적인 것을 찬양케 하는 동시에, 전시된 것과 성찰적이고 가끔은 내밀한 관계를 맺게 한다.

    인류학박물관은 전통 유산이 근대국가에 삽입되는 복합적인 과정을

---

16) Silvia Granillo Vázquez, "Nuestros antepasados nos atrapan. Arquitectura del Museo Nacional de Antropología", *Información científica y tecnológica* no. 121, p. 32.

잘 보여 준다. 왜냐하면 이 박물관은 개방적이고 동시에 중앙집중화된 구조를 갖기 때문이다. 기념비성과 축소화 사이, 그리고 옛것과 최근 것 사이의 긴장은 멕시코 국민성의 종합-무대로서 박물관에 핍진성을 부여한다. 국립인 이 박물관은 총체성의 담지체가 되기를 원하고, 거대한 크기, 25개의 전시실, 5킬로미터에 달하는 동선을 통해 이러한 기대에 신뢰감을 부여한다. 첫번째 방문에서 박물관을 나서는 사람들에게서 가장 많이 듣는 말 중 하나는 "모든 것을 한번에 볼 수 없다"는 것이다.

인류학박물관에 의해서 가장된 '무한성'은 국가 유산의 무한성에 대한 것이지만, 그것을 포함하고자 하는 전시 능력에 대한 은유이기도 하다. 이 박물관은 사실에 충실한 증언인 것처럼 보인다. 만약 관객이 모든 것을 볼 수 없고 모든 작품들에 대하여 고민할 수 없으며, 모든 설명서를 읽을 수 없다면 그것은 그의 문제가 되는 것이다. 박물관 제도의 장점은 멕시코 문화의 총체성과 그것의 이해불가능성, 그리고 국가의 광대함과 개인이 그것을 분리해서 전유하는 데 있어서의 어려움을 동시에 제공한다는 것이다.

이러한 결과를 얻기 위해서는 극화와 제의화 수단이 결정적이다. 배경 설정을 위해서 박물관에 외부 세계가 배치된다. 아메리카 문명의 기원에 관한 전시실에는, 1954년 산타 이사벨 이스타판Santa Isabel Iztapan 근처에서 발견된 맘모스 뼈가 놓여 있는 구덩이가 개방되어 있다. 구덩이가 골조로 재현되었을 뿐만 아니라, 마치 조사자가 조금 전에 자리에서 일어났고 우리가 발굴에 참여하고 있는 것처럼, 발견의 순간의 삽과 곡괭이, 붓과 줄자, 고고학자의 연장 상자, 연필과 메모장이 펼쳐진 외자 등이 재현되었다. 마치 바깥에 산재한 역사적인 보물로 가득 찬 멕시코가 박물관 내부에 억제되어 있다가 분출되어 나오는 것처럼 말이다. 그럼에도 불구하

고, 전시장을 한 바퀴 둘러보면 깔끔하게 배치된 뼈가 있는 유리 전시관, 스펙터클하지만 인공적으로 만들어진 코끼리 앞 사냥꾼들의 모습, 그리고 우리가 지금 박물관에 있다는 것을 확인시켜 줄 수십 명의 관객이 있다. 극화는 거리 두기와 같이 진행된다. 근대적 제의는 우리를 분리하고, 또한 구경꾼처럼 우리가 참여하고 있는 것을 바라보게 할 가능성을 포함하고 있는 것이다.

두 개의 동요──기념비화와 축소 모형화 사이, 외부와 내부 사이──는 상호보족적이다. 정의되지도, 정의할 수도 없는 것으로 제시되는 현실이, "사소한 것을 향한 압축 혹은 거대한 것을 향한 확장"이라는 박물관 전시학의 상상적인 복제에 의해 동화된다는 사실로 인해 역사는 일상성과 연결된다. 이는 피에트로 벨라시가 보여 주는 것처럼, 단순한 기술적 수단이 아니다. 즉 타자성을 다루는 언어적 과정에서 빈번한 '확대화'와 '축소화'를 통해 연출되는 일상성의 이런 극화는, "타자의 변형" 과정의 제의적인 행위인 것이다.[17] 다름은 그의 위대함이 인정되고, 축소되고, 내밀한 것이 되는 동일한 행위 속에서 '해소'되고, 소화가능한 요소가 된다.

 멕시코인류학박물관은 유산의 근대적 처치에 있어서 다른 중요한 과정들을 가시화했으며, 민중적 요소를 포함하여 소장 목록을 확장했다. 게다가, 그 박물관은 국민문화가 원주민적 요소에 그 기원과 축을 두고 있다고 말한다. 그럼에도 불구하고, 이러한 개방성은 민족적인 요소를 제한하면서 만들어지는데, 이는 사회적 관계 속에서 나타나는 한계와 동일한 것이다. 하나의 작업은 당대 문화에서 오래된 문화——식민 이전의 원주민 문화——를 분리하고자 한다. 이러한 단절을 나타내기 위해서 박물관은 고고학과 민족지학 간의 차이를 이용하는데, 이 차이는 건축학적이고 무대설치적인 것으로 식민 이전 전시물을 대상으로 한 1층과 원주민의 삶을 재현하는 2층 간의 분리로 번역된다. 다른 작업은 2층 전시물들을 근대성의 측면을 제거하면서 전시하는 것이다. 즉 오늘날 원주민 공동체에서 자주 보게 되는 대량소비와 산업 생산물을 배제한 채 그들을 그려 내는 것이다. 따라서 전통적인 민족성이 자본주의의 사회경제적이고 문화적인 발전과 섞일 때, 취하게 될 혼종적인 형식을 우리는 알 수가 없다. 많은 사진과 배경설정은 원주민과 현대 생활의 접촉을 우리에게 암시한다. 그러나 나우아nahua 족 섹션을 제외하고, 이러한 이미지들은 근대성을 가시화하는 어떠한 요소라도 배제하고 있다. 가이드 관람에서 현재적인 정보가 주어진다고 할지라도, 대부분의 관람객은 농업생산 및 농업생산기술과 사회적 관계의 위기, 도시 시장에 편입되었을 때 수공예업에 강제된 새로운

---

17) Pietro Bellasi, "Lilliput et Brobdingnag. Métaphores de l'imaginaire miniaturisant et mégalisant", *Communications* no. 42, 1985, pp. 235~236.

조건들, 그리고 오래된 축제나 시장이 관광과 결합할 때 강제되는 새로운 조건이 수십 년 전부터 전통문화에게 있어서 무엇을 의미했는지를 알지 못한다.

또한 근대 멕시코를 형성하는 데 의미 있는 역할을 수행했고, 또 수행하고 있는 다른 민족들은 여기에 나타나지 않는다. 스페인인, 흑인, 중국인, 유대인, 독일인 그리고 아랍인들도 언급되지 않는다. 인류학적 관점이 식민 이전과 원주민 전통으로 축소되는 것이다.

이런 단절은 이 박물관의 중심 목표가 위대한 민족문화들을 국민 형성이라고 하는 근대 기획의 일부분으로 전시하는 것임을 고려할 때 흥미롭게 다가온다. 자신의 담론을 신뢰가능한 것으로 만들기 위해, 박물관은 약간의 근대성의 기호들을 받아들여야 한다. 즉 정복에 대해 이야기하고, 높거나 낮은 원주민 비율을 두드러지게 할 목적으로 몇몇 주의 거주민 수를 언급해야 한다. 그러나 박물관은 어떤 역사적 과정과 어떤 사회적 갈등이 그들을 대규모로 살상하고, 그들의 삶을 변화시켰는지를 설명하지 않는다. 또한 그것은 멕시코성이라는 표지 아래 통합되고 '순수한' 문화유산을 전시하기를 선호한다. 이는 각 원주민 집단의 독특한 토착문화들을 보편적인 원주민 특성과 국민 통합에 종속시키기 위해, 독특한 그들의 문화들을 동시에 고양하면서 달성된다는 사실을 이미 분석했다. 그러나 모든 박물관화 과정이 추상화 과정을 포함하지 않는가? 박물관 안이든지 밖이든지 간에 민족적이고 지역적인 특질을, 구성된 공통의 개념어로 축소하지 않고 국가 정체성을 세울 수는 없을까? 적통적인 추상화와 그렇지 않은 것을 나누는 기준은 존재하는가?

모든 것은 다양한 집단의 유산을 선택하고, 이것을 결합하며, 박물관을 건설하는 주체가 누구냐에 달려 있다. 국립 박물관에서 소장 목록은 거의 항상 국가 정책과 사회과학적 지식의 수렴에 의해 결정된다. 전시 문화의 생산자들이 개입할 수 있는 경우는 거의 없다.

그렇다면, 관객은? 관객은 늘 구경꾼으로 소환될 뿐이다. 1952년의 인류학박물관—다른 곳에 위치해 있었고, 형식도 달랐던—관람객 조사뿐만 아니라,[18] 1982년에 실시된 조사에서도 박물관과 참석자 사이의 관계는 지배적으로 시각적이었고,[19] 개념화에는 거의 관심을 두지 않았다. 두 조사는 가장 큰 구경거리를 제공하는 소재가 관객에게 야기한 커다란 매력에 대해서 언급한다. 보다 최근의 연구에서는 86%가 이 박물관을 멕시코 최고로 평가했다. 이 두 연구는 민족지적인 소장품보다는 고고

---

[18] Arturo Monzón, "Bases para incrementar el público que visita el Museo Nacional de Antropología", *Anales del Instituto Nacional de Antropología e Historia* vol.4, 1952의 2장 참조.

[19] Miriam A. de Kerriou, *Los visitantes y el funcionamiento del Museo Nacional de Antropología de México*, México, 1981. 2, 복사본.

학적 소장품에 보다 큰 관심이 있다는 것을 발견했다. 가장 최근의 자료에 의하면 인터뷰한 사람 중 96%가 1층 전시실을 관람했고, 단지 57%만이 2층을 방문했다. 위층에 올라가지 않은 사람 중 절반은 "시간 부족"을 들었는데, 이는 시간 사용에 있어서 하나의 선택을 드러내고 박물관이 전시하고 있는 모든 것을 관람하기가 쉽지 않음을 확인시켜 준다. 동일 선상에서, 왜 다시 박물관에 오려고 하느냐는 질문에 대해 대다수의 답변들은 "그것을 다 보려고"였다. 모든 것을 보기 위해 서두르기 때문에 전시물에 대한 설명문들을 건너뛰게 된다. 55%의 관람객은 단지 "몇 개"만을 읽었다고 말했다.

결론적으로 말해, 박물관은 과학적인 기준으로 소재들을 조직하고 짜임새 있는 설명을 제공하는 곳, 그리고 고고학적인 것과 민족지적인 것으로 나뉜 전시회에서 인류학의 전문화를 재생산하는 곳이다. 그러나 박물관학은 개념적 지식을 유산의 기념물화와 내셔널리즘적인 제의에 종속시킨다. 정부는 외국인들, 그리고 특히 자국민들에게(두 번에 걸친 조사와 관람객 통계는 멕시코 방문객의 수가 매우 높음을 보여 준다) 국민 통합과 정치의식의 토대로서 멕시코 역사의 장관을 보여 주는 것이다.

건축을 지휘했던 건축가인 라미레스 바스케스Ramírez Vázquez는 박물관의 설립 총지휘자였을 때의 일화 하나를 들려준다.

교육부 장관인 토레스 보데트가 나를 로페스 마테오 대통령과의 면담에 데려가서는 이렇게 말했다. "대통령 각하, 그 박물관이 달성해야 할 것에 대해서 이 건축가에게 내리실 지침이 있으신지요?" 대답은 이랬다. "박물관에서 나갈 때, 멕시코인이 자신이 멕시코인이라는 데 자부심을 느끼게 해주세요." …… 방에서 나가려고 할 때 대통령이 덧붙이기를, "아, 나는 사람들이 '그 영화관에 가 봤니?', '그 극장에 가 봤니?'라고 하는 것처럼 '너 그 박물관에 가 봤니?'라고 말할 정도로 이 박물관이 매력적인 곳이 되었으면 좋겠습니다."[20]

제의는 무엇을 위해 기능하는가?: 정체성과 차별

카를로스 몬시바이스와 로헤르 바르트라를 위시한 몇몇 멕시코 작가들은, 문학과 영화 등 다른 담론과 관련하여 국민성의 특정한 재현이 사회적 관계의 사실적인 조응이라기보다는 오히려 구경거리를 만드는 것처럼 이해된다는 점을 보여 주었다. "국민적 신화는 민중이 살고 있는 구체적인 조건의 **반영**이 아니라", 정치적 적법화 기획에 의해 선택된 사건과 형태들의 선택 및 "전위" 작업의 산물이라는 것이다.[21]

국가 유산 개념에 대한 이러한 탈본질화를 본격화하기 위해서는 전통주의의 핵심적 가정에 문제를 제기해야 한다. 이 가정에 따르면, 문화 정체성은 공간의 점유와 소장품 구성이라는 두 움직임에 의해 구성된 하나의 유산에 기대고 있었다. **정체성**을 갖는다는 것은, 무엇보다도 특정 장소의 거주자들이 공유하는 모든 것들이 그 안에서 동일하거나 교환가능한 하나의 **실체**, 즉 하나의 나라, 도시 혹은 지역을 갖는 것이다. 이 공간에서 총체성은 무대화되고, 축제에서 축하되고, 일상적 제의에서 극화된다.

이 공간에서 지속적으로 공유되지 못하고, 이 공간에 살지도 못하며,

---

20) Granillo Vázquez, "Nuestros antepasados nos atrapan. Arquitectura del Museo Nacional de Antropología", p. 32.
21) Roger Bartra, *La jaula de la melancolía. Identidad y metamorfosis del mexicano*, México: Grijalbo, 1987. 특히 pp. 225~242 참조.

따라서 동일한 제의와 습관, 동일한 상징과 대상을 갖지도 못한 사람들은 타자들이고, 다른 사람들이다. 즉, 다른 무대와 재현되어야 할 다른 작품을 가진 사람들인 것이다.

어떤 공간을 점유할 때, 맨 먼저 하는 행위는 그곳의 땅, 과일, 광물 그리고——물론——그곳 사람들의 육체 혹은 적어도 노동력의 산물을 전유하는 것이다. 이와 반대로, 정체성을 되찾기 위한 원주민들의 첫번째 투쟁은 이런 재화들을 되찾고, 그것들을 자신들의 통치권 아래 위치시키는 것이다. 이것은 19세기 독립전쟁과 이후 반외세 투쟁에서 일어났던 일이다.

적어도 핵심적인 일부분이라도 유산을 찾게 되면 공간과의 관계는 이전처럼 된다. 즉 자연적인 관계가 되는 것이다. 이러한 대지와 환경 속에서 태어났기 때문에, 정체성은 부정할 수 없는 어떤 것이 된다. 그러나 동시에 상실과 회복에 대한 기억을 가지고 있기 때문에, 그것을 환기하는 기호들은 축하되고 보존된다. 정체성은 기념비와 박물관에 자신의 신전을 가지고 있다. 또한 정체성은 모든 곳에 위치하지만, 본질적 특성들을 결합하는 소장품에 압축된다.

기념물들은 국가 설립과 관련된 영웅, 장면 그리고 사물들의 소장품을 보여 준다. 기념물은 개인의 것이 아니라 명확하게 정의된 사회 전체, 즉 특정 지역, 특정 도시, 혹은 특정 나라에 살고 있는 사람들 '모두'의 공공 영토인 광장에 위치한다. 광장이라는 공간과 박물관은 정체성의 상징을, 가장 위대한 영웅들과 전쟁들에 대한 사물과 기억을 포함함으로써 기념할 만한 장소가 된다. 이것들은 이제 실제로 존재하지 않지만, 기원과 본질을 언급하기 때문에 유지된다. 이런 장소에 정체성의 모델, 즉 **진정한 판본**이 보존된다.

따라서 유산의 소장이 필요하다. 기념식은 정서적인 일체감을 갱신하고, 기념물과 박물관은 우리가 공동체 생활에서 발견하는 의미를 재생산하는 장소로 정당화된다. 내외의 '근대화 기제'의 침입이나 다른 영역의 무관심 속에서, 문화 재화에 대한 접근과 사용을 민주화하고 유산을 보존하기 위해 전통주의자가 했던 노력에 대해서는 인정을 해야 한다. 그러나 오늘날 이런 행위들을 가능하게 했던 이데올로기는 현실과 부합하지 않고 쓸모없는 것이 되어 버렸다. 제도 밖으로 배제된 계급과 민족의 전통을 학교나 박물관에서, 그리고 문화 보급 캠페인을 통해 화해시키기를 원했던 휴머니즘 말이다.

보수적 권위주의보다 더 민주적으로 사회 부문들을 포괄함에도 불구하고, 전통주의의 자유주의적 관점 역시 유산이 공모의 장소가 되는 것을 막지 못한다. 또 기념물과 박물관이 역사적 시간과 영토적 공간의 연대적이고 정당한 전유라기보다는, 지배의 증거라는 사실을 감춘다. 이것을 기념하는 기호와 제의들은, 모든 문화의 기록은 어떤 식으로든 항상 야만의 기록이라는 벤야민의 말을 기억나게 한다.

기념은 다른 민중의 재화에 대한 전유를 신성화하지 않는 경우에도, 재현되는 인물들의 이종성과 분리를 감춘다. 어떤 제의가 공개적으로 민족, 계급, 집단 간 갈등을 언급하는 것은 드물다. 모든 사회의 역사는 제의가 이종성을 중화하고, 사회적 차이와 질서를 권위적 방식으로 재생산하기 위한 장치였음을 보여 준다. 제의는 다른 실천들과 구별되는데, 이는 논란의 여지가 없고 변화하지 않으며, 또 어중간하게 수행되지 않기 때문이다. 즉 제의를 수행함으로써 한 사람은 하나의 질서에 자신이 속해 있음을 인정하고, 혹은 위반함으로써 공동체나 소통에서 배제되는 것이다.

반 겐넵Van Gennep에서 글럭먼Gluckman까지 제의에 관한 가장 대표적인 이론은 제의를 신성과 세속성을 절합하는 하나의 방식으로 이해한다.

그리고 이 과정을 연구하기 위해 그들은 거의 항상 제의를 종교 생활이라는 맥락에서 관찰한다. 그러나 정치적이고 문화적인 제의들이 참조하는 신성한 것이란 무엇인가? 그것은 변경될 수 없는 어떤 사회적 질서, 따라서 자연적 혹은 초인간적으로 보이는 질서이다. 즉 신성한 것은 두 가지 구성요소를 가지고 있다. 하나는 **인간의 이해와 설명을 벗어나는 것**이고, 다른 하나는 **변화가능성을 초월하는 것**이다. 앞에서 분석된 박물관들은 초월적인 질서에 대한 언급을 통해 사건을 구성하면서 유산을 제의화한다. 타마요 박물관에서, 과거의 사물은 예술의 이상주의적인 미학과의 관계 속에서 새로운 의미를 갖게 된다. 인류학박물관에서 각 민족 집단의 문화적 행위는 내셔널리즘적 담론 안에 포섭된다. 두 경우에, 전시물들은 낯선 개념 체계에 의지하면서 새롭게 조직된다.

    제의 연구를 세속적인 형식으로 기획한 소수의 연구자들 중 한 명인 부르디외는, 제의의 사회적 기능은 제의를 공유하고 있는 사람들을 통합하는 목표만큼, 거부하는 사람들을 분리하는 목표 또한 가지고 있다는 점을 포착했다. 고전적인 제의──유년기에서 청소년기로 넘어가고, 처음으로 정치적인 행사에 초대받고, 박물관이나 학교에 들어가고, 그리고 거기 전시된 것을 이해하는 등──는 시작의 제의, "적법화의 제의" 그리고 "제도화의 제의"라기보다는, 오히려 참여하는 사람들과 밖에 남겨진 사람들 사이의 지속적인 차이를 제도화하는 역할을 한다.[22]

    전통주의 문화의 특징적인 요소 중 하나는 배제된 사람과 포함된 사람 사이의 장벽을 '당연시'하는 것이다. 그것은 배제된 자의 영토와 포함

---

22) Pierre Bourdieu, "Les rites comme actes d'institution", *Actes de la Recherche en Sciences Sociales* no. 43, 1982, pp. 58~63.

된 자의 영토를 나누고, 박물관 전시를 위한 재화의 소장품 혹은 학교에서 가르치기 위한 앎의 목록을 결정하는 과정의 자의적인 성격을 간과한다. 또한, 논란의 여지가 없는 제의화를 통해 그것을 얻을 수 없는 사람과 접근할 수 있는 사람들 사이의 분리를 엄숙하게 적법화한다. 즉 상징세계에서 제의는 사회적 불평등에 의해 만들어진 차별을 인정하는 것이다. 모든 제도화 행위는 문화적 무대화를 통해서 자의적인 사회조직이 특정 방식으로만 가능하고, 다른 식으로는 불가능하다는 것을 보여 주고자 한다. 모든 제도화 행위는 "잘 만들어진 정신착란"이라고 뒤르켐이 말했고, "사회적 마술 행위"라고 부르디외가 결론지었다.

따라서 부르디외는 제의의 마술적 수행을 지탱하고 있는 슬로건은 "지금의 당신으로 변모하라"라고 덧붙인다. 문화를 하나의 천부적 자질로 부여받고 그것을 당신 존재와 결합된 자연스러운 어떤 것으로 지닌다면, 이제 당신은 상속인처럼 행동하시오, 노력하지 말고 박물관, 고전음악 그리고 사회 질서를 즐기시오, 당신이 할 수 없는 유일한 것은 당신의 운명에서 벗어나는 일이라고 권위주의적이 된 전통주의는 단언한다. 최악의 상대는 박물관에 가지 않거나 예술을 이해하지 못하는 사람이 아니다. 유산을 위반하려 하고, 성모에 배우의 이미지를 덧붙이는 화가, 국경일에 기림의 대상이 된 영웅들이 정말 그러했는지를 묻는 지식인, 자신의 곡에 재즈나 록 음악과 바로크를 뒤섞는 바로크 전문 음악가 등이 그들인 것이다.

유산의 사회 이론을 향하여

유산을 집단적인 창조적 재능의 표현으로 간주하는 이상주의, '상층'에서 분열을 통합시키는 역할을 유산에 부여하는 인문주의, 그리고 신성화된 영역에서 유산을 보호하고 있는 제의 아래 감춰진 문화유산의 모순적인 사회적 이용을 어떤 이론적 수단을 통해 새롭게 사고할 수 있을까? 역사 유산이 가치의 생산, 그리고 근대 헤게모니 집단의 정체성과 차이를 위한 핵심적 무대라는 확신은 [우리로 하여금] 이러한 문제들을 [그동안] 마땅치 않아 했던 사회 이론에 의존하게 한다.

문화 재생산과 사회적 불평등에 관한 연구라는 관점에서 유산의 사용을 살펴보면, 각 사회가 역사적이라고 평가한 재화들이 **실제로는** 모든 사람들에게 속하지 않는다는 점이 드러난다. 비록 **형식적으로는** 모든 사람들에게 속한 것처럼 보이고, 모든 사람들이 그것을 이용할 수 있도록 배치되어 있는 것처럼 보일지라도 말이다. 학교와 박물관을 통해 그 사회의 앎이 전파되는 방식에 대한 사회학 및 인류학 연구들은, 다양한 집단이 문화유산을 차별적이고 불균등한 방식으로 전유하고 있다는 것을 보여 준다. 학교와 박물관이 모두에게 열려 있고 무료이며, 모든 계층에게 전파하기 위해 노력하고 있다는 것으로는 충분하지 않다. 미술관 관람객에 대한 연구에서 보는 것처럼, 경제 및 교육 수준이 낮을수록 이러한 제도들이 전달하는 문화자본을 전유할 능력도 감소한다.[23]

유산과 관계를 맺는 능력에 있어 이러한 차이는 먼저, 각 사회 집단이 유산의 형성과 유지에 참여하는 불균등한 방식에서 만들어진다. 아메리

---

23) 우리들은 문화 전파의 사회적 규범을 연구할 때 만들어진 일반적인 원칙을 이야기하고 있다. 특히 Pierre Bourdieu and Jean Claude Passeron, *La reproducción. Elementos para una teoría del sistema de enseñanza*, Barcelona: Laia, 1977. 그리고 Bourdieu and Darbel, *L'amour de l'art. Les musées d'art européens et leur public*를 참조. 경제 혹은 교육 수준이 유산을 전유하기 위한 개별 주체의 능력을 기계적으로 결정한다는 견해를 인정하는 것이 아니다. 나는 설문과 통계가 보여 주는 것처럼, 유산을 유지하는 기관들이 조직된 방식과 또 다른 사회적 불평등과의 절합 방식에 따라, 유산의 전유를 허용하는 불균등한 방식이 존재한다는 것을 인정한다.

카 전 대륙에서 종교적이고 군사적인 고건물이 수적으로 우세하다는 것보다 이에 대한 더 명확한 증거는 없다. 반면에 부분적으로는 건축의 불안정성으로 인해, 또 부분적으로는 보존에 있어 동일한 관심을 받지 못했기 때문에 민중 건축은 사라지고 대체되었다.

공식 담론이 문화에 대한 인류학적 개념, 즉 사회 생활을 상징화하고 조직화하는 모든 형식에 적법성을 부여하는 입장을 받아들이는 국가들에서도 문화자본들 사이의 위계가 존재한다. 다시 말해 예술은 수공예업보다, 과학적 의학은 민중 의학보다, 문자문화는 구전문화보다 더 가치가 있다는 것이다. 민주주의 국가나 몇몇 운동들을 통해 국민문화에 원주민과 농민들의 앎과 실천을 포함시킬 수 있었던 나라들에서, 하위주체 집단의 상징자본은 자리를 차지하기는 하지만 부차적이거나 종속된 자리에, 혹은 헤게모니적 제도와 장치의 주변부에 위치하게 된다. 따라서 유산을 문화자본의 형식으로 재형성하는 것은 유산을 한번 만들어지면 항상 정해진 가치와 의미를 가진 고정적이고 중립적인 재화의 전체가 아니라, 다른 자본들처럼 축적되고, 복원되고, 이익을 생산하며, 또한 다양한 부문에 의해 불균등하게 전유되는 사회적 과정으로 재현할 수 있다는 장점을 가지고 있다.[24]

유산이 각 국민의 통합을 위해 기능함에도 불구하고, 유산의 형성과 전유에 있어서의 불균등성은 유산을 또한 계급, 인종, 집단 간의 물질적이

---

24) 여기서 나는 문화적이고 교육적인 과정을 분석하기 위해 부르드외가 다룬 문화자본이라는 개념을 채용한다. 비록 부르니외가 유산과의 관계에서 이 개념을 사용하시는 않았시만 말이다. 이 개념은 유산 개념에 활동성을 부여하기 위한 풍부한 요소를 가지고 있다. 보다 체계적인 사용을 위해서는, 특정 개념이 하나의 장에서 다른 하나의 장으로 개념이 옮겨 갈 때처럼, 인식론적인 조건들과 원래 사용되지 않는 다른 영역에서 사용될 때의 형이상학적 한계들을 염두에 두어야 할 것이다.

고 상징적인 투쟁 공간으로 연구하게 한다. 이러한 방법론적인 원칙은 현대사회의 복합적인 성격과 일치한다. 과거 공동체에서 거의 대부분의 구성원들은 동일한 지식을 공유했고, 비슷한 신념과 취향을 가졌으며, 공통의 문화자본에 대략적으로 비슷한 접근성을 가졌다. 그러나 지금은 경험의 이종성과 노동의 기술적이고 사회적인 분리에 의한 지역적 혹은 부문별 차이가 존재하고, 이 차이는 공통 유산에 대한 특권화된 전유를 목표로 헤게모니 계급에 의해 사용된다. 특정 지역, 대상, 앎 등이 우월한 것으로 신성화되는 것이다. 그것들은 지배집단에 의해 만들어졌고, 또는 이 지배집단이 유산을 이해하고 평가하기 위한, 즉 이것을 보다 잘 통제하기 위한 정보와 교육 배경을 가지고 있기 때문이다.

문화유산은 재화의 생산과 분배에 우선적으로 접근할 수 있는 사람들의 헤게모니와 사회집단 간의 차이를 재생산하기 위한 수단으로서 기능한다. 전통적인 고급문화를 형성하기 위해 지배 부문은 어떤 재화가 우월하고 보존 가치가 있는 것인지를 정의할 뿐만 아니라, 이런 재화에 보다 나은 질과 세련된 인상을 부여하기 위해 경제적이고 지적인 수단, 그리고 노동 시간과 여가 시간을 이용할 수 있다. 민중계급은 가끔 주변부 지역에 폐품으로 자기 집을 짓고, 자신의 노동에서 얻은 수공예 기술을 이용하며, 자신의 삶의 형식에 어울리는 기술적 해결방식을 제시하기 위한 특별한 상상력을 갖는다. 그러나 이런 성취가 역사적으로 축적된 지식을 이용하고, 건축가와 기술자를 고용하며, 자신의 설계를 국제적으로 비교할 수 있는 가능성과 광범위한 물적 수단을 가지고 있는 사람들의 성취와 경쟁하기는 쉽지 않다.

민중계급에 의해 만들어진 생산물은 지역의 역사를 보다 잘 재현하고, 그것을 만들어 내는 집단의 현재적 필요에 보다 더 잘 부합한다. 이런 의미에서 그들은 그들 스스로의 유산을 구성하는 것이다. 또한 많은 서민 지역의 수공예, 문학, 음악에서 증명되는 것처럼, 그들은 높은 미적 가치와 창조성을 달성할 수 있다. 그러나 이러한 생산물을 일반화되고 광범위하게 인정되는 유산으로 변모시키는 데 필요하고도 필수불가결한 작업들을 실현할 가능성은 낮았다. 즉 역사적으로 생산물들을 축적하고(특히, 극단적인 빈곤이나 억압 속에서), 이것들을 객관적인 앎의 토대로 만드는 것(개인들과의 단순한 구전에서 상대적으로 독립된), 그리고 제도적인 교육을 통해 이를 확장하고 체계적인 경험과 연구를 통해 완성하는 것 등이 필요한 작업들이다. 이런 점들의 몇몇——예를 들어, 가장 강력한 민족 내에서 역사적으로 전달되고 축적되는 것처럼——은 특정 집단에 의해 이루어진다. 내가 말하고 싶은 바는 이런 구조적인 불평등으로 인해, 복합적인 사회 내에서 유산의 발전에 완벽하게 개입하기 위한 모든 필수불가결한 조건들을 결합하는 것이 불가능하다는 것이다.[25]

그러나 유산의 형성과 사용에 있어 전통 엘리트가 가진 강점은 문화산업이 결과한 변화 앞에서 상대화하게 된다. 전자 커뮤니케이션 채널을 통해 전통적인 상징재화가 대량으로 다시 보급되면서 고급문화와 대중문화, 전통적 요소와 근대적 요소 사이의 보다 유연한 상호작용이 만들어진다. 박물관에 한 번도 가보지 못한 많은 사람들이나 학교에서 전시물에 대해 어렴풋하게 배운 사람들도 오늘날 텔레비전 프로그램을 보고, 그 프로그램을 통해 이러한 재화들은 집 안에 들어오게 된다. 이제 이것들을 보러 가는 것은 불필요한 것처럼 보인다. 예를 들어, 피라미드와 역사적 장소들

---

25) 이 점에 관해서는 Antonio Augusto Arantes ed., *Produzindo o passado, Estrategias de construçao do patrimonio cultural*, San Pablo: Brasiliense, 1984에 실린 아란테스(A. A. Arantes)와 두람(Eunice Ribeiro Durham)의 글을 참조.

은 가족의 식탁에까지 등장해 대화의 주제가 되고, 그날의 뉴스와 섞이게 된다. 텔레비전은 광고를 보여 주는데, 광고에서 기념물의 권위는 차량이나 주류를 포장해 주고 있다. 또한 1986년 멕시코 월드컵 기간 동안 매일 반복된 비디오 클립은 다른 근대적인 이미지 속에 피라미드 이미지를, 그리고 오늘날의 축구를 흉내 낸 춤 속에 식민 이전 구기 운동의 이미지를 풀어 넣었고, 이를 통해 전통과 근대 사이의 갈등 없는 지속을 제안했다.

역사 유산이 새로운 커뮤니케이션 기술의 상징체계와 섞이는 교차 과정에서, 문화정책이 고양해야 할 한 사회의 **고유성**이 무엇인지를 어떻게 구별할 것인가? 아직도 정치 담론은 주로 국민의 통일성과 지속성을 전통 유산 그리고 국민들을 결합하는 데 도움이 되는 옛 공간 및 재화와 연결시킨다. 라디오와 영화는 출현할 때부터 집단적 일체감의 상징을 형성하는 데 있어 결정적인 역할을 수행했다고 알려졌다. 그러나 대중문화 시장은 국가의 관심을 거의 얻지 못하고 대부분 사기업의 손에 놓이게 된다. 국영 텔레비전에 가끔 전통적이고 지적인 문화 형식을 고양하려는 시도가 나타나지만, 새로운 커뮤니케이션 기술은 자주 문화 영역과는 거리가 먼 문제로 간주되었다. 그것은 오히려 국가 안보나 전혀 다른 이익을 위한 정치적-이데올로기적 조작과 더 잘 결합되었다. 많은 나라들에서 이 새로운 커뮤니케이션 기술이 교육 영역보다는 내무 관련 부처에 속해 있다는 사실이 보여 주듯이 말이다.

현대사회에서 유산의 과정으로서의 성격과 변화를 고려한 문화정책은 근대와 전통 간의 대립에 의해서가 아니라, 레이먼드 윌리엄스가 제안한 의고적인 것, 잔여적인 것, 부상하는 것 사이의 차이에 의해 만들어질 수 있을 것이다.

의고적인 것은 과거에 속해 있고, 오늘날 거의 항상 "신중하게 특화된 방식으로" 그것을 재경험하고 있는 사람들에 의해 과거에 속해 있다고 인정되는 것이다. 대신 **잔여적인 것**은 과거에 형성되었지만, 아직 문화적 과정 속에서 작동하고 있는 것이다. **부상하는 것**은 새로운 사회적 관계와 실천에 새로운 의미와 가치를 부여받는 것이다.[26]

의고적인 것에 집착하고 부상하는 것을 간과하는 문화정책이 가장 비효율적이다. 즉 생산과 소비에서 혁신적 실천이 만들어 내는 최근의 의미들과 역사적 충만함을 회복하는 것 사이를 절합할 수 없는 것이다.

아마도 유산에 대한 전통적인 사고가 위기를 보다 첨예하게 경험하는 장소는 유산에 대한 미학적이고 철학적인 가치평가 영역일 것이다. 그 근본적인 기준은 진정성이다. 민속적 관습을 다루는 잡지, 수공예와 "토착" 축제를 자랑하는 관광 안내서, 그리고 "진정한 민중예술품"의 판매를 보증하는 가게 표지판이 주장하는 것에 따르면 말이다. 그러나 가장 혼란스러운 점은, 이 기준이 사회과학자나 문화정책이 주목할 만한 재화나 실천들을 표시하기 위해 유산을 다루는 참고자료에 채용되었다는 것이다. 이는 상징재화의 유통과 소비의 현재적 조건이, 다른 시기의 민중예술과 엘리트 예술뿐만 아니라 전통적 문화유산에서 독창성의 신화를 가능하게 했던 생산조건들을 폐쇄했다는 사실을 고려하지 않는 태도이다.

벤야민의 유명한 1936년의 텍스트[27]이래로 회화, 사진, 영화의 기술복제가 예술작품의 "아우라"를 어떻게 위축시켰는지가 분석되었다. 아우라는 작품을 관조하기 위해 순례해야 할 단 한 곳에 있는 유일한 작품의

---

26) Raymond Williams, *Marxismo y literatura*, Barcelona: Península, 1980, pp. 143~146.
27) Walter Benjamin, "La obra de arte en la época de su reproductibilidad técnica", *Discursos interrumpidos* I, Barcelona: Taurus, 1973.

존재가 가지고 있는 "거리가 주는 독특한 현상"으로 간주되었다.[28] 베르니Berni, 시슬로Szyslo, 타마요Tamayo의 그림들이 책, 잡지, 텔레비전을 통해 확산될 때, 원작의 이미지는 대량 반복에 의해 변형된다. 작품의 진정성과 유일성이라는 문제는 그 의미가 변화한다. 따라서 벤야민과 함께 우리는 "진정성"은 근대적이고 일시적인 것이라는 것을 깨닫게 된다. 즉 "중세 성모의 이미지는 그것이 만들어진 시기에는 **진정성**을 갖지 않았다. 이후에 진정성을 갖게 되었고, 지난 세기에 가장 과장되었다."[29] 다른 한편으로 현재의 변화가 새로운 기술의 영향일 뿐만 아니라, 세계화된 역사적 경향이라는 것도 명백하다. 즉 "공간적이고 인간적으로 사물에 **접근**하는 것이 현재 대중들의 바람"인 것이다.[30]

비록 아직 원작에 대한 요구가 고고학과 조형예술 그리고 (아직 문제가 의미를 갖지 못하는) 영화와 비디오에서 서로 다르다고 할지라도, 문제의 핵심은 사회적 관계 속에 문화가 개입하는 과정이 변했다는 것이다. 대부분의 관객들은 제의적인 관계나 고정된 의미를 가진 유일한 작품들에 대한 애착을 통해 전통과 관계를 맺지 않는다. 오히려 다양한 독법을 제시해 주고 다양한 무대에서 전파되는 메시지와 고정되지 않은 접촉을 통해서 관계를 맺는다. 많은 복제와 전시 기술은 이러한 역사적인 전환을 감추고 있다. 즉 일상적이었던 대상들을 엄숙하게 하는 박물관, 그리고 화려한 수사로 유산을 포장하고, 또 이렇게 하여 독자들과의 접근을 막으면서 국민적 유산을 전파하는 서적들이 있다. 그러나 '귀족적인' 이미지의 확산 역시 각 개인들의 방에 자리 잡은 일상적인 박물관의 탄생을 가능하게 했

---

28) ibid., p. 24.
29) ibid., p. 21.
30) ibid., p. 24.

다. 각자는 벽에 톨레도의 모형, 지난달의 여행 기념품, 친구의 그림과 함께 테오티우아칸의 사진이 실린 포스터를 걸어 둔다. 결국, 살아가면서 지속적으로 변화하는 자기 자신의 유산을 만드는 것이다.

이런 극단적인 예는 박물관과 역사 유적이 의미 없게 되었다거나, 방문할 가치가 없게 되었다는 것을 의미하지는 않는다. 또한 톨레도 그림이나 정복 이전의 신전을 이해하려는 노력이 복제품을 스크랩하고 벽에 붙이는 것으로 축소되었다는 것을 의미하지도 않는다. 물론 개인적인 형식으로 기억을 보존하는 것과 과거에 대한 집단적인 재현의 문제를 제기하는 것은 동일한 것이 아니다. 그러나 개인 박물관의 예는 유산과의 관계에 있어 보다 자유로움과 창조성이 개입할 수 있다는 가능성을 보여 준다.

박물관들이 고대의 작품을 관람객에게 접촉시키고 또 야외에 전시하기 위하여 복사본을 만들었던 때가 있었다. 그리고 회화, 조각, 전시물의 복제는 교육이나 관광 시장에서 작품들을 광범위하게 보급했다. 많은 경우 고고학자나 기술자에 의해 복원된 새로운 작품은 거의 원작과 구별하는 것이 불가능할 정도로 정교하게 제작되었다. 최근의 과학 기술이 작품과 우리의 관계를 개선했던 사례들에 대해서는 더 말할 나위가 없다. 즉 50년 전에 녹음된 안데스 음악이나 베토벤의 교향곡은 음향기술자에 의해 '작업'되어 보다 잘 들리게 되었고, CD에 복제되었다.

원본과 복사본의 차이는 문화에 대한 예술적이고 과학적 연구에 있어 기본이 되는 것이다. 또한 유산의 전파에 있어 이것들을 구분하는 것은 중요하다. 몇몇 유산의 가치를 인정하는 것과 몇몇 정치적인 경향이 유산을 보수적으로 이용하는 것을 혼동할 이유는 없다. 특별하게 가치를 평가받을 만한 작품과 실천이 존재한다. 왜냐하면, 그러한 것들은 지식에서의 의미 있는 발견, 즉 형식적이고 감각적인 위업을 보여 주고, 민족의 역사에서 시조적인 사건을 대표하기 때문이다. 그러나 이러한 인정이 그 사회의 회고적인 개념의 중심에서 '진정성'을 구성해야 할 이유를 갖는 것은 아니다. 또한 국가의 정신적 사원이나 공원처럼, 박물관이 '진정한 문화'를 보존해야 한다고 주장해야 할 이유도 없다. 대중사회에서 우리를 뒤덮고 있는 뒤죽박죽에 대항하는 하나의 피난처로서 말이다. 보수주의자들은 신이 예술가와 민중에게 영감을 불러일으켰던 신성한 과거와 이러한 유산을 평범하게 하는 세속적인 현재 사이를 광적으로 대립시키는데, 이것은 적어도 두 가지 난점을 가지고 있다.

ⓐ 이것은 과거의 특정 시기를 이상화하고, 이 시기를 현재의 사회문화적인 패러다임으로 제시하며, 여기에 부여된 모든 근거들이 진정하고, 따라서 부인할 수 없는 미학적이고 종교적인 신비한 힘을 지니고 있다고 결정한다. 그러나 우리는 수많은 '역사적인' 숭배물을 둘러싼 진정성에 대한 논란을 통해, 그 관점을 그렇게 순진하게 받아들이지는 않는다.

ⓑ 이 입장은 모든 문화가 그 기원에 대한 늘 새롭게 변화하는 하나의 선택이자 결합의 결과라는 것을 망각하고 있다. 다른 식으로 말하자면, 수용자들이 보고 듣고 이해할 수 있는 것에 따라 재현될 수 있는 것이 선택되고 각색되는 무대화의 산물인 것이다. 민중 설화부터 박물관까지 문화적 재현은 결코 일상적이거나 초월적인 **사건**을 보여 주는 것이 아니다. 오히려 늘 하나의 다시-보여 주기, 연극, 허상이다. 맹목적 믿음만이 그 안에 진실이 담겨 있다고 믿으면서 이미지들과 작품들을 물신화하는 것이다.

이것은 근대에 들어와 알려졌지만 실은 이미 오래 전부터 일어나고 있었다. 캘리포니아의 폴 게티 박물관Paul Getty Museum에 로마 양식의 마을이 건축되는 것은, 한 로마 귀족이 페리클레스 시기의 위대한 조각을 재생하는 행위와 다르지 않다고 움베르토 에코가 잘 지적하고 있다. 또한 그는 이 귀족이 "그리스를 위기에 몰아넣는 데 협력한 후에 복사된 형식으로 그리스의 문화적 생존을 보장한 탐욕스러운 신흥 부자"라고 지적했다.[31]

하나의 증언이나 사물이 보다 사실적일 수 있고, 따라서 그것의 현재적 의미를 자문하면서 연관을 맺고자 하는 사람에게는 보다 의미가 있을 수 있다. 이 현재적 의미는 전시물을 사회문화적 맥락 안에 위치시키는 설명과, 전시물을 구경거리화하거나 물신화하는 것보다는 의미를 만드는 데 보다 더 관심을 가지고 있는 박물관 전시학에 토대하여 주의 깊은 재생산을 통해서 유통되고 포착될 수 있다. 반대로, 원래 사물은 기존의 의미를 잃어버릴 수 있다(원작이 될 수 있지만, 기원과의 관계를 상실할 수 있다). 왜냐하면 그것은 탈맥락화되었고, 전시물이 춤이나 식사에서 사용되던 결합 관계는 단절되었으며, 이제 그 작품에 원소유자에게는 없었던 자율성이 부여되기 때문이다.

이 과정은 본래의 기념석주와 복제품의 차이, 디에고 리베라의 작품과 모사품 사이의 차이가 의미 없게 되었다는 것을 의미하는가? 결코 아니다. 허구적인 순수함을 절대화할 만큼 오해를 불러일으키는 그러한 입장은, 의미의 제거를 기꺼이 환영하고 탈근대적 상대화를 이용해 역사적 냉소주의를 만든 사람들――상업화와 위조에 체념하거나, 혹은 유혹된 사람들――의 것이다.

한 사회의 역사적이고 문화적인 의미를 만들기 위해서는, 가능하다면 문화 재화의 본래 의미를 찾는 것과 모조품과 원본을 구별하는 것이 중요하다. 또한 전시물이 정교하게 만들어진 복제품이거나 그 기원이나 시기

---

31) Umberto Eco, "Viaje a la hiperrealidad", *La estrategia de la ilusión*, Barcelona: Lumen, 1986, p. 54.

가 정확하지 않은 작품일 때에, 이런 정보가 설명문에 나타나야 하는 것은 기본이다. 방문객들의 관심을 잃게 될까 봐 박물관들이 이런 정보를 자주 숨기지만 말이다. 이는 어리석은 가정이다. 다시 말해, 아직 확실하지 않은 의미를 발견하기 위해서는, 고고학이나 역사학의 난관을 관람객들과 공유하는 것이 오히려 호기심을 유발하고 지식으로 이끄는 적법한 기법이 될 수 있다.

결론적으로 말해 유산과 관련된 문화 및 조사 정책은 자신의 역할을 한 사회의 '진정한' 대상들을 구하는 것으로 축소할 이유가 없다. 대상보다는 오히려 과정에 더 관심을 기울여야 한다. 즉 대상을 동일하고 계속 '순수하게' 유지하는 것보다는, 사회문화적 재현성을 위해서 그 과정에 주목하는 것이 중요한 것이다. 이런 관점에서 유산의 조사, 복원, 전파는 진정성의 추구나 복원을 그 중심 목표로 삼아서는 안 된다. 오히려, 현재의 필요성에 따라 재가공하기 위해 **역사적 핍진성**을 새롭게 구성하고 공통의 토대를 제공하는 것이 중요하다. 유산에 관한 연구에서, 오래전에 인식론이 보여 주었던 순진한 사실주의와의 단절을 보여 주는 것이 아직도 필요하다. 과학 지식이 생활을 반영할 수 없듯이 복원도, 박물관 전시도, 그리고 가장 맥락화되고 교육적인 보급도 현실과 재현 사이의 거리를 없애지 못한다. 유산에 대한 과학적이거나 교육적인 모든 작업은 메타언어적인 것이고, 대상으로 하여금 말하게 하기보다는 오히려 자신들이 대상에 관해서, 그리고 대상에 대하여 말하는 것이다. 박물관과 모든 유산 정책은 대상, 건물, 관습을 단순하게 전시하기보다는, 그것들 사이의 관계를 인식할 수 있도록 하고, 오늘날 그것들을 보거나 환기하는 사람들에게 그것들의 의미에 대한 가설을 세울 수 있게 한다.

사회적 사용에 대한 고려 속에서, 단순한 복원이나 보호라는 측면에서가 아니라 사회가 그 역사를 어떻게 전유하는가라는 보다 복합적인 관점을 가지고 다시 형성된 유산은 다양한 부문을 포함할 수 있다. 과거 관련 전문가들의 일로 축소될 이유도 없다. 현재를 구성하는 데 관련이 있는 전문가와 공무원, 그리고 원주민, 농민, 이주민 및 자신의 정체성이 곧잘 문화의 근대적 사용에 의해 뒤섞여 버린 모든 영역의 사람들이 그것에 관심을 가진다. 유산에 관한 연구와 유산의 진흥이 여기에 수반되는 갈등에 주목하게 됨에 따라, 그들은 국민을 추상적인 어떤 것이 아니라 자기 공간의 거주 형식에 관심을 가지고 있는 사회 집단들을 결합하고 일치를 부여하는—연대적인 역사적 기획에서—조직으로 간주하게 될 것이다.

만약, 국민의 상징적 형성에 대한 이런 분석 방식을 이용한다면, 국가와 관련해 라틴아메리카 정치 이론에 남아 있는 정체성停滯性에서, 그리고 국민성이 해체되는 것처럼 보이는 사회경제적 과정이 주는 회의주의에서 벗어나는 것이 가능하지 않을까? 그럼에도 불구하고, 논의는 **교조적인 근본주의와 추상적인 자유주의** 사이에서 동요한다. 근본주의자들은 항상 근대성의 진전을 가로막았던 정복 이후의 라틴아메리카 전통, 가톨릭주의와 계층적인 사회질서에 집착한다. 이들은 19세기부터 라틴아메리카 발전의 중심에 근대적인 것으로 자리 잡았던 모든 요소들을 이해하지 못한다. 이들의 관점은, 저개발된 근대화의 모순들이 근대화를 지탱하고 있던 사회적 협약을 폭발시켰을 때에만 유효한 의미를 가질 수 있다. 또한 그들의 관점은 새로운 전망을 결여하고 있으며, 주변부 국가에서 자유주의적 선거 형식과 자본주의적 시장질서가 실패한 이유를 설명하지 못한다. 그것은 종교적이고 외고적인 애국주의적 재화 전체에 대한 신비주의적인 집착만을 보여 줄 뿐이다. 현재의 갈등과는 생산적인 관계를 주지 못하고 말이다. 이들의 빈약한 설득력으로 그 지지자들은 소수로 줄고 있으며, 군부나 우익의 가장 권위주의적인 부문과 결합해야 할 만큼 낮은 현실 정합성을 보여 준다. 그들의 가장 큰 위험은 전통이 근대성에 대해 빚지고 있는 모든 것을 망각한다는 것이다.

한편으로, 국민에 대한 자유주의적 관점의 좌절은 근대성의 거부에서 기인한 것이 아니라 그것의 추상적인 추구에서 기인한다. 사르미엔토적인 사회 및 학교 기획과 다른 국가의 유사 기획은 실증적인 지식의 이름으로 새로운 역사를 만들어 내기 위해 원주민의 대표적인 전통들을 부정했다. 인류학박물관이 보여 주는 것처럼 멕시코의 기획은 민족적 유산을 책임지고 있지만, 그 다양성을 정치적 내셔널리즘과 과학 지식에 의해 동시적으로 형성된 근대화 기제적인 통일성에 종속시켰다.

성취된 근대성에 대한 반동적인 근본주의와 근대를 달성하는 우리의 '부족한' 능력에 대한 문제 제기를 가로막는 추상적인 모더니즘 사이에서 동요하는 한, 우리의 과거를 위한 미래는 없을 것이다. 이러한 서구적인 개념과 광적인 동요에서 벗어나기 위해 전통을 어떻게 변화시키고 재생산할 것인가에 주목하는 것으로는 충분하지 않다. 근대를 비롯해 모든 전통의 극화되고 구성된 성격을 드러내는 한에서 탈근대적 사고는 이런 **막다른 골목**에서 벗어나는 데 유용하다. 즉 혁신의 독창성과 전통의 근원성을 반박하는 것이다. 동시에 근대성을 상대적이고 회의 가능하며 전통에 적대적이지 않은, 그리고 증명할 수 없는 어떤 진화론으로 전통을 극복하지도 않는 새로운 기획으로 사유할 기회를 제공한다. 결론적으로 말하자면, 그것은 우리로 하여금 전통의 순수하지 않은 여정과 라틴아메리카 근대성의 탈구되고 이질적인 실현을 동시에 책임지게 하는 것이다.

5장
민중적 요소의 무대화

5장_민중적 요소의 무대화

역사에서 민중적 요소는 배제된 것이었다. 즉 유산을 갖지 못하거나 자신들의 과거가 인정받지 못하고 보존되지 못한 사람들, 예술가가 되지도, 개별화되지도, '적통적인' 상징재화 시장에 참여하지도 못한 수공예업자들, 대학과 박물관 바깥에 남겨져 있던, 그리고 지성사와 스타일의 역사를 알지 못하기 때문에 고급예술을 읽거나 바라볼 '능력이 없는' 대중매체의 관객들이 그 요소를 구성한다.

수공예업자와 관객: 이 역할들이 근대성의 극장에서 민중 집단에게 부여된 유일한 것인가? 민중적 요소는 곧잘 전근대적이고 부차적인 것으로 평가되는 경향이 있다. 생산의 영역에 있어서, 민중적 요소는 전근대적인 소수 집단의 거주지(수공예 공방)와 지역적 오락 형식(향토 음악과 마을의 여흥)의 존속에 의해 상대적으로 고유한 형식을 유지할 수 있었다. 소비에 있어서, 민중 부문은 늘 자본의 순환과 지배자들의 이데올로기를 재생산하도록 강요된 수취자이자 관객으로서 소비 과정의 맨 마지막에 위치해 있었다.

근대성의 구성 과정은 다음과 같이 이분법적인 유형에 따라 배치된 대립의 연쇄로 간주된다.

근대적	=	고급문화적	=	헤게모니적
↓		↓		↓
전통적	=	민중적	=	하위주체적

문화연구는 헤게모니 부문이 본질적으로 근대성의 진작에 관심을 가지고 있고, 민중 부문은 스스로를 전통에 한정시키는 치명적인 운명을 가지고 있다고 익숙하게 가정해 왔다. 근대화론자들은 이러한 대립에서 역사와 진보에 대한 그들의 관심이 자신들의 헤게모니적 위치를 정당화해 준다는 입장을 이끌어 낸다. 반면에 그들은 민중계급의 퇴행성이 민중계급을 하위주체로 남게 했다고 본다. 실제로 일어나는 것처럼 민중문화가 근대화된다면, 헤게모니 집단은 이것을 민중계급의 전통주의가 출구가 없다는 확인으로 받아들일 것이다. 또한 민중적 대의의 옹호자들은 그것을 지배집단이 자신들의 실현을 가로막고 있다는 또 다른 증거로 간주할 것이다.

앞 장에서 전통주의가 오늘날 광범위한 헤게모니 계층에게 있어 하나의 경향임을 살펴보았다. 또한 근대화가 사회와 경제 분야에 특화되고 전통의 고양이 문화에 한정된다면, 전통주의가 거의 아무런 갈등 없이 근대성과 결합될 수 있다는 근거를 제시했다. 그렇다면 이제 민중 부문이 어떤 의미와 목적을 가지고 근대성을 지지하고 추구하는지, 또 자신들의 전통과 혼합하는지를 질문해야 한다. 먼저, 나는 수공예와 축제의 변화에 있어 근대적/전통적인 요소의 대립과 고급문화/민중문화의 대립이 어떻게 재구조화되는지를 분석하고자 한다. 그 뒤에 근대성의 추구가 민중 영역의 생산적인 움직임의 일부로 나타나는 장소인 도시 민중문화의 몇몇 표현들에 주목할 것이다. 마지막으로 전통적 요소와 함께, 민중적 요소로 숙명적으로 동일시되어 왔던 다른 측면들이 오늘날 어떻게 재형성되는지를 살펴볼 것이다. 이때 이런 측면들의 지역적 성격이나, 이것들이 국민적 특성 및 하위주체적 특성과 어떻게 결합하는지 등이 주된 분석 대상이다.

민중문화가 정의되는 고전적인 대립 구도를 비판하기 위해서는, 민중문화의 현재 상태에 대한 관심만으로는 충분하지 않다. 민중적 요소를 극화했던 과학적이고 정치적인 과정을 해체하는 것이 필요하다. 민속, 문화 산업, 정치적 포퓰리즘이라는 세 움직임이 이러한 극화에 있어서 중요한 역할을 하고 있다. 우리는 이 세 가지 경우에서 민중문화를 이미 존재하는 것이 아니라, 구성된 어떤 것으로 간주할 것이다. 민중문화에 대한 이해와 문제 제기를 자주 방해하는 것은, 민족적 혹은 정치적인 이유로 인해 그것을 선험적인 존재로 간주하는 태도이다. 누가 민중의 존재 형식에 문제를 제기하고, 그 존재를 의심할 수 있겠는가?

그럼에도 불구하고, 민중문화에 대한 뒤늦은 연구와 정책들은 민중문화가 겨우 몇십 년 전부터 가시화되었음을 보여 준다. 민중문화의 **구성적** 성격은 민중문화의 형성과 관련된 개념적인 전략, 그리고 헤게모니 구축의 다양한 단계들과의 관계를 살펴볼 때 보다 명확해진다. 라틴아메리카에서, 민속학자와 인류학자들이 1920~30년대부터 민중적 요소들을 박물관을 위해, 커뮤니케이션 학자들이 1950년대부터 대중매체를 위해, 정치사회학자들이 1960년대부터 국가 혹은 정당과 저항운동을 위해 무대화했다면, 이때의 민중적 요소는 동일한 것이 아니다.

부분적으로, 민중적 요소를 연구하는 데 있어 현재의 이론적 위기는 이 개념을 서로 다른 과정 속에서 형성된 사회적 주체들에게 무차별적으로 적용하는 데에서 나온다. 상호 분리된 패러다임을 만들어 내는 분과학문들 사이의 인위적인 분리는 다양한 현실을 다루는 담론들의 병존으로 이어진다. 인류학, 사회학, 커뮤니케이션 연구가 민중적 요소를 다루는 방법들은 양립불가능한 것인가 아니면 상호보충적인가? 또한 통합적인 관점을 만들기 위한 최근의 시도들도 토론되어야 할 것이다. 즉 나는 가장 많이 사용된 두 관점, 재생산 이론과 헤게모니에 대한 네오그람시적인 개념을 선택해 살펴보고자 한다. 그러나 이 과정을 통해 무엇보다도 학제간 분리를 조건 짓는 분열, 즉 전통과 근대성을 대립시키는 분열에 관심을 가져야 할 것이다.

민속: 전통의 우울증적 발명

민중적 요소에 대한 과학적인 담론이 만들어진 것은 근대 사유에서 최근의 일이다. 바흐친이나 에르네스토 데 마르티노Ernesto de Martino의 선구적인 연구를 제외하고, 사회성에 대한 일관성 있고 복합적인 이론 내에 민중문화를 위치시키고, 엄격한 기술적 수단을 사용하여 민중문화를 전문적인 형식으로 다루는 연구는 최근 30년 동안에 나타난 새로운 양상이다.

어떤 사람들은 이러한 단정을 올바르지 못한 것으로 비판한다. 왜냐하면 19세기부터 나타난 민속과 민중적 관습에 대한 긴 연구 목록을 기억하기 때문이다. 우리는 이러한 연구들이 민중적 요소에 대한 문제를 가시화하고, 지금까지도 일상적으로 사용되는 이 개념을 만들었다는 것을 인정한다. 그러나 그들의 영지주의적 전략은 연구 대상의 엄격한 제한이나 특화된 연구방법에 의해 이끌어진 것이 아니라, 이데올로기적이고 정치적인 이해에 의해 유도되었다.

민중은 18세기 말과 19세기 초 모든 층위의 인구를 아우르고자 했던 유럽의 국민국가 형성과정에서 근대적인 지시어로 나타나기 시작했다.

그러나 계몽주의는 세속적이고 민주적인 정부를 적법화하기 위해 의지해야 할 민중이 미신, 무지, 무질서 등 이성이 제거해야 할 부정적 가치를 보유하고 있다고 판단한다. 따라서 마르틴 바르베로의 표현처럼 "추상적인 포함과 구체적인 배제"라는 복합적인 장치가 발현하게 된다.[1] 민중은 부르주아 헤게모니의 적법화 기제로서 관심을 끌기도 하지만, 또한 민중은 결여된 요소들로 인해 고급문화에서 벗어난 장소가 되고, 귀찮은 대상이 된다는 것이다.

낭만주의자들은 이러한 모순을 인지한다. 많은 작가들이 정치적 요소와 일상적 요소 사이, 그리고 문화와 생활 사이의 균열을 접합하는 데 관심을 가지고, '민중적 관습'을 이해하려 했고 또 민속 연구를 추동했다. 헤나투 오르치스는 낭만주의자들의 혁신적 기여를 세 가지로 종합했다. 먼저, 문화활동을 엘리트에게 한정된 지적 활동으로 간주하는 계몽주의에 반해, 낭만주의자는 감정과 감정을 표현할 수 있는 민중적인 방법을 고양했다. 두번째로, 고전주의 문학의 코즈모폴리터니즘과 반대로, 개별적인 상황에 주목해 차이와 지역성의 가치를 강조했다. 마지막으로 "비이성적 요소"에 대한 고전주의적 사유의 폄하에 맞서 낭만주의자들은 사회적 조화에 충격을 주고 변화를 유발하는 요소, "예절 바른 사람들"의 질서를 위반할 수 있는 열정, 다른 민족이나 자국 농민들의 이국적인 습관 등을 복원했다.[2]

경험적으로 민중문화를 이해하려는 작가와 철학자들의 노력——그림

---

1) Jesús Martín Barbero, *De los medios a las mediaciones*, México: Gustavo Gili, 1987, pp.15~16.
2) Renato Ortiz, "Cultura popular: románticos e folcloristas", *Textos* 3, Programa de Pos-graduação en Ciencias Sociais, PUG-SP, 1985.

형제와 헤르더처럼——은 1878년 첫번째 민속연구협회Folklore Society가 설립되면서 영국에서 공식화되었다. 이 명칭은 곧 영국과 이탈리아에서 하위주체의 표현과 지식을 전문적으로 다루는 분과학문을 지칭하게 되었다. 새로운 민속학자들을 이끌었던 실증주의의 요구에 직면하여, 낭만주의 작가들은 민중 전통을 계속 서정적으로 이용해 자신들의 예술적인 관심을 이어 가고자 했다. 이제는 민중적 요소에 대한 지식을 근대적인 앎을 자극했던 '과학적인 정신' 내에 위치시키는 것이 요구된다. 이를 달성하기 위해, 아마추어적인 '전문가'와 거리를 유지하는 것 이외에 민중적인 앎을 비판하는 것 역시 필요하다. 실증주의자 또한 과학적인 기획과 사회 해방의 기획을 결합하고자 하는 의도를 가지고 있었다. 라파엘 코르소Rafaelle Corso에 의하면 민속 작업은 "끈질긴 프로파간다를 통해서 민중을 일깨우고, 그를 무지에서 계몽하기 위해 노력하는 엘리트들의 움직임"이다. 민중 세계에 대한 이해는 근대 통합국가의 형성뿐만 아니라, 계층 간 갈등을 해소하고 피억압민들을 해방하기 위해서도 필요하다.

 실증주의와 사회정치적 메시아주의와 함께, 민속적 과제의 다른 측면은 민중적 요소를 전통으로 이해하는 것이다. 민중적 요소를 잔여물로 찬양하는 것, 즉 민중적 요소를 농민들의 창조성과 직접적 소통이 주는 추정적인 투명성의 저장고이자 근대성의 '외적인' 변화에 의해 사라질 풍요성의 저장고로 간주하는 것이다. 민속 연구의 선구자들은 신문과 독서에 비해 구전 전파의 역할이 축소되고 있음을 향수를 가지고 바라보았다. 또한 옛 공동체들이 자연과의 상징적인 협약을 위해 만들었던 신앙 체계가, 기술이 자연을 지배하게 되면서 상실되었다고 간주했다. 아직도 많은 실증주의자들에게는 민중적 요소를 전통으로 정의하게 하는 낭만주의적 불안이 남아 있다. 따라서 민중적 요소는, 현재의 갈등과 유리된 채 그렇게 존재해야 했을 것이라는 우리들의 욕망을 따라 소멸하고 있고, 또 재발명되는 것에서 말없는 아름다움을 얻는다. 고고학자들은 사물을 수집하면서 사라져 가고 있는 것들에 대항해 싸웠고, 민속학자들은 민중 전통의 박물관을 만들었던 것이다.

민속학자의 방법론적인 전술과 그 이론적 실패를 설명하기 위한 중요한 개념이 생존의 개념이다. 민중적 대상과 관습을 사라진 사회구조의 잔여물로 생각하는 것은 탈맥락화된 분석을 논리적으로 정당화하는 것이다. 이러한 '생존들'을 만들어 낸 생산방식과 사회적 관계가 사라졌다면, 왜 그것들의 사회경제적 의미를 발견하고자 애쓰는가? 관념론적 역사주의를 따르는 연구자들은 유일하게 전통을 보다 넓은 틀 내에서 이해하는 데 관심을 보인다. 그러나 그들은 전통을, 역사적인 지속성과 현대적인 정체성을 강화하기 위해 유용하다고 그들이 가정하는 기억의 증거들로 축소해 버린다.[3]

결국, 낭만주의자들도 계몽주의자와 공모자가 되는 것이다. 민중문화의 특수성이 농경적인 과거에 대한 집착에 있다고 한다면, 이는 산업적이고 도시적인 사회에서 민중문화가 재정의되고 있는 변화들을 간과하는 것이다. 민중문화에 상상된 자율성을 부여하면, 새로운 헤게모니 문화와의 상호작용을 통해 민중적 요소를 설명하려는 가능성은 사라지게 된다. 이렇게 되면 민중은 '구출'되지만, 이해되지는 못하게 되는 것이다.

나는 고전적인 민속 연구의 유럽적 궤적을 떠올리고 있다. 왜냐하면 민중적 요소에 대한 유럽의 관심, 그리고 그것의 사용과 모순이 나타나게

---

3) 니콜 벨몽(Nicole Belmont)은 자신의 글에서 이런 맥락으로 생존의 개념을 비판한다. "Le folklore refoulé ou les séductions de l'archaïsme", *L'Homme* no. 97~98, 1986, pp. 259~268.

된 계기가 라틴아메리카에서도 반복되기 때문이다. 아르헨티나, 브라질, 페루, 멕시코 같은 매우 이질적인 나라들에서 민속 텍스트는 19세기 말부터 민족 집단과 그 문화적 표현에 대한 광범위한 경험적 인식을 만들어 냈다. 즉 종교성, 제의, 의약품, 축제 그리고 수공예업 등에 대한 인식을 말이다. 많은 작업들에서 원주민과 메스티소 세계 간의 깊은 정서적 교감이 나타나는데, 이는 국민문화 내에 민중문화의 자리를 마련하려는 노력이라 할 수 있다. 그러나 이것들이 제공하는 정보의 가치를 심각하게 제약하는, 이론적이고 인식론적인 난점은 현재 민속 연구에도 여전히 지속된다. 앞서 언급한 네 나라처럼 민중문화 분석에 있어 가장 혁신적인 나라에서도, 이런 경향이 대부분의 관련 전문기관이나 서지 생산을 통제하고 있다.

민속 이해에 있어 첫번째 난관은 연구 대상의 수집에서 나온다. 유럽과 비슷하게, **민속**은 고립되고 자족적인 농민 집단이나 원주민 집단의 자산으로 간주된다. 이들은 단순한 기술과 사회적 동질성으로 인해 근대의 위협으로부터 민속적 요소들을 보존할 수 있었을 것이다. 또한 문화적 재화를 생산하고 소비하는 행위자보다는 사물, 신화 그리고 음악 등의 문화적 재화가 더 많은 관심을 받는다.

생산물에 대한 이러한 관심, 생산물을 만든 사회적 과정과 행위자에 대한 무관심, 그리고 그것을 변화시키는 실제 사용에 대한 관심의 결여로 인해, 생산물의 변화보다는 오히려 생산물의 반복이 보다 높게 평가되는 것이다.

두번째로, 라틴아메리카에서도 민속 연구의 많은 부분은 유럽에서 민속 연구를 출현시킨 것과 동일한 자극으로 인해 탄생했다. 한편으로 새로운 국민의 형성을 과거 정체성과 결합시킬 필요성, 다른 한편으로 계몽주의와 자유주의적 코즈모폴리터니즘에 맞서 민중적 감정을 복원하고자 하는 낭만주의적 경향이 그것이다. 이렇게 정치적 내셔널리즘과 낭만주의적 인문주의에 의해 제약되어, 민중성에 대한 연구가 과학적 인식을 생산하는 것은 쉽지 않다.

민속학자 및 고고학자와 내셔널리즘 운동 간의 결합은 민중문화 연구자들을 20세기 전반 동안에 유명한 지식인으로 변모시켰다. 예를 들어, 페루와 멕시코의 인디헤니스타들에게 주어진 공적인 역할에서 살펴볼 수 있는 것처럼 말이다. 문화정책과 사회 연구에서 근대화 경향의 진전에 맞서, 1940년대와 1950년대부터 전통문화에 대한 관심은 학문 영역에서 자신의 활동을 새롭게 위치 짓고 싶어 하는 학자들의 하나의 수단이 되었다. 헤나투 오르치스는 브라질 민속 연구의 발전이, 흑인적 요소, 백인적 요소, 원주민적 요소가 섞이는 국민성의 영역을 고정하려는 시도처럼 매우 과학적이지 못한 목표에 의존하고 있다는 사실을 발견했다. 또한 민중문화를 다루는 지식인들에게 자국의 주변부적 상황을 인식하고 표현할 수 있도록 상징적 수단을 제공하는 것, 그리고 이런 지식인들이 자신들이 배제된 것으로 느끼게 되는 근대적 문화생산 체계와의 관계 속에서 스스로를 전문인으로 긍정하게 하는 것과 같은 목표 역시 과학적이지 못하다고 지적했다(브라질에서 민속 연구는 주로 대학 밖의 역사지리연구소Institutos Históricos Geográficos 같은 전통적인 연구기관에서 행해지는데, 이들은 문화에 대한 시대착오적인 관점을 가지고 있으며 지적 작업의 근대적인 기법을 무시한다). 오르치스는 민속 연구가 국가의 중앙집권화와 반대되는 지역 의식의 진전과 관련되어 진행된다고 덧붙인다.

지역 엘리트가 권력을 상실하는 그 순간에, 민중문화 연구가 번성한다. 질베르투 프레이리Gilberto Freyre 같은 작가는 아마도 지역적 주제를 통해

자신들의 상징자본을 새롭게 균형 잡고자 했던 엘리트의 전형적인 대표자로 간주된다.[4]

멕시코에서 인류학과 민속 연구의 긴 흐름은 경제, 언어, 정치적 분리를 넘어 통일 국가를 건설하려는 혁명 이후의 목표에 의해 조건 지어졌다. 민속학자들에 대한 핀란드 학파의 영향은——"이론으로부터 멀어지자, 중요한 것은 수집하는 것이다"라는 슬로건하에——연구 대상의 목록화나 정보의 분석적 취급에 있어 완전한 경험주의를 고양했고, 가장 열성적인 저자들조차도 사실에 대한 맥락적 이해를 경시했다. 따라서 수공예품, 축제, 전통시와 음악에 관한 대부분의 책들은 사회관계의 논리 안에 연구 대상을 위치시키지 않고, 민중적인 생산물을 나열하고 칭송하는 데 그쳤다. 이런 현상은 민속박물관이나 민중미술관에서 보다 가시적이다. 그곳들은 그릇과 직물을 본래의 제작 목적인 일상적 사용에 관한 모든 언급을 제거한 채 전시한다. 1982년 세워진 멕시코시티의 국립민중문화박물관Museo Nacional de Culturas Populares처럼 사회적 맥락을 포함한 것은 예외적인 것이다. 대부분은 전통을 재현하고, 변화에 무관심하거나, 변화에 저항하는 것으로 두드러진 전시물들의 목록을 만들고 분류하는 것에 그친다.

풍부한 묘사에도 불구하고, 민속학자들은 민중적 요소에 대해 거의 설명을 하지 못한다. 오랜 기간 거대 역사나 다른 과학적인 담론에서 비켜나 있던 것에 대한 그들의 날카로운 시각, 즉 주변적인 것에 대한 그들의 감수성은 인정받아야 한다. 그러나 그들은 거의 한 번도 민중적 요소가 왜 중요하고, 어떤 사회적 과정을 통해 전통이 지금의 기능을 갖게 되었는지

---

4) Renato Ortiz, "Cultura popular: románticos e folcloristas", p. 53.

는 언급하지 않았다. 또한 문화 행위들이 민속을 정의하고 그것에 가치를 부여하는 요소를 거의 갖지 못한 특정 사회 발전에 맞춰 연구 대상을 새롭게 정의하지도 못했다. 다시 말해 이 문화 행위들은 수작업이나 수공예적으로 만들어지지 않았고, 엄격하게 전통적(한 세대에서 다른 세대로 전해진다는 의미에서)이지도, 사람들 간 구전의 형태로 유통되지도, 익명적이지도 않으며, 제도나 교육 프로그램 그리고 매스 커뮤니케이션 기구 밖에서 이해되거나 전파되지도 않는다. 의심할 여지 없이, 민속적인 접근은 현대사회에서 이러한 몇몇 측면을 보존하고 있는 행위들을 이해하는 데 유용하다. 그러나 현재 문화가 생산되는 산업적 조건을 우리가 아우르고자 한다면, 민속적인 접근이 해줄 수 있는 것은 거의 없다.

민속 연구에 있어 가장 부족한 점은, 사회가 대중화될 때 민중문화에 발생하는 현상에 대해 질문하지 않는다는 것이다. 민중적 요소에 대한 귀족주의적 맹목에 대한 반작용이자, 문화의 초기 산업화에 대한 대응으로서 아메리카와 유럽에서 나타난 민속학은 거의 항상 대중적 재조직화에서 민중적 요소를 구해내고, 이것을 생산과 소통의 수공예적 형식에 고정시켜 내셔널리즘적 정치 담론의 상상적 비축물로 보관하고자 하는 우울한 시도였다.

민속적 흐름이 많은 나라들뿐만 아니라 국제기구에서 민중적 요소를 무대화할 수 있도록 도움을 주었던 작업 이데올로기, 그리고 연구전략 및 문화정책의 전 지구적인 종합을 원한다면, 전문가에 의해 만들어지고 1970년 미주기구(OAS)에서 승인된 아메리카민속헌장을 읽어야 한다. 민속학의 가장 두드러진 상대방으로 정의할 수 있는 대중매체와 '근대적 발전'의 진전에 맞서 민속의 미래를 어떻게 특징지을 수 있을까? 헌장의 기본적인 명제들을 다음과 같이 요약할 수 있다.

① 민속은 전통적인 문화 형식들과 재화들, 특히 언제나 변화하지 않는 구전적이고 지역적인 특징을 가지는 요소들의 전체로서 구성된다. 변화는 외부의 행위자들에게서 기인하는 것이다. 따라서 "민속이 의미를 상실하지 않도록" 하고, "변화할 하등의 이유가 없는 전통이 무엇인지를 알 수 있도록" 전문가들과 담당자들을 교육시키는 것이 권장된다.
② 이런 식으로 이해된 민속은 각국의 문화적 유산과 정체성의 본질을 구성한다.
③ 발전과 근대적 커뮤니케이션 매체는 "민속의 소멸이라는 최종 과정"을 가속화하면서, 유산을 해체하고 아메리카 민중들로 하여금 "자신들의 정체성을 상실하게" 한다.

지역문화에 대한 국제기구의 이러한 이상한 고양에서부터 시작해서, 헌장은 전통의 "보존", "복원" 그리고 연구와 관련된 몇몇 정치적 입장을 만든다. 그들의 제안은 박물관과 학교, 축제와 경연대회, 입법화와 보호에 집중된다. 대중매체와 관련해서 그 제안은 미디어 안에서 전파되는 것을 "거짓된 민속"으로 폄하하고, "미디어를 잘 이용해야" 한다고 제안하는 것에 간략하게 한정된다.[5]

---

5) 미주기구는 아메리카민속헌장을 실현하기 위해 전통 민중문화에 대한 회의를 소집했다. 그 회의는 베네수엘라민중전통문화센터(Centro para las Culturas Populares y Tradicionales de Venezuela)와 아메리카민족음악및민속센터(Centro Interamericano de Etnomusicología y Folclor)의 후원으로 1987년 7월 20~24일 카라카스에서 개최되었다. 나는 앞으로 전개할 몇몇 논지들을 여기에서 발표했다. 아메리카민속헌장에 대한 나의 비판으로는 "Las artes populares en la época de la industria cultural", *México Indígena* no. 19, año III, 1987, pp. 3~8을 참조.

번성하는 민중문화

문화정책, 박물관 전시나 관광 전략, 그리고 연구기관에까지 이런 개념이 지속되는 것은 상징시장 및 사회과학의 현재적 발전과 양립이 불가능하다. 몇몇 민속학자의 자기 비판과 새로운 인류학과 커뮤니케이션 연구에서 나타나고 있는 전통적인 민중문화의 재형식화를 통해 근대성 내에서 민속의 위치를 다른 식으로 이해할 수 있다. 엘리트 문화와 문화산업 간의 상호관계를 고려하면서 전통적-민중적인 요소에 대한 새로운 분석적 관점을 세우는 것이 가능하다. 나는 민속학자들의 고전적 관점에 대한 여섯 개의 반론 형식 아래 이것을 체계화하고자 한다.

ⓐ **근대적 발전은 전통적 민중문화를 제거하지 않는다.** 민속 헌장이 발표된 이후로 지난 20년 동안 민속의 소멸이라는 추정적인 과정이 보다 강화되지는 않았다. 매스 커뮤니케이션의 발전, 그리고 1970년대에는 존재하지 않았거나, 당시 문화산업에는 사용되지 않았던 다른 기술들의 발전에도 불구하고 말이다. 이 기술들은 비디오, 카세트, 케이블 TV, 위성방송들로 구성되었는데, 결국 이것들은 마이크로 전자공학과 전기통신의 결합에서 유래한 일련의 과학기술적이고 문화적인 변형이다.

이러한 근대 지향적 팽창이 민속을 지울 수 없었던 것뿐만이 아니다. 많은 연구들은 최근 수십 년 동안 전통문화가 **스스로 변화하면서 발전해 왔다는 것을** 보여 준다. 이러한 성장은 적어도 다음 네 가지에 그 원인이 있다. ① 모든 주민이 전부 도시 산업생산에 참여하는 것의 불가능성. ② 근대성에 상대적으로 덜 통합되어 있는 민중계층까지도 획득하기 위해, 매스 커뮤니케이션망 내에 전통적인 구조와 상징재화를 포함시키려는 시장의 필요. ③ 자신의 헤게모니와 적법성을 강화하기 위해 민속을 고려하려는 정치 제도의 관심. ④ 민중 부문의 지속적인 문화생산.

수공예업 연구는 수공예업자의 수, 생산액 그리고 양적 비중이 증가했음을 보여 준다. 라틴아메리카경제기구(SELA)의 보고서는 분석 대상인 라틴아메리카 14개국의 수공예업자들이 전체 인구의 6%, 경제활동 인구의 18%에 달한다고 추산하고 있다. 안데스 지역뿐만 아니라 메소아메리카 지역 전문가들의 이런 증가에 대한 주요한 설명 중 하나는, 농업 개발 부족과 농촌 생산품의 상대적인 낙후가 많은 민중들로 하여금 수공예품 판매에서 소득 증대를 모색하게 했다는 것이다.[6] 몇몇 지역에서 농촌 노동력의 다른 생산 영역으로의 이전이 수공예품 생산을 감소시켰다고 할지라도, 한 번도 수공예업 제품을 생산해 보지 않았거나 자신들이 사용하기 위해서만 그것들을 생산해 오다가 최근 수십 년 동안 위기를 극복하기 위해 이 일을 시작한 사람들이 또한 존재한다. 실직 역시 농촌뿐만 아니라 도시에서 이런 종류의 일에 한 번도 종사해 본 적이 없는 계층 출신의 젊은이들을 수공예업 생산의 영역으로 이전시키면서 수공예업을 증대하게 한 이유 중 하나이다. 페루에서 수공예업자들이 가장 집중된 곳은 경제적으로 낙후된 지역이 아니라, 바로 리마이다. 그곳에서 수공예업자의 비율은 29%에 달한다.[7] 멕시코는 산업구조의 가속적인 재편과 수공예업 생산에 대한 강력한 지원을 함께 하고 있다. 멕시코의 수공예업 생산은 대륙에서 가장 규모가 크고 생산자 수도 가장 많다. 그 생산자 수는 600만에 달한다. 이것을 근대성에 직면한 전통의 격세유전적인 생존으로 간주

---

6) Mirko Lauer, *La producción artesanal en América Latina*, Lima: Fundación Friedrich Ebert, 1984, p.39에 인용된 자료이다. SELA의 평가는 이 기구에 속해 있지 않은 나라들을 포함하지 않고 있는데, 의미 있는 생산을 보여 주지만 빠져 있는 유일한 국가는 브라질이다.

7) Mirko Lauer, *Crítica de la artesanía. Plástica y sociedad en los Andes peruanos*, Lima: DESCO, 1982.

한다면, 수공업자 수가 왜 증가하고 있는지, 또 왜 국가가 이런 종류의 노동을 진작하기 위한 조직들을 확대하는지를 이해하기는 불가능하다. 경제 인구의 28%를 차지하는 수공예업은 국민총생산의 겨우 0.1%, 수출의 2~3%에 불과한데 말이다.

유일한 효과라고 해봐야 디자인을 동질화하고 지역적 특색을 없애는 것일 뿐이라고 평가되던 상업망에 민속 재화가 편입된다는 것은, 시장의 확대가 획일적 소비에 저항하거나 여기에 참여하는 데 어려움이 있는 부문들까지 포섭해야 할 필요가 있다는 것을 보여 준다. 이런 목적으로, 생산이 다양화되고 원주민, 농민, 이주민, 지식인, 학생 그리고 예술가 등의 새로운 집단을 지속적으로 유혹하는 전통적인 디자인과 민속 음악 그리고 수공예업 등이 사용된다. 각 부문의 다양한 동기 부여——자신의 정체성을 확인하거나, 국민적 민중적 정치 이념을 강조하거나, 전통을 통해 세련된 취향을 표시하거나——를 통해, 시장의 이러한 확대는 민속을 확장하는 데 기여한다.[8] 민속 재화의 상업적 사용이 논란의 여지가 있는 것처럼 보일지라도, 전통문화의 보급과 증가의 대부분은 음반 산업, 춤 축제, 수공예업을 포함한 전통 시장의 육성, 그리고 물론 대중매체에 의한 전파에 기인한다는 점은 명확하다. 라디오와 텔레비전은 지역적 음악 형식을 국내외적으로 확장한다. 페루의 크리오요 왈츠와 치차, 아르헨티나의 차마메chamamé와 쿠아르테토스los cuartetos, 브라질의 가우슈 노래와 노르데스

---

8) 80년대 초반부터 각국의 연구자들은 비전통 부문의 소비와 상업화가 야기한 민속의 재생에 대해 관심을 기울이기 시작했다. Berta G. Ribeiro et al, *O artesão tradictonal e esu papel na sociedade contemporanea*, Río de Janeiro: FUNARTE/Instituto Nacional do Folclore, 1983; Rodolfo Becerril Straffton, "Las artesanías: la necesidad de una perspectiva económica", *Textos sobre arte popular*, México: FONART-FONAPAS, 1982.

치누nordestino 음악, 그리고 전자매체에서 새로운 음악을 추구하는 사람들의 레퍼토리에 포함된 멕시코의 혁명 코리도corrido에서 이런 현상이 나타났다.

세번째, 민속의 많은 갈래들이 증가한다면 이는 라틴아메리카 국가들이 최근 수십 년 동안 생산(수공예업자에 대한 신용 지원, 장학금과 지원금, 경연대회 등), 보존, 거래, 전파(박물관, 서적, 상업망, 대중 전시관)에 대한 지원을 확대했기 때문이다. 여기에는 다양한 목표가 있다. 실직자 수와 도시 이주를 감소시키기 위한 일자리 창출, 관광객 유인, 그리고 계급과 민족 간 분리를 초월하는 것처럼 보이는 유산이라는 형식 아래 국민적 통일성과 헤게모니를 강화하기 위해 민속의 역사적이고 민중적인 권위를 이용하는 것 등이 그것이다.

그러나 이러한 전통문화의 이용은 자신의 유산을 유지하고 혁신하고자 하는 수공예업자, 음악가, 춤꾼, 민중 시인의 지속적인 생산이라는 기본 요소가 없다면 불가능할 것이다. 이런 생활과 조직 그리고 사유 형식의 보존은 문화적 이유에 의해 설명되지만, 또한 앞서 이야기했던 것처럼 생존과 수입 증대를 위한 생산자들의 경제적 관심에 의해서도 설명된다.

우리는 시장과 정부조직에 의한 민속 진흥이 가지고 있는 모순적인 성격을 알고 있다. 우리가 인용한 연구들은 민중적 재화의 생산자나 사용자들과 상인, 기업가, 대중매체 그리고 국가 사이에 존재하는 빈번한 갈등에 대해 언급하고 있다. 그러나 이제 근대화의 경향이 단순히 전통문화의 소멸을 유발한다고는 말할 수 없다. 따라서 문제는 불변하는 것으로 가정되는 전통을 복구하고 보존하는 것으로 축소되지 않는다. 전통이 어떻게 변화하고 있고 근대성의 힘들과 어떻게 상호작용하고 있는지를 묻는 것이 중요하다.

ⓑ 이제는 농촌과 전통문화가 민중문화의 대부분을 대표하지 않는다. 최근 수십 년간 라틴아메리카에서 도시 인구수가 전체 인구수의 60~70%를 차지하게 되었다. 민속은 오늘날 농촌지역에서조차도 과거의 폐쇄적이고 안정적인 성격을 갖고 있지 못하다. 즉 민속은, 전통이 도시 생활, 이주, 세속화, 그리고 전자매체뿐만 아니라 새로운 종교나 옛 종교의 재조직에 의한 상징적 변화와 함께 만들어 내는 변모가능한 관계 속에서 발전하는 것이다. 브라질의 민족음악학자인 주제 조르지 지 카르발류가 말하는 것처럼, 농촌의 사회성이나 기념 형식을 유지하고 있는 최근의 이주자들까지도 "도시편집증적인 집단"의 성격을 얻게 되었다. 따라서 현재의 민속학자들은 재즈, 록 그리고 앵글로색슨에서 유래한 다른 장르와 소통하고 있는 전통적인 크리오요 멜로디, 살사, 아프로 리듬과 같은 지역적이고 권역적인 생산품들을 동시에 고려해야 할 필요성을 느끼게 된다. 더 나아가 전통은 도시를 넘어서는 곳, 즉 국제적이고 도시 상호 간의 문화유통 시스템에 재위치하게 된다. 카르발류는 다음과 같이 덧붙인다. 이베로아메리카 세계를 묶어 주던 전통적인 형식의 흐름이 항상 있었다고 할지라도, 이제

> 브라질의 새로운 민중 리듬과 볼리비아, 페루, 베네수엘라, 카리브, 멕시코 등의 새로운 표현과의 관계를 확인해 주면서, 우리를 결합하는 혼종적 형식의 흐름이 또한 존재한다. 결론 내리자면, 혁신을 이해하지 않고는 전통을 이해하는 것이 불가능하다.[9]

---

9) José Jorge de Carvalho, *O lugar da cultura tradicional na sociedade moderna*, Brasilia: Fundación Universidade de Brasilia, Serie Antropología no. 77, 1989, pp. 8~10.

ⓒ **민중적 특성은 대상에 응축되지 않는다.** 현재 사회학과 인류학의 문화연구는 민중적인 산물을 이것이 생산되고 소비되는 경제적인 조건에 위치시킨다. 기호학의 영향을 받은 민속학자들은 커뮤니케이션적 과정과 행동에서 **민속적 특성**을 발견한다. 이러한 어떤 사례에서도 민중적 특성을 불변의 재화로 된 유산으로 고착하는 태도는 받아들여지지 않는다. 마르타 블라시는 전통문화는 결코 "권위주의적인 규칙 혹은 정체적이고 불변하는 힘"으로 보여지는 것이 아니라, "오늘날 사용되고 있는, 그러나 특정 집단이 사회 환경에 대응하고 결합하기 위해 앞서 경험했던 방법들에 기초하고 있는 유동적 자산"으로 간주되어야 한다고 말한다. 전통은 대상화된 사물이나 관습의 모음이라기보다는 "선택 메커니즘이자 현재를 적법화하기 위해 과거로 투사된 발명 메커니즘"으로 간주되는 것이다.[10]

상호주의와 민족지적 방법론의 영향 또한 사회적 의미의 형성과 변화를 상호작용과 제의의 결과로서 생각하게 하는 데 기여한다. 이런 관점에서 민중예술은 사물의 수집이 아니고, 하위주체 이데올로기는 하나의 사상 체계가 아니며, 관습은 고정된 목록이 아니다. 오히려 모든 것은 집단적 경험의 역동적인 극화이다. 제의가 각 사회의 영속적인 혹은 영원한 가치를 제도화하려는 지배 영역이라면, 민중 생활의 가장 지속적인 측면은 활력이 없는 사물들보다는 오히려 그것들을 경험하게 하는 제의에서 보다 잘 표현된다고 호베르투 다마타는 설명한다(그는 과거와 제의 사이에 독점적인 관계를 만들지는 않았지만, 한 사회에서 전통적 특성은 부동의 재화보다는 상호작용에서 보다 잘 드러난다는 점을 부각한다).[11]

---

10) Martha Blache, "Folclor y cultura popular", *Revista de Investigaciones Folclóricas*, Instituto de Ciencia Antropológicas no. 3, 1988, p. 27.
11) Roberto DaMatta, *Carnavais, malandros e héroris*, Río de Janeiro: Zahar, 1980, p. 24.

ⓓ **민중적 특성은 민중 부문의 독점물이 아니다.** 민속적인 특성을 사물들의 합이 아니라 사회적 실천이자 커뮤니케이션 과정으로 간주하면, 특정 문화적 산물을 특정 집단과 연결하는 숙명론적이고 자연적인 결합은 무너진다. 민속학자들은 근대사회에서 동일한 인물이 다양한 민속 집단에 참여할 수 있고, 농촌과 도시, 거주지와 직장, 미시사회적이고 '대중매체'적인 다양한 상징체계에 공시적 및 통시적으로 참여할 수 있다는 사실에 관심을 기울인다. 피억압 계급만의 민속은 존재하지 않고, 또 상호민속적인 관계의 유일한 가능태가 지배, 굴복, 저항의 관계인 것만은 아니다. 결국, 우리들은 다음과 같이 생각하게 된다.

집단을, 공통의 자질을 부여받고 그 구성과 유지에 있어 변하지 않는 조직으로 간주하지 않게 된다. 본래적으로 민속적인 개인들의 전체는 없다. 그럼에도 불구하고, 인간이 민속적인 행위에 참여하기 위한 어느 정도 적절한 상황은 존재한다.[12]

전통 축제와 수공예품 생산 및 판매의 확대는 이것들이 민족 집단만의 독점물이 아니라는 점을 보여 준다. 또 그것들은 보다 광범위한 농민 부문만의 것도 아니고, 농업 과두층만의 것도 아니다.[13] 문화와 상업 관련 부서, 민간 재단, 음료 회사, 라디오, 텔레비전 등이 여기에 참여한다. 민속

---

12) Martha Blache, "Folclor y cultura popular", p. 29.
13) Gobi Stromberg, *El juego del coyote. Platería y arte en Taxco*, México: Fondo de Cultura Económica, 1985; Catherine Good Eshelman, *Haciendo la lucha. Arte y comercio nahuas en Guerrero*, México: Fondo de Cultura Económica, 1988, 그리고 Mirko Lauer, *Crítica de la artesanía. Plástica y sociedad en los Andes peruanos*를 참조.

이나 전통문화 행위는 오늘날 민중적이고 헤게모니적인, 농촌과 도시, 지역, 국가 그리고 국제적인 행위자들의 다층결정적인 산물이다.

확장하자면, 민중적 특성은 다양한 민족과 계급에서 유래한 요소들을 동일시 기호로 사용하여, 혼종적이고 복합적인 과정에서 구성된다고 말할 수 있다. 동시에, 우리는 헤게모니적인 요소의 재생산이거나 민중 부문에게 자기 파괴적이거나, 혹은 이익에 반하는 결과(부패, 헤게모니 집단과의 관계에 있어서 양가적인 혹은 체념적인 태도)를 가져오는 이른바 민중문화의 구성물들을 보다 잘 지각하게 된다.

ⓔ 민중 주체들에 의해 민중성은 전통에 대한 우울증적인 자기만족으로 경험되지 않는다. 외관상으로 전통 질서를 재생산하는 데 맞춰진 하위주체의 많은 제의적 실천은 전통 질서를 풍자적으로 위반한다. 아마도 라틴아메리카의 제의적 유머에 관한 다양한 기록은 민중이 자신의 과거와 보다 억압적이지 않은 관계를 갖기 위해 웃음에 의존하고 있음을 명백하게 보여 줄 것이다. 갈등하는 전통들의 교차를 다룰 때 그 태도가 보다 더 반엄숙주의적이라는 가정을 우리는 제안하고자 한다. 많은 나라의 사육제에서 나타나는 원주민과 메스티소의 춤은, 스페인 정복자들이 정복을 위해 가져왔던 전투 장비와 복장을 그로테스크하게 사용하면서 정복자들을 패러디한다. 흑인과 백인 간, 그리고 오래된 민족과 근대적 집단 간의 상호교차가 엄격한 위계질서하에서 해결책을 모색했던 브라질 사회의 전통적인 질서는 사육제에서 전복된다. 즉 밤이 마치 낮인 것처럼 남자들은 여자로 가장하고, 못 배운 사람, 흑인, 노동자들이 "노래, 춤 그리고 삼바에 나타나 있는 삶의 기쁨을 가르치면서" 등장한다.[14]

---

14) DaMatta, *Carnavais, malandros e héroís*, p. 99.

이러한 위반들이 고유의 역사를 회복하여 근본적인 지배 전통을 해체한다고 믿을 정도로 위반을 낙관할 필요는 없다. 다마타 자신도 사육제에는 헤게모니 전통의 재긍정과 전통을 전복하려는 패러디 사이의 게임이 존재한다고 인정한다. 즉 위반적 요소의 폭발은 약속된 짧은 기간에 한정되고, 이 이후에는 정해진 사회적 조직 내에 다시 들어와야 한다는 것이다. 축제 내의 단절은 위계질서도 불평등도 없애지 못한다. 그러나 축제의 불경스러움은 물려받은 관습과 보다 자유롭고, 보다 덜 숙명적인 관계를 형성하게 된다.

또한 멕시코의 로스 알토스 데 치아파스Los Altos de Chiapas에서 사육제는 중층적인 갈등의 상징적이고 풍자적인 가공의 순간이다. 흑인은 라디노[15]를 희화화하고, 몇몇 원주민들은 다른 원주민들을 풍자하는데, 이를 통해 1867~70년의 혈통전쟁Guerra de Castas을 반어적으로 환기하면서 민족 간 긴장이 무대화되는 것이다. 다른 지역과 마찬가지로 시나칸틀란Zinacantlán, 차물라Chamula, 체날오Chenalhó 에서도 패러디는 다른 사람들 (원주민, 라디노, 백인)을 폄하하고 자기 집단에 나타나는 일탈적인 행위를 비난하기 위해, 즉 민족중심적인 자기 긍정으로서 사용된다.[16] 그러나 또한 그것은 수백 년 동안의 지배가 갖는 억압적 성격을 완화시키기 위해 행해지는 것으로 해석될 수도 있다.

문화 간 갈등은 메소아메리카의 다른 지역에서도 마찬가지이기 때문에, 유사한 패러디 전략이 다른 많은 공동체에도 나타나는 것은 낯설지 않다. 그럼에도 불구하고, 이러한 축제에 대한 해석은 다양한 권위들을 조

---

15) 라디노(ladino)는 메스티소 혹은 스페인화된 사람들을 의미한다.―옮긴이
16) Victoria Reifler Bricker, *Humor ritual en la altiplanicie de Chiapas*, México: Fondo de Cultura Económica, 1986.

롱하고, 낯선 사람들을 희화화하기 위해 제의적 유머가 기능하고 있다는 것만을 강조하고 있다. 레이플러 브리커Victoria Reifler Bricker 같은 몇몇 연구자들은 제의적 유머와 일탈적인 행위 사이의 빈번한 관계를 관찰하면서 다른 기능, 즉 사회 통제의 기능을 암시한다. 라디노 복장을 한 사람이나 부패한 관리를 조롱하는 것은, 원주민들로 하여금 자기들의 집단에 해를 끼치거나 전통적인 행위에서 일탈하려는 사람들이 겪게 될 처벌을 예측하게 하는 기능을 했을 수도 있다. 그러나 저자가 지적하고 있듯이, 누구도 제의적 풍자와 규범의 강화 사이에 인과적인 결합이 있다는 것을 증명하지는 못한다. 특정한 행위를 조롱하는 사회에서 이러한 행위가 더 적게 일어난다고 말할 수 없고, 또한 다른 두려움——초자연적이거나 법률적인——이 아닌 조롱받을 것이라는 두려움이 이러한 행위를 하지 않게 할 동기라고는 말할 수 없는 것이다.

우리의 관점으로는 정상상태에 대한 이런 일반화된 관심이 전통과 근대 사이의 관계 및 그 변화의 상징적 가공과 결합된다. 이는 미초아칸의 푸레페차purépecha 지역의 현지 조사에서 우리가 얻은 해석이다. 축제와 수공예업에서 유머의 이런 기능을 보여 주는 많은 사례들 중에서, 오쿠미초Ocumicho의 악마라는 한 사례를 살펴보기로 하자.

나는 이미 8년 전에 분석했던 오쿠미초의 악마들에 다시 관심을 기울이게 되었다.[17] 이것들이 그때부터 시작해서 멕시코에서 가장 성공적인 도자기 작품들 중 하나로 변모했으며, 또한 80년대에 이에 대한 많은 연구들이 출판되고 있다는 점을 고려한 것이다. 악마들은 비록 30년 전에

---

17) Néstor García Canclini, *Las culturas populares en el capitalismo*, 4th ed., México: Nueva Imagen의 4장 참조.

만들어졌지만, 자신들의 언어와 오랜 의식처럼 오늘날 오쿠미초 주민들이 스스로의 정체성을 부여하는 데 있어 그것들은 매우 유용한 전통이다. 왜 그것들을 만들기 시작했을까? 주민들은 이와 관련해 하나의 경제적인 설명과 두 가지의 신화를 말한다.

60년대에는 강우량이 감소했고, 몇몇 근교의 공동토지ejido 경작자가 보다 비옥한 토지들을 차지하게 되었다. 따라서 주민들은 그때까지 민족의 일상적인 필요를 위해 소수에 의해 생산되던 도자기 산업을 확대해야만 했다. 이는 도자기를 팔아 농업생산의 손실을 보전하기 위해서였다. 이러한 경제적 원인에 두 개의 신화가 더해진다. 한 신화에 따르면 악마——식민 시대뿐만 아니라 정복 이전 이 지역 신앙에 있어 중요한 인물인 악마——가,

…… 오쿠미초를 돌아다니면서 모두를 괴롭혔다. 나무에 들어가서, 나무를 모두 고사시켰다. 악마가 개 몸속에 들어가면, 개는 짖거나 화만 낼 뿐이었다. 곧 사람들을 괴롭히게 되었고, 사람들은 병이 들거나 미치게 되었다. 아무도 괴롭히지 않으면서 살 곳을 그에게 주어야 한다는 생각이 누군가에게 들었다. 따라서 우리들은 악마가 있을 곳을 가질 수 있도록 진흙으로 악마를 만들었다.

다른 이야기는 마르셀리노Marcelino에 관한 것이다. 고아이이면서 동시에 동성애자인 마르셀리노는 약 30년 전부터 "아름다운 [도자기]의 형상들"을 만들기 시작했던 할머니에게서 도자기 만들기를 배웠다. 그는 먼저 천사를 만들었고, 산골짜기에서 악마와 만난 뒤로는 악마를 만들었다. 이 도자기들의 판매가 급격하게 늘어나고 멕시코시티와 뉴욕의 수공예품

전시회에 그의 작품들이 초대되는 것을 보고, 이웃 주민들도 도자기 제작 기술을 배우며 그 완성도를 높여 나가기 시작했다. 마르셀리노가 젊은 나이로 죽은 이후에도 사람들은 이런 이미지들을 변화시키면서 작업을 계속적으로 진행하였다.

    이 두 이야기는 다양하게 변주된다. 한 부족의 다양한 구성원들이 이 이야기에 서로 다른 강조점을 주면서 변화시키는 것이다. 이렇게 그들은 이전 시기에는 안정적이지 않았던 도자기 제작업을 변화시키기 위해, 신화가 가지고 있는 가치를 새롭게 한다. 이 도자기 제작업은 곧 몇몇 집안에는 경제적 번성을 주었고, 많은 다른 사람들에게는 보다 나은 생존을 가능하게 했다. 이제 악마들은 국내외에서 유통되고 있다. 뱀, 나무, 푸레페차 족의 집 등을 근대적 일상의 요소나 전쟁 장면이나 에로스적인 장면과 결합시킨 이미지들은 이러한 양가성의 매력으로 인해 도시의 가게에서 판매되게 되었다. 악마들은 12사도를 대신하여 마지막 만찬이나, 탄생의 장면 등 신성한 무대에 등장할 뿐만 아니라, 식료품 판매, 출산, 대문에서의 대화 등 오쿠미초의 가장 일상적인 공간의 재현에도 나타난다. 악마들이 비행기나 헬리콥터를 운전하게 되었고, 전화 통화를 하고, 도시에서 행상을 하고, 경찰과 싸우고, 인어나 일곱 개의 머리를 가진 동물 위에 올라탄 푸레페차 족 여인과 사랑을 나눈다. 이것은 또한 자기 자신의 삶과 이주를 다루는 예술이다(미국으로 가는 고속버스 지붕에 올라 탄 악마들에서 보이듯이). 악마들은 가톨릭의 제의(신크레티즘적인 성격을 보여 주는)들을 조롱하고, 전통적 요소와 근대적 요소 사이의 왕래를 재창조하는 자유로움을 통해 유혹한다. 자기 자신들을 재현하지만 다른 사람들을 위해 만들어진 이 작품(어떤 주민도 자기 집 장식을 위해 악마들을 사용하지 않기 때문에)은, 다른 사람들을 악마들이 비웃는 적대자로 제시한다. 이들 중 가장 독창적인 이미지는 가족 구성원이 임시노동을 위해 미국에 가서 겪은 경험을 재현해 놓은 것들이다. 또한 수공예국가기금Fondo Nacional de las Artesanías과 국립인디헤니스타연구소Instituto Nacional Indigenista가 협업을 위해 조직("연대적 집단")하도록 가르치고, 신용을 창조하고, 조각품의 주제를 변화시키며, 합성페인트를 사용하지만 마지막에는 고풍스러움을 주도록 광택성 도료를 바꾸도록 가르쳤을 때, 그들의 경험 또한 전통의 모방이 아니었다.

매우 짧은 시간 내에 오쿠미초 거주자들은 세련된 기술, 지속적으로 새롭게 변화하는 상징체계, 그리고 자신들의 먼 과거사와 이러한 변화를 연결시키는 신화적 뒷받침까지도 발전시켰다. 한편으로 공식 기구들은 광범위한 보급, 이런 생산과 혁신을 적법화할 수 있는 국제전시회 초대, 경연대회 그리고 상 등을 통해 이러한 예술을 무대에 올릴 수 있도록 기여했다.

그렇다면 이것들을 전통에 잘 뿌리내리게 하는 요소는 단순한 자기긍정이 아니라, 근대성을 향한 (비판적 혹은 조롱적 의미의) 개방인가? 부분적으로는 그렇게 보인다. 그러나 좀더 많은 고려사항이 존재한다. 오쿠미초와 또 다른 성공적인 도자기 생산지인 파탐반Patamban이라는 다른 근교 마을과의 비교 연구는 또 다른 고려사항을 보여 준다.[18] 생활자기를 생산하는 파탐반의 수공예업자들은 양질의 노동과 독립적인 상업 활동에 의존하여 독자적인 시장을 만들고, 공식 기구를 다른 기구들 사이의 하나의 중재자 형태로 간주한다. 구이-질베르트는 여기에서, 고유의 정치권

---

18) Cecile Gouy-Gilbert, *Ocumicho y Patamban. Dos maneras de ser artesano*, México: Centre d'Etudes Mexicaines et Centramericaines, 1987.

력이나 전통적인 종교시스템에 대한 관심 결여와 이런 커다란 상업적 자율성 사이의 조응을 발견한다. 반면에, 오쿠미초는 시장에 대한 접근을 거의 독점적으로 정부기구를 통해서 진행하기 때문에, 그들의 상업적 관계망의 불안정성과 외부 경제적 대리인들에 대한 의존은 언어, 의복, 종교적 역할 체계 등 정체성 기호의 재긍정과 공동체적으로 통제되는 자치 권력을 방어하는 데 보다 민감하게 만든다.

이런 맥락에서, 악마가 가지고 있는 해학적인 의미를 자신들의 것과 낯선 것 사이, 알려진 것의 재생산과 스스로가 재구성한 개념에 새로운 요소를 포함하는 것 사이의 급작스러운 전환을 다루기 위한 상징적 수단으로 간주할 수 있다.

> 소수 민족 내의 모든 문화적 수단을 동원하는 것(친족관계와 사회적 역할 시스템, 그리고 축제의 활성화 등)은 마지막 저항 형식이자 일종의 민족문화 유산의 동결일 뿐만 아니라, 공동체로 하여금 동화 방법을 발견하게 하는 수단이 될 수 있다.[19]

1989년 우리는 오쿠미초의 10명의 도자기 제조업자에게 프랑스 혁명이라는 주제로 작품을 만들어 달라고 제안했다. 파리의 멕시코문화원 원장이었던 메르세데스 이투르베Mercedes Iturbe는 그들에게 혁명의 장면이 담긴 이미지들을 전달했고, 혁명에 관한 이야기를 해주었다. 근대를 만든 이 사건을 보도록 가르치는 도상체계를 자기 자신의 상상력을 통해 만들었던 많은 화가와 영화 감독들처럼, 푸레페차 족 수공예업자들도 바스

---

19) ibid., p.57.

카르멜라 마르티네스(Carmela Marínez), 들라크루아의 「민중을 이끄는 자유의 여신」을 본뜸.

티유 점령, 마리 앙투아네트 그리고 기요틴에 대한 자신들의 이미지를 만들었다.

페르난도 델 파소는 이 전시회의 카탈로그에 "어떤 부족이나 민족도 야만과 잔인성을 독점하지 않는다"고 썼다. 작품을 만든 원주민들은 프랑스 혁명에 대해 많이 알지 못했지만, 스페인 정복자들——아메리카 대륙에서 벌어졌던 희생제의에 놀랐던——이 근대성을 강제하기 위해 저지른 공포를 기억하고 있었다. 악마와 뱀을 가지고 오랫동안 작품을 만든 도자기 제작자들은, 자유와 박애를 모색했던 프랑스 혁명에서 모순적이거나 그로테스크한 요소들을 쉽게 재현할 수 있었다. 악마적인 요소의 등장은 이러한 작품을 단순성에 빠질 위험으로부터 벗어나게 한다고 델 파소는 쓴다. 즉 작품의 세련되지 못한 외양에도 불구하고, 푸레페차 족은 "인간에 대한 인간의 잔인성과 순수함은 양립할 수 없다"는 인식을 보여 준다는 것이다.[20]

ⓕ 전통의 순수한 보존이 늘 자신들의 상황을 재생산하고 재가공하기 위한 가장 인기 있는 수단인 것은 아니다. "진정한 예술가가 되어라, 그러면 더 많이 벌 것이다"는 많은 흥행가, 수공예업 상인, 문화 담당자들의 수칙이

---

20) Fernando del Paso, "¿Al diablo la revolución francesa?", *Les trois couleurs d'Ocumicho*, Paris: Centre Culturel du Mexique, 1989, pp. 61~62.

안토니아 마르티네스(Antonia Martínez), 무기명 작품 「세상의 행복을 위한 유럽 모든 왕좌의 폭격과 모든 폭군의 몰락」을 본뜸.

과달루페 알바레스(Guadalupe Álvarez), 베르토(Berthaud)의 「바스티유 점령」 조각을 본뜸.

비르히니아 파스쿠알(Virginia Pascual), 무기명 조각 「마리 앙투아네트에 대한 캐리커처」를 본뜸.

카르멜라 마르티네스, 무기명 조각 「망나니가 스스로 기요틴에서 목을 자르다」를 본뜸.

었다. 그러나 몇몇 학제적인 민속학자와 인류학자들의 잡종 수공예업에 대한 연구는 자주 이와 정반대의 일이 일어남을 보여 준다

　오쿠미초의 도자기 제작자들과 비슷하게, 아마테 화가들은 수공예업의 "불가피한 소멸"에 대한 묵시론적 경고와 고급문화와 민중문화 사이의 결합에 대해 새롭게 생각하게 한다. 30년 전에 게레로Guerrero 지역의 여러 부족들이 예술가들의 일부 영향을 받아 아마테 종이에 그림을 그려 판매하기 시작했을 때, 몇몇 민속 연구자들은 민족 전통의 타락을 예측했다. 캐서린 굿 에셀먼은 1977년 멕시코 자본주의 형성에 있어 농촌에 대한 그 당시의 지배적인 이론에서 시작해 이러한 수공예업에 대한 연구를 시작했다. 즉 수공예업은 불평등 체계에 참여하는 특수한 형식이자 잉여의 수탈이나 민족 조직의 약화를 위한 또 하나의 방식이라는 것이다. 그러나 생산자 마을에 수년간 살면서 그들의 적응 주기를 추적한 이후에, 그녀는 전

국 규모의 시장이나 사회와의 점증하는 상업적 상호작용은 경제적으로 도움을 주었을 뿐만 아니라, 내부적인 관계들을 강화했다는 사실을 인정해야 했다. 원주민 기원은 생산품에 이국적인 매혹을 제공하는 "민속주의적 디테일"이 아니며, 나아가 자본주의 경제에 진입하는 데 있어 장애 요인 또한 아니다. 오히려 그것은 "그 과정 속에서 움직임을 만들고 결정하는 힘"인 것이다. 저자의 역사적인 성과물이 보여

막셀라(Maxela)에서 만들어진 무기명의 아마테 작품.

주는 것처럼,[21] 이런 공동체들은 많은 경우에 실패했던 전략들을 오랜 기간 실험한 끝에, 아마테 그림이 주는 미학적이고 경제적인 성취를 이루게 되었다. 그 기원은 다층적이다. 즉, 그것은 정복 이전부터 이미 도자기 제작을 하고 있던 아메얄테펙Ameyaltepec의 나우아 족이 도기류의 장식을 아마테 종이에 옮겨 인근 도시에 가면, 화병, 재떨이 등을 판매하게 된 1950년대에 나타났다. 디자인은 매우 오래 되었지만, 국내외적인 보급은 아마테에 전사하면서 시작되었다. 즉 보다 복잡한 디자인을 가능하게 했을 뿐 아니라, 질그릇보다 가벼웠고, 쉬 깨지지도 않았으며, 쉽게 옮길 수 있었던 것이다.

---

21) Good Eshelman, *Haciendo la lucha. Arte y comercio nahuas de Guerrero*, p.18.

산 아구스틴 오아판(San Agustín Oapan)의 로베르토 마우리시오(Roberto Mauricio)의 아마테 작품, 「전사」.

'그림들'은 남녀노소를 가리지 않고 모든 주민들에 의해 그려졌다. 그 그림들은 농촌에서 주민들이 재생산하고 있는 민족 및 가족 전통에 가치를 부여하면서, 그들의 일과 축제의 모습을 보여 준다. 수공예업자 자신들이 거의 모든 그림의 판매를 직접 통제했고, 중재자들에게는 다른 수공예업 부문보다 더 작은 개입만을 허용했다. 또한 자신들의 가게나 이동 판매를 통해 다른 민족의 작품(가면, 돌조각, 정복 이전 작품의 모사 등)을 제공했다.

1980~81년에 굿 에셜먼에 의해 아메얄테펙에서 실시된 설문조사에 따르면, 전체 가구 중 41%가 수공예업에서만 최저임금의 4배 이상을 벌고 나머지 42%는 최저임금의 2~4배를 얻고 있었다. 수입의 일부분을 가져가는 중재자들 역시 계속 존재했다. 가장 두드러진 사람들은 아마테 그

쿠에르나바카(Cuernavaca)에서 아마테 그림의 판매. 캐서린 굿 에셸먼의 사진.

림을 10~20달러에 구매하여, 미국에서 "아즈텍 족의 진정한 예술작품"이라며 300~400달러에 재판매한 이들이다. 또한 전혀 대가를 지불하지 않고 천, 우편엽서 그리고 종이 상자에 이들의 디자인을 사용하는 기업도 존재한다. 다른 수공예업 형태에도 나타나는 이런 공통적인 착취 형식에도 불구하고, 그들의 수입과 소비 수준은 멕시코 농민의 평균적 수준을 상회한다.[22]

이 수공예업자들은 거의 전국적으로 흩어져서 활동을 하고 있었지만, 농업, 제의적 의무, 공동체에 대한 봉사를 등한시하지 않기 위해 조직화되었다. 이들은 수공예업에서 벌어들인 수익을 토지, 동물, 주거, 내부

---

[22] 이 설문이 진행되던 80년대 초반, 멕시코의 100가구 중에서 35가구는 최저임금보다 적은 수입, 즉 겨우 100달러를 넘는 금액을 벌고 있었다. Héctor Aguilar Camín, *Después del milagro*, México: Cal y Arena, 1988, p. 214.

소매상과의 흥정. 캐서린 굿 에셜먼의 사진.

축제에 투자한다. 모든 가구들이 수공예품 판매에 종사하게 되었지만, 자신의 도구와 노동력을 상품으로 사용하는 것은 어느 누구에게도 아직 익숙하지 않은 일이었다. 그들은 상업에서는 개인적 혹은 가구 단위로 움직이지만, 실제로는 먼 도시에 대한 정보를 공유하기 위해, 그리고 그들 일상의 물질적이고 상징적인 조건들을 재생산하면서 도시에 자리 잡기 위해 집단적인 망을 이용하면서 판매를 진행한다. 즉 수십 명의 나우아 족 수공예업자들은 관광 중심지역에 와 값싼 숙박시설 일부를 임대하여 즉시 의복을 옷장에 거는 것 대신에, 줄에 걸어 놓고, 방 안의 진흙 항아리에 물을 채우고, 제단을 세우며, 음식을 준비하거나 시장의 누군가에게 그들 방식으로 요리해 달라고 설득한다.

재료 구입과 낯선 재화의 소비를 통해서 이익의 일부분을 국내외 시장에 이전하지만, 이들은 생존의 원천, 즉 수공예 상업에 대한 대략의 평등주의적인 통제를 통해 민족적 정체성을 유지하는 것이다. 몇몇 전통들 (토지에 대한 집단적 통제와 호혜제도), 수공예 상업의 혁신, 그리고 근대성과의 복합적인 상호관계에 재적응함으로써, 그들은 전통적인 관계에 닫혀 있다면 얻을 수 없었던 풍성한 독립을 얻을 수 있었다.

헤게모니적인 재전환과 민중적인 재전환

내가 앞서 지적한 것처럼, 산업 국가에서 수공예업의 성장은 근대 경제의 발전이 근대 경제의 팽창에 직접적으로 기여하지 않는 생산적 힘들을 제거하지 않는다는 사실을 보여 준다. 이러한 힘들이 다수 부문을 통합하고, 각 부문의 필요를 충족시키거나 체제의 균형 잡힌 재생산이라는 필요를 충족시킨다면 말이다. 뒤집어서, 그리고 보충적으로, 전통의 재생산 역시 근대화에 대한 자신의 폐쇄적 관계를 요구하지 않는다. 멕시코의 사례 이외에도 에콰도르의 오타발로Otavalo의 예에서 보는 것처럼, 라틴아메리카의 다른 예들은 전통의 이질적인—그러나 자기통제적인—재가공이 상징의 재규정과 경제적인 번영을 동시에 가져다줄 수 있음을 보여 준다.[23] 근대화는 이런 전통을 강제로 제거하지 않을 뿐 아니라, 전통 집단의 숙명적인 운명 역시 근대성의 외부에 있지 않다.

    멕시코와 라틴아메리카의 다른 지역에서 원주민들은 자본주의의 발전에 대해 이렇게 성공적으로 적응하지 못했다. 탐욕스러운 거간꾼, 농민을 착취하는 낡고 부당한 구조, 반민주적이고 억압적인 정부, 민족 스스

---

23) Lyn Walter, "Octavaleño Development, Ethnicity, and National Integration", *América Indígena* año XLI, no. 2, 1981, pp. 319~338.

로가 가지고 있는 빈약한 근대성 대응력 등이 그들을 만성적인 빈곤상태에 머물게 했다. 얼마나 많은 수공예업자나 민족 집단이 자신의 전통을 가지고 가치 있는 생활 수준을 달성하고, 헤게모니 집단과의 비대칭성을 줄이면서 근대 발전에 편입할 수 있었는지를 계산한다면, 그 결과는 통탄스럽다. 더 심각한 것이 남아 있다. 최근 라틴아메리카 경제의 재전환은 경제 재화, 중고등 교육, 새로운 기술 그리고 보다 세련된 소비에 대한 접근에 있어서 불균등한 분열을 더욱 심화시킨다. 우리들이 하고 싶은 질문은 이러한 근대화의 장에 편입하기 위한 투쟁이 라틴아메리카의 민중운동의 바람직하고 유일한 방안인지에 대한 것이다.

축적된 과거의 사례들은 교육 불평등과 노동착취에 대해 알려져 있는 어떤 것도 반박하지 못한다. 그리고 나는 가난한 수공예업자들에게 오쿠미초의 도자기 생산자나 아메얄테펙의 화가들을 따라하라고 제안하는 것도 아니다. 그 이유는 특히 농업 생산과 산업 생산 사이, 수공예업과 예술 사이의 관계를 규정하는 불평등한 구조로 인해 라틴아메리카에 거주하는 1,500만 수공예업자들이 중상류 계층의 경제적·상징적 이익에 접근하는 것은 불가능하기 때문이다. 그러나 이런 사실을 반복적으로 확인하기 위해 참고문헌 목록에 제목 하나를 더 덧붙일 필요는 없을 것 같다.

오히려 나는 이런 불공정한 틀 안에서 전통을 유지하거나 근대를 수용하는 것이 민중 부문에 있어 전통주의자와 근대화론자가 상상해 왔던 의미를 갖는지를 살펴볼 것이다. 일시적이거나 영구적인 대도시 이주자들을 추적하여 타 민족의 관습, 도시 생활이나 새로운 기술이 주는 기회 및 손해, 그리고 근대의 상업 규범에 능숙하게 편입하기 위한 방법에 대한 그들의 평가를 듣는다면, 아마테 그림을 제작·판매했던 나우아 족에 대해 굿 에셀먼이 말했던 바를 그들 중 많은 이들에게 적용할 수 있을 것이다.

그들은 매우 세속적이고 세련되었다……. 자기 부족의 삶과 관습을 다른 사람들을 이해하고 정보를 가공하기 위한 규범으로 사용한다……. 그들의 상업적 성공은 정확하게 이렇게 매우 개방적이고 유연한 정신적 태도에 기인한다. 이 태도는 복잡하고 변화무쌍한 세계에서 그들이 움직일 수 있도록 해주며, 그들은 이 안에서 매우 다양한 경제적 관계들과 경험을 가지게 된다.[24]

몇몇 전통 집단과 근대성의 이런 유동적인 관계는, 사회적이고 정치적인 투쟁에서도 관찰된다. 공장이나 댐이 만들어지거나 국제적인 통신 시스템이 일상생활에 틈입하면서, 원주민과 농민들은 자신들의 입장을 정교하게 만들기 위해 첨단 기술과 과학적 발견에서 관련 정보를 체득해야 했다. 아마존 삼림의 파괴에 직면한 브라질 원주민과 80년대 초반 자신들의 공동토지에 핵시설이 들어오는 것을 막았던 멕시코 산타 페 데 라 라구나Santa Fe de la Laguna의 타라스코tarasco 족은, 세기말의 도전에 직면하여 생산관계와 자연 간의 관계를 어떻게 유지할 수 있는지를 보여 준다. 제지 산업에 맞서 삼림을 보호하기 위해 사포테카zapoteco 족과 치난테코chinanteco 족이 연대해 있던 '시에라 데 후아레스 천연자원 보호 및 사회개발 조직'Organización de Defensa de los Recursos Naturales y Desarrollo Social de la Sierra de Juárez의 활동은 자원을 단순하게 보존하는 데 그치는 것이 아니었다. 즉 그들은 자신들의 지역과 멕시코 발전에 대한 복합적이고 친환경적인 관점과 자신들의 공동체적 노동형식에 기초한 가르침을 확고히 했다.

---

24) Good Eshelman, *Haciendo la lucha. Arte y comercio nahuas de Guerrero*, pp. 52~53.

이 친환경적인 관점은 자연에 대한 그들의 믿음에 의해 지지되고 있지만, 사람들이 "공동체 간 소통을 위해서가 아니라" 오직 수익만을 고려해 도로를 건설해 감에 따라 관련 정보를 얻게 되는 아이러니가 있다.[25]

공식적인 재전환과 동시에, 민중계급이 자신들의 전통적인 앎과 관습을 변용시키는 재전환이 만들어진다. 이 둘 사이를 교직하는 결합을 이해하기 위해서는 코즈모폴리턴적인 지배자와 고립된 하위주체 간의 대립에 주목하는 민중적 조건에 대한 분석에, 오쿠미초와 아메얄테펙 같은 부족들이 보여 주는 스스로 근대에 통합되기 위한 비관습적인 형식들을 포함시켜야 한다. 수공예업자들은 멕시코시티와 미국의 구매자들, 그리고 아카풀코Acapulco의 세금 체계와 호텔에 대한 정보를 교환하고, 장거리 전화 이용법, 여행자 수표를 거래할 때의 주의사항, 고향에 가져갈 전자제품의 가장 적절한 구입처 등에 대한 이야기를 나눈다.

엄혹한 생존 조건들은 대부분의 경우 이러한 적응을 상업적이고 실용적인 학습으로 축소한다. 그러나 자주, 무엇보다도 새로운 세대에서 우리가 묘사해 온 문화적 교차는 전통적 요소와 근대적 요소, 민중적 요소와 고급문화적 요소, 토착 요소와 외부 요소 사이의 결합을 급격하게 재구조화한다. 이는 현대 예술과 대중매체의 이미지가 수공예업 디자인에서 증가하고 있는 것만 보아도 충분히 알 수 있다.

이러한 변화를 연구하기 시작했을 때, 나는 처음에는 생산자들이 도시 소비자와 관광객들의 기호에 종속되는 것을 유감스러워했다. 8년 전 직물에 종사하는 오아하카 지역의 테오티틀란 델 바예Teotitlán del Valle 마

---

25) Jaime Martínez Luna, "Resistencia comunitaria y organización popular", ed. G. Bonfil Batalla, *Culturas populares y política cultural*, México: Museo Nacional de Culturas Populares/SEP., 1982.

을의 한 가게에 들어갔을 때, 거기에서는 50대 남자가 아버지와 사포테카 족 언어로 이야기를 나누면서 텔레비전을 보고 있었다. 그에게 가게에 있는 피카소, 클레, 미로Miró의 이미지들이 짜여진 직물들에 대해 묻자, 그는 뉴욕근대미술관에서 일하던 몇몇 관광객들이 방문하여 전통적인 디자인을 새롭게 바꿔 보라고 제안했던 1968년부터 만들기 시작했다고 말했다. 그리고 나에게 캘리포니아에서 열렸던 자신의 전시회 기사가 실려 있는 영자신문 스크랩과 사진이 담긴 앨범을 보여 주었다. 반 시간 동안 나는 그가 유창하게 사포테카어에서 스페인어와 영어로, 예술에서 수공업으로, 자기 민족에 대한 이야기에서 대도시의 예술 비판을 거쳐 대중문화의 오락까지 자유롭게 언급하는 것을 보았다. 나는 세 개의 문화적 체계 사이를 큰 갈등 없이 이동했던 이 사람이, 전통을 상실하지나 않을까 하는 나의 걱정을 공유하지 않고 있음을 깨달았다.[26]

예술 대 수공예업

왜 극소수의 수공예업자들만이 예술가로서 인정받게 되는가? 고급문화와 민중문화 그리고 근대적 요소와 전통적 요소 사이의 대립은 근대 미학이 만든 예술과 수공예업 사이의 구별에 압축된다. 예술을 사심 없고 상징적인 움직임, 즉 기능보다는 형식이, 유용성보다는 아름다움이 지배적인 '정신적인' 재화의 총체로 이해할 때, 수공예업은 타자로, 즉 한 번도 실용

---

26) 테오티틀란 델 바예 지역의 수공예 근대화를 분석하기 위해서는 다음 책을 참고하시오. Jeffrey H. Cohen and Harold K. Schneider, "Markets, Museums and Modes of Production: Economic Strategies in Two Zapotec Wearing Communities of Oaxaca, Mexico", *West Lafayette, Ind.: Society for Economic Anthropology* vol. 9, no. 2, 1990.

적인 의미에서 벗어나지 못한 사물들의 합으로 나타난다. 고급예술이 사회적 맥락에 종속되어 있음을 보여 준 예술사회사학자들도, 거의 한 번도 고급예술과 민중예술 사이의 균열에 문제를 제기하지 않았다. 이 균열은 부분적으로는 농촌적 요소와 도시적 요소 사이, 전통적인 요소와 근대적 요소 사이의 분리와 겹쳐진다. 위대한 예술은 부르주아 계층 및 소부르주아 계층의 교육받은 부문의 취향과 관심에 조응하며, 도시에서 발전하고 도시에 대해서 말한다. 그리고 그것은 농촌의 풍경 역시 도시적인 관점을 가지고 재현한다(레이먼드 윌리엄스는 "경작되고 있는 대지는 결코 풍경이 아니다. 풍경이라는 개념 자체가 분리된 관찰자의 존재를 가정한다"고 잘 지적했다[27]). 대신 수공예업은 그 거칢과 장식에 나타나는 신화를 통해, 전통적으로 수공예품을 만들고 소비하는 민중 부문과 조화를 이루는 원주민 및 농민들의 산물로 간주된다.

'고급예술과 민중예술 사이의 이분법'이라는 콜로키엄에서 서구 세계의 가장 발 빠른 연구자 중 한 명인 마르타 트라바가 '고급'예술가는 자신의 창조를 통한 스스로의 만족에서 가장 중요한 기쁨을 얻는 고독한 창조자인 데 반해, 민중예술가는 "실용적-색채적 영역"으로 축소되었으며 "공동체에 의해 일상적으로 사용되고 전파되었던 것과는 다른 의미를 생각하지" 못하는 사람들이라고 말했다는 사실은 놀랍지 않은가?[28] 반세기 이전부터 구성주의자와 바우하우스 그룹, 즉 조형적이고 극적인 집단들이 집단적인 메시지에서도 창조성이 싹틀 수 있다는 점을 보여 주었다

---

27) Raymond Williams, "Plaisantes perspectives. Invention du paysage et abolition du paysan", *Actes de la Recherche en Sciences Sociales* no. 17~18, 1977, p. 31.
28) *La dicotomía entre arte culto y arte popular*(*Coloquio internacional de Zacatecas*), México: UNAM, 1979, pp. 68~71.

는 사실을 알고 있다면 예술사가로서 이렇게 이야기하는 것은 불가능할 것이다.

위대한 예술을 민중예술과 대립시키는 다른 일상적인 논리는, 고급예술 생산자들이 독특하고 개별적인 데 반해 민중예술 생산자들은 집단적이고 익명적이라는 것이다. 사카테카스Zacatecas의 이 콜로키엄에서 위대한 예술은 "유일하고" 반복할 수 없는 작품들을 만들고, 수공예업은 민중음악이 노래에서 동일한 구조를 반복하는 것처럼 일련의 작품을 만든다고 강조되었다. 그 관점에 따르면, 수공예업은 하나의 세계관을 형성하거나 "모든 변화형들을 통해 이 세계관을 미학적으로 옹호하는 데까지 이르지 못"하며, 마치 '하나의 기획'을 갖고 있지 못한 것처럼 그리고 "지칠 때까지 **전형을 소모**"하게 되어 있는 것처럼 보인다.[29] 우리는 이미 민중적인 악마들이 (종교적으로 승인된 모델만을 재생산하도록 교회가 강요하던 이전 시기에 대해서는 말할 것도 없이) 근대 예술의 악마만큼 혹은 그보다 더 변화했던 이유나 방법에 대해 언급했다. 또 수공예업자들이 도시 수용자들과의 창조적인 상호관계와 미적 기획을 위해 자기 공동체의 도상적인 매트릭스를 가지고 작업하고 있음을 살펴보았다. 가장 전통적인 작품과 근대적인 혁신을 지탱하는 데 기여하고 있는 신화는, 민중예술가들이 어떤 수단으로 전형을 넘어서고, 우주관을 만들며, 이것을 미적이고 문화적으로 방어할 수 있는지를 보여 준다.

다른 시기라면 테오티틀란 델 바예의 직물공은 하나의 예외가 되었을 것이다. 그 같은 수공예업자들은 고급예술 세계에 다가가지 않고도 독특한 창조적 필요성을 위해 소속 집단에서 이탈하면서 작품을 생산했다.

---

29) ibid., p. 70.

그들은 예술사, 국제 시장에서 통용되는 일상적인 원칙, 그리고 그것들을 설명하기 위한 기술적인 언어를 잘 몰랐음에도 불구하고, 높은 미적 가치를 가지고 그림을 그리거나 조각을 했다. 그들의 개인적 스타일은 자주 현대 예술의 모색과 일치했고, 이로 인해 박물관이나 미술관에서 매력적인 것이 되었다.

오늘날 수공예업에 종사하는 공동체와 국내외 문화 간의 강력하고 지속적인 관계는, 구성원들과 근대 시각예술 간의 결합을 '정상적'인 것으로 간주하게 한다. 비록 이런 유연한 관계를 달성한 사람들이 아직 소수이기는 하지만 말이다. 나는 오쿠미초의 한 집에서 나눈 악마 생산자와의 대화를 기억한다. 나는 그와 어떻게 이런 이미지들을 만들게 되었는지에 대해 이야기를 나누었고, 그에게 푸레페차 족에서 악마를 어떻게 생각하는지 설명해 달라고 요청했다. 그는 내가 전에 말했던 신화를 들려주고, 이게 전부가 아니라고 말했다. 내가 그러면 꿈에서 아이디어를 얻는지를 묻자, 그는 내 질문을 무시하면서 도해 성경, 종교 서적, 예술 서적(그 중 하나는 달리에 관한 것이었다), 풍부한 그림이 실려 있는 영어와 스페인어로 된 잡지와 주간지를 꺼내기 시작했다. 그는 예술사에 대한 지식은 없지만, 동시대 시각예술에 대해 많은 정보를 가지고 있었다. 그는 이러한 정보를 체계적으로 스크랩하지는 못했지만, 다른 어떤 예술가와 비슷하게 자유롭게 결합해 관리하고 있었다.

20세기 후반 고급예술의 변화를 묘사했던 장에서, 우리는 예술은 이제 무용하지도, 자의적이지도 않다고 결론지었다. 예술은 자신을 시장, 문화산업 그리고 종종 수공예업의 자양저 원천이 되는 '원시적'이고 민중적인 지시물들과 연결시키는 종속적 망이 작동하는 영역 내에서 생산된다. 아마도 예술이 완전히 칸트적—목적 없는 합목적성, 자의성의 장—일 수 없다면, 이제 수공예업 혹은 민중예술과의 병행은 현대사회에서 이들 사이의 단절과 교차라는 동일한 과정을 새롭게 사고하게 할 것이다.

이러한 분리를 공격하는 저자들은 많았다. 그러나 이들은 대부분 원주민 문화생산물의 예술적 가치를 복원하고자 고민했던 민속학자나 인류학자, 그리고 박물관 소장품 외에도 가치 있는 대상이 존재한다는 사실을 인정할 준비가 된 예술사가들이었다. 이런 단계는 이미 미적이고 제도적인 결과를 만들어 냈다. 도자기나 민중적인 조각물과 직물에 고급예술에서와 마찬가지로 형식적인 창조성, 독창적인 의미의 생산, 실용성에 대한 자율성이 존재할 수 있다는 점이 드러났다. 이러한 인정은 특정 수공예업자와 민중예술가들이 박물관과 미술관에 편입될 수 있게 했다. 그러나 예술과 수공예업의 특수성을 재정의하고 서로의 결합을 설명하는 데 있어서의 어려움은, 상대방이 생각하고 있는 바에 대한 선의의 개방을 통해 해결되지 않는다. 이 문제가 직면한 정체 상태에서 벗어나기 위해서는 민중문화와 고급문화의 내재적인 발전뿐만 아니라, 그것들의 교차와 수렴을 고려하면서 상징시장의 전 지구적인 변화들을 재개념화할 수 있는 새로운 연구방법이 필요하다. 예술적 요소와 수공예적 요소가 메시지의 대량유통 과정에 포함되면, 이미지와 형식의 이용 원천, 보급 통로 그리고 관객들은 곧잘 일치하게 되는 것이다.

예술 혹은 수공예업을 순수하고 오염되지 않은 것으로 구별하고자 하는 위생학적인 고민을 버리고, 이것들을 그들의 교차가 만들어 내는 불안정성이라는 관점에서 연구한다면, 문화와 민중성에 대한 이해는 좀더 진전될 수 있을 것이다. 고급예술 분석이 우리에게 장과 대상의 절대적인 자율성 추구에서 벗어나도록 요구하는 것처럼, 민중문화 연구는 민중문화 공간이 오늘날 전통처럼 민중문화를 구성하고 있는 근대적 행위자들과 분리된 자족적인 원주민 공동체일 것이라는 가정을 해체할 것을 요구한다. 즉 그 공간이 문화산업, 관광 그리고 상징재화와 국내외 시장 간의 정치적·경제적 관계 등으로부터 분리되어 있다는 가정을 말이다.

아직도 배타적인 전통에서 시작해 충분한 독립성을 가지고 미적 행위를 만드는 원주민 집단이 존재하고, 이들은 식민 이전과 식민 시기의 일상적인 관습이나 제의 내에서 미적 행위를 재생산한다. 거의 모든 사회학처럼 근대 도시의 발전을 중심으로 하여 센서스, 통계, 설문조사를 통해 라틴아메리카에 대해 일반적인 설명을 하는 문화사회학의 위험은, 옛것의 이러한 다양성과 완고함을 망각하는 것이다.

그러나 이와 반대로 인류학자와 민속학자 사이에서 나타나는 빈번한 위험은, 대륙의 거대한 다수 원주민들이 수십 년 전부터 이주, 혼혈, 도시화, 근대세계와의 다양한 상호작용을 경험하고 있다는 점을 간과하고, 소수 집단에만 관심을 기울이는 태도이다. 이런 식으로, 수공예업과 예술의 교차에 대한 연구는 전통과 근대 사이의 대립이라는 본질적인 논쟁으로 이어진다. 그리고 더 나아가 이 대립은 오늘날 스스로의 분리를 통해서 이러한 분열을 무대에 올리는 두 학문, 즉 사회학과 인류학 사이의 대립으로 이어진다.

이 논쟁에 들어가기 전에, 예술과 수공예업의 대립을 사회문화적인 과정—단지 미학적인 문제가 아니라—으로 고려하려는 다른 이유는, (고급 혹은 민중)예술로 신성화된 독특한 생산물의 세계보다 더 광범위한 영역을 포함하는 것이 필요하기 때문이라고 말하고 싶다. 위대한 예술작품이 되려는 많은 작품들이 지난 세기의 미적 모델을 반복하고 있는 것과 마찬가지로—따라서 예술 공원, 대형 마켓, 지역문화 센터 등 낮은 적통성의 장에서—, 대부분의 수공예품들은 미적 열망을 가지고 있지 않다.

페루, 에콰도르, 과테말라, 멕시코 등 수공예업이 가장 번성한 라틴아메리카 국가들에서, 대부분의 수공예업자들은 형식이나 의미를 새롭게 하기 위해서가 아니라 생존을 위해서 작업을 하고 있다. 우리가 예술이라고 부르는 것은 위대한 작품에서 정점에 달하는 것일 뿐만 아니라, 사회가 자신의 시각적 생산물을 실현하는 장소이기도 하다. 예술품 및 예술품의 유통과 소비가 사회적인 것이 조직되는 분류체계를 이해하기 위한 적절한 장소가 되는 이유는 이러한 광범위한 의미에서이다.

인류학 대 사회학

두 학문 사이의 차이와 상호 몰이해는 전통적인 것과 근대적인 것을 탐구하는 대립적인 방법론에서 기인한다. 인류학은 원주민 마을이나 농촌 마을을 연구하는 것을 선호한다. 인류학 이론과 그 방법론은 전통사회의 관습 및 친족관계와의 관련 속에서, 그리고 제의 및 신화와의 관련 속에서 형성된다. 반면, 사회학은 거시사회적인 문제와 근대화 과정을 이해하는 데 더 많은 시간을 할애한다.

  이 두 학문은 지속적인 요소와 변화하는 요소를 평가하는 데 있어서도 대립된다. 오늘날 쉽게 일반화할 수는 없지만, 민속학자와 함께 인류학자는 수십 년 동안 옛것과 지역적인 것, 사회성의 전근대적인 형식과 유물 복구의 전문가였다. 사회학을 단일화하는 것 역시 쉽지 않지만 과학적 학문으로서 그 기원은 산업화와 관련되어 있고, 아직 많은 사회학자들이 정치적·사회적인 관계의 전통적인 조직—예컨대 대부代父와 친족관계—을 단순히 '개발에 대한 방해물'로 간주하고 있다는 점을 우리는 알고 있다.

  원주민과 농민 세계에 대한 자신들의 선호를 정당화하기 위해, 인류학자들은 라틴아메리카에 3,000만에 달하는 원주민들이 서로 다른 영토와 그들 자신의 언어(몇몇 지역에서는 이들 언어 사용자들이 늘고 있다), 정복 이전에 시작한 역사, 차별적인 노동과 소비 관습 등을 가지고 지속적으로 존재하고 있다는 것을 강조한다. 억압과 문화 해체에 대한 5세기에 걸친 이들의 저항은 자율적인 정치경제 조직들 속에 표현되어 있다. 즉 "잔여적인 현상, 설명할 수 없는 시대착오주의, 더 나아가 별다른 중요성도 없는 민속적 요소"로 이들을 평가할 수 없다는 것이다.[30] "민족 집단이 '잠재적인 국민', 즉 구체적인 역사의 사회적 장이 될 수 있는 단위"라는 점을 인정해야 한다고 말이다.[31]

인류학의 이런 경계설정은 민족지적 묘사를 소규모 공동체의 전통적 측면에 집중하게 하고, 그들의 내적 논리를 과대평가하게 한다. 한 집단을 다른 집단과 구별 짓거나 서구의 침투에 대한 저항을 지나치게 강조하면, 국민 사회와의 점증하는 상호작용, 나아가 국제적인 경제 및 상징시장과의 상호작용을 간과하게 된다. 혹은 그것들이 메마른 "문화 간 접촉"으로 축소되는 것이다. 이렇게 해서 인류학은 어떻게 원주민 집단이 그 내부에서 자본주의적 발전을 재생산하는지, 혹은 자본주의 발전과 함께 복합적 체계를 어떻게 구축하는지를 해석하기 위한 유용한 개념을 만들어 내지 못한다. 또 갈등 자체가 거의 인정되지 않았을뿐더러, 갈등은 마치 '식민' 사회와 민족 집단이라는 두 개의 동질적인 집단 사이에서만 나타나는 것처럼 보인다. 민족 연구는 오직 사회를 '공동체'로 간주하는 평등주의적인 혹은 호혜적인 사회관계들만을 기록한다. 이 관계를 통해 그들은 '침략적'

---

30) Guillermo Bonfil ed., *Utopía y revolución. El pensamiento político contemporáneo de los indios en América Latina*, México: Nueva Imagen, 1981, p. 27.
31) ibid., pp. 30~31.

힘에 맞섰을 때 내부의 불평등 없이 하나의 공동체가 되는 것이다.

　근대화의 변화를 설명하려는 몇몇 저자들은——외적인 지배와 더불어——피지배 문화에 의한 외부 문화요소의 전유를 인정하지만, 그럼에도 불구하고 오직 특정 집단이 '자신의 이익'에 따라 받아들이거나, 그 집단이 '저항'의 의미를 부여할 수 있는 변화들만을 고려할 뿐이다. 따라서 지배자들이 자신들의 문화를 재구조화하는 것을 특정 민족이나 대부분의 민족들이 용인하는 과정에 대한 분석은 거의 존재하지 않는다. 자발적으로 서구의 생산형식, 건강관리제도 혹은 종교(가톨릭부터 오순절 교회까지)에 종속되고, 근대화의 변화와 국민 사회에 대한 정치적 통합을 마치 자신들의 기획처럼 구체화하는 과정 말이다. 이처럼 원주민과 농민들의 전통문화가 '민중문화'의 혼종적 형식을 만들면서, 도시 대중문화와 통합적으로 수렴되는 과정에 대한 연구는 아직 적은 것이다.

　어려움은 인류학적 민족지학의 고전적 스타일을 도시의 민중문화에 적용했을 때 보다 심해진다. 어떻게 대도시로 이주하는 수백만에 달하는 원주민과 농민들을 조사하고, 노동과 소비산업 조직에 종속된 노동자들을 조사할 것인가? 소외 부문이 선택됐는지, 작은 분석단위——구역, 민족집단, 문화적 소수자 등——가 잘 드러났는지, 심층 면접과 집중 관찰 기법만을 사용했는지, 폐쇄적인 체계로서 그들을 연구했는지에 대해 답하기는 불가능하다. 이러한 연구는 곧잘 미시사회적인 문제에 대해 알차고 독창적인 정보를 제공한다. 그러나 그들의 이해 전략은 시카고 학파식의 도시 인류학의 구축, 즉 도시적 삶의 의미에 관한 통합적 관점을 제약했다. 라틴아메리카의 거의 모든 인류학에 에우니세 히베이루 두람의 브라질에 대한 언급을 적용할 수 있다.

······ 도시에 대한 인류학이 도시에서의 인류학보다 덜 실행되었다······.
인류학의 주제, 개념, 방법론을 가지고 진행된 작업이지만, 도시 거주인
구에 대한 연구에 치중되었다. 따라서 도시는 연구 대상이라기보다는 연
구의 장소인 것이다.[32]

인류학자인 우리가 오히려 연구 대상인 사회집단보다 근대성에 들어
가는 데 더 많은 어려움을 가지고 있는 것처럼 보인다.

이런 연구의 다른 특징은 헤게모니의 근대적 형식에 대해서는 거의
언급하지 않는다는 점이다. 멕시코에 대한 조사 결과에서 기예르모 본필
이 지적한 것처럼,

······ 민중문화에 대한 인류학 연구의 대부분은 명시적이건 암묵적이건
간에, 오늘날 연구 대상이 다른 문화라는 가정에서 출발한다. 연구가 비
원주민 농촌 공동체나 도시 부문을 언급하는 경우에도 그렇다.[33]

"민중문화들은 본래적인 문화이고, 서로 다른 문화들"이라는 가정
에 의해 구별되는 민족지적 전통은, 민중문화를 지배체계의 일부분이거

---

32) Eunice R. Durham, "A pesquisa antropológica com populações urbanas: problemas e perspectivas", ed. Ruth Cardoso, *A aventura antropológica*, San Pablo: Paz e Terra, 1986, p. 19. 이 연구자의 다른 글은 여기서 우리가 언급하고 있는 방향의 전환이 의미하는 바를 잘 보여 준다. "A sociedade vista da periféria", *Revista Brasileira de Ciencias Sociais*, no. 1, 1986.
33) Guillermo Bonfil Batalla, "Los conceptos de diferencia y subordinación en el estudio de las culturas populares", ed. Guillermo Bonfil Batalla, *Teoría e investigación en la antropología social mexicana*, IZTAPALAPA, México: CIESAS-UNAM, 1988, pp. 97~108.

나 하위문화로 간주하는 것에 반대한다.[34] 지배 문제를 포함하여 분석하고, 민중문화의 발생 원인으로 전체 사회유산의 불균등한 분배를 인정하고 있는 기예르모 본필조차도, 인류학 연구의 특수성은 차이들을 연구하는 것에 있다고 간주한다.

두 개의 논리가 이러한 선택을 지지해 준다. 하나는 인류학과, 사회적 과정에 '장기 시간성', 즉 '통시적 층위'을 포함시키는 역사학의 결합을 이용한다. 식민화의 시작부터 원주민 집단을 지배하기 위한 수단은 그들의 차이를 유지하는 것이었다. 종속의 구조가 변했다고 할지라도, 민중계급의 문화가 달라야 할 필요성——지배자와 민중계급의 서로 다른 이유로 인해——은 지속된다. 두번째는 오늘날의 민중문화를 관찰할 때 나타난다. 언어가 변했고 전통 복식을 벗어 버린 마을을 포함해 메스티소 농촌 마을에서 "물질문화, 생산 활동, 소비 기준, 가족 및 공동체 조직, 의료와 요리 관습 상징세계 대부분"의 측면들이 존속되고 있다. 다시 말해, 이들 집단에서 탈원주민화가 본래적 민족정체성과의 단절을 야기하지만, "그들의 사회가 오랜 역사를 통해 만들어 낸 문화유산의 보관자"로서 서로 다르다는 의식은 지속적으로 유지되는 것이다.[35] 여전히 단절이 보다 급격하게 나타나고 있는 도시에서도 많은 원주민 혹은 농민 출신의 이주자들은,

…… 그들의 공동체와 연결을 유지하고 있고, 주기적으로 관계를 새롭게 한다. 상황이 허락하는 한 도시에서도 농촌처럼 생활을 유지하기 위해서 조직화되는 것이다. 즉 그들은 고향 사람들과 공동 생활을 하기 위해 도

---

34) ibid.
35) ibid.

시의 작은 공간을 차지한다. 또 출신 마을이나 지역에 따라 서로 조직하고 부조한다. 그들은 자신들의 언어로 소통하고 축제를 연다.[36]

많은 인류학자들이 전통문화에 주목하는 것은 근대화 효과에 대한 그들의 비판적 관점과 연결된다. 이들은 사회 전체, 특히 민중계층에 있어—전통적인 생활 형식을 피폐화하는 것 이외에—대규모 이주, 뿌리뽑힘, 실업, 과도한 도시 성장을 야기하는 근대 발전이 갖는 의미에 대해 문제를 제기한다. 또한 민족적 요소와 농촌적 요소를 낙후된 것으로 사고하고, 이를 선험적으로 발전으로 간주되는 산업과 도시의 성장으로 대체하려는 모든 개발주의에 열정적으로 반대한다. 이렇게 원주민과 농촌 전통의 재활성화에서, 그들의 앎과 기술에서, 그리고 자연을 대하고 사회문제를 공동체적으로 해결하는 그들의 방식에서 보다 덜 종속적이고 보다 덜 퇴락한 개발 스타일을 모색하는 것이다.[37]

최근 20년 동안, 문화사회학과 정치사회학은 이와는 반대로 근대화라는 관점에서 민중문화를 바라보는 대립적인 모델을 만들었다. 이들은 원주민 집단을 제거하고, 축소하고, 종속시켰던 국민 통합의 기획이 달성한 상대적인 성공에서 출발한다. 이것에 대한 하나의 증거가 언어적 통일성이다. 또 다른 증거는 근대 교육인데, 스페인어와 포르투갈어라는 두 주요 언어를 통한 문해 교육, 그리고 각 사회 구성원들이 국가 정치제도뿐만 아니라, 노동시장과 자본주의 소비시장에 참여할 수 있도록 해주는 지식

---

36) Bonfil Batalla, "Los conceptos de diferencia y subordinación en el estudio de las culturas populares".
37) Arturo Warman, "Modernizarse ¿para qué?, *Nexos* no. 50, 1982; Guillermo Bonfil Batalla, *México profundo*, México: Grijalbo, 1990.

형식을 포함한다. 세번째는 근대 자유주의 원칙에 기초한 가족과 노동 관계의 조직 방식이다.

이러한 역사적인 경향은 산업화에서 라틴아메리카 발전의 역동적인 요소를 발견한 이원론적인 사회학 이론에서 강화되었다. 또한 이 학문은 전통적이고 농경적인, 혹은 '중세적인' 잔여물들에 맞서 투쟁하는 역할을 수행했다. 민중의 '뒤처짐'은 비판받았고 이 시기 사회학이 사회경제적인 모델 논쟁에 치중했기 때문에, 아주 소수의 연구들만이 하위주체 문화를 이해하는 데 관심을 보였다. 라틴아메리카 사회학자가 문화, 특히 민중문화를 헤게모니와 동의의 절합 요소들 중 하나로 연구하기 시작한 것은 거의 모든 근대화와 사회변혁 프로그램(개발주의, 민중주의, 맑스주의)이 위기에 봉착한 최근의 일이었다.

그람시적 헤게모니 개념에 기대고 있는 정치사회학 연구와 재생산 이론에 의해서 지도된 문화사회학 연구가 1980년대에 두드러진다. 이 두 입장은 사회구조의 재생산을 보증하는 근대 문화자본의 지속성 내에서, 그리고 차이의 재생산 메커니즘으로서의 이 자본의 불균등한 전유 내에서 헤게모니 계급이 자신의 위치를 공고화하는 방식을 설명하기 위해서 자주 결합된다. 그러나 그것은 민중문화의 경험적 인식에 대한 많은 관심에도 불구하고, 자주 일상생활을 거대 이론을 통해 바라보고, 이 이론에 적합한 요소만을 선택했다. 이 관점은 하위주체 문화의 과도한 자율화를 통해 만들어진 이상화에 문제를 제기할 수 있는 장점을 갖고 있다. 이 이상화는 하위주체 문화를 민중의 창조력의 표현으로 간주하는 사람들, 혹은 산업화에 선행하는 전통의 자율적 축적으로 간주하는 사람들에 의해서 만들어진다. 전체 사회구성체 내에 민중적 행위를 위치시킬 때, 재생산론자들은 하위주체 문화를 경제적·문화적 재화의 불균등한 분배의 결과로 이해한다. 덜 '숙명주의'적인 그람시주의자들은 이러한 종속을 상대화한다. 왜냐하면 그들은 민중계급의 일정한 저항력과 주도권을 인정하기 때문이다. 그러나 이는 늘 헤게모니 집단과의 모순적인 상호관계 내에서이다.

이러한 맥락에서, 라틴아메리카에는 그람시가 문화의 개념에 부여했던 그런 구성요소를 지닌 민중문화가 존재하지 않을 것이라고 주장되어 왔다. 다시 말해 ⓐ 세계에 대한 개념, ⓑ 특화된 생산자들, ⓒ 두드러진 사회적 보유자들, ⓓ 사회전체에 통합시키고, "그것을 유기적으로, 그리고 통합적인 형식으로 생각하게" 하는 능력, ⓔ 헤게모니 투쟁을 가능하게 하는 능력, ⓕ 물질적이고 제도적인 조직을 통한 표현 등이 존재하지 않을 것이라고 간주되었다.[38] 라틴아메리카의 다민족 국가에서 일상적으로 '민중문화'로 정의되는 것은 그람시적인 의미에서의 민속 개념과 보다 가까운 것이다. 문제는 이 오래된 실천과 상징적 세계가 근대성의 진전에 의해 소멸하거나 약화되어 갈 것이라는 점이다. 민속의 생산자이자 사용자들을 뿌리 뽑는 농촌에서 도시로의 이주 속에서, 문화산업과 학교 교육에 대항해 이들의 상징적 체계는 "매우 다른 세계에서 포착해 낸 다양한 문화 지층과 이질적인 요소들이 공존하는 의식의 파편적이고 어수선한 상태들"만을 제공할 수 있다.[39] 민속은 원주민 공동체나 농촌 지역, 그리고 "도시의 극도로 소외된 지역"에서 특정한 통합과 저항을 유지한다. 그러나 이 지역에서도 정규 교육에 대한 요구가 증가하고 있다. 전통문화는 산업

---

38) 이것은 호세 호아킨 브루네르가 만든 방식이다. José Joaquín Brunner, "Notas sobre cultura popular, industria cultural y modernidad", *Un espejo trizado*, Santiago: FLACSO, pp.151~185.
39) ibid.

적으로 그리고 대량 생산된 정보, 소통, 오락과의 증가하는 상호작용에 노출되어 있다.

> 우리의 대도시 거주지 혹은 빈민가는 트랜지스터 라디오로 가득 찼고, 텔레비전 중계탑이 농촌 지역에도 설치되었다. 록 음악은 다양한 사회 집단을 통해 교차하는 청소년 축제의 보편 언어이다.[40]

이러한 두 패러다임 사이의 갈등을 이해하는 방법은, 인류학과 사회학의 분기가 문화 발전의 분리된 두 양상의 존재와 조응한다고 가정하는 것이다. 한편으로 전통적인 생산과 소통 양식이 지속되고, 다른 한편으로 도시적인 대량 유통이 존재한다면, 각각에 대해 고민하는 서로 다른 학문의 존재가 논리적인 것처럼 보인다. 민중문화의 끝없는 저항과 냉혹한 근대화에 찬성하는 입장들은 지역에 따라서만 진실한 것이 아닐까? 앞의 입장은 안데스와 메소아메리카 지역에, 두번째는 코노 수르 cono sur와 대도시에 주로 존재한다. 이 문제는 하나의 경향을 일반화하지 않고, 유일한 문화정책이 있다고 가정하지 않을 때 해결될 것이다. 또 이러한 분리가 어떤 타당함을 가질지라도, 전통, 근대, 탈근대 사이의 관계에 대한 전체 분석의 기본적인 문제들을 해결하지 못할 것이다.

문제를 다루는 다른 방식은 민중문화의 위기와 엘리트 문화의 위기를 다룰 때 나타나는 유비에서 출발하는 것이다. 우리는 또한 예술에 대한 앞 장들에서 유일한 근대성의 형식은 없다고, 다양하고 불균등하며 때로는 모순적인 형식들이 존재한다고 결론 내렸다. 민중문화의 변형뿐 아니

---

40) ibid.

라 고급예술의 변형 역시 우리 대륙에서 근대화 기획의 이질적인 실현을 보여 주는 데 일치한다. 또한 그것들은 오래된 토착 전통, 가톨릭 식민주의적 스페인주의, 각국의 고유한 사회문화적 발전과 자유주의적 이성주의 모델의 다양한 절합을 보여 준다. 그럼에도 불구하고, 이러한 이종성의 특색을 탐구할 때 학문들 간의 불일치가 다시 나타난다. 인류학자는 차이, 다양성, 문화적 복수성이라는 개념을 통해 이런 현상을 이해하려고 한다. 반면에, 사회학자는 "문화의 단순한 겹침"으로서의 이종성 개념을 거부하고, "지역의 문화구조에 모든 곳에서 예측하지 못한 방법으로 '침투하는' 국제 메시지 시장에의 파편적이고 차별적인 참여"를 다루고자 한다.[41]

지금으로서는 문제에 대한 두 접근 방법은 자신들의 이론적 유용함을 보여 주었다고 덧붙일 수 있다. 메트로폴리스에서 탄생한 근대성의 일반화 과정 속에서 민족중심적인 것으로 간주되는 요소들의 진면목을 드러내기 위한 인류학적 훈련은 불가피하다. 다른 한편으로, 갈등을 상징화하기 위한 지역적 형식, 그리고 사회적 합의를 이루거나 각 민족들을 자신의 기획 내에 동원하기 위해 문화적 결합을 이용하려는 지역적 형식들을 인식하기 위한 인류학적 훈련 역시 불가피하다. 동시에, 사회학적 관점은 지역적 정체성의 허구적인 고립과 정체성에 대한 일상적인 집착을 피하게 하고, 개별 그룹들의 문화를 세계 시장에 종속시키는, 혹은 적어도 상호작용하게 하는 움직임들이 각 문화를 어떻게 재조직화하는지를 분석하는 데 기여한다.

---

41) Brunner, *Un espejo trizado*, pp.215~218.

6장
민중적인 것, 대중성
— 정치적인 재현에서 극적인 재현으로

6장_민중적인 것, 대중성
정치적인 재현에서 극적인 재현으로

민속 연구자에 의한 지역 문화의 무대화가 설득력을 가졌던 반면, 대중매체는 민중 전통에 대한 가장 큰 위협으로 간주되었다. 엄격하게 말해 아메리카 토착 문화의 동질화 과정은 라디오와 텔레비전보다 훨씬 전에 시작되었다. 즉 그것은 정복과 식민화의 민족문화 파괴 작전에서, 다양한 종교 집단에 대한 폭력적인 기독교화에서, 그리고 국민국가 형성기의 단일 언어 교육과 도시 공간의 식민적 혹은 근대적 조직에서 시작된 것이다.

민중문화가 대중화된 기원을 전자매체에 돌릴 수는 없다. 이런 착오는 커뮤니케이션에 대한 초기 연구에서 시작됐다. 이 연구는 **대중문화**가 전통적 고급문화 요소와 민중문화 요소를 대체할 것으로 예상했다. 또한 '대중문화'는 사회구조 내에서 20세기 중반까지 문학과 예술이 가지고 있던 것과 같은 내재적 논리를 가진 독자적인 장으로 간주되었다. 즉 그 행위자들의 위치와 관객의 팽창에 의해 결정된 하나의 하위문화로 말이다.

커뮤니케이션 연구자들은 일간지와 잡지의 독자, 그리고 라디오와 텔레비전 시청자의 급작스러운 증가에 의미를 부여했고, 상징적 변화를 메시지들의 거대한 양적 충격에서 나온 결과들의 합으로 간주했다. 오늘날 전자매체는 근대사회의 보다 일반적인 경향 속에서 재위치된다. 산업화와 도시화, 대중 교육, 노동 및 정치 조직 등은 신문, 라디오, 텔레비전이 나타나기 전인 19세기부터 많은 규범에 따라 사회 생활을 재조직했다.

대중문화 개념은 사회가 대중화되었을 때 이미 나타났다. 라틴아메리카에서 근대 커뮤니케이션 매체에 의해 촉진된 변화는 민족들의 통합과 서로 연결되었다. 몬시바이스는 멕시코인들이 라디오와 영화에서, 민족적이고 지역적인 분리를 넘어서는 전체로서 스스로를 인식하기 시작했다고 언급했다. 즉 전에는 낯설고 단절되었던 말하기 방식, 복식, 취향과 관습 코드 등이 이제는 미디어들이 도시 대중을 재현하고 이들에게 국민 정체성을 부여하기 위해 사용하는 언어 내에서 함께 결합한다.[1] 마르틴 바르베로는 국민적 기획이, 커뮤니케이션 기술에 의해 고무된 대중과 국가의 결합을 통해 보다 공고화된다고 말한다. 국가를 만드는 것은 한 지역의 생산품을 다른 지역에 도착하게 하는 것만이 아니다. 더 나아가 통합된 정치적·문화적 기획 및 시장의 발전을 도와주는 공통된 상징적 소비를 요구하는데, 이 과정을 통해 미디어에 의해 시작된 통합이 내셔널리즘적 민중주의와 결합하게 된다. 각국이 단순하게 '나라들의 나라'에 그치지 않는 데에는, 라디오가 연대적인 형식으로 다른 지역의 구전문화들을 다시 받아들이고 수많은 '통속성들'을 도시에서 재평가한 것이 결정적이었다. 영화나 부분적으로는 텔레비전이 했던 것처럼, "국민의 개념을 감성과 일상성"으로 번역해 낸 것이다.[2]

---

1) Carlos Monsiváis, "Notas sobre el Estado, la cultura nacional y las culturas populares", *Cuadernos políticos* no. 30, 1984.
2) Jesús Martín Barbero, "Innovación tecnológica y transformación cultural", *Telos* no. 9, 1987.

첫번째 단계의 사회정치적 대중화, 그리고 미디어와 민중주의의 결합에 의해 촉발된 두번째 단계에 이어, 세번째 단계에서 매스 커뮤니케이션은 개발주의적 혁신의 대리인으로 등장했다. 생산이 산업화되고 근대적 소비 재화가 다양화(자동차, 전자제품 등)되는 동안, 텔레비전은 그 재화들을 광고하고 소비자들의 기호와 정보를 새롭게 했다. 예술가는 새로운 사물과 기계를 아이콘화하고, 미디어와의 인터뷰를 통해 미디어의 추천을 기대했다. 라디오와 영화에 의해 사회적 적통성을 얻고 보급될 수 있었던 민중예술은, 이제 텔레비전 프로그램을 통해 민속을 이해하는 관객들을 고려해서 재가공된다.

이러한 기능 변화 속에서 기존의 정의들이 동요한다. 즉 대중의 문화cultura de masas, 대중을 위한 문화cultura para las masas 그리고 문화산업이란 무엇인가? 아마 방기되었던 개념들의 기록일 수도 있는 이른바 대중문화에 대한 역사를 쓸 수 있을 것이다. 그것은 30년 혹은 40년을 넘지 않는 기간이기 때문에 인상적인 이야기가 될 것이다.

20세기 중반에 대중의 문화가 언급되었다. 라디오와 텔레비전 같은 새로운 매체를 대중이 소유한 것이 아니라는 사실이 곧 드러났지만 말이다. 대중을 위한 문화라고 부르는 것이 보다 정당해 보였다. 그러나 이 개념은 미디어의 전적인 조작을 믿고, 미디어의 메시지가 수동적인 수용자로서 대중을 대상으로 하고 있다고 가정하는 커뮤니케이션의 일방적 관점에 기반하고 있었다. 문화산업이라는 개념은 프랑크푸르트학파가 묵시론적일 만큼 혁신적인 연구를 생산하는 데 유용했다. 이 개념은 문화적 재화가 수공예적이거나 개인적으로 만들어지는 것이 아니라, 다른 산업 생산품처럼 노동 관계, 기술 수단, 기계 등을 통해서 매번 더 많이 생산되고 있다는 것을 언급할 때 도움이 된다. 그럼에도 불구하고, 이러한 강조는 무엇이 생산되고, 수용자에게 **무슨** 일이 일어났는지는 거의 다루지 않는다. 또한 엄격하게 말해 이 개념은, 문화생산이 상징재화의 단순한 산업적 생산을 넘어서 정보소통적이고 의사결정 과정을 포함해 내는, 전자적이고 텔레마틱한 처리 과정을 포함하지 않는다.

결론적으로 말해, 우리는 아직 진행 중이고 결정되지 않은 이야기를 성급하게 정리하지는 않을 것이다. 다만 우리가 이 움직임에서 문화연구에 포함해야 할 여러 가지 어려운 경향들에 직면하고 있다는 점만을 기록하고자 한다.

① 고급문화 요소와 민중적 요소라고 우리들이 명명했던 것을 재조직하는 산업적, 전자적 그리고 정보적인 새로운 **생산과정**.
② 때때로 새로운 재화 형식으로 등장하는 **다른 형태들**(사진과 카툰에서 텔레비전과 비디오까지).
③ 기술과 형식의 변화에만 조응하는 것이 아니라, 전통적이든 근대적이든 모든 상징재화에도 적용가능한 대량적이고 국제적인 **유통과정**.
④ 텔레비전이나 컴퓨터 화면 앞에서 많은 시간을 보내게 하는 개인적인 집중에서부터, 소통과 비판적 통합을 강화하기 위해 대안교육 집단이 기획하는 비디오의 수평적인 사용까지의 매우 다양한 **수용**과 **전유**의 새로운 형식들.

이렇게 다양한 형식과 과정을 단일한 이름 아래 통합하는 것은 불가능하다. 대중의 문화 혹은 대중을 위한 문화 같은 몇몇 용어들은 그것들이 가장 최근의 모습이 아닌 단지 한 측면만을 나타내고 있다는 점에 주의한다면 사용가능하다. 즉 문화산업, 전자 문화 혹은 전자 통신 같은 개념들은 기술적이고 세부적인 측면만을 지시할 때 적절하다는 것이다. 그러나 아직도 가장 어려운 작업은 이런 혁신들의 결합을 통해 일어나고 있는 전지구적 문화과정을 설명하는 것이다. 새로운 상징적 매트릭스가 드러나고 있는데, 이 안에서 미디어뿐만 아니라 대중문화 또한 분리된 방식으로 작동하지 않는다. 그 효율성 역시 수용자의 수에 의해 평가되는 것이 아니라 기존의 대량화 방식들을 초월하는 사회적 의미의 재형성 과정의 일부분으로 평가된다.

커뮤니케이션: 관객의 구성

이 과정에서 민중적 요소로 정의되던 것 중 무엇이 남는가? 한편으로 전자 커뮤니케이션 매체와 전통 민중문화가 사회적인 것의 상징적 극화인 한, 전자 커뮤니케이션 매체는 전통 민중문화와의 주목할 만한 연속성을 보여 준다. 미디어가 현실을 왜곡하는 한, 민속이 진정하게 재현할 수 있는 현실이란 존재하지 않는다. 동화의 낭만주의적인 이상화는 지나치게 텔레비전 드라마와 유사하고, 공포 이야기에 대한 선호는 탐정물이 보여 주는 것과 다르지 않다(또한 이런 종류의 신문과 텔레비전 프로그램이 큰 대중적 반향을 일으킨다는 것은 이미 알려져 있다). 멜로드라마의 서사 구조, 블랙유머, 영웅과 반영웅의 구성 그리고 사물의 '자연적인 질서'를 복제하지 않고 위반하는 사건들은, 이른바 대중문화를 민속의 커다란 경쟁자로 만드는 또 다른 공통점들이다.

미디어는 "모험, 연재소설, 미스디리, 축제, 유머 등 고급문화에 의해 부정적으로 간주되었던 모든 영역을 감당"하여,[3] 민속이 결코 달성하지 못했던 효율성을 가지고 헤게모니 문화에 그것들을 포함하려 했다. 라틴아메리카 모든 나라의 라디오와 몇몇 나라에서의 영화는, 지배적인 회화와 서사 그리고 음악까지도 관심을 두지 않았던 민중 언어와 신화소들을 무대화했다. 그러나 동시에 민중적 특성을 전통적 요소, 근대성, 역사, 정치와 절합하는 다른 방식을 이끌어 냈다.

시장 조사자들이나 텔레비전 방송국 책임자들에게 민중은 무엇인가? 그들에게 민중은 시청자 수, 한 가수의 월평균 음반 판매량 그리고 광고주 앞에 제시할 수 있는 통계라 할 것이다. 미디어에 있어 민중성은 전통의 결과가 아니고 집단적인 '개성'도 아니다. 또한 그들의 수작업적, 수공예적, 구전적, 정리하자면 전근대적인 성격에 의해 정의되지도 않는다. 커뮤니케이션 학자들은 전자매체로부터 만들어진 현대의 대중문화를 지역적인 차이의 결과가 아니라, 문화산업의 통합적인 전파 행위의 결과로 간주한다.

미디어에 의해 구축되고 관련 영역 연구에 의해 상당 부분 받아들여진 민중적이라는 개념은 시장의 논리를 쫓고 있다. '민중적인 것'은 대량으로 판매되는 것이고, 대중의 기호에 부합하는 것이다. 엄격하게 말해, 시장과 미디어는 민중적인 것을 좋아하는 것이 아니라 대중성popularidad을 선호한다. 그들은 민중적 요소를 전통 혹은 문화로 보존하는 것에는 관심을 갖지 않는다. 문화산업은 역사적인 기억의 형성보다는 수용자와 발화자들 사이에 **동시적인 접촉**을 만들고 새롭게 하는 과정에 더 관심을 가지고 있다. 또한 문화산업은 폭력과 저항을 환기시키는 '민중'이라는 단어를 불편해한다. 명사 **민중**에서 형용사 **민중적**으로의 이전, 그리고 **대중성**이

---

3) Aníbal Ford, "Las fisuras de la industria cultural", *Alternativa latinoamericana*, 1988, pp. 36~38.

라는 추상명사로의 이전은 하나의 중화 작용이고, 민중의 정치적 감수성을 통제하기에 유용한 것이다.[4] 민중이 위험과 소요의 장소일 수 있는 반면에, 대중성——어떤 질서와 유착되고, 특정 가치체계에서 일치된——은 여론조사를 통해 측정되고 조정된다.

정치 시위는 거의 예측할 수 없는 방식으로 민중의 존재를 구경거리로 만든다. 즉 거리에서 대중의 분출이 어떻게 종결될지 누가 아는가? 반대로 스튜디오, 텔레비전 채널 등 닫힌 공간에서 프로그램화되어 정확한 시간에 등장하고 끝나는 가수, 혹은 배우의 대중성은 통제된 흥행거리이다. 또한 이러한 대중적 반향이 가정 내 텔레비전의 체계화된 방송에서 희석된다면, 이는 보다 심하게 통제되는 것이다. 대규모 '쇼'에서 극적인 요소는 구경거리가 가지고 있는 구문론적이고 시각적인 구조와 설득력만큼이나 순위상의 지표와 대중적 인기에 토대하고 있다. 그러나 이는 결국 가정생활이라는 내적 규율에 감추어질, 거의 비밀스러운 흥행화이다. 민중은 출현되는 주체처럼 보인다. 또 대중성은 반복적 출현re-presentación의 극단적인 형식이자 사람들을 하나의 수치로, 또는 통계적인 비교로 축소하는 가장 추상적인 형식이다.

시장과 미디어는 민중적 요소를 지속되어야 할 전통으로 중요하게 간주하지 않는다. 반대로 우리는 민중적인 것이 지금 성공의 위치에 있다고 할지라도, 끝없는 쇠락의 법칙으로 인해 그 위치가 또한 무상함과 망각의 자리라는 것을 익숙하게 받아들인다. 올해 판매되는 것이 내년에도 지속적으로 가치가 있다면, 새로운 음반과 바지를 사지 않을 것이다. 대중적

---

4) Geneviève Bollème, *Le peuple par ècrit*, Paris: Seuil, 1986(스페인어판으로는 *El pueblo por escrito*, México: Grijalbo, 1990).

으로 알려진 민중적인 것은 영속하지도 않고, 경험으로 축적되지도 않으며, 성취를 통해 풍성해지지도 않는다.

민중적인 것에 대한 커뮤니케이션의 정의 역시 민속 연구가 부여했던 본질론적인 성격을 버린다. 민중적 요소는 민중 그 자체거나 민중이 가지고 있는 것으로 구성되는 것이 아니라 그들이 접근가능한 것, 그들이 선호하는 것, 그들이 집착할 만한 것, 혹은 그들이 자주 사용하는 것으로 구성된다. 이렇게 해서 민중적인 것은 외부로부터 주어진 것이라는, 민속적인 정의와 정반대로 대칭되는 뒤틀림이 만들어진다. 하위주체 문화를 정의하는 이러한 타율적인 방법은 부분적으로는 미디어에 부여된 전지전능성에 의해 만들어진다. 아직 우리들은 텔레비전이 초기 시청자 축적 단계에서 커뮤니케이션 학자들로 하여금 시청자 수의 배가 속도에 관심을 갖고 관찰하도록 유인했던 그 휘황찬란함에서 빠져나오지 못했다. 사회적 행동 관습의 각본을 만들기 위한 미디어의 무한한 능력에 대한 이런 신뢰에도 불구하고, 비판적인 텍스트들이 나타나고 있다는 점은 흥미롭다. 이 비판적인 텍스트는 문화의 민주적인 조직화를 위해 일하고, 미디어가 대중들로 하여금 구체적인 현실에서 눈을 돌리게 하고 있다고 비판하는 사람들에 의해 만들어진다. 대부분의 관련 연구는 매스 커뮤니케이션의 문제를, 초국적인 체계가 하위주체 계급의 취향과 의견을 강제하는 조작 행위로 환원한다.

1970년대부터 민중적인 것을 종속적이고 수동적이며 반영적인 단위로 개념화하는 것은 이론적으로도, 그리고 경험적으로도 문제시되었다. 이런 개념화는 권력을 더 이상 수직적으로 강요된 제도적인 구조들의 블록에 집중된 것으로 보지 않는, 그리고 그것을 산종된 사회적 관계로 간주하는 포스트푸코적인 개념들 앞에서 더 이상 지탱되지 않는 것이다. 권력은 몇몇이 부여받을 수 있는 어떠한 잠재력도 또한 아니다. 즉 "권력은 주어진 사회의 어떤 전략적 상황에 적합한 것이다."[5] 따라서 이른바 민중적이라고 부르는 부문들도 이러한 권력관계에 같이 참여하는데, 이 권력관계는 생산과 소비, 가족과 개인, 공장과 조합, 당파적 리더십과 기층 조직, 대중매체와 그들의 메시지를 받아들이고 재의미화하는 수용구조에서 동시적으로 형성된다.

라틴아메리카의 여러 나라에서 벌어지는 죽음의 축제나 카니발 같은 민중 축제에 관해 생각해 보자. 처음 그 축제들은 공동체의 축하 형식으로 나타났다. 어느 해에 관광객들이 도착했고, 곧 신문사 사진기자, 라디오, 텔레비전 그리고 그 외에 더 많은 관광객이 도착했다. 지역의 주최자들은 음료수 및 그들이 항상 생산하던 수공예품, 그리고 많은 방문객들을 활용하기 위해 만들어 낸 기념품 판매를 위한 가판을 설치했다. 게다가 그들을 촬영하고 영화화하려는 매체를 위해 허가비를 받았다. 대중매체, 축제 주최자, 음료수와 수공예품 그리고 기념품 판매자, 흥미를 잃게 되면 이 모든 과정을 망가뜨려 버릴 미디어의 시청자나 관광객들 중에서 권력은 어디에 위치하는가? 물론 그 관계들은 늘 평등한 것은 아니다. 그러나 권력과 사건의 구축은 근대적 상호교환과 재형성된 전통의 탈중심적이고 복합적인 조직의 결과이자 상호 결합하는 복합적인 행위자들의 결과이다.

비록 이제야 우리가 알게 되었지만, 수십 년 전부터 미디어와 민중문화 사이의 결합은 사회적 상호관계의 보다 광범위한 구조의 일부분을 형성했다. 이러한 결합을 이해하기 위해서는 "미디어에서 미디어 전유

---

5) Michel Foucault, *Historia de la sexualidad 1: La voluntad de saber*, México: Siglo XXI, 1977, p.112.

mediación"로의 변화가 요구된다고 마르틴 바르베로는 30년대와 50년대 사이 라디오의 영향력을 분석하면서 주장했다.[6] 그의 이런 분석은 민중주의 시기부터 "대중을 민중으로, 그리고 민중을 국민"으로 변화시켰던 호명과 결합했던 라디오의 능력에 주목한 것이다. 또한 도시화 과정과 관련하여 영화의 유효성에 주목해 보면 마찬가지의 일이 일어난다. 이는 영화가 이주자들로 하여금 도시에서 생활하고 표현하는 법을 배우고, 그들의 도덕성과 신화를 실현하도록 도와주기 때문이다. 라디오는 "언어를 국민화했다." 또한 텔레비전은 억양을 통일했고, 국민적인 요소가 국제적인 요소와 조화를 이룰 수 있는 이미지 목록을 제공한다.[7]

다음 장에서 커뮤니케이션 기술과 문화의 산업적 재조직화가 왜 전통을 대체하거나 동질적으로 대량화하는 것이 아니라, 앎과 감수성의 획득 및 혁신의 조건들을 변화시키는지를 잘 살펴볼 것이다. 이것들은 문화와 영토, 지역적 요소와 국제적 요소의 다른 결합 형태를 제안한다. 나아가 경험들을 확인하고 그 의미를 해독하는 다른 코드, 그리고 이 코드들을 공유하는 다른 방식을 제안한다. 또한 그것들은 실재에 대한 극적인 신뢰 관계를 새롭게 체계화한다. 이미 우리가 알고 있는 것처럼, 이 모든 것은 상업적 투자 관점에서 진행되는 문화의 재구조화와 관련을 맺고 있다. 비록 언급한 상징적 변화가 경제성을 달성하려는 부담에 의해서만 설명되는 것은 아니지만 말이다.

---

6) 미디어 전유는 마르틴 바르베로가 사용한 개념으로 미디어와 시청자 사이의 상호작용을 의미한다. 미디어 전유는 미디어의 관객들이 미디어가 생산하는 의미와 소통과정을 전유하는 문화적 단계를 지칭하는 것이다.―옮긴이
7) Jesús Martín Barbero, *De los medios a las mediaciones*, México: Gustabo Gili, 1987의 3장 참조. 우리는 이 주제에 대해 보다 확장된 관점을 얻기 위해 미디어의 사회문화적 기능에 대한 이 뛰어난 개념을 언급하고 있다.

이렇게 매스 커뮤니케이션이 다른 방식으로 민중적 요소를 무대화한 다는 것을 이해하면서도, 민중 부문이 이런 변화를 어떻게 확장하는지에 대해서 우리가 아는 것이 거의 없다는 점은 흥미롭다. 미디어의 절대 권력에 대한 비판이 의미를 조직하는 다른 수용 체계들(고급문화적인, 민중 전통적인)과 미디어가 어떻게 절합하는지에 대한 이해를 제공해 주지는 않기 때문이다.

담론들이 서로 다른 방식으로 수용되고, 의미의 유통에 있어서 선형적 관계도 단의적 관계도 존재하지 않는다는 사실을 인정하는 것으로는 충분하지 않다. '대중매체'적인 담론과 다른 사회적 중재자들의 상호작용이 일정한 효과의 장을 만들어 내고, 이 장이 생산의 관점만으로는 정의될 수 없다면, 문화산업의 작동을 이해하기 위해서는 미디어의 매개과정을, 그리고 담론과 그 효과 사이의 변화를 통제하는 규칙들을 살펴보아야 한다.[8] 그러나 시장과 소비자 의견에 대한 양적인 조사에 불과한 소비에 관한 빈약한 연구들은, 매스 커뮤니케이션과 민중의 수용 사이의 관계의 재형성을 파악하는 데 여전히 의미 있는 성과를 보여 주지 못하고 있다.

그럼에도 불구하고, 그것은 통학문적인 작업을 위한 적절한 장소이다. 커뮤니케이션의 문제는 일반적으로 관객이나 시장 조사에서 사용되는 것보다 예민한 개념과 방법론적인 수단을 요구한다. 그러나 **인류학** 이론과 관찰 기술, 즉 일상생활의 미세한 상호작용에서 직접적인 인식을 포착하기 위한 인류학의 훈련은, 미디어의 담론들이 문화사 및 민중 영역의 지각 관습과 이해에 어떻게 자리 잡게 되는지를 알게 해준다.

---

8) 엘리세오 베론(Eliseo Verón)은 그의 책에서 복합 사회에서 의미의 생산성을 선형적이지 않은 방식으로 분석하기 위한 일관성 있는 이론적 제안을 한다. Eliseo Verón, *La semiosis social*, Buenos Aires: Gedisa, 1987의 3장 참조.

민중주의: 행위자의 시뮬라시옹

민중주의에 대한 사회학과 정치학 연구는 증가했다. 그러나 권력을 구축하기 위해 문화를 사용했던 민중주의의 중심 문제는 거의 다뤄지지 않고 있다. 여기에서 민중주의의 상징실천에 있어 주요한 두 측면은 흥미롭다. 즉 민속을 질서와 동의의 토대로 전환하면서 민속을 근대화하고, 동시에 민중을 단순한 구경꾼으로 전락시켰던 경향을 바꾸고자 하는 기획이 그것이다.

민중을 독창적이고 창조적인 힘으로 바라보는 형이상학적 관점을 대표하여 전통을 고양하던 민속과 달리, 민중주의는 옛 문화자본 중에서 동시대의 발전과 양립가능한 요소를 선택한다. 단지 근본주의적 집단들만이 민중적 요소를 대지와 인종에 대한 애정, 즉 영토적이고 생물학적인 측면에 고착시킨다. 마치 이것들이 산업화 이전 단계에 존재했던 것처럼 상상하면서 말이다. 정치적 민중주의는 이러한 자연화 이데올로기에서 살아남은 것을 현재의 갈등 속에 재배치하면서 이용한다. 4장의 유산과 민간의 제의화에서 본 것처럼, 민중의 지혜와 창조성은 새로운 도전에 직면한 국민을 역사적으로 보존하기 위한 시도로서 무대화되었다. 국가 민중주의에서 민중의 전통적 가치는 국가나 카리스마를 지닌 지도자에 의해 취합되어 재현되며, 이들의 통치 질서를 적법화하고 민중 부문에게 그들을 포함하고 인정하는 체제에 참여하고 있다는 신뢰를 제공한다.[9]

---

9) 세 개의 서로 다른 나라들에 대한 참조가 있다. Juan Carlos Portantiero and Emilio de Ipola, "Lo nacional popular y los populismos realmente existentes", *Nueva Sociedad*, 1987, 5~6; Imelda vega Centeno, *Agrarismo popular: mito, cultura e historia*, Lima: Tarea, 1985; Pablo González Casanova, "La cultura política en México", *Nexos* no. 39, 1981.

민중적 요소의 무대화는 참여와 시뮬라크르의 혼합이었다. 바르가스 Vargas와 페론Perón부터 최근의 민중주의까지, 민중계급의 효과적인 재평가, 노동권의 옹호, 그리고 그들의 문화와 예술의 보급은 민중계급 재현의 상상적인 무대화와 같이 나타난다.

민중주의는 민중 부문으로 하여금 근대성, 즉 국가뿐만 아니라 다른 헤게모니 행위자들과 새로운 상호관계를 가능하게 한다. 일자리, 주거, 건강에 대한 그들의 요구는 부분적으로 받아들여졌고, 하위주체 집단은 정부 관리들과 접촉하는 방식, 문제해결 절차, 라디오와 텔레비전을 통해 발언하는 방식, 자신들을 존중받게 하는 법을 배웠다. 이 새로운 시민들은 비대칭적인 권력 관계 내에서, 가끔 상호작용과 물질적인 만족을 대체하는 제의화를 통해 새로운 시민이 될 수 있었다. 이 과정에서 정치적 민중주의와 문화산업의 수렴이 중요하다. 근대사회에서 민중이 대중으로, 그리고 수공예업 단계를 뛰어넘은 상징적 생산단계의 관객으로 존재한다는 것을 고려하여, 민중주의자들은 민중이 커뮤니케이션 활동의 수동적인 대상으로 남지 않도록 했다. 그들의 문화 프로그램──개인적이고 거주 공동체적인 관계에 기반한 커뮤니케이션과 정치적 연대의 전근대적인 형식들을 진흥하는 것 이외에──은 민중이 참여하고 행위하면서 등장할 수 있는 무대를 건설한다(항의 시위, 퍼레이드, 대중적인 의식 등).

최근의 세 가지 변화는 민중적인 것의 이러한 구축 형식을 약화시킨다. 하나는 문화산업에 의해 만들어진 변화에서 나온다. 다른 재화들처럼, 정치적 장의 재화들은 텔레비전, 라디오, 신문의 광고 논리하에서 유통될 때 새로운 의미를 갖게 된다. 선거 캠페인에 개입하는 것은 수백만 달러의 투자를 필요로 하고, 후보자의 이미지를 여론조사가 권장하는 것에 맞추게 하며, 메시지의 정치적이고 성찰적인 내용을 '제품'의 독특한 스타일

형성 과정으로 대체하게 된다. 얼마 전까지 수공업적이고 개별화된 소통을 자극했던 정치 담론의 최근 장르 중 하나인 벽보는 오늘날 광고 회사에 의해 디자인되어 대행사에 의해 부착된다. 이것은 아마도 직접적인 사회 참여와 정당 정치가 마케팅 행위로 대체되고 있다는 가장 명백한 증거일 것이다. 이러한 행위들(이미지를 개선하기 위한 후보의 성형수술, 안경이나 의상 변화, 커뮤니케이션 전문가로부터 조언을 듣기 위해 지불해야 하는 비용)은 선거 이전 구경거리의 일부가 되어 미디어에 의해 전파되고, 우리가 민중주의적 선전선동의 **탈핍진화**라고 부를 수 있는 것을 만들어 낸다. 물론, 이러한 상실은 사회경제적인 위기에 대한 정당의 무기력한 대응으로 인한 신뢰성과 대표성의 하락으로 강화된다.

민중주의를 손상시키는 다른 변화는 바로 국가의 신자유주의적인 재구조화와 경제위기이다. 분배할 잉여가 없는데 민중적인 이해의 부활을 어떻게 무대화할 것인가? 80년대의 불황과 정체, 지속적인 화폐가치의 하락 그리고 외채 위기는 70년대에 비해 소득 수준의 하락만을 가져온 것은 아니었다. 실업과 기초 생필품의 부족은 빈곤을 심화시킨 것 이외에도, 상징을 둘러싼 게임과 희망의 정치적 극화를 짓눌렀다.

정당에 대한 불신과 낮은 참여, 높은 선거 기권율(혹은 1주일 전까지도 결정하지 못하고 있는 상태)이 언론 정보의 과잉과 어떻게 결합되고 있는지가 연구되어야 한다. 그러나 이것은 토론과 성찰을 약화시키고 에피소드나 사회 갈등의 구경거리 측면, 나아가 추측성 기사를 남발하는 정치 저널리즘의 새로운 형식이다. 거의 모든 라틴아메리카 사회에서 정치적 당파에 대한 관심 쇠퇴는 1960년대에 비해 정치 일간지의 발행 부수 쇠퇴와 연결된다. 반대로 일상생활과 여가 관련 잡지 구독자는 증가했다. 이 잡지들은 사회와 정치 정보의 경우 분석보다는 인터뷰에, 그리고 공통의 시민적 주제보다는 유명인의 일상생활이나 취향에 집중한다. 이렇게 출판과 라디오 및 텔레비전 프로그램은 다양한 소비자 그룹을 위한 '만족할 만한' 해석, 우호적인 소문들, 오락, '사건의 장소'에서 얻어 낸 멜로드라마적인 경험을 만들어 낸다. 그러나 이 과정들은 이런 일들이 발생하는 사회구조를 문제화하지 않을뿐더러, 이 사회구조를 변화시킬 가능성 역시 기획하지 않는다. 민중운동과 정부 혹은 정당 기구 사이의 정치적 매개는 언론 매체의 정보 프로그램이 가진 상징적 매개로 대체되었는데, 이것은 우리가 정보를 얻고 있다고 가장하기 위한 재료를 제공한다. 문제가 해결될 수 없는 것처럼 보이고 책임자들이 무능력해 보일 때, 이 상징적 매개는 우리에게 마치 우리가 참여하고 있다는 환상을 만들어 낼 만큼 강렬하며 직접적이고, 또 빈번한 정보를 보상으로 제공하는 것이다.

이러한 변화가, 생산성의 문화에서 추측과 구경거리 문화로의 이전과 관련을 맺고 있다는 것은 명확하다. 고전적인 민중주의는 민중적인 것의 부활의 바탕을 노동문화에 두었다. 보다 적은 수의 노동자를 필요로 하고 그들의 전통적인 앎을 폄하하는 기술 혁신을 통한 산업 재전환은, 생산과정과 노동조건에 대한 고용주의 통제를 강화했다. 마찬가지로 그것은 노동조합의 권력을 약화시켰고, 또한 갈등이 기술적 요구보다는 사회적 측면에 의해 나타날 때 노동조합과 협상해 왔던 정치인들의 권력도 약화시켰다. 따라서 이제 민중주의에서 구할 수 있는 것은 소비(가계에서 보다 값싼 재화와 서비스 혹은 국영 교통수단을 소비하는 것)나 집단적 일체성을 보여 주는 구경거리 및 질서와 안정성에 대한 보증 같은 상징의 제공에 불과하다.

그렇다면 민중적인 것은 몇몇 발화 행위와 무대화의 효과에 불과한가? 사회적인 것의 극화와 대표성의 위임이 몇몇 부문에서 보다 폭력적이라는 점은 이해가능하다. 왜냐하면 이들 부문은 얼마 전까지도 자신의 목소리와 글쓰기를 갖지 못했고, 새로운 기술의 복잡성을 알지 못해서 다른 부문들에 의해 구성되어 왔기 때문이다. 그러나 민중적인 것의 수많은 복화술사와 '실현자' 아래에는 무엇이 있는가(영화적이고 극적인 의미에서, 또한 다른 의미에서도)?

근대성은 민중적인 것을 구성하는 이러한 행위자들을 만들어 냈을 뿐만 아니라, 그 극적 궤도에서 벗어나고자 하는 시도 또한 만들어 냈다. 즉, 민중에게 다가가 그들로 하여금 목소리를 듣고, 행동하게 하는 것이다. 우리는 그들의 텍스트들을 읽고, 그들의 자발적인 시위에 참여하며, 그들이 자신들의 언어를 선택할 수 있게 해야 한다. 19세기 낭만주의부터 신문기자가 된 작가들까지, 그리고 구전 기억을 기록하기 위한 정부기구나 대안기구부터 녹음기를 지닌 소설가와 민중 신문을 조직한 교육자까지, 민중은 재현되는 것이 아니라 자기 자신을 표현해 왔다고 주장되어 왔다. 생활사, 이야기 경연, 일기, 증언, 노동자와 농민을 위한 문학 교실 등은 민중의 **말**이 **문자** 세계 내에서 자리를 찾고, 농촌이나 변두리의 대화 담론이 문화의 '적법한' 장에 포함되도록 시도해 왔다. 지금까지 분석한 세 부문——민속주의자, 대중매체, 민중주의자——은, 민중을 말하게 하는 이러한 과정에 가끔씩 기여한다. 즉 대화를 모으고, 라디오와 텔레비전 프로그램에 거리 인터뷰를 포함시키며, 민중과 권력의 무대를 공유하는 것이다.

우리는 이 모든 것의 가치를 동일한 방식으로 평가할 수 없다. 생활사나 직접적인 정보를 해석하고 기록하기 위해 필요한 방법론적인 조건에 관해 토론하는 민족학자와 역사가들이 있다. 이에 대한 가장 진전된 토론은 미국의 탈근대 인류학에서 나타나는데, 이것은 연구자가 연구 대상인 사회에 어떻게 개입하고, 경험이 갖는 파편화된 성격을 어떻게 은폐하는지를 드러낸다. 또 그것은 민족지적 묘사라는 텍스트 전략이 각 문화가 가지고 있는 갈등적인 다성성을 과학적 묘사라는 단일하고 통합적인 목소리로 축소하고 있음을 보여 준다.[10]

또한 사회적 과정을 기록하기 위해 문학적 기법을 사용하는 동시에, 문학적 장의 분리, 실재와 허구의 관계, 인용 과정과 담론적 재현의 문제들을 새롭게 설정하려는 작가들이 존재한다.[11] 이런 사례들에는 문학 담론과 과학 담론의 위계를, 현실과 재현을 결합하는 그들 방식으로 재정의하려는 뚜렷한 성찰이 존재한다.

그러나 민중적인 것의 부활은 또한 다른 움직임을 배태하기도 한다. 먼저, 정당과 노동조합에서부터 광범위한 민족, 생활 지역, 교육, 환경, 여성, 페미니스트, 청년 그리고 '대안적인' 사회, 예술, 정치 영역의 조직들까지, 민중계급 자신에 의해 건설된 움직임들이 존재한다. 그럼에도 불구하고, 이런 대표성, 정의 그리고 회복 전략의 다양성도 우리가 민중적인 것이 무엇인가를 명확히 하는 데 많은 도움을 주지 않는다. 나아가 민중적이라는 성격을 부여하는 것이, 특정 운동의 분파들이 공유하거나 그 이름을 사용하기를 원하는 정당, 노동조합 혹은 국가가 그 용어의 적법성을 다투는 모순적인 과정의 결과일 때는 더더욱 그렇다.

---

10) 예를 들어 다음의 책들을 참고하시오. J. Clifford and G. Marcus eds., *Writing Culture: The Poetics and Politics of Ethnography*, Berkeley: The University of California Press, 1986. 그리고 Renato Rosaldo, *Culture and Truth*, Stanford: Stanford University Press, 1989.
11) 아르헨티나 문학 내에서 두 가지 예는 다음과 같다. 하나는 3장에서 인용했던 리카르도 피글리아의 텍스트들이고, 다른 것들로는 Aníbal Ford, *Desde la orilla de la ciencia. Ensayos sobre identidad, cultura y territorio*, Buenos Aires: Punto Sur, 1987; *Ramos generales*, Buenos Aires: Catálogos, 1986; *Los diferentes ruidos del agua*, Buenos Aires: Punto Sur, 1987이 있다.

좌파 혹은 대안 민중주의가 이런 불안정성을 만들어 내는 데 어떤 역할을 했는지는 거의 기록되어 있지 않다. 나는 하위주체 계급의 언어적-문화적 관습을 모방하는 듯 보이고, 하위주체 계급의 비판 의식과 변혁적 충동에서 민중적인 것의 '본질'을 발견할 수 있다고 믿었던 운동을 언급하려 한다. 이러한 경향은 1960년대부터 브라질이나 다른 라틴아메리카 나라들에서 만들어졌다. 브라질의 민중문화센터(CPC)에 모인 작가, 영화감독, 가수, 전문가, 학생 등은 이 작업을 "의식화"라고 재정의하면서 문화를 보급하는 거대한 작업을 시작했다. CPC의 미학적-정치적 이데올로기를 종합한 책에서 페헤이라 굴라르는 "결국 민중문화는 브라질 현실에 대해 의식을 갖는 것이고, …… 무엇보다도 혁명적 의식이다"라고 썼다.[12]

1960년대 말 해방영화집단Grupo Cine Liberación은 아르헨티나에서 "행동 영화"를 제안했는데, 그 제안은 곧 다른 나라들로 확장되었다. 이것은 관람의 수동성에서 벗어나 참여를 추동하는 것이다. 그것은 상업주의와 작가주의 영화, 그리고 민중적인 것을 신비하고 토착적인 힘으로 제의화하는 데 그친 페론주의 우파에 맞서 "당파 영화", "전복의 문화", "민족 해방을 위한 투쟁"을 제안했다.[13] 또한 "회피 영화"에 맞서 진실을 복원하는 문화를 제안하고, 수동적인 영화에 대해 공격적인 영화를, 제도화된 영화에 대해 전사들의 영화를 대립시켰다.[14] 그리고 CPC와 마찬가지 방법으로 민중문화의 민속적인 성격을 전복했다. 즉 민중문화를 전통을 가지고 정의한 것이 아니라, 그 자신이 가지고 있는 변화의 잠재력을 가지고 정의

---

12) Ferreira Gullar, "Cultura posta en questão", *Arte en Revista* año 2, no. 3, 1980, p. 84.
13) Fernando Solanas and Octavio Getino, *Cine, cultura y descolonización*, México: Siglo XXI, 1979, p. 29.
14) Solanas and Getino, *Cine, cultura y descolonización*, p. 49.

했다. 예술의 보존에 헌신하는 것이 아니라, 봉기의 도구로 그것을 사용하고자 한 것이다.

70년대의 패배는 낙관주의를 완화시켰지만, 문화와 민중적인 것에 대한 이런 입장은 커뮤니케이션 집단, 대안적인 예술, 정치, 교육 집단에서 지속되고 있다. 라틴아메리카연구소Instituto para América Latina의 기록에 의하면, 이런 집단들은 라틴아메리카 대륙에 1만 개가 넘게 존재한다.[15] 몇몇 나라에서 이들 중 상당수의 단체가 학문 제도들보다 하위주체 문화에 대한 경험적 이해——자신들의 권리를 지키기 위한 민중 부문의 동원과 교육을 위한 노력 이외에——를 더 잘 제공했다는 사실을 인정해야 한다. 그러나 이들의 정치사회적 행위는 효과적인 대안 제시에 있어 한계를 보여 주었고, 늘 단기적인 것이었다. 왜냐하면 그들의 행위는 민속주의와 민중주의의 과오에 다시 빠져들기 때문이다. 민속주의와 민중주의처럼, 그들은 특정하거나 "구체적인" 경험적 대상을 선정하고, 그 대상의 직접적이고 가시적인 모습을 절대화하며, 거기에서 민중계급의 역사적 운명과 사회적 위치를 귀납적으로 추론해 내기 때문이다. 그들은 소집단 단위 행위의 증가가 어느 날 사회 전체의 변화를 야기할 것이라고 상상하는 것이다. 민중적 감수성과 사유형태의 거대 구성요소——문화산업, 국가——가 헤게모니 투쟁 혹은 민중의 이익을 실현하게 하는 공간이라는 점을 고려하지 않고 말이다. 그들은 민중문화를 오염시키는 단순한 외부 행위자들(미디어, 관료화된 정치)로부터 민중계급을 해방시키자는 단순 논리를 가지고, 투명하고 평등주의적인 관계로 형성된 유토피아를 재건설해 인간

---

15) Néstor García Canclini and Rafael Roncagliolo eds., *Cultura transnacional y culturas populares*, Lima: IPAL, 1988. 이런 대안적 경험들을 모으고 분석한 이 텍스트에서 그것들의 평가와 비판의 지평이 좀더 확장된다.

본성의 내재적인 선한 품성을 나타나게 할 수 있다고 믿는 소규모 집단들을 분리시키려 했다.

이들은 연구-행동 방법론 혹은 참여적 방법론을 가지고, 민중적 의미를 '진정'하고 명확하게 하고자 했다. 그러나 이것을 설명하는 거시적인 결정요소의 망과 분리된, 공동체적 혹은 거주 지역 중심적인 분석과 일상관습의 미시사회적 스크랩은 문화산업 시기 민중적인 것의 재구조화에 대한 이해를 막는다. 이러한 '토대' 혹은 '진정한' 부문을 마치 거시적인 사회구조와 거리가 있고 자율적인 것처럼 무대화하는 것은, 민중적 인식의 유효성과 적통성의 조건들에 관한 모든 문제 제기를 가로막는다. 따라서 그들은 상식이라는 순진한 확실성에서 그들을 분리시켜 줄 수 있는 인식론적 수단을 사용하지도 않는다. 즉 민중에 대한 진정한 인식을 배태하기 위해서는, 민중 행위자들이 했다고 말하는 것만으로 충분하다고 가정하는 것이다. 이러한 연구는 연구자-참여자 자신의 조건화에 대한 비판적 성찰을 포함하지 않은 채, 자신의 정치적 유토피아를 연구 목표에 이전시킨다. 또한 민중계급에서 단지 문제 제기적 행위만을 주목하고, 단순한 상징적 차이를 민중집단에 대한 공격으로 해석하게 되는 것이다.

연구자뿐만 아니라, 정보제공자인 민중에게도 민족중심주의에 대한 비판을 적용하는 것이 필요하다. 연구와 당파성을 결합하고 있는 사람들(즉, 학문 세계와 정치 세계에 의해 동시에 조건 지어진)처럼, 지적 장과 민중 부문의 재생산에 관심을 가지고 있는 우리 사회과학자들도 사회체제 내에서 자신들의 위치를 정당화할 수 있는 이해와 개념틀을 만들어 내는 모든 집단의 경향들에 종속되어 있다. 결국 인식은 선관념과의 단절에서 구축되고, 그것의 신뢰 조건은 민중적이건, 정치적이건 혹은 과학적이건 상식이라는 외형과의 단절에서 만들어진다.

통학문적인 연구를 위하여

우리는 민중적인 것의 세 가지 사용을 구별해 보았다. 민속주의자들은 거의 항상 **전통적인 민중적인 것**에 대해 말하고, 대중매체는 **대중성**에 대해, 그리고 정치인들은 **민중**에 대해 말한다. 동시에 우리는 각 개념의 구성적 토대에 존재하는 몇몇 사회적 전략들을 확인해 보았다. 우리는 이것들이 양립불가능하다는 점과, 쿤Kuhn적인 의미(세상을 보고 인식을 실천하는 다양한 방식들)에서 동일한 척도로 측정할 수 없다는 것을 알았다. 이 점이 민중적인 것에 대한 연구를 패러다임 이전의 상황으로 만드는 것이다.

민속주의자, 인류학자, 사회학자 그리고 커뮤니케이션 학자들이 연구하고, 정치인, 서사가, 풀뿌리 교육가 등이 언급하는 것 같은 매우 다양한 양태들을 민중적인 것이라는 이름으로 포함하는 것이 의미가 있는가? 다양한 노동조건, 공동체 생활, 그리고 커뮤니케이션 미디어가 만들어 내는 원주민문화와 노동자문화, 농민문화 그리고 도시문화를 민중문화로 정의하는 과학적인 작업의 이점은 무엇인가?

이 질문들에 대한 답변은 과학적인 해결책보다는 제도적이고 커뮤니케이션적인 것이었다. 이종적인 논문들이 묶이거나 다주제적인 심포지엄이 개최되었는데, 여기에 '민중문화'라는 제목이 붙여졌다. 국가 내의 다양한 문화를 전파하기 위한 텔레비전 프로그램이나 박물관을 지정하기 위해서도 이 방식이 사용되었다. '민중운동'이 조직되고 그 이름 아래 공통의 하위주체적 상황이 민족적인 것에 의해(원주민), 생산관계 내의 위치에 의해(노동자), 그리고 지리적인 환경에 의해서(농민 혹은 도시거주자)도 정의되지 않는 집단을 위치시킬 때에도 이런 일이 일어난다. 민중적 요소는 이러한 모든 종속적 상황을 종합적으로 아우르고, 연대적 기획 속에서 수렴되는 집단들에게 공통의 정체성을 부여하게 된다.

사회과학에 이 '민중적인'이라는 용어의 다양한 사용법이 편입되어 긍정적인 효과를 가져왔다. 즉 사회과학은 하위주체 조건을 공유하는 다른 행위자나 문화형식의 존재를 인정하여, 원주민과 전통 집단을 넘어서 민중 개념을 확장했다. 또한 그것은 민중적 요소를 계급적인 개념으로 축소했던 사람들이 부과했던 경제주의적 태도에서 벗어나게 했다. 계급 이론이 민중 집단의 위치와 민중의 정치투쟁의 특징을 설명하는 데 있어 필요할 때에도, 민중 개념의 확장은 생산관계에서 자신의 자리를 이끌어 낼 수 없는 사회운동이나 상징적 가공형식을 포함하게 한다. **민중적**이라는 명명은 하위주체 영역을 노동자와 당원뿐만 아니라, 토지의 '침입자'와 소비자로도 연구할 수 있게 한 것이다.

그럼에도 불구하고, 과학적 담론과 정치적인 과제는 보다 정교하게 제한된 경험적인 지시체를 설정해야 한다. 또한 민중적 요소가 이데올로기적 구성물인지, 아니면 긴밀하게 동일시할 수 있는 사회 상황이나 주체에 조응하는지를 알아야 한다. 민중 개념을 재설정하기 위해 그람시의 헤게모니 개념과 재생산 이론이 사용된다. 사회적 재생산에 대한 연구는 민중문화가 민중의 창조적 필요성의 단순한 표현이나, 산업화에 앞선 전통의 자율적인 축적이 아니라는 사실을 보여 준다. 또한 정당이나 사회운동의 호명 효과도 아니라는 점도 명확히 보여 준다. 하위주체 행위를 전체 사회구성체 내에 위치시킴으로써, 재생산 이론은 관습 수집의 수준을 넘어서 다양한 영역에서 관습이 갖는 또 다른 의미를 보여 준다. 공장에서 불평등을 만들어 내는 사회는 학교와 도시 생활, 매스 커뮤니케이션 그리고 문화에 대한 일반적인 접근에서도 불평등을 재생산한다. 동일 계급이 이 모든 공간에서 종속된 장소에 위치하듯이, 민중문화는 하위주체 부문에 의한 상징 및 경제 재화의 불균등한 전유의 결과로 이해될 수 있다.

이 이론의 문제는, 사회적 재생산이 배분한 장소에 민중계급이 고착되고 모든 주도권을 지배집단에게 넘긴다는 것이다. 발전의 의미, 각 영역의 접근가능성, 국가의 각 부분을 분리하거나 결합하는 문화적 실천을 결정하는 세력은 바로 이 지배집단이 되는 것이다. 그러나 민중문화는 지배자에 의해 통제되는 재생산의 기계적 혹은 수동적 결과가 아니다. 지배보다는 헤게모니를 관철하는 사람들과의 갈등 속에서 자신의 경험과 전통을 새롭게 해석하면서 민중문화는 구성된다. 즉 정치적·이데올로기적으로 재생산을 이끌지라도, 하위주체 집단의 독립적이고 반체제적인 실천(자본주의 축적 논리와 반대되는 자신들의 소비와 생산 관습 및 축제적 소비)을 발전시킬 수 있는 공간을 허용해야 할 계급과의 갈등 속에서 말이다.

재생산과 헤게모니 개념을 절합하는 것은 사회 이론의 아직 해결되지 않은 문제이다. 재생산 이론에서 연구자들은 부르디외의 경우처럼 가장 극단적인 경우 차이와 불화로 이해되는 민중문화의 존재를 부정한다. 즉 문화는 사회 전체에 속한 자본일 것이고, 모두들 **아비투스**를 통해 그것을 내면화한다는 것이다. 이 자본의 불균등한 전유는 단지 계급들을 구별하기 위한 갈등을 만들 뿐이다. 높은 수준으로 통합된 상징시장——프랑스 사회처럼——과의 관계 속에서 발전된 재생산 이론은 민중문화를 지배문화의 반향으로 간주한다.[16] 이런 재생산주의적인 모델에 대해서는, 프랑스에서 재생산 이론을 공유하고 있는 이론가들에 의해 문제 제기되었다.[17] 라틴아메리카 국가들처럼 다민족적이고 다문화적인 국가들에서 이

---

16) P. Bourdieu, *La distinction*의 7장. 그리고 그의 글 "Vous avez dit populaire?", *Actes de la Recherche en Sciences Sociales* no. 46, 1983도 참조.

러한 문화적 통합은 존재하지 않고, 차이를 제거하거나 차이를 완전히 종속시킬 수 있을 만큼 그렇게 효율적인 지배계급은 존재하지 않는다는 반론이 가능할 것이다. 그러나 이러한 비판은 왜 민중계급의 행위들이 많은 경우 저항적이거나 공격적이지 않고, 오히려 그들을 포함하고 있는 체제에 순응적인지를 설명하는 데 있어서 재생산주의의 풍부한 분석을 넘어서지 못한다.

네오그람시주의자들은 문화를 차별과 계급 간 갈등의 공간이 아니라, 헤게모니를 위한 투쟁의 일부로 간주한다. 따라서 이 모델은 자율성 및 하위주체 부문의 저항과 주도권 능력을 강조한 사람들에 의해 사용된다. 최근의 인류학자들(치레제Cirese, 롬바르디Lombardi, 사트리아니Satriani, 시뇨렐리Signorelli)에 의해 풍부해진 그람시의 복합적인 개념 역시 의지주의적이고 자발주의적인 경향들이 보여 주는 가장 순진한 위험에서 벗어나기는 하지만, '대안' 운동에서 이미 우리가 비판했던 관점과 같은 유토피아적이고 단선적인 입장을 고무해 왔다. 이 모델이 거대 패러다임으로 사용되고 사실들의 총체성을 종속시키는 민중 전략을 만들게 되면, 재생산주의적인 흐름뿐만 아니라 그람시적인 관점에서도 어려움은 보다 첨예화된다. 즉 헤게모니적인 요소가 아닌 모든 것은 하위주체적이 되거나 그 반대가 되는 것이다. 다시 말해, 다양한 계급의 상징운동들이 헤게모니적 혹은 하위주체적, 그리고 근대적 혹은 전통적이라는 분류 아래 체계화되지 않는 다른 과정을 만드는 침투와 섞임의 애매한 과정들은 이러한 묘사 속에서 생략된다.

---

17) 예를 들어 Claude Grignon and Jean Claude Passeron, *Sociologie de la culture et sociologie des cultures populaires*, Paris: Gides, 1982.

다음 장에서 재생산과 헤게모니 이론이 전제하는 통합적이고 치밀한 사회적 총체성이라는 개념에 대한 연구뿐만 아니라, 이러한 혼종문화들을 분석하기 전에 민중적 요소에 대한 연구에 있어 두 개의 교차점을 명확히 하고자 한다.

① 재생산주의와 네오그람시적인 관점 사이의 동요는, 모든 민중문화 연구를 관통하는 과학적인 연구의 두 가지 기본적 움직임 사이에 존재하는 긴장의 표현이다. 즉 귀납법과 연역법의 대립이 그것이다. 나는 민중문화를 생산방식, 제국주의, 지배계급, 이데올로기 기구 그리고 문화산업에 의해 부과된 모습에 따라 일반적인 요소에서 시작하여 특별한 것으로 나아가면서 정의하고자 하는 사람들을 **연역주의자**라고 부른다. 몇몇 커뮤니케이션 연구에서 지금도 나타나고 있는 것처럼, 연역주의자들은 민중적 수용에서 일어나는 현상을 미디어나 국가의 추정적인 조작 권력에서 추론하는 것이 적법하다고 믿는다. 그들은 하위주체 문화에 대한 차이와 자율성들을 인정하지 않고, 그들의 관계 방식, 소통과 저항 방식의 차이를 인정하지 않는다. 연역주의자들이 민중계급에 대해 알고 있는 유일한 내용은 헤게모니 부문이 그들에게 부여하고자 한 것이다.

귀납주의는 이와 반대로, 민중문화에 대한 연구를 하위주체 계급의 내재적 요소로 가정되는 어떤 속성에서, 혹은 다른 부문들은 이미 상실해 버린 창조성에서, 혹은 그의 저항의 토대가 될 대항력에서 시작한다. 이러한 경향에 의하면, 민중문화와 관련해 우리는 민중계급이 만들고 발언하는 것만을 알게 된다. 이 민중적 요소에 대한 내재주의적인 개념은 단지 행위자들의 이야기만을 따러 그것을 분석하게 한다. 인터뷰 대상자가 원주민으로 정의되면, 연구는 그들이 자신의 용어로 말하는 것을 '복원'하고, 그 정보제공자의 담론을 '충실'하게 복사하는 데 치중한다. 혹은 노동자로 정의되면, 아무도 그에게 일어나고 있는 일을 그보다 더 잘 알지 못하기 때문에 그의 계급의식과 조건은 그가 제시하는 것과 같다는 점을 믿어야만 한다. 우리가 생각하는 것과 우리의 실천 사이의 불일치, 그리고 민중계급의 자기 정의와 그들이 속해 있는 사회법칙을 연구하면서 그들의 삶에 대해 우리가 알 수 있는 것 사이에 나타나는 불일치는 간과된다. 사회 논리 내에서 의미를 제공하는 관계들이 개념적으로 구축되는 것이 아니라, 인식은 사건들의 '즉흥적인' 출현에 따른 단순한 축적이 되는 것이다.

이러한 경향들 사이의 차이는 연구 기법을 선택할 때도 나타난다. 연역주의자들은 대중적 행위의 큰 흐름을 만들 수 있는 설문조사와 통계를 선호한다. 귀납주의자들은 민족지학, 오랜 현장 관찰, 열린 인터뷰 등을 선호한다. 왜냐하면 그들은 소규모 집단의 특수성을 기록하는 데 관심을 가지고 있기 때문이다. 그리뇽과 파스롱은 선택된 연구 기법을 사회와 민중문화 간의 관계가 어떻게 나타날지를 암시해 주는 징후로 보았다. 양적인 절차를 선택한 사람들은 민중계급의 부분적인 자율성을 무시하고, 거시적인 법칙에의 종속을 강조하는 경향이 있었다. 반대로 설문조사와 거대 분석을 거부하는 사람들은 자주 지배관계를 간과하고, 각 집단이 갖는 실천의 상대적인 적통성을 제안한다. 즉 "민족지학은 농민문화의 가장 전통적이고 가장 민속적이며, 가장 폐쇄적이고 가장 이국적인 모습을 우선시한다"고 그리뇽은 덧붙인다.[18]

비록 순수하게 연역주의적이고 귀납주의적인 사례들을 제시하는 것이 쉬울지라도, 이러한 대립은 도식적이고 이분법적이다. 틀림없이 거시

---

[18] Grignon and Passeron, *Sociologie de la culture et sociologie des cultures populaires*, p. 38.

사회적인 요소와 미시사회적인 요소 사이의 복합적인 상호작용에 대해 말하는 인류학자, 사회학자 그리고 커뮤니케이션 학자들은 존재한다. 현장 연구와 사실들에 대한 직접적인 인식을 통해, 그들은 민족중심주의와 상대주의의 가설과 단절하였고, 이것들의 개념적인 매트릭스와 방법론에서 벗어났다. 그러나 이러한 상호작용 과정이 중요함에도 불구하고, 그들이 상호작용 내에서 연구하기 위한 방법론적 수단과 개념을 거의 가지고 있지 못하다는 것은 의미심장하다.

② 민중적 요소에 대한 연구와 그 요소를 대의하는 사회운동에 대한 비교분석을 구조화하는 또 다른 대립은 **전통주의자**와 **근대화론자**를 나누는 것이다. 이런 분리는 라틴아메리카 사회에서 경험한 다양한 부문들의 서로 차별적이고 불균등한 발전을 상징적 차원에서 표현한다. 서로 다른 태도의 선택은 부분적으로는 사회구조 내에서 행위자들의 위치와 대응한다. 마찬가지로, 이 문제에 대한 지식인들의 분리는 학문의 장에서 그 연구자들이 얻은 지위——분과학문의 권리와 함께——를 보존하려는 관심, 그리고 전통 혹은 근대성 연구에 있어 축적된 과학적 자본과 관련이 있다.

이러한 사회학적 설명을 통해 왜 개념적 대립이 사회적 장과 문화적 장 내에서 대립적인 집단들의 이익을 재생산하는지를 충분하게 이해한다면, 합리주의적 호소만으로도 충분할 것이다. 다시 말해, 각 부분들은 자신들의 적대가 사회적 과정의 이해관계에 입각한 재현에서, 즉 왜곡된 재현에서 나타난다는 사실을 의식해야 한다는 것이다. 그것은 선입관 없이 객관성을 추구하면서 분열된 연구와 문화정책을 종결시키기 위해 함께 노력해야 할 문제이다. 다자가 가지고 있는 진실의 몫을 인정하는 유연한 학제간 연구가 한편에 있는 인류학자와 민속학자, 그리고 다른 한편에 위치해 있는 사회학자와 인류학자 사이의 균열을 메울 수 있을 것이다.

왜 이러한 정치적이고 인식론적인 선의의 시도는 실패하는가? 제시된 사례들을 분석해 보면 대답을 위한 실마리가 발견된다. 전통과 근대성 사이의 갈등은 전통주의자에 대한 근대화론자의 억압으로 등장하지 않는다. 그리고 자신의 전통에 의미를 부여하고자 하는 민중 부문의 지속적이고 직접적인 저항으로 나타나는 것도 아니다. 상호작용은 보다 암시적이고 예민하게 나타난다. 즉 민중운동 역시 근대화에 흥미를 가지고 있으며, 헤게모니 세력은 전통적 요소를 유지하거나 그 일부를 역사적 참조점이나 현대적인 상징적 수단으로 유지하고자 한다. 이러한 서로의 필요성 앞에서 양자는 양방향에서 타자의 **이용 게임**을 통해 결합된다. 비대칭성이 지속적으로 존재하지만, 전통주의자와 근대화론자, 하위주체와 헤게모니 세력 간의 적대적인 단순 구도는 겉으로 나타나는 것보다 더 복잡하게 작용하는 것이다.

틀림없이, 보다 많이 교육받고 보다 근대적인 능력을 가진 민중 부문들에서 이러한 점을 인식하기는 더 쉬울 것이다. 예를 들어 노동자들이 그러한 경우라 할 수 있다. 그러나 생산의 과정에서 착취의 조건을 살펴보는 것 이외에, 노동력이 재생산되는 일상 공간을 세밀하게 분석한 민족지적 연구는 아직도 빈약한 수준이다. 이러한 연구를 진행했던 소수의 연구자들만이 노동의 저항과 재구조화가, 노동에서 형성된 재현성과 정치적 내셔널리즘, 그리고 민족적 뿌리에서 나온 문화형식의 과감한 결합을 통해 주로 이루어진다는 사실을 관찰했다. 산업적 재전환에 대응하고, 주목할 만한 임금 상승을 얻는 것이 어려운 상황 속에서 노동자들은 주거, 교육 그리고 건강 등에서 보완적인 요구를 하고, 노동뿐만 아니라 소비에서도 연대를 어떻게 재절합할 것인가를 모색하게 된다. 이 연대는 그들이 소유하고 있는 것을 지키는 것뿐만 아니라, 새로운 사회에서 살기 위해 가치

를 새롭게 평가하는 일을 포함하는 것이다.[19]

이런 상호작용에 대한 보다 예민한 관점은 수공예업자와 공식 제도의 결합을 다루는 연구에서도 나타난다. 공공 자원의 사용을 둘러싼 논쟁은 물적 재화(신용, 융자)뿐만 아니라, 상징재화(경연대회, 상, 사회적 혹은 국가적 통일성이 극화되는 제의화)를 둘러싸고도 일어난다. 생산자들은 돈을 빌리거나, 자신들의 재화를 팔고 보호하기 위해 국가기구를 찾는다. 멕시코의 FONART, 콜롬비아의 Artesanías, 브라질의 FUNARTE 그리고 다른 나라들의 비슷한 조직들은 생산자들에게 은행신용을 유지하는 방법을 알려 주고, 생산품 판매를 증진시키기 위한 스타일과 기술의 변화를 제안한다. 또한 카탈로그, 전시장, 시청각 자료, 광고 등을 통해 이런 생산물들을 무대에 올려놓는다. 수공예업자들은 재생산을 위해서 제도를 필요로 한다. 그러나 제도 역시 자신이 제공하는 '서비스'를 통해 자신의 존재를 적법화하기 위해 수공예업자를 필요로 한다. 구이-질베르트는 파탐반과 오쿠미초의 푸레페차 족이 고객이자 수익자로서 자신의 역할을 협상하고, 기구들 사이의 경쟁을 이용하며, 자신들이 국가가 사용하는 이미지의 보유자임을 알게 되었다는 사실을 발견했다.

집단적인 정신 내에, 참조가능한 전통이라는 생각이 유지되도록 [이 이미지들을 국가가 사용한다―인용자]. 특정한 획일주의에 빠진 세계에 문

---

[19] Juan Luis Sariego Rodríguez, "La cultura minera en crisis. Aproximación a algunos elementos de la identidad de un grupo obrero". 이 논문은 1984년 9월 멕시코의 국립민중문화박물관 주최의 노동문화에 대한 콜로키엄에서 발표되었다. Raúl Nieto, "¿Reconversión industrial=reconversión cultural obrera?", *Iztapalapa* año 8, no. 15, 1988; Adolfo Gilly, *Nuestra caída en la modernidad*, México: Joan Boldó i Climent Editores, 1988, 특히 pp. 85~89 및 pp. 116~121 참조.

화적 다양성이라는 스펙터클을 이러한 형식으로 지속적으로 제공하는 원주민 공동체의 다양성에 의해 참조물들은 제한적이지만 다면적이게 된다.[20]

민중 부문과 헤게모니 부문 간의 관계를 대립적인 개념으로만 설정하면, 그 연구는 주체 자신들에게 실재와 다른 혹은 편향된 관점을 제공하게 된다. 따라서 상호적인 참여를 생략하고 변화를 이러한 이분법적인 구도로 이해하는 정책은 실패하게 된다. "FONART, 인류학박물관 그리고 인류학자들이 존재하는 데 있어서 우리들은 매우 유용합니다. 그러나 당신들과 이야기하는 것, 혹은 FONART에 가는 것은 우리들이 어디에 위치해 있는지를 아는 데 도움을 줍니다"라고 어느 수공예업자가 한 경진대회에서 나에게 말했다. 헤게모니 집단과 하위주체 간의 상호작용은 투쟁의 장이면서, 또한 타자성과 상호인정의 경험을 서로 극화하는 장소이기도 하다. 대립은 불평등(고유의 것을 지키고자 하는 대립)과 차이(도전을 통해 스스로를 사고하기)를 극화하기 위한 하나의 방법인 것이다.

민중적 요소의 과학적 혹은 극적 정의?

'민중적 요소'의 이러한 해체 이후에 무엇이 남는가? 하나의 결론이 연구자들을 괴롭혀 왔다. 즉 사회집단의 이종적인 결합으로서 민중적 요소는 과학적 개념의 단일한 의미를 갖지 못하고 극적인 개념으로서 애매한 가치를 지닌다는 것이다. 민중적 요소는 특정 행위자들의 위치를 지정하는

---

20) Gouy-Gilbert, *Ocumicho y Patamban. Dos maneras de ser artesano*, pp. 58~59.

데 있어서, 그들을 늘 대립적인 형식은 아니더라도 헤게모니적인 행위자에 대항하는 위치에 올려놓는다.

그러나 이런 식으로 재정의된 민중 부문이 스스로를 역사적인 주체로 구성하고, 무대화 효과보다 더한 무엇인가가 될 수 있을까? 원주민 라디오나 지역 신문에서, 도시 민중운동과 기초 공동체에서, 그리고 생산과 소비에서 자신들의 이익을 보호하고자 하는 조직화에서 민중 부문이 발언하고 행동하고 있는 것은 명백하다. 그러나 이러한 의견 표명들을 성급하게 결합하여, 이것들을 반헤게모니적인 것으로 선언하는 것에 머무는 태도는 속임수일 것이다. 보다 직접적이고 자기 관리적인 경험 안에도 **행동**acción과 **극적 수행**actuación이, 즉 지배질서의 재생산뿐만 아니라 사회적 극작술의 보다 광범위한 원칙과의 관련 속에서 자기 고유성의 표현과 고유의 것으로 이해되는 자질의 지속적인 재구성이 존재한다는 점이 간과되어서는 안 된다. 영국 역사가들과 몇몇 라틴아메리카 역사가들은 민중적인 조건과 위치의 불안정성으로 인해, 이것들을 인구조사처럼 명확하게 재단하는 것이 불가능하다는 사실을 잘 인식했다. 하위주체 집단은 "실제로 그렇게 **존재**하는 것이 아니라, 그렇게 **구성**되어 가는 것이다"라고 루이스 알베르토 로메로는 말한다. 따라서 "그들은 역사적인 존재가 아니라, 주체들이 구성되는 사회 영역이다."[21]

이렇게 민중적 요소의 개념을 재정립하는 과정에서, 우리가 서사적인 극화에서 희비극적인 극화로 이전한다면 일정한 진전이 가능할 것이다. '민중'의 성격 부여에 있어 가장 지속적인 결점은, 이 이름 아래 묶인 행위

---

21) Luis Alberto Romero, *Los sectores populares urbanos como sujetos históricos*, Buenos Aires: CISEAPEHESA, 1987, pp. 15~16.

자들을 새로운 미래를 향해 끊임없이 전투적으로 나아가는 치밀한 사회 집단으로 간주해 왔다는 것이다. 가장 복합적인 연구에 의하면, 민중적 요소는 이러한 서사적인 일방향성을 가지고 무대에 등장하는 것이 아니다. 오히려 역사에 의해 상처받고 동시에 역사 안에서 투쟁했던 사람들이라는 모순적이고 모호한 의미를 가지고 등장한다. 이들은 모든 희비극에서와 마찬가지로 극의 흐름을 완전히 변화시킬 가능성, 그리고 부분적인 창조성을 가지고 자신의 이익을 위해 이러한 틈새 공간을 조정할 가능성을 갖지 못한 사람들에게 허용되는 패러디적 유희, 막간 단계 그리고 극적 기교를 만드는 사람들이다.

나는 사회과학이 민중적 요소를 재형성하기 위한 하나의 방법을 몇몇 작가들이 멜로드라마에 부여한 중요성에서 발견한다. 왜 이 장르가 민중 영역에 의해 선호되는 장르 중 하나일까? 탱고와 텔레노벨라 그리고 대중영화와 황색잡지에서 민중 부문을 감동시키는 것은 인정의 드라마, 즉 인정받기 위한 투쟁이다. 그리고 그러한 현상은 사회적인 것을 제도화하는 과정에서 공식적인 방법이 민중문화의 밀도를 포착하지 못하면서, 다시 사회성의 기본적이고 다양한 형식(친족관계, 이웃 간 연대, 우정)에 의존해야 할 필요성이 나타났기 때문이라고 마르틴 바르베로는 말한다.[22]

그러나 민속주의자들은 특정 측면에서 이해하고, 사회학자들은 다른 측면에서 이해하며, 커뮤니케이션 학자들은 또 다른 측면에서 이해하는 이렇게 산만한 개념인 민중적 요소의 산종성을 가지고 과학적 연구가 어떻게 실현될 수 있을 것인가? 어떤 분과 영역도 혼자서는 답을 제시할 수 없는 질문이다. 어떤 하나의 방법이 존재해, 이것이 통학문적인 작업을 배

---

22) Martín Barbero, *De los medios a las mediaciones*, pp. 243~244.

제할 수 있으리라고는 생각하지 않는다. 나는 학제간 연구를 말하지 않는다. 왜냐하면 학제간 연구는 곧잘 다양한 전문가들이 파편화되고 병렬적으로 얻은 정보들을 병치시키는 것을 의미하기 때문이다.

각 분과학문의 다른 분과학문으로의 개방은 민중문화에 대한 연구에 있어 익숙하지 않은 불안정성으로 이끈다. 그러나 이탈로 칼비노가 작가들에 대해 말했던 것에 우리들이 동의한다면, 연구를 흥미로운 단계로 가져갈 수 있을 것이다. 즉 작가들의 작업은 다음과 같은 상황에서 보다 매력적이고 가치가 있게 될 것이다.

…… 그가 자리 잡고자 하는 이상적인 서가가 불가능할수록 더더욱 그렇다. 이 서가에 그는 아직 다른 책들과 함께 꽂혀 있는 것에 익숙하지 않고, 같이 꽂혀 있으면 전자적인 방전과 단전을 유발할 수도 있는 몇몇 책들을 놓아두려 한다.[23]

아마도 민중적 요소와 함께 일어나고 있는 가장 바람직한 점은 민속학자들은 그것의 복원에만, 커뮤니케이션 학자들은 그것의 전파에만, 그리고 정치인들은 그것의 옹호에만 관심을 갖지는 않는다는 사실이다. 또한 각 영역의 전문가들이 자신의 동료들을 위해서, 그리고 민중의 존재를 정의하기 위해서 작업할 뿐 아니라, 사회운동과 함께 민중적 요소를 어떻게 재정립할 것인가를 스스로에게 묻기 위해 작업한다는 사실이다.

---

[23] Italo Calvino, *Punto y aparte. Ensayos sobre literatura y sociedad*, Barcelona: Bruguera, 1983, p. 208.

7장
혼종문화, 사선적 권력

7장_혼종문화, 사선적 권력

앞의 두 장은 균형 잡히지 않은 것처럼 보인다. 나는 민중문화 연구에서 전통이 갖는 과도한 무게에 대해 반론을 제기하면서, 민중 집단들에서 전통적이고, 진정성을 가지며, 자생적인 요소란 존재하지 않는다는 점을 보여 주는 데 대부분의 페이지를 할애했다. 반면 도시 민중문화, 이주가 야기한 변화, 반체제적인 청년들의 비전형적인 상징과정, 그리고 비공식 시장을 구성하는 실업자와 불완전고용 집단에 대해서는 거의 페이지를 할애하지 않았다.

나는 이제 '간과'되어 온 이러한 과정들을 민중문화라는 관점에서 연구하는 것이 그다지 의미를 갖지 못한다는 가정을 옹호할 것이다. 민중적 요소를 다루기 위해 사용되는 거의 모든 범주와 관습적인 대립 쌍(하위주체/헤게모니, 전통적/근대적)이 보다 가시적으로 폭발하는 곳이 바로 이런 무대들이다. 문화를 조직하고 계급, 민족 그리고 국민들의 전통을 혼종하는 그들의 새로운 방식은 다른 개념적 도구를 필요로 한다.

고급문화나 민중문화로 포함할 수 없는, 이 문화들의 교차 혹은 주변에서 싹터 나오는 현상들을 어떻게 분석할 것인가? 이 부분을 각주와 인용을 포함한 한 장^章으로 정리하려 한다면, 그것은 가우초와 파벨라^{favela}

주민이 미국으로 불법이주한 멕시코 이주자와 함께 전통의 근대화에 대해 이야기하는 모습, 혹은 그들이 인류학박물관을 방문하거나, 현금지급기 앞에서 줄을 서 있는 동안에 리우Río나 베라크루스Veracruz의 카니발이 어떻게 변했는지에 대해 이야기를 나누는 장면들을 담은 일련의 비디오 클립들을 만들 수 있을 정도의 필요한 전문성을 연구자가 갖추지 못한 까닭은 아닐까?

나는 단지 이 장의 논리 전개를 무대화하는 방식으로서만 스타일에 관심을 기울이는 것은 아니다. 스타일은 사회과학이 실제적인 것을 분류할 때 사용하는 프로그램에 들어맞지 않는 소재들을 조사하는 것이 가능한가의 여부와 관련이 있다. 나는 비디오 클립의 불연속적이고 과장되며 패러디적인 언어가 혼종문화를 연구하는 데 적절한 것인지, 관습적인 질서를 해체하고 단절과 병치를 가능하게 하기 위한 비디오 클립 언어의 풍부함——인식에 관심을 가지고 있는 담론에서——이 자료를 모으는 또 다른 방식으로 끝나 버릴 것은 아닌지 자문한다.

상호문화적인 혼종화에 대한 분석을 진전시키기 위해, 나는 혼종화를 명명하는 방식과 혼종화를 재현할 때 사용하는 스타일에 대한 논의를 확장하고자 한다. 먼저, 고급문화적 혹은 민중적이라는 기호 아래 이해될 수 없는 것들을 설명하기 위해 사회과학에 대체물로서 등장하는 하나의 개념을 논의해야 한다. 즉 근대성의 분산된 힘들을 한번에 다루기 위해 도시문화라는 형식이 사용되는 것이다. 그리고 혼종화를 설명하기 위해 세 가지 중요한 과정을 다루겠다. 문화적 제도들이 조직해 왔던 소장품들의 균열과 섞임, 상징과정의 탈영토화 그리고 잡종 장르들의 확장이 그것이다. 이러한 분석을 통해 근대성과 탈근대성, 그리고 문화와 권력의 절합을 명확히 하고자 한다.

공적 공간에서 전자참여(teleparticipación)로

상징생산과 유통 분야의 최신 기술에 의한 문화의 변형 및 변화가, 커뮤니케이션 매체만의 전적인 책임이 아니었다는 인식은 보다 더 포괄적인 개념의 모색으로 이어졌다. 새로운 과정이 도시의 성장과 연결되어 있었기 때문에, 도시가 연구에 분석적 일치점과 지속성을 부여하는 단위가 될 수 있다고 간주되었다.

의심할 여지없이, 도시의 팽창은 문화의 혼종화를 강화하는 이유 중 하나이다. 20세기 초반 도시 인구가 전체 인구의 10% 정도에 머물던 상황에서, 이제 60~70%가 도시 생활권에 집중되는 상황으로 변화했다는 것은 라틴아메리카 문화에 무엇을 의미하는가? 라틴아메리카는 전통적이고 지역적이며 동질적인 문화를 지닌 수천 개의 농촌 공동체로 나누어진 사회——몇몇 경우에는 강력한 원주민 뿌리를 가지고 있으며 다른 지역과 거의 소통되지 않던——에서 대부분 도시적인 조직으로 변모했다. 이곳에서는 지역적인 요소와 국내외 커뮤니케이션망 간의 지속적인 상호작용에 의해 새로워진 이종적인 상징적 제안들이 사용된다.

『도시 문제』에서 마누엘 카스텔은 사회변화의 다양한 범주들을 도시문제라는 이름하에 가시화하면, 도시의 현기증 나는 발전의 책임을 쉽게 도시에 돌리게 된다는 점을 관찰했다.[1] 대중매체에 일어나는 일과 유사한 일이 일어났다. 익명성을 만들어 냈다는 이유로 대도시는 비난받았고, 동네 거주지Los barrios가 연대를 만든다고, 변두리는 범죄를 만든다고, 녹지 공간은 여유로움을 제공한다고 상상되었다.

---

1) Manuel Castells, *La cuestión urbana*, 2nd ed., México: Siglo XXI, 1973, p. 93.

도시 이데올로기는 도시가 겪는 어려움과 위기에 대한 '설명'을 근대성의 많은 힘들의 교차에 의해 만들어진 변화의 **특정** 양상에 돌린다. 그러나 카스텔의 책부터 시작해서 '도시 사회'가 '농촌 세계'에 명확하게 대립되지 않는다는 점, 또한 일차관계에 대한 이차관계, 그리고 동질성에 대한 이종성의 우위(혹은 학파에 따라 반대로)가 도시로의 인구 집중 때문만은 아니라는 점을 보여 주는 증거는 많다.

현대사회의 지배적인 도시화는 생산에 있어 익명성과 시리즈화, 그리고 사적 요소와 공적 요소 간의 결합을 조절하는 비물질적인 커뮤니케이션의 재구조화(대중매체에서 텔레마티크로)와 결합된다. 농촌과 도시의 상업적 상호작용과 농촌 주택에서 전자매체의 수용이 그들을 매일 근대적 혁신과 연결시키고 있기 때문이 아니라면, 도시 생활의 취향과 사고의 많은 변화들이 농촌의 변화들과 일치한다는 사실을 어떻게 설명할 것인가?

반대로, 대도시 거주가 대중성과 익명성으로 해체된다는 것을 의미하지는 않는다. 폭력, 치안 불안, 도시의 무한성(누가 수도의 모든 거리를 알 것인가?)은 가정의 친밀성과 신뢰할 만한 만남에서 사회성의 선택적 형식을 찾게 만든다. 민중 집단은 주변부이건 중심부이건 그들의 공간을 거의 떠나지 않는다. 중상류 계급은 창문에 쇠창살을 더 달고, 구역의 거리들을 폐쇄하고 사유화한다. 모두에게 텔레비전과 라디오가, 몇몇 사람들에게는 기본 서비스와 결합된 컴퓨터가 정보와 오락을 가정까지 전달한다.

산티아고의 일상생활에 대한 연구에서, 노르베르트 레흐너가 말하기를 도시에 산다는 것은 "자신의 공간을 고립시키는" 일이다.[2] 근대 초기에

---

2) Norbert Lechner, *Notas sobre la vida cotidiana: habitar, trabajar, consumir/I-1*, Santiago de Chile: FLACSO, 1982.

하버마스가 관찰했던 것과 달리, 공공 영역은 이제 그 안에서 사회질서가 규정되는 합리적 참여의 공간이 아니다. 라틴아메리카에서 19세기 후반과 20세기 전반 상황은 부분적으로 하버마스의 관찰과 같았다. "크리오요 엘리트의 형성에서 언론, 극장 그리고 상류사회의 살롱"이 했던 역할을 기억하는 것으로 충분하다. 먼저, 제한된 부문 그리고 나중에 확장된 부문에 있어서, 자유주의는 공적 의지가 "개인 의견의 전달과 토론의 결과로 구성되었다"고 가정했다.[3]

20세기 전반 부에노스아이레스의 민중 거주지역 형성에 대한 연구는, 도시성의 미시사회적인 구조──클럽, 카페, 이웃 모임, 도서관, 정치위원회──가 사회와 국가에서 발견되는 전 지구적 변모와 실제 삶을 연결시키면서 이주자들과 크리오요 계층의 정체성을 조직했다고 적고 있다. 독서와 스포츠, 당파성과 주거지의 사회성은 유토피아적인 연속성을 가지면서 국가적인 차원의 정치운동과 합체되었다.[4]

이런 경향은 끝나가고 있다. 한편으로, 정치의 무대화에 나타난 변화 때문이다. 다시 말해 그것은 관료화와 '대중매체화'의 혼합을 말한다. 60년대까지 거리에서 스스로를 표현하고 노동조합을 형성하기 위해 동원된 대중은, 많은 경우 관료적인 리더십에 종속되어 있었다. 최근 10년 동안 이 움직임에 대한 빈번한 풍자가 나타났다. 경제성장 없는, 그리고 분배할 잉여가 없는 민중주의적 리더십은 재전환과 경기 쇠퇴의 불길한 뒤섞임에 의해 경제 투기꾼들과의 비극적인 협약을 맺게 되면서 도를 넘게 된 채 종결된다(페루에서 알란 가르시아 Alan García, 베네수엘라에서 카를로스 안

---

3) Lechner, *Notas sobre la vida cotidiana: habitar, trabajar, consumir/I-1*, pp. 73~74.
4) Leandro H. Gutiérrez and Luis Alberto Romero, "La cultura de los sectores populares porteños", *Espacios* no. 2, 1985.

드레스 페레스Carlos Andrés Pérez, 아르헨티나에서 카를로스 메넴Carlos Menem 이 그 예이다). 이제 정치적 극화를 위해 도시를 대중적으로 사용하는 것은 축소된다. 경제 조치와 민중에 대한 협력 요청은 텔레비전을 통해 발표된다. 행진이나 거리와 광장에서의 행위는 특수한 사례가 되었거나 효율성을 상실했다. 다른 나라에서와 마찬가지로 언급한 세 나라에서, 대다수의 빈곤화에 의해 촉발된 대중 시위는 가끔 유기적인 정치적 재현 방식의 바깥에서 가게나 슈퍼마켓 약탈과 같은 의도되지 않은 폭발의 형식을 띤다.

도시의 의미 상실은, 정당과 노동조합이 경제적 이익이 적거나 의심스러운 집단적인 의제에 대중을 동원하는 데 겪는 어려움과 직접적인 관계를 가지고 있다. 거시적 사회구조의 비가시성, 그리고 개인적이고 집단적인 상호관계를 매개하는 시차적이고 비물질적인 커뮤니케이션망에 대한 종속은, 시민적 대의와 전체 노동의 요구를 집중시키는 정당과 같은 포괄적인 사회운동이 신뢰성을 상실하는 이유들 중 하나이다. 문화적 요구와 삶의 질과 관련된 요구가 증가함에 따라 확장된 다양한 욕구의 출현은, 자신들의 입장을 대변하는 조직들의 다양화된 스펙트럼을 만들어 낸다. 즉 도시, 민족, 청년, 페미니스트, 소비자, 생태 등의 운동이 등장한 것이다. 사회적 동원은 도시 구조와 마찬가지로 매번 더 총체화하기 어려운 과정 속에서 파편화된다.

이런 움직임들의 유효성은 결국 공적 공간의 재조직화에 달려 있다. 이 행위들이 커뮤니케이션의 전통적인 형식들(구전적인, 수공예적인, 혹은 개인적으로 유통되는 쓰여진 텍스트 형식)로 제한되어 있다면, 그다지 반향을 얻지 못할 것이다. 그것들의 역량은 대중적인 망에서 움직일 때 증가한다. 즉 1만 명 혹은 2만 명에 달하는 도시의 시위 형태뿐만 아니라, 더 나아가 도시의 일상적인 기능에 개입할 능력, 따라서 전자 정보매체에서 지원을 조직할 능력에 있어서 그렇다. 이렇게 해서 때때로 도시성의 의미는 복원되고, 대중성은 수직적인 전파 체제가 되기를 멈추며 지역 권력의 확장된 표현, 즉 파편들의 보완으로 변화한다.

도시나 공적 영역이, 자신의 결정을 기술적으로 계산하고 요구에 대한 대응을 이윤과 효율성의 기준에 따라 기술관료적으로 조직하는 행위자들에 의해 채워진 시기에, 논쟁적인 주체성, 혹은 단순하게 주체성은 사적 범위로 퇴각한다. 시장은 공적 세계를 소비의 장이자, 신분 표시를 극화하기 위한 장으로 재편성하려 한다. 거리는 자동차로, 그리고 노동의 의무를 채우기 위해 서두르는 혹은 거의 늘 경제적 효율성에 의해 계획된 휴식을 즐기기 위해 서두르는 사람들로 가득 찬다.

'자유 시간'을 노동의 연장과 이윤으로 변화시키는 자유 시간의 분리적인 조직화는 이러한 공공적인 것의 재조직화에 기여한다. 즉 직장 내 아침식사에서 일자리로, 업무상의 점심식사로, 다시 일자리로, 저녁의 텔레비전 프로그램 시청으로, 그리고 어떤 날은 사회적으로 의미 있는 저녁식사로 재조직된다. 불완전고용과 임금저하에 의해 부업에 종사하거나, 혹은 부업을 찾아야 할 민중 부문의 자유시간은 아직 덜 자유롭다.

집단적 정체성이 먼 역사건 가까운 역사건 간에 자신들의 구성적 무대를 도시와 도시의 역사에서 발견하는 경우는 매번 줄어들고 있다. 사회의 이러저러한 정보는 집에서 수신되고, 이에 대한 코멘트는 가족 사이나 가까운 지인들 사이에서 교환된다. 거의 모든 사회성과 사회성에 대한 성찰은 내적인 상호교환을 통해서 진행된다. 가격 상승에 대한 정보, 통치자의 동향, 그리고 우리 도시에서 전날 일어났던 사건까지 미디어를 통해 우리에게 전달된다. 따라서 미디어는 도시의 '공공적' 의미를 구성하는 지배요소가 되어, 해체된 도시의 상상체계를 통합하도록 자극하는 것이다.

이것이 추세라 할지라도, 때때로 대중매체 또한 파편화를 극복하는 데 기여했다는 점을 지적해야 한다. 대중매체는 도시 생활의 공통된 경험(사회적 갈등, 오염, 특정 시간에 어떤 길이 막히는지)에 관해 정보를 제공하면서 커뮤니케이션망을 만들고, 도시에서 일어나는 일의 사회적·집단적 의미를 이해할 수 있게 한다. 더 확장된 단위에서 라디오와 텔레비전이 역사적·민족적으로 다양한 지역 유산들을 연관시키고 대중적으로 전파해, 서로 다른 관객들의 다양한 시간성을 통합시킨다는 점도 긍정될 수 있다.

이 과정에 대한 연구들은, 텔레비전의 통합적이고 해체적인 효과를 도시 발전과 경제위기에 의한 최근의 변화가 야기하는 통합화와 원자화라는 다른 과정과 절합해야 했다. 이따금 공동의 문제들을 분석하기 위해 모이는 단위 집단들——학교의 부모들, 직업 센터의 노동자들 그리고 주민 조직——은 자기준거적인 집단이자 종종 분파주의적인 집단으로 곧잘 행동하고 생각한다. 그 이유는 그 집단들이 직접적인 경제적 압력으로 인해 사회적 지평을 고려할 수 없는 상황에 직면하기 때문이다. 이런 현상은 주로 코노 수르 지역의 사회학자들이 선호하는 연구 대상이었는데, 이 지역은 군부독재가 정당과 노동조합을, 그리고 조직화, 동원, 집단적 협력의 다양한 메커니즘들을 중지시켰던 곳이다. 억압으로 인해 각 개인의 사회 참여는 소비의 이익과 경제적 투기로 축소되었고, 공공 공간 또한 재구성되었다.[5] 미디어는 일정 정도까지 거대 중재자 혹은 매개자로, 따라서 다

---

[5] 칠레에 대해서는 방금 인용한 Lechner, *Notas sobre la vida cotidiana: habitar, trabajar, consumir/I-1*, 그리고 José Joaquín Brunner, *Un espejo trizado. Ensayos sobre cultura y políticas culturales*의 첫 부분에서 살펴볼 수 있다. 아르헨티나와 관련해서는 Oscar Landi, "Cultura y política en la transición democrática", O. Oszlak et al., *Proceso, crisis y transición democrática/1*, Buenos Aires: Centro Editor de América Latina, 1984.

른 집단적 상호작용의 대리인으로 변모했다.

　이 지역의 독재는 이러한 변화를 더욱 급격하게 했다. 최근 10년 동안에 다른 라틴아메리카 정부들이 경제와 문화에서 신보주수의적인 정책을 공유하면서 그 효과는 일반화되었다. "공개적인 출현"은 오늘날 파편화된 많은 사람들이 가정의 텔레비전이나 신문을 통해서 보는 것이다. 정치 지도자들이나 지적 지도자들은 극적 행위자로서 자신들의 조건을 강조하고, 그들의 메시지는 '뉴스'처럼 전파되며, '여론'은 여론조사를 통해 측정 가능한 어떤 것이 된다. 이제 시민은 고객, 즉 '소비 대중'으로 변모하는 것이다.

　'도시문화'는 공적 공간의 주인공 역할을 전자기술에 넘겨주면서 재구조화된다. 미디어가 일어났다고 말하기 때문에 도시에서 거의 모든 것이 '일어나고', 미디어가 원하는 바대로 모든 일이 일어나는 것처럼 보이게 된다. 이렇게 되면서, 사회적 매개화와 무대화의 중요성은 강조되고 정치활동은 정치적인 것에 대한 그러한 수많은 이미지들로 구성되는 것이다. 엘리세오 베론은 오늘날 참여는 "시청각적인 민주주의"와 관계 맺는 것이고, 이 안에서 실제적인 것은 미디어에서 형성된 이미지들에 의해 생산된다고 극단적으로 주장한다.[6]

　다소 차별적인 개념을 가지고 이 문제를 다룰 수 있을 것이다. 나는 시청각 미디어에 의한 도시 생활의 절대적인 대체보다는 **반향**의 게임이 존재한다고 본다. 텔레비전에서 보는 상업 광고와 정치 슬로건은 거리에서 우리들이 재발견할 수 있는 것이고, 그 반대도 역시 가능하다. 즉 서로

---

6) Eliseo Verón, "Discurso político y estrategia de la imagen. Entrevista de Rodolfo Fogwill", *Espacios* no. 3, 1985, pp. 59~65.

공명을 이루고 있다. 역사의 증언과 장기 지속의 경험에 구축된 공적 의미는 이렇게 커뮤니케이션적이고 도시적인 유통성에 종속되는 것이다.

역사적 기억과 도시의 갈등

대중문화에서 기술문화로, 도시 공간에서 전자참여로. 이러한 경향을 포착해 낼 때, 다시 선형적인 역사관에 빠질 위험과 커뮤니케이션 기술이 과거의 유산 및 공적인 상호작용을 대체할 것이라고 암시할 위험성을 가지게 된다.

    역사의 근대적이고 탈근대적인 사용이라는 문제를 다시 살펴보는 것이 필요하다. 나는 가장 도전적이고 보다 엄숙한 외양을 가진 참조물을 가지고 이 과정을 진행하고자 한다. 즉 기념물을 가지고 말이다. 도시의 변화 속에서 광고, 낙서, 정치 시위와 같은 일시적인 현상들과의 경쟁을 통해 기념물은 어떤 의미를 보존하거나 새롭게 하는가?

    기념물이 학교 및 박물관과 함께 전통적인 고급문화의 적법화 무대였던 시기가 있었다. 기념물의 거대한 크기나 두드러진 위치는 그것을 높이 받들게 하는 데 기여했다. "왜 반팔을 입은 동상들은 없지요?" 아르헨티나 텔레비전 프로그램인 「노티시아 레벨데」La noticia rebelde는 부에노스아이레스의 문화센터 소장인 건축가 오스발도 히에소Osvaldo Giesso에게 물었다. 여기에 대해 장황한 답변을 하기 위해서는 그 동상들을 텍스트의 수사학, 민간 의식의 제의성 그리고 권력의 자기 신성화를 위한 의식 등을 가지고 고려해야만 할 것이다. 또한 라틴아메리카에서 대부분의 역사적 공간을 지배하는 기념비주의적 미학이, 어떻게 식민 시기 이전의 세계에서 권위적인 사회체제의 표현으로 시작되었는지를 분석해야 할 것이다.

도시의 원래 모습에 대한 환기는 지금의 도시 생활의 이미지들과 섞이고 있다. 보도보다 살짝 더 높고, 주변의 건물들에 사용된 것과 같은 소재와 구조로 건설된 석재 기념물은 정복 이전 거주자들과 현재 거주자들 사이의 지속적 관계를 지시하는 것처럼 보인다. 그러나 동시에 역사적 도상체계와 현대적 가로 표지 간의 교차는 모순적 혹은 패러디적인 것이 될 수 있는 조합들을 암시한다. 즉 원주민들이 보행자들인가? 그들의 손은 오늘날의 정치적 프로파간다를 가리키고 있는가?

여기에 스페인과 포르투갈의 식민적 확장주의가 덧붙여지는데, 이는 그것들이 신고전주의적 거대주의와 바로크적 과장을 통해서 원주민 건축의 위대함과 경쟁해야 했기 때문이다. 마지막으로 라틴아메리카의 독립과 국가 건설의 과정이 어떤 방식으로 거대한 건물과 벽화, 독립운동가의 초상화 그리고 천체 역표 등을 만들었는지를 분석해야 할 것이다. 이것들은 유토피아의 규모에 대한 표상적 도상체계를 복원하기 위한 것이다.

현대 도시의 상징체계 내에서 이러한 기념물은 무엇을 말하고자 하는가? 광범위한 민중의 참여가 있는 혁명 과정에서, 대중적 제의와 기념물 건축은 대중운동의 역사적인 충동을 표현한다. 그것들은 멕시코 혁명 이후 최초의 벽화주의와 함께, 그리고 20년대 러시아와 60년대 쿠바의 시

쿠에르나바카(Cuernavaca) 시 입구에서 에밀리아노 사파타는 지금 무엇을 위하여 싸우고 있는가? 호텔, 음료, 도시의 다른 광고 메시지들에 맞서서? 오늘날 그의 열정적인 모습이 새롭게 위치할 수도 있는 갈등들을 유발하는 심각한 교통 체증에 맞서서?

푸에블라(Puebla) 주의 쿠에차란(Cuetzalan) 근교에 있는 한 마을의 농민들이 만든 동일하지만 다른 사파타. 말과 전투의 기념비적 수사 없이, 단순히 분노하고 있는 평범한 사람의 것과 동일한 크기의 두상. 그것은 근처 집들처럼 투박한 기단을 가지고 있다.

7장_혼종문화, 사선적 권력 **363**

각예술과 함께 나타났던 것과 마찬가지로, 구질서의 기호들이 완고하게 지속되는 상황에서 새로운 시각문화를 위한 투쟁의 일부분을 이루는 것이었다. 그러나 새로운 운동이 제도화되었을 때, 변화의 기획들은 참여적인 동원의 기획이 아니라 관료적인 계획의 길을 따라가게 된다. 사회조직이 안정화되면 제의성은 경직되는 것이다.

나는 역사적 기억과 근대 도시의 시각적 도식 사이에 만들어지는 긴장의 형태를 보여 주기 위해 일군의 기념물들을 분석하고자 한다. 이는 파올로 고리Paolo Gori와 헬렌 에스코베도Helen Escobedo가 정리한 멕시코 기념물에 관한 풍부한 기록에서 뽑아낸 작은 부분이다.[7] 나는 테노츠티틀란 건설을 재현하며, 멕시코시티의 소칼로 광장 가까이에 위치해 있는 조각물들을 가지고 시작하고자 한다.

이 사례들은 유산에 대한 가장 충실한 기억들이 겪고 있는 변화를 보여 주기에 충분하다. 기념물들은 자주 다양한 역사적·예술적 시기에 대한 언급과 여러 스타일들을 포함하고 있다. 그리고 나중에 도시의 성장, 광고, 낙서, 근대 사회운동과의 상호작용을 통해 또 다른 혼종화가 덧붙여진다. 국가의 전통을 나타내는 도상체계(후아레스[8])가 다른 전통(낙태를 비난하는 가톨릭주의의 전통 같은)을 대표해서 근대성에 반대하는 사람들에 대항해 싸우는 수단으로 사용되는 것이다.

이러한 이미지들은 오늘날 전통과 전통을 신성화하는 기념물들이 새

---

7) 기념물에 대한 다음 사진들은 파올로 고리가 찍은 것이다. 그가 헬렌 에스코베도와 함께 작업한 텍스트는 *Mexican Monuments: Strange Encounters*, New York: Abbeville Press, 1989이다. 여기서 다루고 있는 문제들에 대한 보다 광범위한 분석은 이 책에 포함된 내 글 "Monuments, Billboards, and Graffiti"에서 볼 수 있다. 앞의 책에 실리지 않은 파올로 고리의 사진들에 접근할 수 있게 해준 멕시코국립자치대학(UNAM)의 미학연구소(Instituto de Investigaciones Estéticas)에 감사한다. 이 사진들은 그에 의해 이 연구소에 기증된 것이다.
8) 후아레스(Benito Juárez): 멕시코 최초의 원주민 대통령이다.—옮긴이

주변과의 수평적 동일시를 보여 주는 과나후아토(Guanajuato)에 있는 광부상(像)은 늘 의도된 목표를 달성하는 데 성공하는 것은 아니다. 재현에 있어 자연주의와 작품의 지면 배치는 작품을 그것의 맥락과 혼동되게 하고, 보여 주려는 바를 구체화하는 데 실패하게 한다. 기념비의 의미가 사실적이게 되기 위해서는 기념비가 실재와 분리되는 것, 그리고 이미지의 비사실성을 표시하는 것이 필수불가결한 것 아닌가?

고대 이집트적인 석재 마감에 의해 강조된, 아들과 함께 있는 어머니의 당당한 단순함은 낙태를 찬성하는 시위대와 대조를 이룬다. 이 시위는 주제와 관련한 두 개의 다른 변주를 제공한다. 즉 고통받는 얼굴이 있는 포스터와 시위자들의 미소 및 제스처의 유연성이 그것이다.

롭게 사용되는 다양한 방법들을 보여 준다. 몇몇 과거 영웅들은 근대 도시의 정치적·상업적 기호체계, 교통신호 그리고 사회운동 사이에서 벌어지고 있는 갈등 와중에도 생존한다.

근대적 발전은 대상과 기호를 특정한 장소에 배분코자 했다. 즉 현재 사용되는 상품들은 가게에, 과거 물품들은 역사박물관에, 예술적 의미에서 가치 있는 것들은 미술관에 말이다. 이와 동시에 상품, 역사적 작품, 그리고 예술작품이 전파하는 메시지와 그 상품 및 작품들의 사용법을 지시하는 메시지는 학교와 대중매체를 통해 유통된다. **사물**과 그 사물에 대해 말하는 **언어** 간의 엄격한 분류는 사물이 소비되어야 하는 사회적 **공간**의 체계적 조직화를 유지한다. 이런 체계는 소비자의 삶을 구조화하고, 각 상황에 적절한 인식방식들과 행동방식들을 규정한다. 근대 도시에서 고급문화인이 된다는 것은 일상적 구매용품, 기억의 대상 그리고 상징적 소비 상품을 구별할 줄 아는 것을 의미한다. 다시 말해 고급문화인이 된다는 것은 사회체제를 구획된 형식으로 경험할 것을 요구하는 것이다.

그럼에도 불구하고, 도시 생활은 매순간 이러한 체계를 넘어선다. 도시의 움직임 내에서 상업적 관심은 역사적 관심, 미학적 관심 그리고 커뮤니케이션적 관심들과 교차한다. 서로의 입장을 중화하고, 타자의 메시지를 방해하거나 그 메시지를 변화시키며 자신의 논리에 타인의 논리를 종속시키려는 의미를 둘러싼 투쟁은 사회세력 간, 즉 시장, 역사, 국가, 광고 그리고 민중의 생존 투쟁 사이의 갈등의 무대화인 것이다.

박물관의 역사적 사물들은 역사와 분리되어 아무것도 일어나지 않는 영원성에서 그 내재적 의미가 고정되어 있다. 반면 기념물들은 도시적 역동성 속에서 기억이 변화와 상호작용하도록 하고, 프로파간다나 소통을 통해 애국지사들이 다시 부활하는 데 도움을 준다. 즉 그것들은 자신들을

멕시코시티의 알라메다(Alameda)에 있는 후아레스 기념공간(Hemiciclo a Juárez)은 다양한 용도의 토대가 된다. 이는 이 영웅의 모습에 대한 다양한 해석과 서로 조응한다. 처음에는, 실종된 어린이들을 찾기 위한 부모들의 시위에서, 나중에는 낙태를 찬성하는 페미니스트들이 자신들의 자유의지적인 모성을 방어하기 위해 세속주의의 아버지인 후아레스를 선택한다. 중심부의 현수막은 부분적으로 앞서 걸려 있던 이미지들을 가린다. 이 모든 것은 기념물이 가지고 있는 재의미화의 다양한 층위들을 암시하는 것이다.

시케이로스(Siqueiros)가 디자인하고, 멕시코시티에서 푸에블라로 가는 출구에 있는 칼사다 사라고사 (Calzada Zaragoza)에 위치한 후아레스의 거대한 두상은 기념비이자 창이다. 이 벽은 위압적으로 서서 현재의 모습을 액자처럼 담아낸다. 우리는 이 상에다가 폴란드 자유노조를 지지하는 사람들이 새롭게 쓴 것을 볼 수 있다. 19세기 멕시코의 개혁가가 20세기 유럽의 사회적 투쟁과 결합되는 것이다. 이것은 올메카 족 방식의 거대하고 잘려진 두상, 그리고 미래파적인 방식의 단절된 선들을 결합한 혁명 이후의 한 조형예술가에 의해 디자인된, 개혁 지도자에 대한 환기이다.

존속하게 하는 사회운동과 함께 투쟁을 지속하고 있는 것이다. 멕시코 박물관에서 독립 시기의 영웅들은 개혁과 혁명과의 관계에 의해 의미를 갖게 되고, 거리에서 그들이 갖는 의미는 현재의 모순들과 대화하면서 새로워지게 된다. 보호용 전시장이나 관리인도 없이, 도시 기념물들은 낙서나 시위대에 의해 자신들이 현대의 삶에 개입되어 있다는 점을 기꺼이 드러낸다. 조각가들이 과거를 재현할 때 고전적 사실주의 형식을 고집하고 반팔 입은 영웅상을 만드는 것에 반대할지라도, 기념물들은 도시 거주자들의 '무례함'을 통해 현재화되는 것이다.

낙서, 상업 벽보, 사회적인 정치 시위, 기념물 등은 도시에서 작동하고 있는 주요한 힘들을 표현하는 언어들이다. 기념물들은 거의 항상 정치권력이 건국과 관련 있는 사건과 인물들을 신성화하기 위해 사용하는 작품들이다. 상업 벽보는 일상생활을 경제권력의 이익에 맞춰 조율하고자 한다. 낙서―저항적 정치 행위와 벽보처럼―는 주어진 질서에 대한 민중적인 비판을 표현한다. 따라서 기념물들을 가리거나 그것들과 모순되는 선전 전단물, 혹은 여기저기에 쓰인 낙서 등은 매우 의미 있다. 때때로 홍보물의 홍수는 역사적 정체성을 질식시키고, 광고에 의해 끊임없이 혁신되고 있는 새로움에 대한 선망적 인식은 기억을 해체한다. 한편, 기념물이 자발적으로 존재한다고 믿는 사람들은, 기념물이 사회가 어떻게 작동하고 있는가를 보여 주기에는 적절하지 않다고 말하고 있다. 그러나 국가와 민중 사이, 혹은 역사와 현재 사이에 존재하는 명백한 거리가 기념물들이 정치적으로 다시 쓰여져야 할 필요성이 아닐까?

탈소장화하기

앞에서 우리가 '도시문화'라는 형식이나 고급문화적, 민중적 그리고 대중적이라는 개념으로 일반화했던 것들을 이제 다 아우르기가 쉽지 않다는 사실은, 상징재화 **소장품**에 대한 언급을 통해서 문화의 조직화를 충분히 설명할 수 있는지에 대하여 의문을 갖게 한다. 또한 도시적인 요소의 탐구는, 문화 제도가 주민들과 특정한 **영토** 및 역사 형식과의 관계에서 자신의 핵심적인 요소를 발견한다는 것을 회의하게 한다. 다시 말해, 이 관계가 각 집단의 독특한 행동양식을 예상할 수 있게 해준다는 점을 말이다. 이 분석의 다음 과제는 **탈소장화**와 **탈영토화**의 (결합된) 과정을 연구하는 것이다.

상징재화들을 분리된 단위들로 체계화하고 위계화하는 장치로 고급 예술과 민속예술의 특화된 소장품을 구성하는 것은 근대 유럽에서 시작되었고, 라틴아메리카에서는 보다 늦게 나타났다. 비록 자신의 집에 직접 소장하지는 못하고 박물관, 콘서트 홀, 도서관을 통해 접근했다고 할지라도, 특정한 형태의 그림, 음악, 책은 고급문화인들에게 속했다. 이 체계를 안다는 것은 이미 그 재화들을 소유하는 하나의 형식이었고, 그들을 그 재화들과 관계 맺을 줄 모르는 사람들과 구별시켜 주었다.

박물관과 도서관은 소장품을 보관, 전시, 검색하기 위한 공간으로 지어졌고, 예술사와 문학사는 이 소장품에 토대하여 만들어졌다. 오늘날 미술관은 렘브란트와 베이컨을 같은 전시실에 전시하고, 그 옆 전시실들에서는 민중적인 물품과 산업 디자인을, 나아가 더 이상 작품을 신뢰하지 않고 소장가능한 대상을 생산하는 것에서 탈피하고자 하는 예술가들의 해프닝, 퍼포먼스, 설치 예술, 육체 예술 등을 전시한다. 공공 도서관은 여전히 보다 전통적인 방식으로 존재하지만, 지식인이나 학생은 각 개인 서재에서 더 많이 작업한다. 개인 서재에는 책들이 매번 이 서가에서 다른 서가로 이동하는 잡지, 신문 스크랩, 조각 정보들과 뒤섞이고, 작업을 위해 여러 책상과 바닥에 펼쳐질 것이다. 오늘날 문화 작업자의 상황은 벤야민이 그의 선구적인 텍스트에서 추정했던 모습으로 나타난다. 그 텍스트에서 그는 무질서한 상자들, "흩어진 종이들이 널려 있는 바닥", 그리고 이러한 대상들과 앎의 역사를 결합시키던 질서의 상실 속에서 자신의 서재의 포장을 이사하여 풀 때의 느낌을 묘사했다. 이를 통해 그는 소장의 열망은 "이제 더 이상 우리 시대의 것"이 아니라는 느낌을 갖게 되었다.[9]

다른 한편으로 다른 관습을, 따라서 다른 소장품을 가졌던 민중이나 계급의 민속과 물품목록이 존재했다. 앞 장에서 보았던 것처럼 민속은 소장주의에서 태어났다. 그것은 수집가와 민속주의자들이 의고적인 사회로 가서 음식용 그릇 및 제의용 의복과 가면을 조사하여 보전하고, 이것들을 박물관에 모을 때 형성되었다. 그러나 이제 그릇, 가면, 의복은 도시 시장에서 '수공예품'이라는 이름으로 동일하게 분류된다. 가장 뛰어난 디자인을 구매하기 원한다면, 지금은 더 이상 이것을 생산하는 원주민들이 살고 있는 밀림이나 산속으로 갈 필요가 없다. 왜냐하면, 다양한 민족 집단의 생산물들이 도시의 가게에 뒤섞여 있기 때문이다.

또한 시각문화를 구조화하고 도시 읽기의 문법을 제공해 왔던 메시지와 작품들은 도시 공간에서 효율성을 상실해 간다. 동질적인 건축 체계는 존재하지 않고, 주거지들이 지닌 차별적인 모습들은 사라져 간다. 도시 계획의 결여, 그리고 생산자와 이용자의 문화적인 혼종은 다양한 시대의 스타일을 동일한 거리에서 뒤섞는다. 기념물과 광고, 그리고 정치 메시지의 상호작용은 기억과 시각적 질서의 조직화를 불규칙적인 망 속에 위치시킨다.

소장품을 둘러싸고 진행되는 혼란은 고급문화와 민중문화를 구별하고 이 양자를 대중문화와 구별하는 분류체계가 어떻게 소멸하는지를 보여 주는 가장 명확한 징후라 할 수 있다. 문화는 이제 고정되고 안정적인 전체로 묶이지 않는다. 따라서 '위대한 작품들'의 목록을 이해하면서 고급문화인이 되거나, 대체적으로 폐쇄적인 공동체(하나의 민족, 하나의 거주지, 하나의 계층)가 생산한 대상, 혹은 메시지들의 의미를 통제하면서 민중적이 될 가능성은 사라졌다. 이제 이런 소장품들은 구성과 위계질서를 새

---

9) Walter Benjamin, "Desembalo mi biblioteca. Discurso sobre la bibliomanía", *Punto de vista* año IX, no. 26, 1986, pp. 23~27.

롭게 하면서 내내 서로 교차된다. 게다가 각 사용자가 자기 자신의 소장품을 만들 수도 있다. 복제기술을 통해 각 개인은 자신의 집에 고급문화적 요소와 민중적 요소가 혼합된 음반과 테이프 목록을 갖출 수 있다. 이 목록에는 이미 자신의 작품 구조 내에 이러한 혼합을 보여 준 작가들이 포함된다. 즉 탱고, 재즈, 고전 음악을 결합한 피아졸라Piazzola, 구체적인 시인들의 실험과 아프로브라질의 전통, 그리고 바그너 이후 음악적 실험 전통을 동시에 전유한 카에타누 벨루주Caetano Veloso와 치코 부아르케Chico Buarque 등이 그들이다.

더욱이 우리가 고급문화적이나 민중적인 것으로 정의할 수 없는 재생산 장치들이 증가한다. 이 안에서 소장품은 사라지고 이미지와 컨텍스트, 그리고 그것들의 의미를 고정시켜 주던 역사적이고 의미적인 참조점도 해체된다.

복사기: 책들은 해체되고, 선집은 심포지엄에서 다루어지지 않는 작가들을 모으며, 새로운 제책은 지적 생산논리가 아니라 사용논리를 좇으면서 다양한 장들을 묶는다. 즉 시험을 준비하거나, 교수의 기호를 따라가거나, 도서관이나 서점의 일상적인 분류방식에 존재하지 않는 구불구불한 경로를 따라가는 등의 논리를 통해서 말이다. 책과의 이런 파편적인 관계는 각 장들이 배치되는 구조를 상실하게 한다. 즉 언젠가 몬시바이스가 쓴 것처럼, 그것은 "제록스 등급의 독서"로 내려가는 것이다. 또한 녹음된 강의—컴퓨터 화면에서 직접 제공되기 때문에 가끔은 활자 텍스트로도 만들어지지 않는—만큼이나 탈신성화된, 위대한 텍스트에 대한 가장 자유로운 첨삭과 메모로의 축약은 텍스트 사이, 그리고 학생과 절대 지식 사이에서 보다 유연한 관계를 유도해 낸다.

비디오카세트 플레이어: 어떤 사람이 축구 경기와 파스빈더Fassbinder의 영화, 미국의 시리즈물, 브라질의 텔레노벨라 그리고 외채 논쟁을 섞어 자신의 개인 소장품을 만들었다. 이것들은 그가 시청하고 있을 때나, 일하고 있을 때, 혹은 자고 있을 때 방송국이 방영하는 것들이다. 그는 지우고 재녹화하고 잘되었나 확인하면서 바로, 혹은 시차를 두고 그것들을 녹화한다. 비디오카세트 플레이어는 텔레비전을 도서관과 유사하게 만든다고 진 프랑코는 말한다. 즉 "자의적인 체계에서 출발해 인종 간, 계급 간, 성 간 제한을 넘어서는 공동체를 향하는, 매우 다양한 주제의 병치를 가능하게 한다."[10] 실제로, 비디오카세트 플레이어는 도서관보다 더 멀리 나아간다. 근대적 아니면 전통적이라는 일련의 대립, 즉 국가적 요소와 외래적 요소, 여가와 노동, 뉴스와 여흥, 정치와 허구 등의 대립을 새롭게 체계화하는 것이다. 또한 특정 프로그램을 보기 위해 사교 혹은 가족 모임에서 빠지고 테이프의 대여와 상호교환망을 구축할 때, 이것은 사회성에 개입하는 것이다.

비디오 클립: 본질적으로 가장 탈근대적인 장르이며, 상호장르적이다. 즉 그것은 음악, 이미지, 텍스트의 혼합이며, 초시간적이다. 다양한 시대의 이미지와 멜로디를 결합하고, 컨텍스트 밖에서 사건들을 독창적으로 인용한다. 그것은 마그리트와 뒤샹이 했던 바를 다시 시도하지만, 이는 대중적 관객을 위해서이다. 몇몇 작업은 짧지만 밀도 있고 체계적인 작품을 만들기 위해 비디오의 다양성을 이용한다. 안토니오니Antonioni의 「포토 로망」Fotoromanza, 존 랜디스John Landis의 「스릴러」Thriller, 밥 라펠슨Bob Rafelson의 「밤새도록」All Night Long이 그 예이다. 그러나 대부분의 경우 모든

---

10) Jean Franco, "Recibir a los bárbaros: ética y cultura de masas", *Nexos* no. 115, 1987, p. 56.

행위는 파편적이고, 우리에게 집중하거나 하나의 연속성을 발견하라고 요구하지 않는다. 이야기할 역사가 없는 것이다. 예술사 혹은 미디어사 또한 전혀 중요하지 않다. 그것은 어떤 체계에서건 모든 부분에서 이미지들을 가져온다. 독일 가수 팔코Falco는 2분짜리 비디오 클립에 프리츠 랑Fritz Lang의 「검은 뱀파이어」The Black Vampire의 서사를 요약한다. 마돈나는 「신사는 금발을 좋아해」Gentlemen Prefer Blondes의 안무와 베티 붐Betty Boop의 표정을 모방하고, 마를린의 옷차림을 따라한다. 즉 "그들을 기억하고 있는 사람들은 이러한 경의의 표현과 향수를 좋아한다. 기억하지 못하거나 아직 태어나지 않았던 사람들에게도, 그들의 시선이 최신 브랜드로 팔리는 것을 좇는 것 같은 기쁨을 준다."[11] 그것은 무엇이 새로운 것이고, 무엇이 과거에서 왔는지를 알려 주는 데에는 전혀 관심이 없다. 좋은 관객이 되기 위해서는 리듬에 몸을 맡겨야 하고, 일시적인 광경들을 즐겨야 한다. 스토리를 보여 주는 비디오 클립까지도 스토리를 과소평가하거나, 패러디적인 몽타주와 적절하지 않은 빠른 진행을 통해 스토리를 풍자한다. 또한 실재에서 벗어나는 경향은 디스코장이나 몇몇 텔레비전 오락 프로그램에 한정되지 않을 정도로 큰 성공을 거두었다. 미국과 유럽에는 매일 24시간 비디오 클립을 방영하는 채널이 있다. 기업, 정치, 음악, 광고 그리고 교육과 관련한 비디오 클립들이 있고, 이것들은 사업 매뉴얼, 팸플릿, 극적 구경거리 그리고 선거 유세에서 정치 논리적인 극화를 대체한다. 그것들은 화자들의 개인적 존재를 요구하지 않는, 차갑고 간접적인 드라마화이다. 세상은 이미지들의 불연속적인 흥분으로 보이고, 예술은 **패스트푸드**처럼

---

11) Ricardo McAllister, "Videoclips. La estética del parpadeo", *Crisis* no. 67, 1989, pp. 21~23.

보인다. 이러한 기성화된 문화는 역사적인 사건들을 이해하기 위해 애쓰지 않은 채, 그 사건들을 탈-사유하게 한다. 우디 앨런은 한 영화에서 속독법으로 『전쟁과 평화』를 읽으면서 파악해 낸 것을 다음과 같이 조롱했다. 즉 "이건 러시아에 대해 말하는 거군"이라고 말이다. 『르 누벨 옵세르바퇴르』는 이러한 미학에서 1968년의 학생 소요를 재해석하기 위한 하나의 방법을 발견했다고 진지하게 말한다. 다시 말해, 그것들은 하나의 "혁명의 클립, 즉 이미지의 충격, 리듬의 단절 그리고 좌절된 목표의 뜨거운 몽타주"라고 말이다.[12]

비디오 게임: 비디오 클립의 참여적인 변화형 같은 것이다. 대중의 자유 시간뿐만 아니라 관객 부족으로 문을 닫는 영화관에서 영화를 대체할 때, 비디오 게임의 문화적 변위 작용은 명확하다. 비디오 게임은 동시대 영화에서 가장 폭력적인 장면을 끄집어낸다. 즉 전투 장면, 자동차와 오토바이 경주, 가라테와 복싱 경기 등을 끄집어내는 것이다. 비디오 게임은 직접적으로 기술의 감수성과 효율성에 익숙하다. 그것은 자신의 권력을 무대화하고, 최신 기술을 이용해 세상의 가장 강력한 힘들과 직접 대면하지 않고도 싸울 수 있다는 매력을 무대화하는 화면-거울을 제공한다. 또한 오직 다른 사람들을 이기는 기쁨만을 우리에게 주거나, 패했을 때에는 기계에 동전을 잃어버릴 가능성만을 제공하면서 위험을 탈물질화하고 탈육체화하는 것이다.

텔레비전의 효과에 관한 연구에서 오래전에 드러난 것처럼, 이러한 새로운 기술 수단은 중립적이지도 전능하지도 않다. 텔레비전의 단순한 형태적 혁신은 문화적 변화들을 포함하지만, 최종적인 결과는 다양한 행

---

12) *Le Nouvel Observateur*, January 9~15, 1987, p.43.

위자들이 텔레비전을 어떻게 사용하느냐에 달려 있다. 여기에서 우리는 이 행위자들의 사용법을 인용할 것인데, 그 까닭은 이것들이 문화적 전통을 분류하고 구별하는 체계들에 균열을 내기 때문이다. 또한 고립된 사물, 그리고 그 사물들의 신호 및 이미지들과 강렬하고 돌발적인 관계를 만들기 위해 역사적 의미와 거시적인 개념을 약화시키기 때문이다. 몇몇 탈근대 이론가들은 이런 일시적이고 탈역사적인 관계의 지배는 형이상학적인 거대 담론의 붕괴와 일치한다고 주장한다.

실제로 고급문화, 민중문화, 대중문화를 분리하면서 불평등을 촉진해 왔던 엄격한 소장품들의 해체를 유감스러워해야 할 이유는 없다. 또한 우리는 근대성의 이러한 고전적 질서를 복원할 수 있는 관점이 있을 것이라고는 생각하지 않는다. 우리는 오히려 불경한 교차들에서 특정 유산을 절대화하고 다른 것들을 차별하는 종교, 정치, 국가, 민족 그리고 예술에 있어서의 근본주의들을 상대화할 기회를 발견한다. 그러나 우리는 인식 관습으로서 이러한 극단적 불연속성, 즉 몇몇 전통의 지속적인 의미들이 재가공되는 것을 이해하고 이 변화에 개입할 기회의 축소가, 혹시 사물과 의미의 거대한 망(초국적인 망들과 국가들)을 이해하고 조정하는 데 관심을 가진 일부 집단의 동의되지 않은 권력을 다시 강화하고 있지는 않은지 자문하게 된다.

문화적 기술의 탈위계적이고 탈소장주의적인 전략에 중심부 국가와 종속 국가 사이, 그리고 한 사회의 다양한 계급의 소비자들 사이에 존재하는 문화생산과 소비의 비대칭성이 고려되어야 한다. 기술 혁신을 이용하여, 생산적이고 커뮤니케이션적인 필요에 적용할 가능성은 (자신의 산업, 재화, 서비스를 혁신하기 위한 많은 투자와 함께 발명품들을 만들어 내는) 중심부 국가와 라틴아메리카 사이에서 불균등하게 나타난다. 라틴아메리카에서 투자는 외채 부담과 긴축정책에 의해 동결되어 있고, 과학자와 기술자들은 쥐꼬리만 한 예산을 가지고 작업을 하거나 이주를 해야 한다. 또한 가장 근대적인 미디어 역시 높은 수준으로 통제되고 집중되어 있으며, 외부 프로그램에 상당 부분 의존하고 있다.

물론, 대중문화와 일상문화의 근대화를 지배자들의 보다 효율적인 착취 도구라고 비난하는 편집증적인 고발이나, 역사에 대한 음모론적인 개념으로 돌아가자고 하는 것은 아니다. 문제는 기술 발전의 내재적인 동력이 어떻게 사회를 재설계하는지, 그리고 사회운동과 일치하는지 아니면 대립하는지를 이해하는 것이다. 다양한 종류의 기술들이 존재하며, 개별 기술은 다른 기술과의 다양한 개발과 절합의 가능성을 가지고 있다. 이것들을 다양하게 전유할 수 있는 다양한 문화자본과 처리방식을 가진 사회 부문들이 존재한다. 즉 탈소장화와 혼종화는 비디오 게임을 하러 게임방에 가는 하층 청소년과, 집에 게임기를 가지고 있는 중상류 계층의 청소년에게 평등하지 않다. 기술이 갖는 의미는 기술이 제도화되고 사회화되는 방식에 따라 만들어지는 것이다.

사회관습의 기술적인 재구성은 전통문화나 근대 예술과 항상 모순되는 것은 아니다. 예를 들어, 그것은 전승된 재화의 사용과 창조성의 장을 확장했다. 비디오 게임이 역사적인 전투를 사소하게 만들고, 몇몇 비디오 클럽들이 예술의 실험적 경향들을 진부하게 한 것처럼, 컴퓨터와 비디오의 상이한 이용 방식들은 자료를 얻고, 그래픽을 시각화하여 새롭게 하며, 정보의 이용을 자극한다. 그리고 그것은 개념과 그 실현 사이, 인식과 그 적용 사이, 그리고 정보와 그 결정 사이의 거리를 단축한다. 문화유산에 대한 이러한 다양한 전유는 몇몇 민중운동에 의해 만들어진 비디오의 사용에서 볼 수 있는 것처럼, 민주적인 용법을 가지고 실험과 커뮤니케이션의 본래적 가능성을 확장하는 것이다.

그러나 새로운 기술이 창조성과 혁신만을 촉진하는 것은 아니다. 그것은 또한 알려진 구조를 재생산하기도 한다. 비디오의 가장 빈번한 세 용법—상업 영화와 포르노물의 소비, 그리고 가족 행사의 녹화—은 사진과 슈퍼 8[13]에서 시작된 시청각적 관습을 반복한다. 다른 한편으로 주로 화가, 음악가 그리고 시인들이 주목한 비디오아트는 예술 갤러리나 영화 클럽과 유사한 방식으로 차이와 신비주의를 재확인한다.

이러한 모순적인 용법들의 공존은, 새로운 기술과 앞선 문화 간의 상호작용이 그들이 풀어놓거나 조종하려는 것보다 훨씬 더 거대한 과정의 일부로 포섭되어 버린다는 사실을 보여 준다. 이런 오랜 변화 중 하나는 기술적 개입을 보다 명백히 보여 주면서, 집단과 상징체계 간 결합을 재조직하는 것이다. 즉 탈소장화와 혼종화는 이제 문화 지층과 사회계급을 엄격하게 관련시키는 것을 허용하지 않는다. 많은 작품들이 여전히 그들이 대상으로 했던 소수자 유통망이나 민중적 유통망에 속해 있다고 할지라도, 지배적인 경향은 모든 부문이 과거에는 분리되었던 대상들을 자신의 기호 내에 뒤섞는 것이다. 이러한 보다 유연하고 복합적인 유통이 계급 간의 차이를 없앴다고 말하고 싶지는 않다. 단지, 나는 문화적 무대의 재조직화와 정체성들의 지속적인 교차가, 집단 간의 물질적이고 상징적인 관계를 체계화한 질서에 대해 다른 식으로 문제를 제기하게 한다는 점만을 밝히고자 한다.

---

13) 1965년에 이스트먼 코닥사에 의해 생산된 8mm 필름이며, 기존의 다른 필름보다 50% 더 큰 면적에 이미지를 담을 수 있게 제작되어 선명도의 거대한 발전을 보여 주었다.—옮긴이

탈영토화

근대성을 넘나드는 것이 갖는 의미에 대한 가장 급진적인 모색은 탈영토화와 재영토화 사이에 존재하는 긴장에 주목하는 사람들의 몫이다. 이것으로 나는 두 과정을 언급하고자 한다. 지리적이고 사회적인 영토 및 문화와의 '자연적인' 관계의 상실, 그리고 동시에 낡고 새로운 상징적 생산물들의 영토를 상대적이고 부분으로 재위치화하는 것이 그것이다.

현대문화의 이러한 변형을 기록하기 위해 먼저 상징시장과 이주의 초국화를 분석하고자 한다. 그리고 몇몇 잡종예술의 전략을 따라가면서 이런 변화가 갖는 의미를 탐구할 것이다.

① 앞 장들에서 언급한 것처럼 라틴아메리카 문화의 근대화에 자양을 제공했던 민중적 요소와 국가적 요소를 결합하는 하나의 방식이 있었다. 근대성은 먼저 식민 지배의 형식 아래에서, 그리고 이후에는 메트로폴리스 모델 아래에서 산업화와 도시화를 통해 실현되었고, 정치경제적이고 문화적인 대립주의에 기반해 조직되어 있는 것처럼 보였다. 즉 식민자 대 피식민자, 코즈모폴리터니즘 대 내셔널리즘의 구도를 통해서 말이다. 이 마지막 대립 쌍은 종속이론에 의해 조정되었다. 이 이론에 의하면 모든 것은 제국주의와 국가적 민중문화 사이의 대립에 의해 설명된다.

경제 및 문화 제국주의에 대한 연구는 과학, 예술 그리고 커뮤니케이션 생산의 국제적 중심들에서 사용된 몇몇 장치들을 이해하는 데 도움을 주었다. 이 중심들은 우리의 발전을 조건 지었고, 지금도 그렇게 하고 있다. 그러나 이런 모델은 권력의 현재적 관계들을 이해하는 데 불충분하다. 그것은 산업, 기술, 경제 그리고 문화 시스템의 전 지구적 작동을 설명하지 못하는 것이다. 이 시스템의 지부는 이제 한 나라에만이 아니라, 경제 및 이데올로기 구조의 밀집망에 놓여 있다. 더 나아가 그것은 유럽이나 북미에서 일어나고 있는 것처럼, 국경을 유연하게 하고 경제 및 교육, 기술, 문화 제도를 통합하려는 선진국들의 필요성을 설명하지도 못한다.

종속주의자들이 제1세계와 제3세계라고 불렀던 지역 사이에 존재했던 불평등은 상대적인 유효성을 가지고 그들의 몇몇 가정을 유지시킨다. 그러나 상호교환의 이익과 결정권을 메트로폴리스의 부르주아가 가지고 있다고 할지라도, 새로운 과정은 이러한 비대칭성을 보다 복합적인 것으로 만든다. 즉 기업의 탈중심화, 정보의 전 지구적 동시성, 특정한 국제적 이미지와 앎을 각 민족의 관습과 인식에 적용하는 것 등이 그 예이다. 전자공학과 텔레마티크에 의한 상징적 생산물의 탈지역화, 그리고 문화 전파에 있어서 위성과 컴퓨터의 사용은 또한 주변부 국가들의 대립을 지리적으로 정의된 국가들과의 전면전으로 볼 수 없게 한다.

이러한 대립적인 이분법은 다양한 종속 국가들이 문화수출에 있어 주목할 만한 상승을 보여 주게 된 1980~90년대에는 그다지 설득력을 갖지 못하게 된다. 브라질에서 문화의 산업화와 대량화의 진전은 통상 말해지던 것과는 반대로, 외국 문화생산물에 대한 대규모의 종속을 의미하지 않았다. 통계에 따르면, 최근에 브라질의 영화 제작과 개봉관의 자국 영화 비중은 증가했다. 즉 자국 영화의 비중은 1971년 13.9%에서 1982년 35%로 늘었다. 1973년 출판량의 54%를 점했던 브라질 작가들의 저술은 1981년에 81%로 증가한다. 또한 국내 음반과 카세트가 보다 많이 소비되었고 수입은 감소했다. 1972년 텔레비전 프로그램의 60%는 수입품이었지만 1983년에는 30%로 줄었다. 문화생산의 자율성과 국내화 경향이 존재하는 동시에, 브라질은 텔레노벨라를 수출하면서 라틴아메리카 상징재화 시장의 매우 활동적인 행위자로 변모했다. 중심부 국가에도 광범위하게 침투할 수 있었기 때문에, 브라질은 텔레비전과 광고에 있어 7위, 음반에서는 6위의 생산 국가가 되었다. 내게 이런 자료를 제공해 준 헤나투 오르치스는 브라질의 문화산업이 "국가적-민중적 요소의 보호에서 국제적-민중적 요소의 수출"로 이전했다고 결론짓는다.[14]

이 경향이 라틴아메리카 모든 나라들에서 동일한 방식으로 나타나지는 않지만, 국내적 요소와 국외적 요소의 절합을 재기획하는 보다 근대적인 문화 발전을 보여 주는 나라들에는 비슷한 모습이 존재한다. 물론 이런 변화가 서로 다른 계급이 어떻게 이익을 얻고, 각국의 문화에서 어떻게 재현되는가에 대한 고민을 없애지는 못한다. 그러나 제시되는 재화의 특징뿐만 아니라 생산과 소비의 장에서 가장 급격한 변화는, 민중적 요소와 국가적 요소의 '자연적인' 결합, 그리고 마찬가지로 민중적 요소와 국제적인 요소 간의 선험적인 대립에 문제를 제기한다.

② 다방면적 이주는 상호문화적 관계의 분석에서 이분법적이고 대립적인 패러다임을 상대화하는 다른 요소로 기능한다. 라틴아메리카의 국제화는 최근 수십 년 동안 강화되었다. 이주는 지난 시기에 일어난 것처럼 망명 작가, 예술가, 정치가만이 아니라 모든 층위의 주민들을 포함하게 되었다. 미국과 유럽을 향한 라틴아메리카인들의 이주, 저개발국가에서 라틴아메리카 대륙의 가장 선진화된 국가로의 이주, 그리고 빈곤 지역에서 도시 중심지역으로의 이주가 야기한 문화유통의 새로운 흐름을 식민주의적 지배라는 일방적인 구도에 어떻게 끼워 넣을 수 있겠는가? 가장 소극적인 수치에 따를 때도 1970년대에 경제적 빈곤과 이데올로기적 박해로 아르헨티나, 칠레, 브라질, 우루과이를 떠난 남미인의 수는 2백만에 달한

---

14) Renato Ortiz, *A moderna tradição brasileira*, pp.182~206.

다. 탈영토화에 대한 가장 혁신적인 성찰이 대륙의 주요 이주 지역, 즉 멕시코와 미국의 국경에서 진행되고 있다는 것은 우연이 아닌 것이다.

이 국경의 양쪽에서 지적인 움직임들은 이주자들의 고통스러운 모습을 보여 주고 있다. 생존을 위해서 자신들의 땅을 떠나야만 했던 농민들과 원주민들의 불완전고용과 뿌리 뽑힘을 말이다. 그러나 또한 여기에 매우 역동적인 문화생산이 증가하고 있다. 미국에 250개 이상의 스페인어 라디오와 텔레비전 방송국, 그리고 라틴아메리카 음악과 문학에 대한 높은 관심과 스페인어로 된 1,500개 이상의 간행물이 존재하는데, 이는 단지 2,000만 '히스패닉' 시장, 즉 미국 인구의 8%에 달하는 인구(뉴욕의 38%, 텍사스의 25%, 캘리포니아의 23%)가 있기 때문만은 아니다. 그것은 또한 이른바 라틴문화가 「주트 수트」와 「라밤바」 같은 영화, 루벤 블레데스Rubén Blades나 로스 로보스Los Lobos의 노래들, 루이스 발데스Luis Valdez의 연극처럼 문화적·미학적으로 앞서 가는 연극들과 조형예술가들을 생산해 낸 데 기인한다. 민중문화를 근대적·탈근대적 상징체계와 상호작용시키기 위한 이들의 능력과 소질이 이런 작품들을 미국의 **주류문화**에 편입시킨 것이다.[15]

이러한 예술적 움직임들을 아는 사람은 누구나 많은 움직임들이 민중의 일상 경험에 뿌리박고 있다는 사실을 알고 있다. 탈영토화 현상의 초계급적인 확장에 대한 의심을 없애기 위해서는, 이주에 대한 인류학 연구

---

15) 쉬프라 골드먼(Shifra M. Goldman)과 토마스 이바라-프라우스토(Tomás Ybarra-Frausto) 라는 두 명의 치카노 예술사가는 이런 문화생산물을 기록하고 여기에 대해 독창적인 사유를 보여 준다. 특히, 이들의 책 *Arte Chicano: A Comprehensive Annotated Bibliography of Chicano Art, 1965-1981*, Berkeley: Chicano Studies Library and Publications Unit, University of California, 1985의 서문과 다음 책에 실린 이들의 글을 참고하시오. Ida Rodríguez Prampolini ed., *A través de la frontera*, México: UNAM-CEESTEM, 1983.

를 언급하는 것이 유용할 것이다. 로저 루세는 미초아칸의 남동부에 위치해 있고, 육로로만 연결되는 농촌 마을 아길랴Aguililla의 거주자들을 연구하였다. 그들의 두 가지 주된 활동은 자립적인 생존을 위한 농업과 가축 기르기이다. 그러나 1940년에 시작한 이주는 이제 거의 모든 가구가 외국에 살고 있거나 살았던 가족 구성원을 가질 정도로 확대되었다. 쇠퇴하는 지역 경제는 캘리포니아, 특히 레드우드시티Redwood City에서 보내오는 달러에 의해서 지탱되었다. 이곳은 실리콘밸리에서 북미 후기산업주의 문화와 첨단기술의 거점으로, 미초아칸 사람들이 노동자나 서비스업에 종사하고 있는 곳이다. 미국에 대부분의 사람들은 단기간 체류하고, 장기간에 걸쳐 체류하는 사람들도 자신의 출신지와 지속적인 관계를 유지한다. 아길랴 밖에 거주하는 사람이 많고, 고향에 거주하고 있는 사람들과의 관계 역시 그만큼 빈번해서, 이제 더 이상 양 지역은 분리된 공동체로 인식되지 않는다.

지속적인 왕래의 이주를 통해, 그리고 전화를 보다 더 많이 사용하면서, 아길랴 사람들은 2,000마일 떨어져 있는 사람들과의 관계를 마치 이웃 사람들과의 관계를 유지하는 것처럼 적극적으로 재생산해 오고 있다. 더 나아가 사람, 돈, 상품과 정보 등의 유통을 통해서, 여러 장소에 산재한 하나의 공동체로 더 잘 이해될 수 있을 정도로 다양한 정착들이 뒤섞이고 있다.[16]

---

16) Roger Rouse, "Mexicano, Chicano, Pocho. La migración mexicana y el espacio social del posmodernismo", *Página Uno*, suplemento de *Unomásuno*, December 31. 1988, pp. 1~2.

사회 이론의 관습적인 두 개념이 이러한 "교차되는 경제들, 상호교차되는 의미들의 체계, 파편화된 개인들" 앞에서 무너진다. 하나는 고립된 농촌 거주자뿐만 아니라, 밀도 있는 국민국가의 추상적 일치를 표현하기 위해서 채용되는 '공동체' 개념이다. 이 두 경우는 특정 영토와의 관련성에 의해 정의된다. 이러한 공동체의 구성원들 사이의 결합은 자신들의 공간 밖에서보다는 안에서 더 강렬하고, 각 구성원들은 공동체를 자신들의 행위를 일치시켜야 할 준거 집단으로 간주한다고 가정되어 왔다. 두번째 이미지는 중심부와 주변부의 대립 이미지이자, 또한 "이상화된 제국주의 체제의 추상적 표현"이다. 이 안에서 권력과 부의 배열은 동심원적으로 배치된다. 즉 중심에 가장 강력한 세력이 있고, 주변부로 갈수록 세력은 점점 작아지는 것이다. 세상은 점점 더 이런 식으로는 작동하지 않는다고 루세는 말한다. 우리들은 이제 '회로'와 '경계' 개념에 더 많이 기초한, '사회 공간의 대안적 지도제작법'을 필요로 한다.

또한 이러한 재질서화가 단지 주변부 사람들만을 포함한다고 가정되어서는 안 된다고 루세는 덧붙인다. 이전 시기 자기 자본에 의해 지배되던 미국 경제에서도 비슷한 탈구가 발견된다. 로스앤젤레스 중심지역에서 75%의 건물들은 이제 외국 자본에 속해 있고, 중심지역 인구의 40%는 아시아나 라틴아메리카 출신의 소수 민족으로 구성되어 있다. 그리고 이러한 수치는 "2010년에는 60%에 달할 것이라고 추산"된다.[17] 레나토 로살도에 의하면 "제1세계에서 제3세계의 내파"가 있는 것이다.[18] "아마도 '유

---

17) Rouse, "Mexicano, Chicano, Pocho. La migración mexicana y el espacio social del posmodernismo", p. 2.
18) Renato Rosaldo, *Ideology, Place, and People without Culture*, Stanford University, Department of Anthropology, p. 9.

용한 허구' 혹은 계시적 왜곡을 제외하면", 두 세계 어디에도 "내적으로 일치된 독립 세계로서의 진정한 문화라는 개념은 더 이상 존재할 수 없을 것이다."[19]

말년에 샌디에이고에서 교편을 잡을 때, 미셸 드 세르토는 캘리포니아에 멕시코계, 콜롬비아계, 노르웨이계, 러시아계, 아탈리아계의 이주자들 그리고 미국 동부 지역 이주자들이 뒤섞이는 현상이 "삶은 지속적으로 경계를 통과하는 것으로 구성되어 있다"는 점을 생각케 한다고 말하곤 했다. 역할은 자동차와 주택과 마찬가지로 가변적으로 선택되고 변화된다.

이러한 유동성은 한 사람이 출생에 의해, 가족에 의해, 그리고 전문적인 지위, 친분 혹은 애정 관계 및 재산에 의해서도 신분이 증명될 수 없다는 가정에 의존한다. 지위와 장소(태어난 곳, 일자리, 거주지 등)에 의해 정의되는 모든 정체성이 지워지지는 않는다고 할지라도, 모든 움직임들의 속도에 의해 감소되는 것처럼 보인다. 미국에는 신분증명서가 없는데, 그것은 운전면허증이나 신용카드, 즉 공간을 가로지르는 능력과 미국 시민들 사이의 신용계약 게임에의 참여에 의해 대체되었다.[20]

1985년과 1988년 티후아나Tijuana에서, 즉 국경의 멕시코 쪽에서 상호문화적인 갈등을 연구했던 두 기간 동안, 나는 많은 경우 이 도시는 뉴

---

19) R. Rosaldo, *Culture and Truth: The Remaking of Social Analysis*, Boston: Beacon Press, 1989, p.217.
20) Michel de Certeau, "Californie, un théâtre de passants", *Autrement* no.31, 1981, pp.10~18. 끊임없는 국경의 왕래로 삶을 개념화하는 것은, 비록 적절하다고 할지라도 혹인, 푸에르토리코인, 치카노 등 미국의 '2등' 시민들을 고려하면 미셸 드 세르토가 말하는 것처럼 그리 쉽지는 않다.

욕과 함께 탈근대성의 가장 커다란 실험실 중 하나라고 생각했다.[21] 티후아나 주민은 1950년에 6만을 넘지 않았다. 오늘날에는 멕시코의 거의 전 지역(주로 오아하카, 푸에블라Puebla, 미초아칸, 연방 지역)으로부터 온 이주자들로 인해 인구가 100만을 넘어섰다. 일부는 매일 일을 하기 위해 미국으로 넘어가고, 다른 사람들은 파종과 수확 철에 국경을 넘는다. 티후아나에 남는 사람들조차도 양국 사이의 상업적 상호교환, 멕시코 국경지대에 위치해 있는 미국 마킬라도라maquiladoras, 혹은 해마다 이 도시에 도착하는 300만 혹은 400만의 미국인을 위한 관광 서비스와 결부되어 있다.

20세기 초부터 한 15년 전까지 티후아나는 (카르데나스 정부에 의해 없어진) 카지노, 카바레, 무도장, 주류 판매점 등으로 알려져 있었다. 이 장소들은 미국인들이 자국의 성적인 제약, 도박 금지, 주류 제약을 피해 왔던 곳으로, 최근의 공장, 근대적 호텔, 문화센터 설치와 광범위한 국제 정보에 대한 접근은 이곳을 근대적이고 모순적인, 그리고 코즈모폴리턴적이면서 자신만의 강력한 특색을 지닌 도시로 변모시켰다.

우리가 진행한 초등학생, 중등학생, 대학생 그리고 모든 층위의 예술가 및 문화 후원자와의 인터뷰에서, 그들 스스로를 정의하기 위한 중심적인 주제는 상호문화적 접촉과 경계지대의 삶이었다. 조사방법 중 하나는 티후아나에서 사진을 찍을 만한 문화와 생활의 가장 대표적인 장소를 선택해 달라고 요구하는 것이었다. 또한 우리는 도시의 의미를 농축하고 있는 것처럼 보이는 다른 무대의 이미지들(광고 포스터, 우연히 마주친 사람

---

21) 조사보고서는 Néstor García Canclini and Patricia Safa, *Tijuana: la causa de toda la gente*, México: INAH-ENAH-HUAM-Programa Cultural de las Fronteras, 1989에서 볼 수 있다. 사진은 로우르데스 그로벳(Lourdes Grobet)의 것이고, 제니페르 메트칼페(Jennifer Metcalfe), 페데리코 로사스(Federico Rosas) 그리고 에르네스토 베르메지요(Ernesto Bermejillo)가 연구에 참여했다.

들, 낙서)을 찍고, 경제적·문화적 층위에서 서로 다른 14개의 집단에게 보여 주기 위해 이 중 50장의 사진을 선정했다. 그들이 도시를 대표하는 것이라 판단하고 강조해서 말했던 이미지들 중 3분의 2는 티후아나와 티후아나 바깥 세계 간의 관계를 맺게 해주는 장소를 찍은 것이었다. 즉 레볼루시온 거리, 관광객을 위한 상점과 오락시설, 카지노가 있었던 장소를 표시해 주는 첨탑, 위성 안테나, 국경의 합법적·비합법적인 통로, 각지에서 온 사람들이 집중되는 지역들, 그리고 이주자들이 자신들의 '서류'를 만들어 준 것에 대해, 혹은 자신들이 '국경순찰대'에 체포되지 않도록 도와준 것에 대해 감사를 표하러 오는 '이주민의 수호자' 후안 솔다도[22]의 무덤을 찍은 것이었다.

---

22) 후안 솔다도(Juan Soldado): 군인이었다가 범죄행위로 처형당했지만 신성화된 인물이다. 특히 국경을 넘는 데 도움을 주거나 비합법 이민자들의 애환을 해결해 준다는 믿음을 준다.—옮긴이

　도시의 다문화적 성격은 스페인어와 영어의 사용, 그리고 외곽 거주지나 마킬라도라, 혹은 시내에서 수공예품을 파는 사람들 사이에서 들리는 원주민어에서 나타난다. 이러한 복수성은 사적인 상호작용에서, 라디오, 텔레비전 그리고 도시 광고의 언어인 공적인 언어들, 즉 영어와 스페인어가 지배적이고 '자연스럽게' 공존하는 곳으로 옮겨 갈 때 줄어든다.

　"당신의 언어로 된 록"을 들을 수 있다는 디스코 클럽과 라디오를 추천하는 광고판과 함께, 다른 광고 하나는 영어로 된 멕시코 주류를 홍보한다. 티후아나의 두 가지 상징인 음악과 알코올 음료는 이러한 언어적 이중성 아래에서 공존한다. '다른 선택'은 명백히 주류이지만, 메시지들의 인접적 배치로 인해 스페인어로 된 록일 수도 있게 된다. 인터뷰 대상자들이 이 도시의 삶과 유사하다고 간주한 이미지의 양가성은 또한 읽기의 질서에 따라 다른 선택이 영어로 된 록일 수 있다는 결론을 가능하게 한다.

　이중 언어, 이중 문화, 이중 국가성과 관련한 동요에 의해 야기된 불안

은 티후아나의 역사와 관련해서도 등가물을 가지고 있다. 사진들 중 몇몇은 티후아나 문화의 상당 부분 은폐된 성격을 암시하기 위해 정확하게 선택되었다. 그것이 환기하고 있던 카지노를 잊기 위해 1960년에 불태워진 아과칼리엔테 탑Torre de Agua Caliente은 몇 년 전에 재건되었고, 이제는 잡지 표지나 광고에 자부심을 가지고 등장한다. 그러나 현재 탑이 원래 장소가 아닌 다른 장소에 있다는 것을 주지시키자, 인터뷰 대상자들은 그 변화는 과거를 변화시키고 재위치시키기 위한 방법이었다고 주장했다.

레볼루시온 거리의 많은 모서리에는 얼룩말들이 있다. 실제 그 말들은 페인트 그림이 그려진 당나귀들이다. 그 당나귀들은 미국 관광객들이 사진을 찍을 수 있도록 뒷배경이 되어 주는데, 이 배경에는 멕시코의 다양한 지역의 이미지들이 섞여 있다. 화산, 아즈텍 인물, 선인장 그리고 뱀을 문 선인장 등이 그것들이다. "남쪽 지방에는 피라미드가 있지만 여기는 그런 것이 전혀 없기 때문에, 미국 사람들을 위해 무엇인가를 발명해야 해요"라고 여러 집단들 중 한 집단에서 말했다. 다른 한 집단은 "그것은 또한 미국인들이 가져온 신화, 즉 과거와 야생을 향해, 그리고 말을 탈 수 있다는 생각을 향해 국경을 넘는 것과 관련된 신화에 준거"한다고 지적했다.

한 인터뷰 대상자는 "멕시코와 미국을 가르는 철조망은 국경 문화의

기념비가 될 수 있을 것"이라고 말했다.

해안에 도착했을 때, '철조망'이 쓰러지고 불법이주자들에 의해 가끔 사용되던 통행로가 만들어졌다. 매주 일요일마다 국경의 양쪽으로 찢긴 가족들이 소풍을 위해 모인다.

국경이 움직이며 완고하게 서 있을 수도, 쓰러져 있을 수도 있는 곳에서, 혹은 건물들이 원래의 장소가 아닌 다른 장소에서 환기되는 곳에서, 도시 자체의 놀랄 만한 발명은 매일 새롭게 되고 확장된다. 즉, 시뮬라크르가 문화의 중심적 범주로 나타나는 것이다. '진정성'만이 상대화되는 것은 아니다. 모든 사람이 얼룩말이 허구라는 것을 알고 있는 것처럼, 혹은 미국 경찰에 의해 '묵인'되는 불법이주자의 숨바꼭질 게임처럼, 명백하고 가식적인 환상은 정체성을 정의하고 타자와 소통하기 위한 수단이 된다.

국경의 예술가와 작가들은 이러한 혼종적이고 시뮬라크르적인 생산물들에 자기 자신의 상호문화적인 실험을 덧붙인다. 한 라디오 인터뷰에

서 티후아나와 샌디에이고에 지사를 가지고 있는 이중 언어 잡지인 『무너진 국경선』La línea quebrada/The Broken Line의 편집자인 기예르모 고메스-페냐Guillermo Gómez-Peña에게 질문했다.

> 리포터: 당신이 말씀하신 것처럼, 우리나라를 그렇게 사랑하신다면 왜 캘리포니아에서 사시죠?
> 고메스-페냐: 저 자신을 멕시코인으로 이해하기 위해서, 저는 탈멕시코화하고 있지요.
> 리포터: 그럼 당신을 어떻게 규정하시나요?
> 고메스-페냐: 탈멕시코인posmexica, 전前치카노, 범라티노, 국경을 건넌 자transterrado, 예술을 하는 아메리카인arteamericano……. 요일에, 혹은 다루고 있는 주제에 달려 있어요.

　티후아나의 다양한 잡지들은 경계지역의 경험에서 시작해서 정체성과 문화에 관한 정의를 새롭게 세우고자 한다. 그 중에서 가장 급진적인 잡지인 『무너진 국경선』은 새로운 세대를 "차로 영화[23]와 공상과학 영화를 보고, 쿰비아cumbia와 무디 블루스Moody Blues의 노래를 듣고, 제단을 쌓고 슈퍼 8로 기록하며, 『깃털 달린 호른』El Corno Emplumado지와 『아트포럼』Art Forum지를 읽으면서" 성장한 세대라고 표현한다. 이미 중간지대, 다시 말해 "두 세계 사이의 균열"에 살고 있기에, "어디에도 어울리지 않아서 가지 못한" 사람들이기에, 그리고 "아직 도달하지 못했거나, 어디로 가야 할지를 모르는 사람들"이기에, 그들은 가능한 모든 정체성들을 취하기로 결정한 것이다.

---

23) '차로'(charro)는 멕시코의 전통적인 카우보이를 지칭하는 것으로, '차로 영화'란 1940~1960년대 멕시코 영화의 황금기에 나타난 장르를 말한다.—옮긴이

국적 혹은 민족적 정체성에 대해 물었을 때, 나는 단 한마디로 답할 수 없었다. 즉 내 '정체성'은 이미 다양한 목록을 가지고 있다. 나는 멕시코인이지만 동시에 치카노이고 라틴아메리카인이다. 국경지대에서는 나를 '칠랑고'chilango 혹은 '멕시키요'mexiquillo라고 부른다. 수도에서는 '포초'pocho 혹은 '노르테뇨'norteño라고, 유럽에서는 '수다카'sudaca라고 부른다. 앵글로색슨 사람들은 나를 '히스패닉' 혹은 '라티노'라고 부르고, 독일인들은 나를 터키인 혹은 이탈리아인과 혼동한다.

젊은 록 가수뿐만 아니라 이주자에게도 잘 어울리는 한마디로, 고메스-페냐는 "우리들의 보다 깊은 세대 감정은 출발 때부터 솟아 나오는 상실의 감정이다"라고 설명한다. 그러나 또한 그들이 성취한 것도 존재한다. 그들은 "가장 실험적인 문화, 즉 다초점적이고 관용적인 관점"을 성취한 것이다.[24]

티후아나의 다른 예술가와 작가들은 『무너진 국경선』 그룹에서 보이는 사회적 모순에 대한 완곡한 관점과 탈지역성에 문제를 제기했다. 그들은 많은 경우 원거주지의 빈곤에 의해 유발된 이주에 대한 긍정적 평가를 거부한다. 이러한 빈곤은 새로운 목적지에서도 반복되는 것이다. 티후아나에서 태어나지 않았지만 15년 혹은 20년 동안의 거주 경험을 통해, 이런 패러디적이고 한발 비껴 선 오만함을 공격하는 사람들이 많다. 즉,『무너진 국경선』그룹은 "최근에 도착해서 우리를 발견하려 하고, 또 우리들에게 우리들이 누구인지 말해 주고 싶어 하는 사람들"이라는 것이다.

이 논쟁에서뿐만 아니라 티후아나 사진을 언급할 때 보이는 다른 강한 감성적인 표현에서도, 우리는 **재영토화**라고 부를 수 있는 복합적인 움직임을 보았다. 티후아나를 개방적이고 코즈모폴리턴적인 것으로 찬양했던 그 동일한 사람들은 정체성의 기호를 고정하기를 원했다. 이는 제의적인 기호를 통해 그들을 관광객 혹은 …… 상호문화석 교차를 이해하고자 하는 호기심 많은 인류학자같이 단지 일시적으로만 머무는 사람들과 구별하고자 한 것이었다.

『낮은 모퉁이』*Esquina baja*라는 다른 티후아나 잡지의 편집자들은 스스로를 표현하기 위한 조직을 갖는 것 이외에도, 왜 다음과 같은 것을 원했는지를 설명하기 위해 긴 시간을 사용했다.

…… 독자 대중을 형성하고, 이 나라에 존재하는 중앙집중적인 경향에 대응하기 위해 디자인, 외양 등 모든 점에서 질적인 지역 잡지를 만들기를

---

24) Guillermo Gómez-Peña, "Wacha ese border, son", *La Jornada Semanal* no. 162, 1987, pp. 3~5. 여러 대륙의 음악과 정보를 가지고 잡지, 음반, 카세트테이프 등을 만드는 록 가수, 촐로스[미국의 라티노 계열 뮤지션들], 펑크 음악가들이 보여 주는 상호문화적 혼종화에 대해서는 다음 책을 참고하시오. José Manuel Valenzuela, *¡A la brava ese! Cholos, punks, chavos banda*, Tijuana: Colegio de la Frontera Norte, 1988.

원했다. 왜냐하면, 지방에 있는 것은 연방지역의 고운 체를 먼저 통과하지 못하면, 알려지지 못하고 그냥 축소되어 버리기 때문이다.

모두들 중앙정부가 제안하는 문화활동의 '선교적' 기준을 맹렬하게 거부했는데, 우리는 이 맹렬함에 비슷한 무엇이 있다는 것을 발견했다. 북부 국경지방에서 "멕시코의 정체성을 세우고자" 시도된 국가 프로그램에 대해서, 바하캘리포니아 사람들은 다른 방식이기는 하지만 여타 사람들처럼 자신들도 멕시코 사람이라고 주장한다. 미국과의 지리적·소통적 근접성에도 불구하고 나날의 상업적·문화적 상호교환을 통해 불평등을 강렬하게 경험하고 있기 때문에, 그들은 텔레비전이나 수입상품을 통해 외부 영향을 경험하고 있는 멕시코시티의 사람들보다 오히려 자신들이 "미국의 문화적 침투 위협"에 대해 더 비판적인 입장을 가지고 있다고 주장한다.

탈영토화와 재영토화. 전통적 상징체계와 국제적인 커뮤니케이션망, 문화산업 그리고 이주 간의 상호교환에서 정체성과 국가성에 대한 질문, 주권의 보호라는 문제, 그리고 앎과 예술의 불평등한 전유는 사라지지 않는다. 신보수주의적인 탈근대주의의 관점과 달리 갈등은 지워지지 않는다. 갈등은 다초점적이고 보다 관용적인 다른 영역에 위치하게 되고, 때때로 각 문화의 자율성이 재고되면서 근본주의적인 위험은 완화된다. 그럼에도 불구하고, '중심부의 것'에 대한 쇼비니즘적인 비판은 때로는 폭력적인 갈등을 유발한다. 즉 최근 도착한 이주자들에 대한 공격과 학교와 직장에서의 차별이 여전히 존재하는 것이다.

가치 있는 개방의 토대가 되는 강렬한 교차와 전통의 불안정성은, 노동 경쟁이라는 조건 속에서 강력한 편견과 대립의 원인이 되기도 한다. 따라서 탈영토화의 이익이나 불편에 대한 분석이, 탈근대성에 대한 문헌에서 자주 나타나는 것처럼 문화적인 코드 혹은 관념적인 움직임으로 축소되어서는 안 된다. 그 의미는 또한 사회적·경제적 실천과의 연계, 지역 권력을 둘러싼 투쟁, 그리고 외부 권력과의 결합을 이용하고자 하는 경쟁에서 만들어진다.

상호교차: 근대성에서 탈근대성으로

혼종은 라틴아메리카 문화에서 오랜 궤적을 가지고 있다. 스페인과 포르투갈적인 매트릭스가 원주민 요소와 뒤섞이면서 만들어 낸 신크레티즘적 형식을 기억해 보자. 독립과 국가 발전 과정에서 우리는 문화적 모더니즘과 경제적 반¥근대화를 양립시키기 위한, 그리고 이 둘을 지속적으로 존재하려는 전통과 양립시키기 위한 투쟁을 보았다.

탈소장화와 탈영토화는 유토피아적 성찰, 그리고 예술가와 지식인들의 실천에서 그 전례를 가지고 있다. 그 두 가지 예는 1920년대 브라질의 '식인주의자'들과 『마르틴 피에로』 그룹의 미학적 선언들이다. 1928~1929년에 출판된 「식인주의 선언」El Manifiesto Antropofágico은

> 단지 내 것이 아닌 것에만 나는 관심이 있다. …… 왜냐면 우리들은 한 번도 문법이나 오래된 식물 표본을 가져 본 적이 없기 때문이다. 또한 도시적 요소, 주변부적 요소, 국경지대적 요소 그리고 대륙적 요소를 전혀 알지 못했다. …… 한 번도 우리들은 교리문답을 받지 못했다. 우리는 몽유병적인 권리를 통해서 살고 있었다.

『마르틴 피에로』그룹의 작가들은 1924년 "아메리카의 중요한 지적 기여인, 루벤 다리오Rubén Darío에 의해 시작된 독립운동"을 믿는다고 선언했다. 이것은 "그럼에도 불구하고, 매일 오전 스웨덴제 치약, 프랑스제 수건, 영국제 비누를 사용해서는 안 된다거나 더 나아가 이런 상황을 무시하자는 것은 더더욱 아니다."

티후아나의 인터뷰 대상자들이 경계문화를 지속적으로 언급한 것은 베아트리스 사를로가 1920년대와 40년대 사이 부에노스아이레스의 자유주의 작가와 사회주의 작가들에게서 찾아낸 항구에 대한 묘사, 원주민과 이주자 사이의 교차에 대한 묘사, '이종성'의 격화 그리고 '강박적인' 코즈모폴리터니즘을 기억나게 한다. 즉 보르헤스는 아를트와 올리베리오 히론도Oliverio Girondo뿐만 아니라, 곤살레스 투뇬González Tuñón과 니콜라스 올리바리Nicolás Olivari와 동일한 역할을 했다. 이들은 "사회적 주변인들과 그들이 보여 주는 일탈에 대한 이해를 풍부하게 하고 까다롭게 할 수 있는 이탈, 소외, 거리 그리고 문화적 충돌에 대한 지혜"를 계발한다. 아를트는『부에노스아이레스 풍경』Aguafuertes porteñas에 다음과 같이 썼다. 즉 "시적 흉내내기, 매력 없음, 필리베르토Filiberto나 마토스 로드리게스Mattos Rodríguez의 탱고와 함께 바흐 혹은 베토벤을 연구하는 것". 이러한 "섞임의 문화"는 "크리오요의 형성"과 "상징과 관련된 재화, 담론, 실천의 수입이라는 터무니없는 과정"을 공존하게 만든다.[25)]

우리 정체성의 전형적인 해석으로 평가되는 수많은 라틴아메리카 문학과 예술작품들이 대륙 밖, 혹은 적어도 작가의 조국 밖에서 쓰이고 만

---

25) Beatriz Sarlo, *Una modernidad periférica: Buenos Aires* 1920~1930, Buenos Aires: Nueva Visión, 1988, pp. 160, 167, 28 참조.

들어졌는다는 사실은 잘 알려져 있다. 사르미엔토, 알폰소 레예스Alfonso Reyes, 오스발두 지 안드라지부터 코르타사르Cortázar, 보테로Botero, 글라우베르 로샤Glauber Rocha까지 말이다. 수천 명의 라틴아메리카 예술가들이 글을 쓰고, 그림을 그리고, 작곡하는 장소는 이제 더 이상 그들이 유년 시절을 보냈던 도시도 아니고, 몇 년 전부터 살기 시작한 도시도 아니다. 그곳은 실제적으로 경험한 장소들이 서로 교차하는 혼종의 장소이다. 오네티Onetti는 이를 산타 마리아Santa María라고 부르고, 가르시아 마르케스는 마콘도Macondo라고 부르며, 소리아노Soriano는 콜로니아 벨라Colonia Vela라고 부른다. 그러나 사실 이러한 마을들이 우루과이, 콜롬비아, 아르헨티나의 전통적인 마을과 유사할지라도 마드리드, 멕시코 혹은 파리에서 얻을 수 있는 인식론적이고 미학적인 기준에 의해 재디자인된 것이다.

이것은 고급예술의 초국화 과정만은 아니다. 호세 호세José José의 음악과 매우 유사한 호베르투 카를루스Roberto Carlos의 음악에도 거의 비슷한 일이 일어난다. 그리고 이 둘의 음악 역시도 라틴아메리카 어느 나라의 주말 텔레비전 프로그램이나 많은 청중 앞에서 노래하는 가수들의 음악과 유사하다. 이런 유사성을 문화산업이―문화산업에 의해 탄생한―창작자들에 대해 가지고 있는 강제력을 통해 설명하려는 사람들이 있다. 그러나 보다 복합적이기는 하지만 유사한 일이 도시 음악의 가장 실험적인 싱어송라이터들에게도 일어난다. 카에타누 벨루주Caetano Veloso, 하이문두 파그네르Raimundo Fágner, 메르세데스 소사Mercedes Sosa, 피토 파에스Fito Páez, 에우헤니아 레온Eugenia León 혹은 로스 로보스는 개인적인 모습들이 호베르투와 호세의 모습보다 많이 다르다고 할지라도, 각자는 자신들의 국민적인 레퍼토리를 다른 사람들에게 개방하고 몇몇은 음반작업과 콘서트 공연을 공동으로 한다.

그렇다면 탈근대적인 탈소장화, 탈영토화 그리고 혼종성의 새로움은 어디에 위치하는가? 미적 실천들이 이제 영속적인 패러다임을 결여하고 있다는 데 그 새로움이 있다. 근대 예술가와 작가들은 모델을 혁신하고 변화시키거나 다른 모델로 대체했지만, 그것들은 늘 **적법성의 참조점들**을 가지고 진행되었다. 근대 화가들의 위반은 다른 화가들의 예술을 언급하면서 이루어졌다. 한 회화 흐름은 회화의 전통이 메트로폴리스에 있다고 생각했다. 따라서 하코보 보르헤스Jacobo Borges, 호세 가마라José Gamarra, 히로네야Gironella의 작품들은 아이러니 혹은 불경함을 가지고 벨라스케스에서 '세관원' 루소el Aduanero Rousseau까지 유럽 시각성에 있어서 적법한 것으로 간주되었던 작품들을 변화시켰다. 다른 흐름들은 고급예술의 시선을 민중적 상상력으로 돌렸다. 라틴아메리카 예술이 피억압자들의 도상체계를 수용하면서 정당화될 것이라고 간주하면서 말이다. 즉 비테리Viteri는 자신의 작품을 누더기 인형으로 채우고, 베르니Berni는 근대성과 「후아니토 라구나에게 바쳐진 세계」Mundo ofrecido a Juanito Laguna를 패러디하기 위해 철사, 계란 상자, 병뚜껑, 자동차 고철, 가발 그리고 커튼 조각을 엮어 놓았다. 유럽 참조적인 예술 혹은 민중 참조적인 예술, 즉 우리를 구성하고 해체해 온 여정들의 교차점에 위치해 있음으로 하여 존재하는, 늘 혼합적이고 잡종적인 예술들. 그러나 그 예술들은 토론할 만큼 존중받을 가치가 있는 근대성의 패러다임과 여정 또한 존재했다고 믿었다.

반대로, 탈근대적 시각성은 이중적 상실의 무대화이다. 즉 그것은 각본과 작자의 이중적 상실의 무대화이다. 각본의 사라짐은 유산의 시기들과 고급문화적이고 민중적인 작품들의 식생을 체계화하고 위계화하던 거대 서사가 더 이상 존재하지 않는다는 것을 의미한다. 다양한 사회와 계급들이 그 작품들에서 서로를 인정하고 서로의 덕목을 신성화해 왔다. 따라서 최근 회화에서는 동일 작품이 극사실주의적이면서 동시에 인상주의적이고, 또한 팝이 될 수도 있다. 또한 제단 조각물이나 가면은 텔레비전에서 볼 수 있는 아이콘과 전통적인 아이콘을 결합하고 있다. 탈근대주의는 하나의 스타일이 아니라 모든 스타일의 소란스러운 공존이고, 여기에서 예술사와 민속사의 각 장들은 서로 교차하며, 새로운 문화적 테크놀로지와 교차한다.

역사를 재정립하려는 다른 근대적 시도는 작자의 주관성에 대한 강조에서 시작되었다. 오늘날 우리는 자신의 표현력을 통해 새 세상을 만들려는 화가나 영화감독에 대한 나르시시스트적인 고양高揚을 창조주에 대한 유사세속적인 패러디라고 생각한다. 새로운 구문을 제정하고자 저명한 문법학자가 되고자 하는 예술가를 우리는 신뢰하지 않는다. 그는 예술사가들의 도움으로, 장밋빛 시대가 청색 시대를 뒤따르고, 인상주의가 미래주의, 큐비즘, 초현실주의로 진화할 것이라고 우리를 설득하고자 했다. 그러나 우리는 라틴아메리카의 전후 전위주의를 사회주의 리얼리즘, 멕시코 벽화주의, 그리고 다양한 토착주의의 극복으로 간주했다. 그리고 실험적 전위주의는 60~70년대의 영웅적·참여적인 시각성에 의해 대체된 것으로 보인다.

미학적 전위주의의 병적인 변신, 그리고 모든 것은 상호교체가 가능하다는 시장의 교환게임은 표현력에 대한 기본적인 전제에서 핍진성을 제거했다. 더 이상 망가진 세속적 질서의 충실한 재현이 될 수 없게 된 근대 예술은, 오늘날 보드리야르가 그의 초기 저작들 중 하나에서 주장했던 것이 될 수도 없게 되었다. 즉 "창조의 몸짓기호에 대한 축자적 해석(얼룩들, 더러워진 흔적들)이자, 많은 경우 동일한 캔버스를 재사용하려는 강박관념에 빠져 있던 라우센버그Rauschenberg처럼 시작을 끊임없이 반복"하는 것조차 할 수 없게 된 것이다.[26] 또한 그것은 총체적이고 즉각적인 변화를 꿈꾸었던 정치적 표현력의 메타포도 아니다. 문화산업에 의한 예술 시장과 도시 시각성의 재조직화, 그리고 정치적 의지주의의 피로는 상호결합하여, 예술가나 주요 사회 행위자들이 고급예술 혹은 민속을 이용해 새로운 창조적 역량을 형성하려는 모든 새로운 시도를 비현실적인 것으로 만들어 버린다.

비록 차이를 유지하고 있을지라도 예술 시장과 수공예품 시장은 작품의 특정한 취급에 있어 서로 일치한다. 그림을 걸 때 하나의 독해 체계를 제안하는 예술가뿐만 아니라 신화적 매트릭스를 따라 자신의 작품들을 체계화하는 수공예업자도, 다른 나라의 이질적인 소비자에게 상품을 판매할 때 시장이 그 상품들을 흩트려 새로운 의미를 부여한다는 것을 발견하게 된다. 때때로 예술가에게는 복사본 혹은 슬라이드 사진만 남게 된다. 그리고 어느 날 박물관은 이 그림들을, 이 그림들이 받았던 재평가에 따라 전시회에 모을 것이다. 여기서 화가가 표현했던 '원래'의 의미는 새로운 체계에 의해 지워질 것이다. 수공예업자는 비슷한 작품을 재생산할 가능성, 혹은 그것들——다른 사람들의 논리와 담론에 따라 시리즈화된 것들——을 민중미술관이나 관광 책자에서 보게 될 가능성만을 갖게 된다.

비슷한 일이 정치 시장에서도 일어난다. 상호교환된 이데올로기적 재화들, 그리고 그 재화들을 전유하고 옹호하는 각자의 입장은 모든 나라들에서 점점 더 유사해져 간다. 정치세력들의 낡은 내셔널리즘적 특징들, 혹은 적어도 국가적인 특징들은 공통의 도전(외채, 경기의 쇠퇴, 산업구조의

---

[26] Jean Baudrillard, *Crítica de la economía política del signo*, México: Siglo XXI, 1974, pp. 108~120.

개편)에 의한 조정과 국제적인 큰 흐름에 의해 제안된 '탈출구'로 완화되었다. 즉 신보수주의, 사회민주주의 그리고 사회공산주의가 그것이다.

극본도 없고 작자도 없는 탈근대적인 시각문화와 정치문화는 세계와 주체들의 비연속성의 증거물이다. 또한 그것들은 시장이 판매를 늘리기 위해 지원하고, 정치적 경향들이 시도해 보는 다양한 변이형들의 공존—마음에 따라 우울증적이거나 패러디적인—의 증거물이다. 그런데 이런 시도는 무엇을 위한 것인가?

유일한 답은 존재하지 않는다. 보드리야르는 말한다.

…… 기계 장치들도, 가정용품들도 통제적인 몸짓기호만을 필요로 하는 조작적 추상의 기술문명 속에서, [근대 예술은—인용자] 무엇보다도 몸짓의 순간, 완전한 주체의 개입을 구원해야 할 역할을 갖는다. 그리는 행위의 순수한 몸짓기호와 그것의 명백한 자유로움에서 예술이 불러내는 것은 기술적 아비투스에 의해 해체된 우리의 일부분이다.[27]

나는 근대성을 비판하는 라틴아메리카의 많은 예술가들과 비평가들을 만났는데, 이들은 미학적이거나 사회문화적인, 혹은 정치적인 동기로 이런 결코 끝나지 않을 개입의 매너리즘을 거부했다. 이들은 불가능한 총체적인 새로운 질서를 위한 투쟁과 자신들의 작업을 더 이상 결부시키지는 않았지만, 작품 속에서 자기 그룹의 유산의 단편들을 재고하고자 했다. 나는 원주민 지식에 대한 자신의 이해와 현대 예술의 경향을 결합하는 하나의 스타일을 가지고, 마사테코 mazateco 족의 에로틱한 우화집을 새롭게

---

27) Jean Baudrillard, *Crítica de la economía política del signo*, p.116.

다양한 예술가들이 문화적 혼종을 인정하고, 이를 통해 실험적인 작업을 하는 것은 사회성의 인식과 사회성을 재현하는 언어를 해체하는 데 기여한다.

마네킹일 수도, 여성일 수도 있는 두 개의 마네킹. 이것들은 자신의 가짜 육체 안에 거리, 차량, 네 명의 여성모델이 있는 광고를 달고 있는 버스를 반영하고 있다. 아마도 한 남자는 이들을 바라보고 있는 듯하고, 다른 한 명은 무대 안으로 들어가려는 듯하다. 누가 이 창살 안에 있고, 누가 밖에 있는가?

우리는 복제와 외관을 통해 세상을 바라본다. 1981년 파울로 가스파리니(Paolo Gasparini)가 뉴욕에서 찍은 이 사진의 제목이 '뒤에'인 것은 전혀 이상하지 않다.

해석한 톨레도Toledo를 떠올린다. 앞서 나는 파테르노스토와 푸엔테를 인용했는데, 이들은 정복 이전의 디자인을 가지고 반복적이지도 민속주의적이도 않은 다른 이미지들을 실험하기 위해 그들의 과감한 기하학을 재조직했다. 혹은 색채, 주관적 시간 그리고 역사적 기억 사이의 관계를 재구축하기 위해 고민한 안토니오 엔리케 아마랄Antonio Henrique Amaral, 하코보 보르헤스, 루이스 펠리페 노에, 니콜라스 아모로소Nicolás Amoroso처럼, 우리 문화의 과장된 다색채성을 탐구하는 데 전념한 화가들이 존재한다.

이들 모두는 대중매체의 가장 확장된 사회적 기능에 반대한다. 리오타르에 의하면, 이 기능은 바로 세상에 대해 인식가능한 하나의 체계를 강

「시선」(The gaze, London, 1982). 명확하게 보이는 이미지들은 여성, 성당 그리고 교황이다. 거리를 걷고 있는 남자의 '실제' 이미지는 동적이고 불확실하다. 자신의 무기력한 사진으로부터 바라보고 있는 것처럼 보이는 교황은 우리에 의해 관찰되는데, 우리가 누드 사진들을 바라보고 있는 동안 우리는 교황에 의해 감시된다. 종교적인 도상체계와 에로틱한 도상체계가 이렇게 매끄럽게 공존하고 있는 사회에서 누가 더 사실적인가? 그리고 누가 통제하고 있는가? 다른 사진들을 설명하고 있는 사진들, 허구를 증식시키고 있는 쇼윈도. 이것들은 우리가 메타언어의 세계, 사선적 권력의 세계에 살고 있다는 사실을 '의식케 하는' 수단이다.

화하고, 사실주의를 다시 살리며, "회의로부터 의식을 구해 내는 것"이다. 예술의 역할이 이러한 손쉬운 확실성 내에서 우리가 실재를 구축하는 조건들에 대해 문제를 제기하는 것이라고 생각한다는 점에서 이들은 탈근대주의 이론가와 수렴된다.[28]

나는 이런 화가, 조각가, 조형예술가들에서 세상의 의미를 발견하거나 의미를 부여하려는 신학적인 의지를 보지 못한다.

---

28) Jean-François Lyotard, *La posmodernidad(explicada a los niños)*, Barcelona: Gedisa, 1987.

그러나 또한 이들에게는 앤디 워홀, 라우센버그 그리고 배드페인팅 bad painting과 트랜스전위주의의 많은 작가들에게 보이는 사색적인 허무주의도 존재하지 않는다. 예술적 천재성에 대한 그들의 비판, 그리고 몇몇 경우에 엘리트적 주관주의에 대한 비판에도 불구하고, 새로운 (그리 아주 새롭지는 않은) 사회적 행위자들에 의해 주관성의 다른 형식들이 등장하고 있다. 그리고 이제 이것들은 백인, 서구, 남성만의 것은 아니다. 모든 총체적 혹은 메시아적인 환상을 벗은 이러한 예술가들은 사회나 사회의 여러 부분들과 성찰적인 긴장관계를 유지하고, 이 안에서 실현가능한 유토피아와 생생한 사회문화적 운동을 볼 수 있다고 믿는다.

나는 수많은 전통과 근대성의 붕괴 뒤에 남겨진 절망 속에서 이러한 단어들을 사용하는 것이 얼마나 고통스러운 것인지 안다. 그러나 예술가들과 민중적 생산자들의 특정 작업은 우리에게 유토피아와 역사적 기획이라는 주제가 아직 종결되지 않았다는 생각을 하게 한다. 우리 중 몇몇은 총체적 서사의 붕괴가 전통과 근대의 절합에서 의미—'의미들'이 더 좋을 듯하다—에 대한 비판적인 모색을 없애지 못한다는 사실을 잘 알고 있다. 사회성의 불안정성과 의미의 복수성을 인정한다면, 아마도 고급예술과 민중예술이 서로의 불가피한 뒤섞임과 대중적 상징체계와의 상호작용 속에서 의미들을 어떻게 구축할 것인가에 대한 지속적인 질문이 가능할 것이다.

잡종 장르: 낙서와 만화

우리는 자신들의 언어가 다른 영역으로 옮겨 가 다른 것들과 교차할 수 있도록 그림, 혹은 텍스트의 영역을 개방했던 예술가와 작가들에 대해 이야기했다. 그러나 낙서와 만화처럼 그 구성상 본질적으로 혼종적인 장르가 있다. 이것들은 만들어질 때부터 유산의 소장품이라는 개념과는 관련이 없던 실천이다. 시각성과 문학성 사이, 고급문화적 특성과 민중적 특성 사이의 상호교차의 장소로서, 이 장르들은 수공예적 요소를 산업 생산과 대량 유통의 영역으로 가져간다.

① 낙서는 국경지대의 젊은이들, 멕시코시티의 불량청소년들, 부에노스아이레스 혹은 카라카스의 비슷한 그룹들에게 있어, 자신의 존재를 드러내고 특정 지역의 소유를 표현하기 위한 도시의 영토적 글쓰기이다. 공간을 지배하기 위한 투쟁은 자신들의 표식을 세우고 다른 사람들의 낙서를 바꾸는 것을 통해서 이루어진다. 그것들의 성적, 정치적 혹은 미적 참조물들은 스스로를 드러내기 위한 상업적, 정치적 혹은 대중매체적인 유통 회로를 갖지 못한 집단의 사고방식과 생활방식을 표현하기 위한 방법이다. 그들은 낙서를 통해서 자신의 스타일을 긍정하는 것이다. 낙서의 수작업적이고 즉흥적인 선은 '잘' 그려지거나 인쇄된 정치 혹은 광고 디자인과 구조적으로 대립된다. 또한 낙서는 영토를 정하지만, 물질적이고 상징적인 재화의 소장품들을 해체한다.

낙서가 표현하는 영토적 소유관계는 도시와 정치문화의 탈구를 표현하는 최근의 실천들에서 상대화된다. 아르만도 실바는 낙서의 진전에 있어 주요한 세 단계를 기록하는데, 이는 세 도시와 연결된다.[29] 파리의 68년 5월 단계(또한 베를린, 로마, 멕시코, 버클리에서도)는 반권위주의적이고 유토피아적인 슬로건과 거시정치적인 목표를 가지고 형성되었다. 지하철

---

29) Armando Silva, *Punto de vista ciudadano. Focalización visual y puesta en escena del grafiti*, Bogotá: Instituto Caro y Cuervo, 1987, pp. 22~24.

이나 주변부 지역에 쓰인 뉴욕의 낙서는 미시정치적인 목표를 가지고 게토의 참조물을 표현한다. 이것은 해체되어 가는 도시에서 공간을 정하고 영역을 확보하고자 했던 가장 전형적인 욕망으로, 때때로 그 연금술적 코드를 모르는 사람들은 이해할 수 없는 것이었다.

라틴아메리카에 두 방식이 존재했지만, 최근에는 도시의 무질서, 정치제도에 대한 신뢰 상실, 그리고 유토피아적 환멸의 동시적 표현으로서 조소적이고 냉소적인 낙서가 발전하고 있다. 실바는 콜롬비아의 예를 든다. 1986년 교황 방문 시 행진과 홍보로 보고타 거리가 뒤덮였을 때, 벽화들은 이렇게 대응했다. "곧 예수 그리스도가 재림한답니다. 우리는 다른 데로 갑시다", "신은 자신의 말을 지키지 않아. 생일도 안 챙기는걸." 정부에 대한 비판은 공개적인 비방의 형식, 시적 아이러니의 형식——"대통령궁에 구름을 넘겨 드릴 겁니다"——, 혹은 절망의 형식을 채용한다. "아무도 믿지 마라, 정처 없이 걸어라."

몇몇 예술가들은 탈근대주의의 상호문화적이고 상호 시간적인 뒤섞임에서 단지 근대성의 엄숙한 서사들을 제거할 기회만을 본다. 레온 페라리León Ferrari는 근대적 사유의 해방적 충동을 긍정하기 위해서 자신의 콜라주에서 종교적·정치적 소장품들의 해체를 과장했다. 나치 및 전쟁 이미지들과 신성한 아이콘들의 몽타주, 그리고 라파엘Rafael과 뒤러Dürer의 위협적인 천사들과 에로틱한 장면의 몽타주를 통해, 그는 역사에 대한 비판적인 아이러니를 새롭게 하고자 했다.

종교적인 도상체계의 재검토를 통해, 페라리는 기독교 근본주의에서 근대 독재체제에 의해 제도화된 공포의 토대를 발견했다. 자신을 두려워하는 사람을 다른 사람들과 분리하고 이들을 지옥인 일종의 '수용소'로 보낸 신이, 전체주의적인 정치 원리를 정당화하는 기제로 사용된다는 점은

레온 페라리, 「승천」(Ascensión).

레온 페라리, 「도레 산에서의 주님의 설교, 1865 + KKK단의 십자가」(El Sermón de la Montaña de Doré, 1865 + Cruz del Ku Klux Klan, 성경, 94쪽).

우연이 아니다. 감수성과 진보의 가장 극단적인 사례를 보여 주는 것으로 평가되는 지오토Giotto와 미켈란젤로의 작품에서 고양된 이 지옥은 페라리에 의해 고문과 KKK단에 연결된다.

1989년 아르헨티나 경제의 극심한 인플레이션과 통제불능 사태에서 소문이 확산되는 것을 볼 수 있다. 당파적 정치 언어가 현실과 부합하지 않게 된 반면(투표자의 36%는 대통령 선거 일주일 전까지 후보를 결정하지 않고 있었다), 벽들은 분노와 회의주의적인 내용들로 채워졌다. "당신의 의원을 일하게 하라, 그를 재선시키지 마라", "조국은 판매 중이 아니다. 이미 팔려 버렸다.", "양키 고 홈, 그리고 갈 때 우리도 데려가라." 낙서와 함께 통상 일어나듯 익명의 대화가 늘었다. "아르헨티나는 곧 낙원이 될 거야. 이제 우리 모두 발가벗고 다니자." 누군가 대답했다. "사과가 있을까?" 대중매체에 의해 전파된 낭만적이고 정치적인 이상화도 통렬하게 재고되었다. "실비오 로드리게스Silvio Rodríguez는 유니콘을 가지고 있던 유일한 사람이었다. …… 그 바보는 떠나갔고, 유니콘까지도 잃어버렸다."

낙서는 종합적·통문화적 수단이다. 그 중 몇몇은 단어와 이미지를 불연속적인 스타일로 결합한다. 즉 동일한 벽면에 다양한 작가들의 기호를 모으는 것은, 비디오 클립의 불규칙적이고 파편화된 리듬의 수공예적인 변형인 것이다. 다른 낙서에서는 민중 언어와 대학 언어의 전략이 상호교환되고 있다고 아르만도 실바는 관찰한다. 화장실에 쓰인 것과 벽면에 쓰인 것 사이의 경계를 지우는 최근의 많은 낙서에는 "도시지형학의 종합"이 존재한다.[30] 이것은 사적 요소와 공적 요소, 그리고 일상생활과 정치 간

---

30) Armando Silva, *Graffiti. Una ciudad imaginada*, Bogotá: Tercer Mundo Editores, 1988, p. 192.

의 새로운 관계를 취하는 주변적이고 탈제도화되고 일시적인 방식이다.

② 19세기 말부터의 매우 광범위한 참고문헌이 있어, 도상문화와 문학 사이의 새로운 관계에 대해 알고 있다고 주장하는 것은 진부할 정도로 만화는 현대문화의 중심요소가 되었다. 만화는 예술과 신문을 이용했고, 가장 많이 읽힌 문학이며, 커다란 수익을 만들어 준 출판산업의 한 영역이다. 예를 들어, 멕시코에서는 매달 7,000만 권이 출판되었고, 그들의 수익은 책과 잡지의 총합보다 더 크다.

새로운 서사체계와 기법을 만드는 과정에서, 만화는 불연속적인 화면으로 된 서사 속에 시간과 이미지를 독창적으로 결합했다. 이를 통해 그것은 글쓰기의 시각적 잠재력과 정적인 이미지들 속에 압축될 수 있는 드라마성을 보여 주는 데 기여했다. 이미 만화의 혼종적 기법에 도취되어 버로스Bourroughs, 코르타사르 그리고 다른 고급작가들이 이것을 어떻게 사용했는가는 분석되었다. 또한 만화가 보여 주는 다양한 장르의 통합, '불규칙적인 언어' 그리고 다양한 계급의 독자들 및 모든 가족 구성원에게 야기하는 매력 사이의 조응에 관해서도 연구되었다.[31]

여기서 이 책을 관통하고 있는 다양한 고민 중 몇 개를 자신의 장르에 포함시키고 있는 만화 작가 폰타나로사Roberto Fontanarrosa를 살펴보기로 한다. 그의 주된 등장인물들 중 하나인 '지저분한 부기'Boogie, el aceitoso는 문학과 영화의 스릴러물, 모험소설, 미국 우파의 정치 담론의 재가공을 통해 나타난다. 다른 등장인물인 **이노도로 페레이라**Inodoro Pereyra[32]는 가우초 노래와 전설의 민속적인 언어, 라디오 연속극의 언어, 그리고 '국가 정체

---

31) Román Gubern, *La mirada opulenta. Exploración de la iconosfera contemporánea*, Barcelona: G. Gili, 1987, pp. 213 이하 참조.
32) 'Inodoro'는 스페인어로 '변기'를 뜻하기도 한다.—옮긴이

성'에 관한 텔레비전 프로그램들을 이용한다. 1972년 등장했을 때, 그는 당시 매체들의 민속주의적 주제에 대한 키치적인 열광을 패러디했다.[33] 어떻게 그것을 달성했을까? 한편으로는, '가우초성'의 언어적인 전환과 시각적 상투화를 과장하면서, 다른 한편으로는 민속을 진흥하던 같은 전자매체에 엘리트적 근대문화 및 대중문화 요소와 함께 실릴 때, 이러한 토속적인 과장이 과도하다는 점을 명백히 보여 주면서 그는 그것을 달성했다. 폰타나로사의 만화책에서 이노도로는 여러 사람들 중에서 보르헤스, 쾌걸 조로, 죽음의 안토니오,[34] ET, 슈퍼맨, 돈키호테, 다윈과 만난다. 즉 예술, 장르 그리고 시대를 관통하는 것이다.

　　문학적 원천들을 집요하게 사용함으로써 이러한 이야기의 상호텍스트적인 공간이 만들어졌다는 점은 이미 지적되었다. 즉 "이노도로 페레이라는 팜파스 대초원이 아니라, 가우초 문학에서 태어났다."[35] 그는 문학과 매체들의 교차에서 나왔다고 덧붙일 수 있을 것이다. 첫번째 만화책의 시작 에피소드는 의미심장하다. 즉 이노도로는, 자신이 군인들과 맞닥뜨린 채 크루스Cruz 역할을 하는 사람으로부터 "원주민 천막촌"으로 도망가자는 말을 들을 때의 마르틴 피에로와 비슷한 상황에 놓여 있음을 발견한다. 이노도로는 논란이 된 도움을 거절한다. 즉 "저는 이것을 이미 다른 곳에서 읽었던 것 같습니다. 저는 독창적이 되기를 원해요." 이 작가의 만화는 대중문화 시대의 혁신에 대한 예술의 고민이 어떤 것인지를 보여 준다. 그리고 동시에 이노도로의 대답은, 역사는 변했고 마르핀 피에로를 반복하

---

33) 폰타나로사에 대해 내가 인용한 다른 언급들처럼, 1988년 3월 18일 아르헨티나 로사리오에서 한 개인적인 인터뷰에서 이 점에 대해 알게 되었다.
34) 브라질 영화감독 글라우베르 로샤의 작품에 등장하는 허구적 인물.—옮긴이
35) Rosalba Campa, *América Latina: L'identitá e la maschera*, Roma: Riuniti, 1982, p.40.

는 것 역시 불가능하다는 것을 암시한다.

유머 잡지의 연재에서 벗어나, 아르헨티나 최대 판매 부수의 『클라린』*Clarín*에 주간 혹은 격주간으로 연재되었을 때, 이 만화의 당대 사건에 대한 언급은 보다 증가한다. 폰타나로사는 "당대의 무엇인가를 다뤄야 한다고 강요받지 않는다. 그렇지만 또한 신문에서 시대에 뒤떨어진 이야기를 할 수도 없다"고 말한다. 그가 서사적 효율성을 위해 "특정한 가우초 분위기"를 보존하고 있다고 말할지라도——"최신 모델의 자동차는 등장하지 않고"——그의 만화는 모든 민속주의를 넘어서고 있다. 그는 "사람들 사이의 공모"에 대하여 작업했고, 따라서——다른 나라들에서 출판된 부기와는 달리——아르헨티나 밖에서 이노도로를 출판하고자 하는 시도는 성공하지 못했다. 그러나 이러한 공모는 전통이 근대적 과정의 일부를 형성한다는 점을 작가가 받아들였음을 의미한다. 이런 의미에서 이노도로는 17년의 긴 연재과정과 연재물을 모은 13권의 책을 통해, 중앙집권주의자와 연방주의자 사이의 대립에 새롭게 주목한——유머에 어울리는 아이러니한 진지함을 가진——에세이라고 할 수 있을 것이다.

한 세기 전부터 아르헨티나인들은 문화정책이 토착성의 야만을 버리고 메트로폴리스의 문명을 선택해야 할지, 아니면 국가적-민중적 요소의 열정적인 부활을 선택해야 할지를 토론해 왔다. 만화와 텔레노벨라 같은 문화산업이 우리를 국제적인 공간에 위치시키는 21세기의 언저리에서, 사르미엔토 혹은 로사스[36] 중 누구를 선호하느냐라는 질문보다는 이노도로 페레이라에 주목하는 것이 훨씬 더 의미 있다.

---

36) 사르미엔토와 로사스는 정치적 견해의 차이로 대립했던 아르헨티나의 대통령이었던 인물들이다.—옮긴이

쫓기는 자: 저 좀 숨겨 주세요. 열다섯 개 나라의 경찰들이 저를 쫓고 있어요!
이노도로: 이런! 왜 그렇게 성공을 거두셨어?
쫓기는 자: 전 국경지대의 밀수업자랍니다.
이노도로: 근데 뭘 밀수했는데요?
쫓기는 자: 제가 말 안했어요? 국경이요. 경계석, 장벽, 이정표, 철사, 국경 표시선 말이에요.

    폰타나로사가 영토적인 경계의 불확정적인 상황을 주제화한 만화가 하나 있다.
    이야기는 이노도로와 우리가 쫓기는 자라고 부르는 다른 인물 사이의 대립으로 시작한다. 이노도로가 마테차茶를 마시면서 앉아 있다. 평온하고 차분한 그의 상황은 도망치는 사람의 절망과 뜀박질에 대조된다. 또한 거기에서 비극적인 것("열다섯 개 나라의 경찰이 저를 쫓고 있어요!")과 가우초의 유머스런 대답("왜 그렇게 성공을 거두셨어?")이 서로 대립된다.
    두번째 장면에서, 우리가 메타밀수라고 부를 수 있는 범죄를 저지른 혐의로, 쫓기는 자가 경찰들에게 추적당하고 있다고 밝힐 때 유머가 생긴다. 그는 국경을 통해서 밀수를 하는 것이 아니라, "경계석, 장벽, 이정표, 철사, 국경 표시선" 등을, 즉 국경 자체를 밀수하고 있는 것이다. 이노도로는 가우초 신화에 나오는 경계를 알지 못하는 사람, 즉 "팜파스 대초원의 광대함"의 거주자를 재현한다. 쫓기는 자는 새로운 국경을 배급하고, 잘못된 국경을 판매하기 위해 국경을 위반해야 하는 사람이다. 그는 전에는 평

쫓기는 자: 그러나 제가 결함을 가진 국경을 팔아 버렸고, 차코-파라과이(Chaco-Paraguay) 전쟁이 시작되었지요.
쫓기는 자: 전에는 가죽을 밀수했지요. 캐피바라, 수달, 아스트라한[러시아 남동부 아스트라한 지방산 새끼 양의 모피] 말입니다.
이노도로: 이봐요, 저는 동물들은 많이 알지만, 아스트라한은 한 번도 본 적이 없어요.
쫓기는 자: 아스트라한의 가죽은 당신이 본 일종의 내장 같은 것이랍니다.

이노도로: 어느 날 북극곰도 본 적이 있습니다. 그 곰 가죽은 정말 부드럽죠!
쫓기는 자: 그것을 만져 봤나요? 북극곰은 정말 무서운데.
이노도로: 아니, 무섭지 않아요. 부드러웠죠.
쫓기는 자: 저 또한 가죽 덮개를 파라과이로 가져갔지요.
이노도로: 파라과이로? 엄청 더운 나란데, 왜요?

쫓기는 자: 두꺼비 가죽이었습니다. 이것보다 더 시원한 가죽은 없지요. 시원하고 가볍거든요.
쫓기는 자: 이런, 저기 인터폴[국제경찰기구의 형사]이 오고 있어요. 저 좀 숨겨줘요!
이노도로: 생태주의자로서, 저는 신의 작은 생물, 순진한 생명체, 절대자의 선한 영혼들의 가죽을 벗긴 누구도 보호할 수 없습니다!

이노도로: 저기 봐요! 저기 행렬이 지나가고 있어요! 저 행렬 속에 섞여 들어가세요, 아무 말도 하지 않을 테니까요.
쫓기는 자: 고마워요.
이노도로: 이제 저 불한당은 행렬 속으로 사라져 버렸습니다.
멘디에타: 그렇지만 저것은 행렬이 아니고, 시위대예요.
이노도로: 월급 인상을 요구하며 파업 중인 경찰들이야.
멘디에타: 이노도로 씨, 세상 이치란 이런 거죠. 누구도 내일은 어디에 속해 있을지 전혀 알 수 없답니다.

범한 밀수꾼──가죽을 거래했다──이었지만, 이제는 국경을 거래한다. 즉 상업 분야의 불법적인 활동에서 정치 분야의 불법적인 활동으로 변화한 것이다.

이야기 중간쯤에서, '자연적'인 필요와 유리된 시장의 팽창 중심의 인위적 메커니즘이 희화화되고 있다. 두꺼비 가죽을 파라과이의 열대지역으로 보내는 것, 그리고 그것이 가장 차가운 가죽이라고 하는 것은 광고의 설득전략과 유사한 정당화 전략이다. 또한 생산품의 상업적 전파는 영토와 날씨가 합리적이라고 설정하는 것들 사이의 한계를 조롱하면서 등장한다.

곧 추적자가 등장해 대화가 끊긴다. 그러나 이제는 경찰이 아니라 국제적 질서의 수호자인 인터폴이다. 투기 거래의 범죄에 맞서, 이노도로는 자신이 자연 보호의 윤리를 옹호하고 있다는 것을 선언한다. 즉 "생태주의자로서, 저는 신의 작은 동물들의 껍질을 벗긴 누구도 보호할 수 없습니다"라고.

결국 이노도로는 쫓기는 자와 연대를 형성하게 되고, 그에게 종교행렬 사이에 숨으라고 가르쳐 준다. 이노도로의 애완견 멘디에타는 그것이 종교행렬이 아니라 시위대라는 사실을 발견한다. 마지막 장면에서 이노도로는 놀라운 사실을 새롭게 깨닫게 해준다. 그 행렬은 임금상승을 요구하며 파업 중인 경찰들의 시위대였던 것이다. 그것은 가면을 쓴 행렬이었다. 즉 쫓기는 자는 실제로는 파업 중인 사람들의 시위였던 종교행렬의 순례자처럼 변했고, 이 종교행렬 안에서 일상적으로 그를 억압하던 사람들과 한데 섞이게 된 것이다.

멘디에타는 교훈을 하나 준다. 즉 "누구도 내일은 어디에 속해 있을지 전혀 알 수 없답니다." 동일한 결론이 그의 애매한 어법에서 불안정성을 갖고 나타난다. 즉, 그의 말은 내일 그가 어디에 위치해 있을지를 알지 못한다는 의미로 이해될 수도, 혹은 다음날 어떤 국경의, 어느 편에 있게 될지를 모른다는 것으로 이해될 수도 있는 것이다.

유머는 이러한 일련의 변화에서 만들어지고, 새롭게 된다. 폰타나로사의 모든 만화에서 큰 웃음은 경계가 움직이고 있다는 것, 그리고 인물과 주제가 서로 섞이고 있다는 데에서 나온다. 여기에서 경계의 불명확성은 유머 전략 이외에 의미부여의 핵으로 변화한다. 재의미화의 전문가이자 의미를 탈고착화시키는 폰타나로사는 여기서 영토들 사이의 불안정성 혹은 예측할 수 없는 지속성이 만화 작가들의 발명품이 아니라는 점을 지적해 준다. 그들은 경계가 어디에나 존재할 수 있는 사회를 명확하게 드러내는 역할만을 수행했을 뿐이다. 만화가 앞선 예술 장르들을 뒤섞고, 세계의 가장 안정적인 부분──민속──을 대표하는 인물들을 문학과 대중매체의 인물들과 상호작용하게 한다면, 그리고 이들을 다양한 시기에 개입시킨다면, 그것은 실재의 재생산에 그치는 것이 아니다. 다시 말하자면, 그것은 우리가 필요로 하지 않는 것들을 구매하도록 설득하는 광고의 극화, 종교의 '시위', 정치의 '종교행진'을 재생산하는 것이다.

사선적 권력들

상징시장과 일상문화의 몇몇 탈근대적 변화들을 살펴보면, 근대성의 두 가지 주요 원칙에 토대한 특정 정치형식들이 왜 실패하는가를 이해할 수 있다. 이 두 원칙은 상징과정의 자율성, 그리고 고급문화와 민중문화의 민주적인 혁신이다. 마찬가지로 그 원칙들은 신보수주의 정치가 일반적으로 승리한 이유 및 기술 발전 수준과 복합적인 사회적 위기에 타당한 보다 사회적이고 민주적인 대안이 부족한 이유를 우리들에게 설명해 준다. 경제적인 유리함 이외에도, 신보수주의자들은 새로운 권력구조가 가지고 있는 사회문화적인 의미를 보다 잘 포착함으로써 우월한 지위를 차지할 수 있었다.

우리의 분석에서 하나의 문제가 중심적인 요소가 된다. 즉 권력의 문화적 재조직화이다. 사회정치적 관계의 수직적이고 양극적인 개념에서, 탈중심적이고 다면적인 개념으로의 이전이 어떤 정치적 결과를 갖는지를 분석하는 것이 중요하다.

이러한 변화에 대해서 저항이 있었을 것이라는 점은 이해가 가능하다. 권력에 대한 이분법적이고 음모론적인 재현은 몇몇 동시대적인 과정에서 볼 때 부분적으로 정당하다. 중심부 국가들은 종속국가들과의 불균등성과 비대칭성을 강화하기 위해서 기술적인 혁신을 사용한다. 헤게모니 계급은 노동자들의 일자리를 줄이고, 노동조합의 권력을 감소시키며, 역사적인 투쟁들 이후에 공공 서비스라고 합의가 되었던 재화들──무엇보다 교육과 문화 재화들──을 상업화시키기 위하여 산업 재전환을 이용한다.

보다 광범위한 관점을 통해, 우리는 상이한 갈등구조를 야기하는 장기지속적인 문화적 변화에 따른 다른 정치적·경제적 변화들을 보게 된다. 고급문화와 민중문화 사이의 교차는 상징적 발전의 두 가지 양태 사이의 대립적인 재현을 구태의연한 것으로 만든다. 따라서 그것을 통해 완전히 다르고 항상 대립되는 집단들로 간주되었던 헤게모니 집단과 하위주체 간의 정치적 대립도 상대화된다. 오늘날 대중매체와 새로운 테크놀로지의 상호문화적 작용, 그리고 그것을 이용해 다양한 수용자들을 만들어 낸 재전유에 대한 이해를 통해서, 우리는 메트로폴리스의 거대 컨소시엄이 전지전능한 조작을 수행한다는 [기존의] 학설에서 벗어나게 된다. 지배를 설명해 오던 고전적인 관점은 중심지역의 산종, 사회적 주도권의 다극화, 그리고 예술가, 수공예업자, 대중매체가 자기 작품을 만들어 낼 때 사용하는 참조점들──다양한 영토에서 잡아낸──의 복수성을 설명할 수 없는 것이다.

혼종적 과정의 증가는 우리가 수직적 행위와 대립들만을 주목한다면, 권력에 대해 거의 아무것도 포착하지 못할 것이라는 점을 명확하게 보여 준다. 만약 권력이 부르주아에서 프롤레타리아로, 백인에서 원주민으로, 부모에서 자식으로, 미디어에서 수용자로 단일하게 실현된다면 권력은 작동되지 않을 것이다. 이 모든 관계들은 서로 교차되기 때문에, 각자는 혼자서는 결코 얻을 수 없는 효용성을 얻게 된다. 그러나 이것은 단순히 몇몇 지배형식이 다른 것 위에 부가되었을 때 서로 강화된다는 식의 문제가 아니다. 그들에게 효용성을 제공하는 것은 이러한 사회조직에 만들어진 사선성斜線性이다. 어디서 민족적 권력이 끝나고 어디서 가족적 권력이 시작하는지를, 혹은 정치권력과 경제권력의 경계가 어디인지를 어떻게 구분할 것인가? 때때로 가능하겠지만, 그러나 보다 더 중요한 것은 통신선들을 뒤섞고, 비밀 명령이 효율적으로 전달되고 반응하도록 하는 데 필요한 전략이다.

헤게모니적, 하위주체적: 이 개념들은 인간 사이의 분리를 명명하는 데 도움을 주는 중압적인 개념들이다. 그러나 이 개념들은 헤게모니 집단과 하위주체의 정서적인 움직임, 그리고 이 두 집단이 연대적이거나 공모적인 활동에 참여하는 것을 이해하는 데에는 도움을 주지 않는다. 미국의 관광산업이나 공장, 그리고 영어와 지속적인 관계를 가지고 국경지대에서 일하는 사람들은 자신들을 제국에 흡수된 사람으로 간주하는 사람들을 이상하게 바라본다. 이런 관계의 주인공들은 자신들의 언어에 영어가 개입하는 것을 (미국 남부에서 일어나는 스페인어 침투와 어느 정도 동일한 정도까지) 일상적인 상호교환이 일어나는 곳에서 나타나는 불가피한 상호작용으로 간주하는 것이다.

이러한 상호작용을 상호문화성이 강한 지역만의 독점적인 현상으로 보아서는 안 된다. 사회관계의 이데올로기적인 드라마화는 지나치게 대립을 강조하는 경향이 있어서, 서로를 결합하고 소통시키는 의식들을 보지 못하게 한다. 그것은 관계들을 통해서 말해지는 사회학이 아니라, 관계들이 없는 격자창의 사회학이다. 가장 저항적인 민중 부문들과 가장 전투적인 지도자들도, 자신들이 선택하지 않은 소비체제에 참여하면서 기본적인 필요를 충족한다. 그들은 자신들이 일할 장소, 자신들을 싣고 갈 운송수단, 자식들을 교육시킬 학교, 먹을 것, 의복, 일상의 정보를 제공할 미디어도 만들 수 없다. 이러한 질서에 대한 저항까지도 그들 자신이 선택하지 않은 언어를 사용하면서, 다른 사람들이 디자인한 거리나 광장에서 시위하면서 진행된다. 이 언어, 거리, 광장에 대한 전복적인 사용이 아무리 많다고 할지라도, 이러한 재의미화는 일시적이고 우리의 내외부에서 사회문화적인 질서를 재생산하는 데 사용하는 관습의 하중을 지우지는 못한다.

매우 명백하지만, 갈등의 이데올로기적 드라마화에서 일상적으로 생략되는 이런 증거들은 비정치적인 행위들을 관찰할 때 보다 명확해진다. 왜 민중 부문은 자신을 억압하는 자들을 도와주는가? 건강 문제에 관련해 하위주체 집단은 적절한 방식의 치료를 가로막는 착취를 공격하는 것이 아니라, 질병에 대한 사적인 처방에 적응하거나 국가의 부족한 서비스를 가능한 한 이용한다고 의료인류학자들은 관찰한다. 이것은 건강의 필요성, 건강을 악화시키는 억압, 서비스의 부족 혹은 투기적인 비용에 대한 인식의 부족 때문이 아니다. 이러한 불평등에 대항하기 위해서 급진적인 수단을 이용할 수 있을 때라도, 이들은 중재적인 해결책을 선택한다. 다른 영역에서도 비슷한 일이 벌어진다. 경제위기 앞에서, 그들은 임금 인상을 요구하는 동시에 자신의 소비를 스스로 제한한다. 정치적 헤게모니에 대항하는 협상은 예를 들어, 개인적인 형식의 이익을 얻기 위해 사적 관계들을 인정하는 것에 기반한다. 또한 이데올로기 영역에서, 그들은 자기 그룹의 외부에서 생산된 요소들(권위 기준, 위계, 사물들의 디자인과 기능)을 긍정적으로 수용하고 평가한다. 과학적이고 전통적인 관습들——의사에게 가거나, 민간치료사에게 가는——의 결합은 두 의학의 수단들을 이용하려는 상호작용적인 방법이다. 이것으로 이용자들은 대증요법에 기반한 근대 의료체계, 그리고 전통 관습의 자율성을 이상화한 많은 민속 연구자나 인류학자보다 훨씬 더 유연한 개념을 드러낼 수 있다. 이용자의 관점으로부터, 두 가지 처치 방식은 상호보족적이고 헤게모니적인 앎과 대중적인 앎 사이의 상호작용을 만들어 내는 목록으로 기능한다.[37]

이 책에서 묘사된 혼종화는 우리로 하여금 오늘날 모든 문화는 경계적이라는 결론을 내리게 한다. 모든 예술은 다른 예술들과의 관계에서 발전한다. 즉 수공예업은 농촌에서 도시로 옮겨 가고, 한 민족의 사건을 다뤘던 영화, 비디오 그리고 노래는 다른 민족의 사건들과 상호교환되는 것이다. 이처럼 문화는 자신의 영토와의 독점적인 관계를 상실하지만, 오히

---

37) 나는 여기서 상호작용의 실례들을 광범위하게 분석한 다음의 연구들을 이용하고 있다. Eduardo Menéndez, *Poder, estratificación y salud*, México: Ediciones de la Casa Chata, 1981. 그리고 María Eugenia Módena, *Madres, médicos y curanderos: diferencia cultural e identidad ideológica*, México: CIESAS, 1990.

려 커뮤니케이션과 인식을 확장하게 된다.

상징적인 회로의 사선성이 문화와 권력 사이의 결합을 재고하게 하는 또 다른 방식이 있다. 갈등을 처리하기 위한 중재나 사선적인 길들의 모색은 문화적 관계들이 정치 발전에서 주목할 만한 장소가 되게 한다. 지배자를 교체할 수 없을 때, 우리는 사육제의 춤, 시사적인 유머, 낙서에서 그 지배자를 풍자한다. 다른 체제를 세우는 것의 불가능성에 맞서서 우리는 신화, 문학, 만화에서 얼굴을 가린 채 도전을 한다. 계급 간 혹은 민족 간 투쟁은 대체로 은유적인 투쟁이다. 때때로 은유에서 시작해서 느리게, 혹은 기대하지 않게 전례 없던 변화를 유발하는 실천들이 분출되기도 하는 것이다.

모든 경계에는 굳게 서 있는 철조망과 쓰러진 철조망이 있다. 모범적인 행동, 문화적 우회, 제의 등은 가능한 곳을 통해 한계를 넘어서는 방법들이다. 나는 미국의 불법 이민자들이 보여 준 잔꾀들을, 콜롬비아와 아르헨티나의 낙서에 나타난 패러디적인 저항을 생각한다. 그리고 실종된 자식들의 사진을 아이콘으로 가지고, 주기적인 제의성으로 목요일마다 광장을 돌며, 몇 년 후에 책임자 몇몇을 징역형을 받게 한 오월 광장의 어머니회Madres de la Plaza de Mayo를 생각한다.

그러나 인권조직들의 좌절은 우리로 하여금 정치적인 통로가 막혔을 때, 자신들의 요구를 지탱하기 위한 상징적 표현으로서 문화의 역할에 대하여 다시 한번 성찰하게 한다. 아르헨티나 의회가 수백 명의 고문자와 살인자들을 사면한 최종기소중지법Ley de Punto Final을 통과시킨 날, 실종자였던 두 명이 입법부 앞에 "최종은 다시 이곳으로 돌아온다는 것을 의미한다"라고 쓴 피켓을 가지고 좁은 통에 수갑을 차고 눈을 가린 채 갇혀 있었다. 정치적 좌절이 사회적 지평에서 그들을 제거하는 것처럼 보일 때, 자신의 기억을 보존하기 위한 유일한 방법은 이러한 실종과 감금의 제의적 반복이다.

이런 제한된 상징적 효용성은 문화와 정치적 장 사이의 관계들을 정의하기 위한 기본적인 구별로 귀결된다. 이에 대해서는 앞 장에서 분석해 보았다. 즉 행동과 극적 수행의 구별이 그것이다. 문화적 실천에 대한 정치적인 평가에 있어서 만성적인 어려움은 그 평가가 문화적 실천을 행동으로, 즉 사회의 물적인 구조에 대한 효과적인 개입으로 이해한다는 것이다. 몇몇 사회적 독해들 역시 벽화나 영화의 유용성을 그것의 실행 능력, 다시 말해 즉각적이고 확인가능한 변화들을 만들어 내는 능력에 의해 측정한다. 이러한 문화적 실천이 가지고 있다고 가정된 '의식화 기제'적인 행동에, 관객들이 '의식화'와 행위의 '실제적인 변화들'로 직접 대응하리라고 기대하는 것이다. 문화적 실천은 결코 이렇게 진행되지 않기 때문에, 그 평가는 예술적 메시지들의 유용성에 대한 비관주의적인 결론에 도달하게 된다.

문화적 실천은 행동보다는 극적 수행이다. 즉, 사회적 행동을 재현하고 가장하는 것이다. 그러나 그것은 가끔씩만 행동처럼 작동한다. 이것은 명시적으로 조직되고, 또 그렇게 인정된 문화활동 내에서 일어난다. 또한 제도 내에서 집단화됐건 아니건 간에 평범한 행위들도 가장된 행동과 상징적 수행을 사용한다. 현재적 수단으로 해결될 수 없는 갈등에 대한 대통령의 담화, 통치 행위를 전복시킬 힘도 갖지 못한 정치조직들의 비판, 그리고 물론, 보통 시민의 언어적 저항은 '순수한' 정치적 관점보다는 극적인 관점에 있어 보다 이해 가능한 수행이다. 인류학은 우리에게 이것은 위기가 이상과 실천 사이에 부과한 거리 때문이 아니라, 어떤 사회든 정치와 문화 사이에 존재하는 절합의 구성적 구조 때문이라는 것을 알려 준다. 아마도, 상징적 문제틀에 주목하려는 정치학의 가장 큰 관심은 특정 재화 혹은 메시지의 확실한 효용성에 있는 것이 아닐 것이다. 오히려, 사회성의 극적이고 제의적인 측면들이 어떠한 상호작용에도 사선적이고, 가장적이며, 지연되어 있는 것이 존재한다는 점을 명확히 보여 준다는 데 있다.

나가며

이 순간까지 나는 결론 내리기를 원하지 않았다. 따라서 이론적 요소와 경험적 요소 사이에 지속적인 상호작용을 유지해 왔다. 결론은 이미 부분적으로 각 장에서 제시되었다. 그러나 일반적인 움직임을 그려 내려는 나의 시도에도 불구하고, 총체성 개념의 위기와 라틴아메리카 각국 내부에서 나타난 변화들이 동등하지 않게 실현되고 있다는 경험은 최종적인 일반화를 피하도록 만들었다.

우리가 바라는 결론이 유럽 내 문화상품의 관리와 유통을 1992년까지 통일시키기 위해 유럽공동체 문화장관회의에서 정한 것과 같은 결론일지도 모르겠다. 각국은 상징체계들의 수렴과 지역 정체성의 확인 사이의 긴장을 인식하고 있었기 때문에, 결론과 결의를 구별한다. 이 결의는 다른 국가와의 조율을 위해 각국이 관리구조를 재편하도록 의무를 부과한다. 반면에 결론은 서적 가격의 통일 또는 부가가치세 면제와 같이 일부 지역에서는 적용이 가능하지만 다른 지역에서는 무시되는 권고와 같은 것이다. 여기서 우리가 결론에 접근할 수 있는 것은 이러한 의미에서이다.

세기말 라틴아메리카 정세를 고려하기 위해서는 전통, 근대성, 탈근대성 간의 다양한 결합과 파편화를 수용하는 다원론적 관점이 필수적이다. 따라서 이 책에서 시도된 대차대조표는 해방, 팽창, 혁신, 민주화라는 근대성을 결정짓는 네 가지 특징 또는 운동이 우리 대륙에서 어떻게 전개되었는가를 확인하는 것이었다. 이 네 가지 모두가 라틴아메리카에 나타났다. 문제는 우리가 근대화되지 않았다는 데 있는 게 아니라, 이러한 요소들이 절합되어 온 모순적이고 불균등한 방식에 있다.

해방은 문화적 장의 세속화 정도에 비례하여 나타났다. 우리 사회는 메트로폴리스 국가만큼은 아니지만 다른 저개발국가에 비해 훨씬 광범위하고 통합적으로 문화적 장을 세속화했다. 비록 오늘날까지 전통적이고 비근대적인 행위와 신념체계가 공존하지만, 19세기 초부터 이미 정치구조가 자유화되었고 사회 생활도 합리화되었다.

혁신은 중고등교육의 빠른 성장에서, 예술과 수공예업 분야의 실험에서, 그리고 문화적 장을 기술혁신과 사회혁신에 적응시키는 동력에서 증명된다. 또한 이 점에서 다양한 국가, 지역, 계급, 민족 간에 보이는 이익의 불균등한 배분, 생산과 소비에서 신제품의 비동시적 전유가 드러난다.

민주화는 놀라움, 지나치게 많은 중단, 그리고 고전적 자유주의가 상상하는 것과는 다른 의미를 가지고 달성되었다. 또한 이런 경향이 예견했듯이, 그것은 부분적으로 교육의 확대, 예술과 과학의 보급, 정당과 노조의 참여에 의해 만들어졌다. 그러나 20세기 후반부에 나타난 일상문화와 정치문화의 민주화는 특히 전자 미디어와 청년, 도시, 생태, 페미니즘과 같은 비전통적인 조직들에 의해 촉진되었다. 이들 조직은 근대화가 야기한 모순에 개입하는데, 이러한 모순의 해결에 구시대의 행위자는 효율적이지 않을뿐더러 신뢰를 결여하고 있다.

팽창, 특히 경제적 팽창이 우리 대륙 발전의 가장 정체된 면이라는 사실을 얼마만큼이나 이러한 모순들의 탓으로 돌릴 수 있을까? 80년대 말

세계경제의 성장률이 4%였을 때, 라틴아메리카는 불경기 십 년의 퇴행적 결과를 드러냈다. 한때 가장 역동적인 나라였던 아르헨티나, 브라질, 멕시코는 부정적인 성장 지표를 보였고, 페루와 같은 경우에는 실질생산이 거의 10% 가까이 떨어졌다. 이어진 수출입 감소는 새로운 국제적 자본축적 전략과 기술혁신에 대한 참여 저하로 이어진다.[1] 따라서 종속국가는 새로운 기술을 전유하고 상징재화의 유통과 관리에 대한 새로운 규칙을 수용하면서 자신을 쇄신할 능력이 떨어지기 때문에, 문화적 근대화의 가능성 또한 충분하지 않다.

그럼에도 불구하고 이 책에서 제시된 분석은 경제적 근대화와 문화적 근대화 사이의 기계적인 관계 설정을 허용하지 않는다. 또한 비록 국제적인 발전 조건과 관련하여 부분적으로 지체되어 있을지라도, 이 과정을 단순한 지체로 읽도록 내버려 두지 않는다. 이런 불만족스러운 근대화는 전통과의 지속적인 상호작용 속에서 해석되어야 한다.

종합하자면, 근대성과 전통 그리고 이것들의 역사적 결합의 총체적 위기는, 근대적 특성이 폭발하고 근대적이지 않은 것과 혼합된다는 의미에서 탈근대적인 (하나의 단계가 아닌) 문제틀로 이어진다. 이것은 인정되면서도 동시에 논란의 대상이 된다. 이 책에서는 수공예업자가 산업사회에서 계속해서 수작업으로 옹기를 제작하고 직물을 짜는 이유를 분석하였다. 예술가는 진보된 기술을 실천하면서, 동시에 특정한 역사적 밀도 혹은 상상력의 자극을 찾기 위해 과거에 시선을 돌리게 된다. 여러 분야에서 문화가 발전적인 과정으로 진행한다거나, 그림을 그리고 상징화하며 합

---

1) Manuel Castells and Roberto Laserna, "La nueva dependencia. Cambio tecnológico y reestructuración socioeconómica en Latinoamérica", *David y Goliath* no. 55, 1989, pp. 2~16.

리화하는 특정 방식이 우월하다는 관점은 부정된다. 이는 비록 시장이 집단 간의 구분을 새롭게 하기 위해서 위계질서를 자주 고치는 것을 필요로 하더라도 마찬가지이다.

원주민부터 생태주의자에 이르기까지 계속해서 자신의 영토적 정체성을 확인하려는 사람들이 있다. 자기 유산의 특수성을 재확립하거나 스스로를 차별화하기 위해 새로운 기호를 찾는 엘리트 부문과 대중 부문이 존재한다. 초국적기업이 추구하는 종속에 대응하여 문화 운영에서 지역적 자치 또는 민족적 자치를 옹호하기 위한 투쟁은 지속적으로 요구된다. 그러나 일반적으로 모두는 교차와 교환을 통해 자신의 상징자본을 새롭게 형성한다. 현대 도시가 이끌어 낸 혼종적 사회성은 우리로 하여금 고급문화 집단과 민중 집단에, 전통 집단과 근대 집단에 간헐적인 형식으로 참여하게 한다. 지역적 요소 또는 국가적 요소의 긍정은 외생적인 요소에 대한 전면적인 비난으로서는 의미도 없고 전혀 효과적이지도 않다. 오히려 그것은 오늘날 자신의 위치에서 다양한 국제적인 상징적 제안과 상호작용할 수 있는 능력으로 간주되어야 하는 것이다.

역사가 여러 방향으로 움직이는 이 시기에 불확실성이 모든 결론을 관통하고 있다. 보다 섬세한 지식은 어떻게 근대성에 들어가고 나올 것인가, 어디에 투자할 것인가, 어떻게 투자할 것인가, 어떻게 문화와 권력을 관련시킬 것인가에 대한 더욱 불안정한 결정으로 이끌 것이다.

들어가기 혹은 나가기

이주와 상호문화적 교섭에서 역사 유산의 형성, 그리고 역사 유산의 고급문화적·민중적·대중적 재전환을 총체적으로 연구할 때 우리의 목표는,

근대화의 충동이 근대적이라는 것의 의미에 대해 은폐해 왔던 문제를 드러내는 것이다. 전통과 근대성 사이의 굳건한 동맹을 통해 구성된 국립역사박물관과 국립인류학박물관이 제공하는 사회성의 축소판은, 바로 그 이유로 해서 탈소장화와 탈영토화에 대한 가장 적대적인 관점이 된다. 필연적으로 민족성을 구성하게 되어 있는 기원 신화와 소장품의 구성만을 극화하면서, 이 두 기관은 문화의 현재적 재구성에 대한 질문들은 허용하지 않는다.

멕시코의 국립인류학박물관은 고유 유산을 국가의 본질적인 어떤 것으로 받아들인다. 이주민의 도래와 정주부터 시작해서, 오늘날까지 차지하고 있는 영토에 완전히 정착하였음을 보여 주는 무거운 증거물들——피라미드, 사원 그리고 도시——의 건설은 탈역사화된 민족지학에 의해 승인된 정적인 유산을 형성한다. 박물관에 의한 이러한 유산의 극화는 권력의 중심을 상징하는 멕시카 전시관에 집중된 내셔널리즘적 담론과, 유물 소장품에서 얻어진 증거에 따라 민족들을 배열하는 과학적 담론을 통해 그 견고함을 담보하면서 달성된다.

오늘날 어떤 인류학박물관이 베링 해협을 통한 이주와 정착에 대해서는 말하면서, 사파타 협곡을 통해 그 후손들이 미국으로 이동하는 것은 언급하지 않을 수 있을까? 만약 이러한 움직임들——초기의 이주, 영토의 개간, 소장품의 형성 그리고 동시에 민족 간의 갈등에 따른 토대를 형성하는 유산의 재구성, 이주, 나아가 농촌에서 도시로 오거나 멕시코에서 다른 나라로 떠나는 사람들의 변화하는 정체성——중 어느 하나라도 생략된다면, 오늘날의 멕시코를 어떻게 이해할 수 있을까?

그렇다면 근대성에 대한 문화적 분석은 근대성으로 들어가는 방법과 근대성에서 빠져나오는 방법을 함께 내놓을 것을 요구한다고 주장할 수 있을 것이다. 그러나 이렇게 말하는 것은 근대성을, 우리가 그 존재 유무를 선택하여 결합할 수 있는 하나의 역사적 시기나 실천 형식으로 암시한다는 점에서 잘못된 것이다. 근대성은 자주 이러한 방식으로 제시된다. 그리고 모든 토론은 들어가거나 나오기 위해 어떻게 해야 하는가의 문제로 환원된다. 노동자가 되어야 하는 수공예업자, 도시 또는 선진국으로 가서 더 나은 삶을 원하는 이주자, 기술 발전에 편입되는 지식인과 예술가. 이 모든 것들이 상태의 변화를 암시하는 이동의 상황들이다.

떠나기를 원하는 사람들, 즉 거대 도시에서 빠져나와 자연으로 돌아가기를 원하는 사람들, 신성화된 역사 유산에서 근대적 갈등의 해결책을 찾으려는 사람들, 지식과 예술을 진보에 대한 강박에서 해방시키려는 사람들에게도 유사한 일이 일어난다.

우리가 분석하는 문화적 재전환은 근대성이 단순히 들어가고 떠나는 공간이나 상태가 아님을 보여 준다. 근대성은 도시와 시골에서, 메트로폴리스와 저개발국가에서 우리를 둘러싸고 있는 조건이다. 모더니즘과 근대화 사이에 존재하는 모든 모순과 더불어, 정확히 말해서 그것들 때문에, 근대성은 근대적이라는 것이 의미하는 불확실성이 사라지지 않는 끝없는 변화의 상황이 된다. 근대 기획을 급진화하는 것은 이러한 불확실성을 날카롭고 새롭게 하는 것, 즉 근대성이 항상 다른 것 또는 그 이상이 될 수 있도록 새로운 가능성을 만들어 내는 것이다.

이러한 의미에서, 모순 사이에서 새로운 근본주의들을 생산하고 강화하며 더욱 위협적인 것들로 만드는 데 기여했던 근대화의 움직임들은 모든 근본주의의 적이다. 근대화의 움직임들은 의심과 혁신을 금지하는 교리도, 절대적인 근거도 없다는 (불확실한) 확신인 것이다.

농촌에서 도시로, 이 국가에서 저 국가로 이동하며 자신의 전통을 혁신해야 하는 이주자가 발견하는 것은 이런 것이 아닐까? 민중적 요소와 원시적 요소가 혼합된 현대 예술에 일어나는 일이 이것이 아닐까? 이는 그 누구보다도 대중매체의 생산자가 다른 기호와 인식체계가 지배하고 있는 새로운 국가에 자신의 프로그램을 전파할 때, 다양한 수용자와의 의사소통을 위해 자신의 코드를 재전환할 때 보다 분명해진다.

만약 우리가 '탈'post을 근대성의 극복으로 이해하는 것을 원하지 않는다면, 탈근대성이라는 개념이 얼마나 잘못된 것인지 이 지점에서 인식된다. 근대성을 통과하면서 근대성을 비판하고 동시에 근대성을 추구하는 것이 가능할까? 만약 이것이 그렇게 이상한 것이 아니라면, 우리는 탈-내-근대성과 같은 어떤 것을 말해야 할지도 모른다.

어디에 투자할 것인가

재전환은 부분적으로 시장의 현재화이다. 또한 많은 이들이 부름을 받지만 선택되는 것은 소수에 불과한 성서적 교훈의 현재화이다. 노동시장에 진입한 젊은이들은 과거의 삶과 부모의 잘못된 선택은 뒤로 하고 다른 일에 전념해야 한다는 주의를 듣는다. 오래된 직업은 대량화되어 더 이상 개인의 미래를 보장하지 못한다. 대학교육이 사회적 출세를 위한 길이라는 것조차 의심스러워졌다. 금세기 들어 처음으로 80년대에 대학 등록률이 감소한 것에서 보이듯이, 중간 계급과 민중계급은 이러한 인식을 내면화하기 시작한다.

이러한 지배적인 경향에 직면하여, 많은 사회집단들——특히 문화계의 전문 직종인들—— 은 공들여 이룩한 교육투자에 대한 평가절하에 저항하는 게 가능하다고 믿는다. 엘리트 집단뿐만 아니라 민중계급에도 자신들의 생산방식과 상징적 전파방식을 회복하고, 고급문화적 특성과 민중적 특성(혹은 민중적 특성과 고급문화적 특성) 사이의 차이를 복원하여 이 둘을 대중문화에서 분리하려는 사람들이 존재한다. 이들은 아직까지 전통적인 방식에 민감한 제도적 맥락과 보급망에 자신들의 작품을 밀어 넣기 위한 새로운 절차를 모색한다. 이는 신보수주의에 반대하는 보수주의이다.

다른 이들은 접근성과 이윤이 감소한 것이 아니라, 투자에 적합한 장소가 급격하게 변화한 것이라고 생각한다. 투자에 적합한 장소는 더 이상 수공예업이나 예술이 아니라 문화산업인 것이다. 전통에서 근대로, 고전 인문학에서 사회과학으로, 더 나아가 사회과학에서 자연과학으로 이동한 모든 사람들은 자신의 자리를 가지게 될 것이다. 특권의 상징은 고전문화(책, 그림, 콘서트)에서 기술적 지식(컴퓨터, 시스템)으로, 그리고 고가의 가전기구로, 오락과 선진 기술의 결합을 신성화하는 여가생활의 장소들로 자리를 옮겨 간다.

제3의 길은, 전통과 근대 간 결합의 탈근대적 위기에서 화가가 될 것인가 아니면 광고디자이너가 될 것인가, 예술품을 수집할 것인가 아니면 수공예품을 수집할 것인가, 미술관과 콘서트장에 엘리트를 불러들일 것인가 아니면 텔레비전 앞으로 대중을 끌어들일 것인가 하는 문제가 더 이상 상호배타적이지 않다고 주장하는 사람들의 방법이다. 고급문화, 민중문화 그리고 대중문화 사이의 지속적인 이전이 현대적 상징구조의 특징이기 때문에, 효과적이고 투자를 잘하기 위해서는 다양한 무대에서 동시에 그 틈새와 불안정 속에서 작동해야 한다.

어떻게 재전환에 적응해야 하는가에 대한 이 세 가지 해석은 부분적인 유효성만을 가지고 있다. 이는 각각의 해석이 고등교육, 문화보급, 상징재화의 운영에 관한 논쟁에서 각자의 대표자를 가지고 있다는 사실에서 알 수 있다. 서로 다른 사회 영역들과 다양한 미학적 경향들은 이러한 선택 사항들 사이에 세워지는 삼각관계에서 자신들의 위치를 구성하고 혁신한다. 물론, 이는 단순한 공존은 아니다. 그것들은 문화적 실천의 정당성을 얻기 위해, 재정 지원과 상징적 인정을 얻기 위해 경쟁한다.

풍부한 문화 발전과 경제적 수단의 결핍 사이에 존재하는 오랜 모순은 신보수주의 정책에 의해 강화되어, 많은 라틴아메리카 국가에서 이러한 경쟁을 다시 중심적인 것으로 만든다. 예술적 장과 지적 장은 자신들의 차별적인 모습과 충실성 요구를 보다 강화하는 경향을 보인다. 만약 대학교수가 대중매체에서 성공을 거두거나 숙련공이 예술 시장에서 인정을 받는다면, 그 둘은 자신의 원래 영역에 머물기 어려워질 것이다. 마찬가지로 언론인이 대학에 들어가는 것이나, 숙련공이 미술관에 들어가는 것은 거부된다.

민중예술의 적통성 상승은 예술가에 의해 항상 부정적으로 받아들여진다. 1975년에 페루에서 벌어진 논쟁은 유명하다. 당시 제단 장식가인 호아킨 로페스 안타이Joaquín López Antay가 유명 화가들과 경쟁하여 국가미술상Premio Nacional de Arte을 수상했는데, 조형예술가전문협회는 "수공예업이 우리의 문화적 과정에 있어 미술보다 더 중요하다"는 명제를 받아들일 수 없다고 선언하였다.[2] 같은 시기에 조형예술가인 페르난도 데 시슬로Fernando de Szyslo는 페루 정부가 상파울루 비엔날레에 페루 예술을 대표하여 수공예품을 보낸 것에 항의하며 국가위원회에서 사임하였다.

---

2) Mirko Lauer, *Crítica de la artesanía*, p. 136에서 재인용.

다른 영역과의 차이를 강조하면서 엘리트 영역을 보호하려는 요구는 대중예술가에게 최상의 문화적 대우를 하는 상황에서도 나타난다. 1985년에 두 논쟁이 수주 동안 멕시코 일간지의 많은 페이지를 차지하였다. 하나는 월드컵 조직위원들이 경기 일정과 장소 추첨을 예술궁전에서 개최하려던 시도가 원인이 되었다. 또 다른 '스캔들'은 '새노래 운동'Canto Nuevo의 대표자 중 한 명인 과달루페 피네다Guadalupe Pineda의 공연이 예술궁전에서 개최되고 텔레비전으로 널리 중계된 사건이었다. 많은 예술가와 지식인들은 "최상의 문화를 대변"하는 "우리들의 최고 극장"이 "상업적인 성격의 행사"나 "형식의 우수성"이 의심되는 음악 경향에 이용되는 것에 대해 분개하였다. 그들 중 한 명은 고급 미학의 근친상간적인 성격을 다음과 같이 요약하였다. "'예술궁전'은 예술을 위한 것이다." 문제가 된 경향의 가수들은 예술궁전이 고급예술과 오페라만을 위한 곳이 되어서는 안 되며, "마찬가지로 음악사의 한 부분을 이루는 다른 민중적인 표현양식도 포함해야 한다"고 항변했다.[3]

예술사가와 예술가들이 가진 대학과 전문분야에서의 권력은, 늘 자기 분야의 특수성을 찬양하고 경쟁자(수공예와 대중매체)의 생산물을 평가절하하며 자기 방어를 한다. 반대로 '비적통' 문화──민속문화, 대중매체 문화──의 전문가는 고급예술과 대학 지식을 담당하고 있는 사람들의 엘리트주의적 입장을 공격하며 자신의 공간을 정당화하려 한다.

이러한 영역 간의 경계는 더욱 유연해졌다. 대학이 대중문화와 민중문화의 공간에서 자신의 상징자본을 재전환하는 것은, 특히 이러한 공간

---

[3] 이 논쟁에 대해서는 1985년 11월 8, 15, 26일자 『라 호르나다』(La Jornada)와 1985년 11월 30일자 『우노마스우노』(Unomásuno) 참조.

이 지식 세계와 동등한 특징을 지닌다면 점점 더 정당하게 여겨질 것이다. 글쓰기가 그 예이다. 지식인은 TV프로그램에 출연하는 것보다는 가급적 일간지에 일반적인 저널리스트가 아니라 견해를 전하는 특별기고자로서 글을 쓰는 것이 바람직하다. 동시에 텔레비전에서는 한 채널의 전속 참여자가 아니라 패널이나 인터뷰 대상으로서, 즉 전문가로서 참여하는 것이 보다 수용가능하다. 학계에서 지식인이 미디어에 개입하는 것은 미디어의 논리를 덜 공유할 때 더욱 정당화된다.

예외적인 경우에 대중매체나 공공정책과 같은 '대학 외부'의 장에 지식인의 참여가 허용되는데, 미디어의 요란한 스타일과 정치 투쟁의 열정을 지적 분야(말하자면 그의 저서들)에 옮기지 않아야 한다는 조건이 붙는다. 이러한 규칙의 유효성은 미국과 이탈리아같이 매우 다른 사회에서도 입증된다. 정치를 하거나(촘스키의 경우) 지속적으로 미디어에 개입하여 대중적 반향을 얻었다는 이유(움베르토 에코의 경우)로, 그들 분과학문의 가장 정통적인 부문들은 저명한 지식인의 경우에도 그들의 가치를 인정하지 않는다.

어쨌든 고급문화적 요소, 민중적 요소 그리고 대중적 요소 사이의 상호작용의 증가는 각각의 행위자와 양식 간의 경계를 유연하게 만든다. 그러나 이러한 경향은 각 분야의 구심적인 운동과 경쟁하는데, 이 안에서 특권을 극화하는 특정한 수사와 양식들에 근거한 권력을 장악하고 있는 사람들은 자신들의 힘이 차이의 유지에 달려 있다고 가정한다. 이것들을 나누는 얇은 벽의 붕괴는 각 분야의 헤게모니를 쥐고 있는 사람들에게 자신의 권력에 대한 위협으로 경험된다. 따라서 현재 문화의 재구성은 선형적인 과정이 아니다. 한편으로는 문화 시장을 확장할 필요에 의해 엘리트적인 재화는 대중화되고, 대중적인 메시지는 지적인 영역에 소개된다. 그러나 고급문화와 민중문화를 통제하기 위한 투쟁은 부분적으로 특정한 상징자본을 보호하고, 다른 것과의 구분을 명확하게 하려는 노력에 의해 지속되고 있다.

이러한 갈등의 역학은 문화적 재화가 자주 진부하게 되는 한 원인이다. 대중의 인기를 얻었더라도 특화된 소수만이 자신을 인정해 주기를 바라는 예술가는, 자신의 레퍼토리를 혁신하고 주제적인, 특히 형식적인 변화를 도입하여 그의 가장 배타적인 추종자들이 그의 페르소나와 작품에서 궁극적인 차이의 기호를 발견할 수 있도록 해야 한다. 이러한 요구는 적어도 내재적인 창조의 필요성만큼이나 변화에 영향을 미친다. 나는 뉴욕, 상파울루, 부에노스아이레스에서 70년대의 개념적 혹은 극사실주의적인 조형예술가들(아직 이러한 전환을 위한 조건을 갖추지 못했던 사람들까지도)이 집단적으로 80년대 신표현주의와 트랜스전위주의로 변모해 간 것을 생각한다.

그러나 재전환 요구에 대한 제3의 대응이라고 우리가 부르는 것을 대표하는 예술가들도 존재한다. 그들은 고급문화의 장과 민중-대중적 장에서 동시에 별다른 갈등 없이 자신의 작업을 계속해 나가는 사람들이다. 카에타누 벨루주와 아스토르 피아졸라는 스튜디오와 콘서트홀에서 번갈아 가며 공연을 하고, 자신의 언어 속에서 극적이고 실험적인 스타일을 발전시키는데, 이 과정을 통해 서로 다른 두 의도가 공존하며 다양한 관객에 의해 각각의 층위에서 이해되고 향유되는 작품을 생산하게 된다. 한 공간에서의 그들의 성공이 다른 공간에서 지속적으로 인정되는 것을 박탈하지 않는다는 것이다.

이미 문학에서 보르헤스의 전형적인 사례를 언급하였다. 그는 신문기사들과 실재 간의 허구적인 관계를 패러디하는 언론 발표라는 장르를 창조하면서, 미디어가 만들어 낸 자신의 이미지를 작가로서의 자신의 실천에 포함했다. 영화에서도 로만 폴란스키, 밀로스 포만Milos Forman, 루이 말Louis Malle, 빈 벤더스Win Wenders와 같이 영화를 찍기 위해 미국으로 간 유럽 감독들이나 우디 앨런과 코폴라Coppola처럼 문화적으로 비할리우드적인 미국 영화감독들에게서 이러한 유연성이 발견된다. 라틴아메리카에서 브라질 영화는 70년대와 80년대 전반에 이러한 이중성을 획득했다. 즉 글라우베르 로샤의 영화들에서 보이는 미학적 복합성과 주신제적 통속성의 결합이나, 주아킹 페드루 지 안드라지Joaquím Pedro de Andrade의 「마쿠나이마」Macunaíma, 브루누 바헤투Bruno Barreto의 「플로르 부인과 그녀의 두 남편」Doña Flor y sus dos maridos, 카카 디에기스Cacá Diegues의 「쉬카 다 실바」Xica da Silva처럼 브라질 문화의 혼종성에 대한 성찰을 제시하는 오락물이 존재했다.

오직 소수의 양서류와 같은 예술가들만이 기원이 다른 문화적 움직임과 코드들을 분명하게 표현할 수 있다. 몇몇 연극 연출가나 많은 록 뮤지션들처럼, 그들은 한 사회의 문화적 전통과 그 현대적 의미에 대한 비판적 사고를 대중적 보급을 위한 전달 요건에 융합시키는 것이 가능함을 보여 준다.

어떻게 투자할 것인가

고급문화성과 민중성, 국가성과 외래성은 이 여정의 끝에서 **문화적 구성물**로 제시된다. 이것들은 집단 생활에 내재한, 자연적 구조로서의 어떠한 일관성도 갖고 있지 않다. 이것들의 펍진성은 본질화된 유산의 의식화 작업을 통해 **역사적**으로 성취되었다. 무엇이 고급문화적이고 무엇이 민중적인가를 정의할 때의 어려움은, 이 두 방식이 근대성에 의해 생산된 상징성의 조직화이지만 동시에 근대성이 (상대주의와 반본질주의를 통해) 이것들을 항상 부식시키고 있다는 모순에서 비롯된다.

고급문화성과 민중성의 대립이 어느 정도까지 유지될 수 없는지를 알기 위해서는 근대적 운동이 이러한 본질화와 상대주의 사이의 모순들을 극단까지, 거의 고갈될 때까지 끌고 갈 필요가 있었다. 문화의 대중적 재조직화는 이 점을 분명하게 보여 주었다. 그렇지만 고급문화적 요소, 민중적 요소, 대중적 요소를 다루는 분리된 공간들의 학문적 차이는, 각각의 정책을 실현하려는 다양한 조직의 존재와 더불어 분열을 재생산한다. 더 이상 헤게모니 집단은 고급문화 집단처럼, 하위집단은 민중적인 집단처럼 행동하게 하는 것이 불가능하게 된, 이러한 기관들의 규범적 효율성의 상실은 이런 분류를 탈특권화하였다.

국가 간 경계에서, 그리고 국가와 민족과 계급들을 연결하는 유동적인 네트워크에서 교차를 이해하려 할 때, 민중적 특성과 고급문화적 특성, 국가성과 외래성은 실체로서가 아니라 무대로서 나타난다. 기념물, 박물관 그리고 민중문화에 관해서 우리가 보았듯이, 무대는 이야기가 공연되는 장소이다. 사회성의 재현이 극적인 의미를 통해 만들어지는 혼종화 과정, 즉 그 재-무대화를 재전환에 포함하는 것이 필요하다.

문화적 재전환에 대한 연구는 이렇듯 그 안에서 경제적 구조조정 또는 기술적 구조조정보다 훨씬 더 많은 것을 발견하도록 이끈다. 정신분석학을 통해 알게 된 바와 같이, 상징세계에서 우리는 재정적으로 투자하는 것과는 별도로 정신분석학적으로 투자를 하게 된다. 우리는 정신 에너지를 몸, 대상, 사회적 과정 그리고 그것들의 재현에 기탁한다. 우리는 어떻게 문화적 재전환의 과정에 재투자하는가?

하나의 전통 또는 특정의 지식 형식이 더 이상 수익을 주지 않을 때, 예금을 한 은행에서 다른 금융기관으로 또는 한 생산 분야에서 다음 생산 분야로 옮기는 사람처럼 다른 것으로 바꾸기란 불가능하다. 이미 투자된 정서적인 수화물이 있다. 그리고 이 수화물을 잃어버렸을 때 치러야 하는 고통이 존재한다. 이러한 '투자'는 우리를 시간성의 드라마 앞에 데려다 놓고, 고급문화와 민중문화라는 전통적인 형식들의 동시적인 지속과 퇴화를 이해하기 위한 열쇠를 하나 더 제공한다.

대중적인 산업 문화는 탈근대 사회의 거주자들에게, 시간적 경험의 해체-조직이라는 메트릭스를 제공하는데, 이것은 이주나 사회성과의 파편적이고 불규칙적인 관계를 전제하는 탈구조화와 보다 양립가능한 것이다. 반면에 엘리트 문화와 전통적인 민중문화는 여전히 시간성이라는 근대적 개념에 집착하고 있다. 이러한 개념에 따르면 문화는 변형적 실천에 의해 끊임없이 풍요로워지는 축적물이다. 예술적·지적 전위주의가 보여준 가장 급작스러운 단절에서조차 이러한 단절이, 시작으로의 회귀 또는 지속되어 온 유산의 혁신으로의 회귀라는 가정이 지배적이었다(따라서 전위주의의 역사를 쓰는 것이 가능하다고 생각되었다).

이와는 대조적으로 텔레비전, 비디오 게임, 비디오 클립, 일회용 재화는 순간적인 관계, 시간적으로 충일하고 빠르게 폐기되거나 대체되는 관계를 제안한다. 이 때문에 산업 문화가 제공하는 상징적 경험은 민속학자, 인류학자 그리고 역사학자가 연구하는 상징적 경험과 대비된다. 매체와 오락의 신기술은 발신자와 수신자 간의 동시 접촉을 강화하기 위한 참조물로서만 전통에 관심을 가진다. 이들에게 중요한 것은 역사적인 진보가 아니라 현재 일어나고 있는 것에 대한 완전하고 일시적인 참여의 가능성이다.

주제 조르지 지 카르발류는 이에 대해 보다 급진적으로 말한다.

문화산업이 내놓은 행복에 대한 모든 약속은 ……기본적으로 일시적인 것의 경험이다. 그것은 근대 산업도시에서 나타나는 것과 같이 점점 더 빨라지고 변화하는 삶에서 사람들이 기억의 무게와 책임으로부터 자유로워지도록 돕는 것이다.

이어 카르발류는 다른 문화적 장들(교양문화와 민중문화)이 영속적인 여러 이유 중 하나를 다음과 같이 결론 내리고 있다.

이 문화적 장들은 항상 전통 속에서 작동한다. 그것들은 지속적으로 스스로를 언급하고 인용했다. 즉 존재의 동력을 위한 기본적인 해석적 실천을 만들고, 집단 기억의 구축에 정당하게 공헌하면서 말이다.[4]

만약 문화산업에 의해 재구성된 것이라 할지라도 민속이 여전히 존재한다면, 그것은 민속이 아직도 사회관계의 지속성을 의미하는 공존방식과 세계관을 표현하기 위한 상징적인 핵으로 기능하기 때문이다. 이러한 치밀한 관계가 더 이상 거의 존재하지 않기 때문에, 탈근대를 사는 사람이 접근가능한 다른 모델 중에서 민속이 하나의 모델이자 유토피아가 되는 것일까?
이러한 시간적 변화의 파편적 생생함을 만들어 내기 위하여 모든 문화는 제의를 이용하였다. 터너에 따르면, 사회적 변화의 정서적 의미, 그

---

4) José Jorge de Carvalho, *O lugar da cultura tradicional na sociedad moderna*, p. 22.

리고 의미들 사이의 양극화, 불일치, 응축을 모아 내는 능력 때문에 제의는 다른 어떤 실천보다 더 적절하고, 갈등과 이행의 과정을 체험하는——관찰하는——데 유용하다.[5] 상징적이고 제의적인 사고는 "교차하는 일련의 분류에 대해 마디의 기능"을 한다.[6]

이 책에서 분석하는 재전환에 대한 다양한 반응에 따르면, 제의는 여러 가지이다. 많은 갈등에서 장례 의식이 이용된다. 고급예술과 민중예술 사이에서 보이는 많은 유사점들 ——둘 사이의 명확한 구분을 없애는——중에서 하나가 특히 놀라운데, 소멸 직전에 있는 수공예업을 구하기 위해 민속학자들이 도움을 요청하는 것과 예술의 죽음에 대한 예술가와 역사가의 선언 사이에 존재하는 유사점이 바로 그것이다. 고급예술의 죽음에 대한 예술가와 비평가의 빈번한 반응은 고급예술의 장례식 거행이었다. 많은 수공예업자와 민중예술 연구자의 첫번째 대응도 자신들의 명백한 소멸을 제의화하고 묘사하며 분석하는 것이었고, 지금도 그러하다. 나는 고급문화와 민중문화의 전통적인 재현자들이 그 대상의 죽음을 말하면서 계속해서 상징시장에 존재하기 위한 수단을 발견하게 되는, 이러한 우연의 일치에 대한 비교연구가 아직까지 이루어지지 않았다고 생각한다.

예술만큼 그렇게 여러 차례 매장되어 본 것은 아마 없을 것이다. 예술의 죽음——거의 모든 전위주의가 선언했고, 정치가, 도덕주의자, 심리학자들의 탈신화적 비평이 지지한——은 계속해서 나타난다. 이에 반하여 장 갈라르는 예술의 죽음이 여전히 "아름답게 자살한 작품의 예술적

---

5) Víctor Turner, *La selva de los símbolos*, Madrid: Siglo XXI, 1980의 1장.
6) Víctor Turner, *El proceso ritual*, Madrid: Taurus, 1988, p.52.

주제"가 되고 있다고 썼다.[7] 또한 미학과 예술사는 덧없는 것이라고 선언되었다. 최근의 장례식 중 하나가 1979년 2월 15일 파리의 퐁피두센터에서 거행되었다. 부에노스아이레스 예술커뮤니케이션센터Centro de Arte y Comunicación de Buenos Aires에서 주최한 '육체예술과 공연예술 주간'Jornadas de Arte Corporal y Performance 개막식 후에 에르베 피셰르는 예술사의 최후와 함께 그 사체가 퐁피두센터의 분실물 보관소에 있는 철제 상자에 보관되어 있다고 공표하였다. 4년 뒤인 1983년 4월 14일 오후 3시에도, 친척과 생존자와 상속인이 여전히 그곳에 남아 있었다. 즉 예술가 피셰르, 비평가 피에르 레스타니Pierre Restany, "매우 하급 공무원 같은" 데니스 트렘블라이Denys Tremblay는 예술사의 유해를 회수하여 한 익명의 미술관으로 옮겨 최종적으로 안장하는 절차에 착수하였던 것이다.[8]

　　라틴아메리카에서 예술의 장례식 공표는 항상 사회 비판의 형식을 취한다. 예술은 현실의 불의 앞에서 그 의미와 기능을 잃었을 때 죽었을 것이다. 이것은 적어도 60년대와 70년대 초의 일반적인 해석이었다. 이때 예술가들은 그림 그리기를 멈추고 박물관과 미술관을 공격했다. 특히 그들은 부에노스아이레스의 텔라연구소와 상파울루의 비엔날레처럼 근대성을 대표하는 곳, 그리고 중심부 예술을 가지고 주변부 예술을 현재화하는 선택과 신성화의 제의를 공격했다. 코즈모폴리턴 기관에 대한 비판은 "우리의 정체성"과는 다른 시각적 방식의 강요에 대한 의문 제기와 맞물려 있다. 이러한 예술가들 중 몇몇은 정체성을 찾아 노동조합과 민중조직으로 갔고, 다른 몇몇은 포스터와 만화의 도안가가 되어 대중의 감각적이

---

7) Jean Galard, *La muerte de las bellas artes*, Madrid: Fundamentos, 1973, p.9.
8) 이 제례의식에 대한 에르베 피셰르의 생각은 Hervé Fischer, *L'historie de l'art est terminé*, Mayenne: Balland, 1981을 참조.

고 상상적인 습성을 표현하려 하였다.

만약 20년 후에 이 예술가들 중 다수가 다시 그림을 그리고 작품을 전시하게 되었다면, 그리고 생산되고 전시되는 작품에 대해 계속해서 글이 쓰여지고 있다면, 예술과 예술기관의 끊임없는 죽음은 그것들의 사회적 기능을 소멸시키지 않은 것이다. 이러한 기능 중 일부는 살아남았고, 다른 일부는 탈근대성이라는 아이러니한 실험실에서 태어나며, 유통의 새로운 길은 상업 광고와 정치 선전에서, 그리고 도시와 텔레비전의 시각성에서 새로운 관객과 상호작용할 때 나타난다. 예술의 죽음은 혼종적 시각문화의 부활인 셈이다.

또한 민중예술을 분석하면서 민중예술이 변화하며 발전하였음을 인정한다면, 그 공표된 죽음은 사실이 아니었음을 우리는 확인하게 될 것이다. 수공예업, 민속음악 그리고 전통이 더 이상 뚜렷한 윤곽을 가지고 꽉 짜여진 블록을 구성하지 않는다는 사실이 이러한 변화의 한 부분이다. 오쿠미초에서 악마를 만드는 옹기장이, 아메얄테펙의 아마테 화가, 수많은 카니발과 축제의 무용수들은 근대 언어들을 전유하고, 자신의 옛 이미지들을 도시로 가져가서 불과 몇 년 전에 그 이미지들을 발견한 집단들 사이에서 보급을 배가시킨다. 미술관과 박물관에서 유통되는 예술처럼, 시장과 도시의 박람회를 떠도는 예술도 상호담론적으로 스스로를 재구성해 간다.

따라서 장례의식이 동시대 문화가 이행을 극화하는 유일한 의식은 아니다. 예술가와 수공예업자는 고급문화적 요소와 민중적 요소, 국가적 요소와 외부적 요소의 교차를 위한 새로운 의미를 탐색하는 의례에서 자신의 지식을 재전환시킨다. 터너는 옛날부터 이행의 의식에서 활동하는 사람들을 "경계적 등장인물", "문지방의 사람", 즉 탈근대의 사제라고 불렀다. 왜냐하면 "이들은 문화공간에서 상황과 입장들을 정상적으로 설정하는 분류체계를 회피하거나 벗어나기" 때문이다.[9]

오쿠미초와 아메얄테펙의 수공예업자들, 멕시코 북쪽 국경의 작가들, 사발라와 보르헤스, 폰타나로사와 대부분의 낙서 작가들은 경계적 예술가들이다. 이들 중 일부가 전위주의의 세속적이고 위반적인 충동을 민중 기원의 제의와의 융합으로까지 끌고 간 것은 우연이 아니다. 알프레도 포르티요스Alfredo Portillos와 레히나 바테르Regina Vater는 부에노스아이레스에서 아르헨티나 북부의 의식을, 상파울루에서 브라질의 마투 그로수Mato Grosso 지역의 의식을 재구성하였다. 펠리페 에렌베르그와 안토니오 마르토렐Antonio Martorell은 멕시코인들이 죽은 자들의 날에 만드는 전통적인 제단을 재구성하기 위하여, 멕시코시티와 미국의 여러 도시에서 자신의 실험미학을 다시 변화시켰다. 쿠바의 젊은 화가들은 산테리아의 이미지와 뒤섞으며 혁명의 도상을 재공식화한다.

경계적 예술가는 편재성의 예술가이다. 그의 작업은 예술의 사회문화적 기능을 혁신하고, 사회사, 예술사, 수공예, 대중매체 그리고 도시적 색채조합의 이미지들을 동시에 사용하면서 성공적으로 라틴아메리카의 다시간적 이종성을 재현하는 것이다.

중재와 민주화

예술가의 이러한 편재적이고 다차원적인 기획은 상징시장의 안정적인 재생산 경향과 충돌한다. 모순은 특수성의 상실을 받아들이지 않는 고급문

---

9) Turner, *El proceso ritual*, p.102.

화, 민중문화, 대중문화적 장의 보수적 그룹들에서 나타난다. 그러나 문화적 결정에 대한 중앙집권적 통제를 통해 입지를 강화하려는 재전환의 가장 '선진화된' 부문들에서도 모순이 발생한다.

상징적 장들 사이에서, 그리고 다양한 집단 간의 관계에서 중재자로서 기능하려는 예술가, 저널리스트 혹은 기타 문화노동자의 의도는 집중과 독점이라는 시장의 움직임과 모순된다. 고투자 기술과 신보수주의적 경제동력은 개별 생산자와 기층운동의 사회적 주도권을 거대 기업에게 양도하려 한다. 경계——문화적 장들 간, 그리고 국가들 간——의 단절이라는 개념은, 지역적 형식이 상징재화의 생산과 유통의 초국적 네트워크에 종속되는 것과 동일한 것을 의미한다. 시장의 통제자는 예술가에게 개별적 소명의 산만한 실행에서 기업적·제도적으로 프로그램된 전문화로 이동할 것을 요구한다.

베네수엘라의 예술재정 지원에서 국가기구가 빠지고 민간 재단이 증가하게 된 상황에 대한 드문 연구 중 하나인 로우르데스 예로Lourdes Yero의 연구는, 개발과 문화진흥에 대한 민주적인 개념이 "예술 부문의 유연하고 효율적인 관리"라는 개념으로 대체됨을 보여 준다. 관리자와 예술가가 스스로를 애호가라 여기던 이전의 후원 형태와 달리, 최근 민간조직의 방식은 문화 행위자의 에토스를 변화시킨다. 새로운 기술에 친근한 보다 젊은 세대에 기댄 문화기업은 예술 생산자와 커뮤니케이션 생산자에게 상품의 디자인과 시간 및 재료의 사용에서 효율과 수익이라는 기준에 따를 것, 그리고 창조라는 내적 필요뿐만 아니라 경제논리를 고려하여 작업 스케줄을 준수하고 가격을 정할 것을 요구한다. 상징적 장들의 협력적이고 다면적인 시각을 가지고 대중매체와 결합한 문화생산자들이, 이러한 역학관계에 가장 잘 적응하고 기업의 지원 대상으로 선택받는 것도 이상한 일이 아니다. 편재성과 유연성은 개인에게서보다 기업체에서 더 존중되는데, 이는 문화의 민주화가 아니라 이윤 증가를 위해 다양한 회로에 자신의 행위를 투입하는 능력과 관련된다.[10]

문화에서 이러한 기업적 재전환에 대한 대안 정책이 발전하는 데 두 가지의 주요한 장애물이 존재한다. 하나는 문화생산자 사이의 낭만주의적 이데올로기와 개인주의적 이데올로기의 타성이다. 예술가는 창조와 예술적 장의 자율성에 대한 위협에 맞서——검열에 의문을 제기하고, 정치적 간섭과 종교적 간섭을 거부하기 위하여——항상 집단적으로 조직화된다. 그리고 어떤 경우에는 (파업을 위한 벽화나 포스터와 같은) 연대 작업을 위해 뭉치기도 한다. 그러나 특히 (조형예술이나 문학과 같이) 개인 작업의 비중이 높은 학문에서 작업 조건을 확립하거나 권리를 지속적으로 주장하기 위해서 상설적인 형태로 스스로를 조직화하는 것은 어려운 일이다. 자신들의 기능을 비판적 중재자로서 체계화하기 위해서는 그나마 그렇게 하는 것이 덜 어렵다. 노동조합 및 다른 형태의 조직화는 오히려 연극, 음악, 매스컴 관련 예술에서 보다 진전을 보인다.

또 다른 장애물은 문화정책을 만드는 거의 모든 정당, 노동조합, 단체 역시 상징적 실험과 상징적 실천에 있어 중앙집권적이고 도구적인 기준들을 유지하고 있다는 점이다. 역사적 과정과 민중적 필요에 대한 이들의 개념은 기업가의 개념보다 더 엄격하고 일면적인 것이다. 예술가, 작가 그리고 정보전달자에 대한 이들의 요구는 문화시장의 산업적 배치와 비교

---

10) Lourdes Yero, "Ciencias sociales, crisis y requerimientos de nuevos paradigmas en la relación Estado/Sociedad/Economía", *Cambios en el campo cultural en Venezuela. Privatización y pluralidad*, documento elaborado para el proyecto, Caracas: CLACSO-UNESCO-PNUD, 1988.

하여 훨씬 더 엄격하고 구시대적이다.

그렇지만 이 모두는 80년대부터 탈근대 논쟁의 일부로 새롭게 사유되고 있다. 예를 들어, 대문자 역사의 유일한 의미를 신뢰하고, "이데올로기적 승인이라는 확신의 방식 또는 문학적 주제화의 계시적인 방식 아래에서" 사회성과 관련을 맺는 정치적 예술작품은 비판을 받게 된다. 예술을 동원을 위한 도구로 간주하는, 이러한 작품들이 선호하는 "사건의 호출과 소집"이라는 조직 전략은 의문시된다. 이러한 작품들의 지배적 장르가 비유적이거나 서술적인 재현이라는 점, 그리고 민중적 행위와 그것의 영웅적 의미에 대한 "흔적의 초극화超劇化"라는 점 또한 거부된다. 좌파의 의식에 예속된 예술적 실천은 단순한 자기긍정의 장치로 간주된다.

"칠레는 창조한다"[11]의 전형적인 경우와 같이 앞서 언급된 민주주의 회복을 위한 전선과 동맹들이 계획한 모든 시위는 당원 경력을 통해 정치적 요구를 해결하는 역할을 맡고 있거나, 연대적 민중의 '상식'에 기반한 동기들의 계몽적인 힘을 가지고 정치적 요구를 장식하는 것을 맡고 있는 인물(지시물, 사람, 기관 등)들의 상징성을 공고히 하기 위하여 반독재적 상징들의 응집력을 이용한다. 이러한 축제적 요구 또는 의식적 협약에서, 지적 논쟁과 비판적 사고는 체계적으로 배제되었다. 즉 교리와 격언을 의미 투쟁과 해석 경쟁의 해방적 에너지에 종속시키면서, 관용어구들로 된 제의적 질서를 전복시키겠다고 위협하는 모든 것이 배제된다.[12]

---

11) 1988년 7월 11~17일 동안 국민투표를 앞두고 칠레의 민주주의를 위해 산티아고에서 개최된 국제적 성격의 예술, 과학, 문학 분야의 만남을 표현하는 슬로건이다.—옮긴이
12) Nelly Rechard, *La estratificación de los márgenes*, Santiago de Chile: Francisco Zegers Editor, 1989, pp. 31~32와 34~35.

문화의 소통과 핍진성의 새로운 조건을 수용하는 예술가는 "(계급 또는 국가라는) 동질적인 대문자 진리에 의해 지배되는" 모든 역사 서사를 의심한다. 파편적이거나 미완인 이들의 작품은 사회적 제스처에 대한 "강조를 제거"하려 하는 것이다. 사회성에 대해 질문하고 의심하는 관계를 선택하며 이들은 '대항서사'를 생산한다. 더 이상 통일적이고 안정적인 하나의 질서가 존재하지 않는다면, 만약 각 집단의 정체성이 단 하나의 영토가 아니라 복수의 무대와 관련이 있고 역사 역시 계획가능한 목표를 향해 나아가지 않는다면, 이미지와 텍스트는 파편의 모음이자 콜라주가 될 것이며, "산발적으로 서로를 인용하는 구조와 출처의 불규칙적인 혼합"일 수밖에 없을 것이다.[13]

넬리 리처드는 칠레의 반독재 예술이 권위주의의 치밀한 성격에 적합한 미시적인 저항 전략의 구성을 방해하지 않으면서, 사회성의 파편적인 의미를 어떻게 인정할 것인가의 문제에 직면하고 있다고 설명한다. 그녀는 사회적인 결합을 만들어 내고 호명하는 힘들을 동원하는 능력 있는 주체를 소멸시키지 않으면서도, "전체주의적 기획(독재)이나 전체주의적 구조(정통 맑스주의)"를 변화시킬 수 있는 방법이 무엇인지를 자문하는 것이다.[14]

나는 실험주의자나 탈근대주의자의 파편적이고 산발적인 관점은 이중의 의미를 가지고 나타난다고 생각한다. 한편으로 볼 때, 그것은 열림일 수 있다. 즉 사회적 과정, 예술 언어 그리고 그것들이 사회와 맺는 관계에 대한 비판적 관심을 유지할 때, 그것은 이런 불확실성을 새롭게 사유할 수

---

13) Nelly Richard, *La estratificación de los márgenes*, Santiago de Chile: Francisco Zegers Editor, 1989, p. 34.
14) ibid., p. 35.

있는 기회가 되는 것이다. 반면에 만약 이러한 가능성이 사라진다면, 탈근대적 파편화는 시장——엄격하게 독점적이고 중앙집권적인——이 다양한 소비자들과 벌이는 원자화된 시뮬라크르의 예술적 모방물이 되어 버릴 것이다.

신기술이 재전환을 정보와 소통의 가능성을 여는 단순한 형식적 과정으로 제시할 때, 같은 질문을 신기술의 지배적 개념들에 할 수 있다. 개방과 혼종화는 일반화된 다원주의를 생산하면서, 교차하는 문화적 층위들의 차이를 억압하거나 새로운 분할들을 야기하는가? 기술자와 기술 관료는 언제나 소통의 원활함과 탈중심화를, 그리고 비디오 재생기, 텔레비전, 위성안테나, 컴퓨터 그리고 광섬유 등이 제공하는 서비스의 증가를 이상화한다. 마치 모든 사람들이 그것들을 이용가능한 것처럼 간주하면서 말이다. 기회의 효율적인 배분과 이에 따른 권력의 수평화는 헤게모니를 집중시키는 낡고 새로운 수단들과 공존한다.

소통의 **탈중심화**는 지나치게 자주 탈규제로, 즉 공적 이익을 위한 가능한 행위자로서의 국가의 후퇴로 번역된다. 신보수주의 담론에 있어서, 주도권을 시민사회에 양도한다는 것은 권력을 독점적 사기업에게 집중시킨다는 것을 의미한다. 국가가 정보, 예술, 소통이 공공서비스라는 점에 관심을 기울이지 않는다는 사실은, 이러한 공공서비스가 상품이 되고 특권적인 일부에게만 접근가능하게 된다는 것을 의미한다. 이러한 구조에서 상품의 다양화에 의해 촉진된 공중의 파편화는 상징재화의 팽창을 감소시킨다. 사실, 나타나는 것은 소비의 불균등한 분할(개별적인 케이블 TV 가입, 광섬유를 통한 정보은행에의 배타적인 접속)이다. 미겔 데 모라가스는 "행동——제한되고 비밀스럽고 문서화된——을 위한 정보모델과 호기심이 지배적인 대중을 위한 정보모델을 구분"하면서, 계층화를 강조하고 갱

나가며 451

신하는 현재의 경향을 지적한다.[15]

도시 공간의 사적인 파편화가 소수집단으로 하여금 '대중'과의 접촉을 줄이게 하는 것처럼, 커뮤니케이션의 분열되고 상업화된 조직화는 소비를 특화하고 사회적 층위들을 분리시킨다. 정보의 민주화, 그리고 집단적 이익의 과학적 재화 및 예술적 재화의 사회화를 보증하던 공적 권력의 역할이 감소해 감에 따라, 이 재화들은 대다수에게 접근불가능한 것이 된다. 문화가 공적인 성격을 상실하게 되면, 권력의 통치행위가 부분적으로 기대고 있던 지적 수단들과 정보는 사유화된다. 그리고 권력이 공적이기를 그치면, 혹은 공적인 것으로 논쟁되기를 그치면, 부분적으로 권력의 수직성은 복원된다. 원칙적으로는 기술 발전과 탈근대적 사유가 권력을 산종시키는 데 기여할지라도, 정치 발전이 이를 한 곳으로 집중시키는 것이다. 세기말의 이런 변화들이 정치와 문화의 민주화를 포함하지 않을 때, 도시 및 기술 권력 내에서 만들어 내는 사선성은 복수주의적 산종이 아니라 신비주의와 차별이 되고 만다.

이처럼, 이 책은 결론이 아니라 하나의 추정으로 끝난다. 나는 민주화와 혁신에 대한 사유가 90년대에 방금 우리들이 언급한 두 개의 과정을 통해 진행해 갈 것이라고 추정한다. 즉 사회 비판의 비본질주의적 재구성과 근대성의 도그마로 변해 버린 기술관료적 신자유주의의 요구에 대한 문제 제기가 그것이다. 이것은 이 두 영역에서 근본주의적이게 되지 않으면서 어떻게 급진적이게 될 것인가를 검증해 가는 문제이다.

---

15) Miguel de Moragas, *Opinión pública y transformaciones en el uso de la información*, 복사본. 이는 Martín Barbero, "Renovación tecnológica y transformación cultural"에서 재인용.

옮긴이 해제

가르시아 칸클리니와 『혼종문화』

라틴아메리카 문화연구의 대표적인 이론가 중 한 명인 네스토르 가르시아 칸클리니의 『혼종문화: 근대성 넘나들기 전략』은 그가 연구해 온 라틴아메리카 근대성, 탈근대성, 민중문화, 고급문화, 정체성, 세계화 등의 주제가 집약되어 있으며, 그의 지적 궤적에 있어서 변화를 가장 잘 보여 주는 저작이다.

그의 문화관은 대략 세 단계로 나눠 볼 수 있는데, 이 책에서 보여 준 혼종화라는 개념은 초기 작업에 나타나는 다소 계급적이고 갈등적인 태도의 문화관에서 벗어나고 있음을 보여 준다. 먼저, 초기 단계는 맑스주의적인 관점에서 예술과 권력의 상징적인 관계에 주목하던 시기이다. 이 시기 민중문화에 대한 그의 관심은 주로 사회계급 간의 통합을 주장하면서 이들 사이에 존재하는 갈등을 은폐하는 부르주아 계층의 내셔널리즘에 대항하기 위한 것이었다. 따라서 민중문화가 가지고 있는 혼종성은 주로 정체성과 문화의 형성에 있어서 갈등적이고 역동적인 성격을 강조하기 위한 개념이었다.

두번째 단계는 『혼종문화』가 쓰인 시기로 이분법에 기반한 문화에 대한 전통적 접근방식에서 벗어나고 있다. 즉 여기에서 혼종성은 모든 종류의 이분법을 넘어서기 위한 방법론적 도구로 기능한다. 혼종성은 "문화적 대상, 상징, 기호, 시간성들의 공존과 겹침으로 인해 근대사회가 가지고 있는 복합성"(에밀리아 베르무데스Emilia Bermúdez)의 속성을 지시한다. 이런 관점에서 라틴아메리카 국가들의 문화는 다양한 문화와 시간들의 공존이자 교차의 결과로 이해된다. 그는 이 과정이 '탈영토화'와 '재영토화'를 통해 진행되고 있으며, 이것을 혼종화 과정이라고 설명하는 것이다. 이 시기의 혼종화는 사회적 맥락 속에서 문화를 읽는 맑스주의적 전통과의 단절을 의미하고, 한편으로는 문화에서 헤게모니를 둘러싼 갈등의 문제를 사상하고 있다는 평가를 받는다.

세번째 단계는 세계화의 등장과 관련된다. 이 단계에 들어서서 가르시아 칸클리니의 혼종화 논리는 보다 복합적이고 거시적인 층위에서 진행된다. 즉 이전 단계가 주로 동일한 공간 속에 존재하는 다양한 시간성의 공존을 어떻게 해석할 것인가라는 문제에 주목했다면, 이제 이주·경계·시공간 압축 등 세계화에 따른 다양한 문화적 현상을 혼종화 개념을 통해 분석하게 된다. 그는 세계화가 지역적인 것들을 대체하면서 문화를 동질화하고 있다는 비판과 '고유의 것'과 '외부적인 것'이라는 대립구도로 문화를 이해하는 것에 맞서, 세계화 과정을 통해 정체성과 문화가 가지고 있는 혼종적 성격이 보다 명확해진다고 말하고 있다. 다시 말해, 세계화를 '동질화라는 단순한 과정이 아니라, 차이와 불평등을 억압하지 않고 이것들을 재조직화하는 과정'으로 이해한다.

이러한 세계화 이후의 혼종화 과정은 정체성과 관련해서 보다 가시적으로 드러난다. 이전 시기에 정체성 구축 과정에서 중요한 역할을 하던 시공간적인 참조점들이 변화된다. 이제 국민국가의 완고한 영토성과 통합성에서 벗어나 초국적이고 탈영토화된 공간에서 정체성들이 구성된다는 것이다. 그러나 이것은 세계화 과정이 정체성 구성에 있어서 지역적인 과정들을 모두 제거한다는 것을 의미하지는 않는다. 여전히 국가성이나 민족성들은 존재하지만, 기존처럼 강력한 접합기제로 더 이상 작동하지 않는다는 것이다. 이런 점에서 세계화 시대에 고민해야 할 문제는 지역적 정체성들의 상실이 아니라, 문화적 혼종화와 문화의 세계화 과정 속에서 민족적이고 지역적인 정체성들이 어떻게 재구성되는가이다. 따라서 가르시아 칸클리니는 이러한 혼종화 과정을 이해하기 위해서 세계적/지역적인 대립에서 벗어나, 주체들이 세계화를 상상하는 다양한 방식에 주목하고 자신들의 정체성을 서사하고 재현하는 다양한 방식들을 어떻게 만드는지에 관심을 기울여야 한다고 주장하는 것이다.

혼종화와 라틴아메리카 근대성

가르시아 칸클리니가 『혼종문화』에서 주목하고 있는 또 다른 주제는 라틴아메리카의 근대성이다. 그는 근대화가 전근대적인 전통을 배제하고 '개발과 진보'에 기반한 새로운 가치체계와 삶의 질서를 이식하는 것이라면, 라틴아메리카는 이와는 차별적인 근대화를 경험하고 있다고 주장한다. 라틴아메리카의 경우 도시화, 산업화, 대중매체 발전이라는 근대화 요소들이 전통적인 문화형식들을 완벽하게 제거하고 대체하지 못했다. 이러한 라틴아메리카 근대가 갖는 특징으로 인해 라틴아메리카에서 민중문화나 고급문화를 포함한 전통적인 형식이 사라진 것이 아니라, 이들이 독립적이고 자족적인 질서를 구축하고 있다는 것이다.

이러한 라틴아메리카적인 근대화 효과를 가르시아 칸클리니는 '다시간적 이종성'heterogeneidad multitemporal이라고 부르는데, 이는 서로 다른 시기의 문화적 표현 양식이 공존하는 것을 의미한다. 이 문화적 혼종성에서 가르시아 칸클리니가 주목하고자 한 것은 근대적인 것이 전통적인 것을 대체하지 못했고, 그 결과로 문화적 공존이 나타났다는 사실이 아니다. 수공예품 생산과정과 관련해서 그가 주장하는 것처럼, 라틴아메리카의 근대화 과정은 전통을 배제하고 억압하는 것이 아니라 재생산하고 재절합하는 경향을 선택했다는 것이다. 따라서 정치, 사회, 문화 영역에서 전통적인 것으로 간주되는 것들이 여전히 라틴아메리카 사회에서 현재적으로 작동하고 있다는 것이다. 이 과정을 그는 혼종화 과정으로 이해하는 것이고, 앙헬 라마의 통문화화가 과정보다는 결과에 주목했다면 가르시아 칸클리니는 혼종화 과정의 구체적인 양상에 주목하는 것이다. 이 안에서 다양한 사회적 관계들과 힘들이 다양한 역사적 시간성의 상호관계를 어떻게 인식하고 다루는지를 드러내는 것이다.

또한 혼종성을 통해 가르시아 칸클리니는 코르네호 폴라르의 '이종성'과는 다른 의미에서, 고급문화와 대중문화라는 문화적 위계와 분리가 사라지게 된다고 설명한다. 즉 근대적 문화형식과 전통적 형식의 공존뿐만 아니라, 고급문화와 대중문화라는 이분법적인 구조가 해체되는 과정을 혼종성 개념을 통해 이론화하고 있는 것이다.

이렇듯 근대성을 구성하고 있는 이분법적인 대립을 해체하면서, 라틴아메리카의 혼종문화는 새롭고 복합적인 방식으로 근대적 요소와 전통적 요소, 지역 및 국가적 요소와 초국적 요소, 민중문화 및 대중문화와 고급문화 등을 결합시키고 있는 것이다. 이 과정은 바로 서구적인 근대성의 이식이나 맹목적인 추수가 아니라, 라틴아메리카가 근대성을 새롭게 인식하고 구성할 수 있는 가능성으로 확장된다. 그가 부제로 사용하는 있는 '근대성 넘나들기'의 의미는 "탈영토화와 재영토화 사이에 존재하는 긴장에 대한 주목"을 통해서 나온다는 그의 표현처럼, 근대를 탈영토화하고 또 재영토화하는 과정을 혼종화가 하고 있다는 것이다.

『혼종문화』에 나타난 혼종성은 이후 세계화 담론, 정체성 갈등, 문화적 충돌에 대한 분석틀로 확대되었다. 특히 그가 보여 주고 있는 세계화에 대한 긍정적인 태도는 혼종화를 통해 세계화에 저항하거나, 혹은 그것을 조정할 수 있는 수단들을 만들어 낼 수 있다는 그의 이론적 확신에서 기인한다. 세계화 과정 속에서 제국주의적 국가들의 문화가 개별 국민국가 문화를 대체하는 것이 아니라, 서로 간의 복합적인 상호교환, 그리고 불균등하고 비대칭적인 혼종화가 나타난다는 것이다. 더 나아가 "문명 간 전쟁과 혼종화" 사이의 선택이라는 그의 지적은 혼종화만이 차이들의 민주적인 공존을 가능하게 할 것이라는 그의 입장에서 나온 것으로, 헌팅턴이 말한 문명 간 갈등에 빠지지 않기 위해서는 혼종화를 선택해야 한다는 결론으로 나아간다.

혼종화를 세계화 시대의 "새로운 실천을 형성하기 위한 사회문화적 과정"으로 이해했을 때, 어떻게 혼종화가 분리되어 있던 개별적인 구조 혹은 실천을 결합할 수 있는가라는 질문에 대해 가르시아 칸클리니가 내린 답은 다음과 같다. "이것은 계획하지 않은 방식으로 일어나거나 이주, 관광, 그리고 경제나 커뮤니케이션적 상호과정의 예측하지 않은 결과로 나타난다. 그러나 혼종화는 종종 개인적이고 집단적인 창조성에서 발현한다." 가르시아 칸클리니가 예를 들고 있듯이, 수공예업자들이 새로운 시장과 생산조건에 맞추기 위해 디자인을 비롯하여 전통 수공예품에 변화를 주는 것이 그 예라고 할 수 있다. 근대 시장에서 전통 수공예품이 상품으로 유통되는 과정에서 전통 수공예업자들이 취하는 전략에 주목한 것이다. 따라서 '재전환'reconversión의 전략에 기댄 이러한 과정에 대한 경험적인 분석은, 혼종화를 통해 헤게모니 영역뿐만 아니라 민중 영역 또한 근대성의 이익을 전유하고 있음을 보여 준다.

따라서 혼종성에 기반한 라틴아메리카 근대성, 혹은 라틴아메리카적인 '차이'는 라틴아메리카적인 근대성이 불완전하다는 것을 의미하지는 않는다. 오히려 이러한 혼종성은 단일하고 위계적인 근대성 개념에 맞서 그 자체로 하나의 근대성이 되기 위한 방법, 즉, 근대성을 넘나들기 위한 방법론적 전략인 것이다.

혼종화에 대한 비판적 견해들

이처럼 혼종화는 차이들을 무화하고 동질화하는 것이 아니라 혼종적 공간을 만들어 낸다. 그리고 이 안에서 헤게모니 영역뿐만 아니라 하위주체 영역 역시 자신들의 목표와 지배적인 실천을 재구조화한다. 이제 혼종성은 초국적인 경향 속에서 나타나는 갈등과 차이들의 변화에 의해 만들어진 "이종성의 다양한 복합화"로 구성된다. 혼종적 공간은 많은 전통과 불균등한 근대성들이 절합하고, 다양한 절합의 과정이 공존하는 새로운 문화생산의 원형질의 공간인 셈이다.

따라서 가르시아 칸클리니의 혼종성은 초국적 시대의 새로운 문화적 자극 아래 진행되는 문화현상을 설명하는 가장 적절한 개념이라 할 수 있다. 그러나 혼종성을 "초국적 문화와 지역문화의 충돌에서 느슨해진 이종성의 결과"로 간주하는 입장도 존재한다. 다른 식으로 말해, 그의 혼종성을 코르네호 폴라르의 이종성 개념처럼 기존의 이해 방식과 질적으로 차별되는 새로운 인식론적 도구로 간주할 것인가, 아니면 단순하게 라틴아메리카 문화현상을 설명하기 위해 지속적으로 존재해 왔던 '혼합'mestizo의 새로운 판본으로 간주할 것인가라는 질문인 것이다.

이러한 비판은 혼종성이 과연 라틴아메리카의 문화적 현상을 설명하는 의미 있는 도구로 작동할 것인가라는 평가와 관련되어 있다. 혼종성이 세계화된 주변부 근대성을 설명하는 데 상당부분 적절한 것이 사실이다. 초국적인 거대문화의 헤게모니 아래에서 전통과 근대성이 보여 주고 있는 복합적인 절합, 문화적 교차들의 강화, 문화적 경계 혹은 범주들의 넘나듦, 그리고 근대성 패러다임의 와해 등이 그것이다. 이러한 현상에 대한 주목을 통해 혼종성은 세계화라는 흐름 아래에서 진행되는 복합적인 라틴아메리카의 문화적 현실을 새로운 관점에서 이해할 수 있는 적합한 이론적 도구로서의 가능성을 보여 준다. 그러나 앞서 말한 것처럼 혼종성은 혼합이라는 정태적이고 조화로운 문화상像을 설정함으로써 인식론적 단절이 아니라, 메스티소라는 기존의 메타포에 환원되고 말았다는 비판 역시 가능하다.

비판적인 입장을 가진 이론가 중 한 명인 코르네호 폴라르는 가르시아 칸클리니의 혼종성 이론이 단순하게 문화적인 영역만을 다루는 것이 아니라, 역사 영역을 포함하여 광범위한 영역에서 사용될 가능성이 있다고 인정한다. 그러나 가르시아 칸클리니가 제시하는 혼종성의 사례들은 라틴아메리카 사회의 보편적인 예가 아니라 다소 특수한 국면을 지칭하는 것으로, 이것을 일반화하면 라틴아메리카 사회에서 점차 강화되어 가고 있는 사회적 불평등 문제를 간과하게 된다는 지적이 제기된다. 즉 서로 다른 요소들이 접촉하거나 충돌할 때, 동일한 비중으로 혼종화되지는 않는다는 것이다. 비록 가르시아 칸클리니가 혼종성 개념이 갖는 갈등적인 측면을 강조한다고 할지라도, 이 혼종성은 "다양한 문화적 요소들의 자연스럽고 조화로운 공존"을 의미하는 경향이 있다는 것이다. 이 점은 코르네호 폴라르가 이종성이라는 개념을 통해 문화현상 내에 내재한 갈등적인 측면을 부각했던 것과는 상반되는 입장이다. 더 나아가 이러한 조화로운 입장을 통해 문화적 혼종은 권력의 집중과 문화의 집중을 드러내기보다는 오히려 감추고 있다는 비판도 가능하다.

문화현상에 대한 '조화로운 입장'이 문화에 대한 구조적인 접근보다는 기술적descriptivo 측면의 접근에 그치게 했고, 신자유주의적인 문화 흐름에 대응하는 효과적인 전략을 제공하는 데 실패하게 했다는 지적도 존재한다. 존 베벌리John Beverley는 "문화적 혼종성이 갖는 기술적 기능과, 대안적 정치 기획의 토대로 작동할 수 있는 규범적 개념의 절합"을 구별했다. 베벌리에 따르면, 가르시아 칸클리니의 혼종성은 주로 규범적 층위를 결여한 기술적인 개념으로 문화적 혼종화 과정에 대한 주목할 만한 묘사를 보여 주지만, 이러한 문화적 과정이 일어나는 사회들의 불평등에 대한 대안을 제시할 능력이 없다는 것이다.

세계화 시대와 혼종성

혼종화라는 개념은 『혼종문화』 안에서 두 개의 서로 다른 대상들을 지시하고 있다. 하나는 지금까지 주로 살펴본 것처럼, 문화 영역을 나누는 전통적인 분류 방식의 해체를 의미한다. 즉 대중문화, 민중문화, 고급문화 등이 서로 뒤섞이고 새롭게 '재전환'되는 과정을 설명하고, 이를 통해 전통/근대, 고급문화/민중문화 등의 전통적인 이분법을 해체하기 위한 개념으로 사용된다. 다른 하나는 미국과 국경을 맞대고 있는 멕시코의 티후아나 지역과 같은 경계지역에서 진행되고 있는 이른바 '탈영토화' 과정과 관련되어 있다. 이곳은 역사적 조건을 달리하는 서로 다른 사회의 문화적 구성물들이 뒤섞이고 있는 곳이다. 이러한 혼종화를 통해 이곳에서 더 이상 국가나 '국가적 거대서사'는 문화적 통합을 만들어 내지 못하고, '제 3의 국가' 혹은 경계문화를 만들어 낸다는 것이다.

가르시아 칸클리니가 예로 들고 있는 얼룩말 무늬가 그려진 당나귀 일화는 티후아나의 혼종화와 관련해 주목할 만하다.[1] 즉 티후아나에는 존재하지 않은 얼룩말을 '만들어 내기' 위해 당나귀에 페인트로 줄무늬를 그린 것이다. 이처럼 얼룩말과 다양한 실재의 이미지를 섞어 새로운 이미지를 만들어 내고, 이 과정 속에서 티후아나의 문화는 일종의 시뮬라크르가 되는 것이다. 문화의 진정성이 아니라, 얼룩말처럼 '명백하고 가식적인 환상'이 중요한 가치로 등장하게 되는 것이다. 이러한 티후아나의 문화는 멕시코적인 것과 미국적인 것이 공존할 뿐만 아니라, 혹은 미국적인 욕구와 멕시코적인 선망이 섞여 만들어지는 '놀랄 만한' 창조의 과정이기도 한 것이다. 이제 이 문화에 대해 멕시코적인가, 아니면 미국적인가, 즉 진정성을 묻는 것은 의미가 없다.

그러나 가르시아 칸클리니에 의해 묘사된 혼종화는 지나치게 낙관적이고 제1세계 중심적이라는 비판도 가능하다. 글로리아 안살두아Gloria Anzaldúa가 보여 주는 것처럼, 경계지대를 새로운 문화를 가능하게 하는 모체, 혹은 제3의 지대로 간주하는 것은 경계지대의 구체적인 삶 속에 자리 잡고 있는 빈곤과 억압을 간과한 지나치게 이상주의적인 태도인 것이다. 이러한 관점은 가르시아 칸클리니의 예에도 적용될 수 있다. 그가 혼종화

---

1) 얼룩말 무늬가 그려진 당나귀에 대한 가르시아 칸클리니의 언급은 이 책의 390~391쪽 참조.

과정에 드러나는 불평등과 갈등에 대해 주목하고 있음에도 불구하고, 탈국가적 정체성에 대한 지나친 강조는 혼종성을 지나치게 낙관적으로 이해하고 있다는 지적을 가능하게 한다.

티후아나의 경우에서 보이는 것처럼 혼종화는 현재적이고, 또 진행되고 있는 구체적인 사건이다. 이 혼종화가 가져올 결과를 예측하기는 쉽지 않지만, 초국가적 상황에서 진행되는 문화 간 접촉을 설명하고 새로운 문화의 조형을 추동해 낼 수 있는 이론적 틀임은 분명하다. 이 혼종화가 제1세계 지식인들의 이상적이고 제국주의적인 태도로 귀결되지 않기 위해서는, 혼종화를 전략적으로 차용하고자 하는 지역의 '재전환'이 중요하다고 할 수 있다. 이런 점에서 티후아나 문화를 세계화 시대 혼종화 패러다임이 작동하고 있는 공간으로 적극적으로 이해하고, 그 가능성을 잡아내고 있는 가르시아 칸클리니의 시도는 의미를 갖는다. 그는 "혼종화는 우리들로 하여금 오늘날 모든 문화는 경계문화라는 결론으로 이끈다"고 말한다. 즉 티후아나 같은 경계지역은 혼종적인 '제3의 공간', 현재의 문화적 형성의 텍스트와 시간을 읽어 낼 수 있는 의미 있는 인식론적 위치라는 것이다.

나가며

지금까지 살펴본 것처럼, 가르시아 칸클리니는 라틴아메리카 근대성의 특징을 '다시간적 이종성'으로 파악하고 그 구체적 양상을 혼종성이라는 개념을 사용해 분석하고 있다. 다시 말해 전통적인 이분법에 기대고 있는 근대성 개념과의 인식론적 단절을 꾀하고, 근대성을 넘나들면서 라틴아메리카 문화의 새로운 가능성을 모색하기 위해 혼종성을 전략적으로 사용한 것이다. 그러나 그의 혼종성 이론이 근대성을 넘나들기 위한 전략으로 사용되었지만, 근대성을 전복했다기보다는 오히려 역설적으로 근대성과 전통의 직선적 시간관을 인정하고 있다는 비판 역시 가능하다. 즉 전통은 과거와 관련된 것이고, 근대성은 현재 혹은 미래적인 것으로 간주한다는 것이다. 수공예품을 비롯하여 전통문화의 양식이 근대적인 자질을 통해 '재전환'에 성공하면 시장에서 상대적인 우위를 차지하고, 이렇게 근대화되지 못한 수공예업자는 도태하게 되는 것이다. 이런 점에서 그의 혼종성은 또 다른 의미에서 근대성을 인정하고, 그것의 배제적인 속성을 받아들이는 효과를 주기도 한다.

이러한 비판에도 불구하고, 살펴본 것처럼 그의 혼종성은 라틴아메리카의 독특한 역사적 경험에 부합하는 이론적 접근방법을 모색하기 위해 만들어졌다는 평가가 가능하다. 이 혼종적 관점이야말로, 라틴아메리카의 근대화를 사유하는 대안적 형식이라는 것이다. 라틴아메리카의 근대는 전통적 가치의 대체 속에서 작동하는 외래적인 것이 아니다. 혼종화는 라틴아메리카 근대성의 독특한 성격을 조형해 내고, 다양한 사회 영역이 다시간적 이종성에서 어떠한 기획을 통해 근대성을 넘나들 것인지에 대한 프로젝트인 것이다. 이러한 문화적 혼종성을 통해 라틴아메리카의 정치, 사회, 문화에 개입해 있는 다양한 억압적인 권력을 드러낼 수 있고 또 전복할 수 있다는 것이다.

또한 티후아나의 예에서 볼 수 있는 것처럼, 그 개념은 세계화 시대의 문화적 현상을 드러내는 방법론적 도구로 사용되고 있다. 혼종화를 통한 경계문화를 그가 긍정적으로 평가하는 것에 대해 다양한 비판이 제기되는 것이 사실이지만, 일정하게 폐쇄적인 지역문화나 국민국가의 문화와 시장에 기반한 세계화가 강제하는 동질화 과정이 서로 접촉하고 충돌하면서 만들어 내는 '혼종적 과정'을 구체적으로 예시하고 있다는 점에서 의미 있는 시도라고 판단된다.

이처럼 가르시아 칸클리니의 『혼종문화: 근대성 넘나들기 전략』은 그의 이론적 흐름의 중요한 전환을 보여 주고 있을 뿐만 아니라, 세계화 시대의 문화를 다루는 이론적 토대를 제공하고 있다는 평가를 받고 있다. 이런 맥락에서 이 텍스트는 라틴아메리카 문화연구의 고전으로 평가받고 있을 뿐만 아니라, 문화연구의 세계적인 참고문헌이 되고 있다.

마지막으로 이 책을 번역하는 데 있어 역자의 능력 부족으로 인해 많은 어려움이 있었고, 그 중에서도 특히 몇몇 어휘의 경우 일관성을 갖고 번역하기가 쉽지 않았으며, 몇몇의 경우는 다소 무리한 번역이 있을 수 있다는 점을 밝힌다. 예를 들어 'lo culto'라는 단어는 문맥에 따라 '고급문화적', '고급문화', '고급문화 요소', '고급문화적 특성' 등으로 옮겼다. 'nacional'과 'étnico' 같은 어휘도 쉽지 않았다. 'nacional'은 '국민적', '국가적'이라는 말로, 'étnico'는 '민족적'이라는 말로 옮겼다. 또한 'popular'와 'popularidad' 역시 문맥에 따라 '민중적' 혹은 '대중적인', 그리고 '대중성'으로 옮겼다.

초고를 꼼꼼하게 검토해 준 그린비의 고태경 씨의 노고에 감사한다. 역자가 보지 못한 많은 부분을 지적해 주고 조언해 주었다. 또한 늘 가슴 한구석에 자리 잡고 있는 가족들, 사랑하는 현정, 그리고 여기에 쓰인 자신의 이름을 보고 기뻐할 아들 찬욱에게 내 사랑을 전한다.

2011년 1월

옮긴이 이성훈

찾아보기

【ㄱ】

가능한 해석공동체 201
가르시아 마르케스, 가브리엘(Gabriel García Márquez) 112
　『백년 동안의 고독』(Cien años de soledad) 112
가우초성 412
가톨릭적·식민적 스페인중심주의 114
게르시망, 후벵스(Rubens Gerchman) 172~173
　「여름/여름 부드러운 입술」(Verão/Verão Boca Mole) 173
　「흡혈귀와 펑크」(A Vamp e a Punk) 173
경계적 예술가 446
경계지대 27
계몽주의 268
　~의 해방적 힘 69
　~적 유토피아 68
고급문화 132, 154
　~적 115, 190, 212
　~적 요소 437
　근대 ~ 100
고티에, 테오필(Théophile Gautier) 80
교육적인 맥락화 181
교조적인 근본주의 260
구성주의 81
　~적 유토피아 167
국가관료제 107
국가정체성 124
국민성 210
국민정체성 235
굿 에셸먼, 캐서린(Catherine Good Eshelman) 292 ~ 296
그람시, 안토니오(Antonio Gramsci) 314
극사실주의 438
극적 수행(actuación) 348
극화 211
　권력의 ~ 211
　유산의 ~ 212
근대성 43, 52, 54, 66~67, 194, 432
　~의 세속화 기획 82
　라틴아메리카 ~ 110

문화적 ~ 109
근대 예술 88
　　~에 대한 파시즘적 비판 70
근대적 66, 432
근대주의자 47
근대화 47~48, 106, 309
　　~론자 344
　　사회경제적 ~ 109, 114, 126
　　유럽적 ~ 118
글로컬화 36
기념비주의적 수사학 234
기든스, 앤서니(Anthony Giddens) 28
기어츠, 클리포드(Clifford Geertz) 56
기원 162
　　~의 스펙터클 211
　　생물학적 ~ 16
　　전근대적인 ~으로의 회귀 166

【ㄴ】

낙서 407
낭만주의자 268, 270
내셔널리즘 225
　　~적 사실주의 125
　　멕시코 학파의 사실주의적 ~ 135
　　문화의 ~적 기념비화 228
　　문화의 ~적 제의화 228
　　정치적 ~ 231, 272
네오그람시주의자 341
노동문화 18
노에, 루이스 펠리페(Luis Felipe Noé) 170~171
　　「고갱처럼 도망치거나 루소처럼 꿈꾸다」(Huir como Gauguin o soñar como Rousseau) 171
　　「아메리카의 발견」(El descubrimiento de América) 170
　　「풍경을 위한 구조」(Estructura para un paisaje) 171
누스, 알렉시스(Alexis Nouss) 23
누에바 에스파냐적 이미지 17
뉴욕근대미술관 84, 91

【ㄷ·ㄹ】

대도시 27
대중 52, 201
　　~을 위한 문화 320
　　~의 문화 320
　　~적 요소 437
대중문화 318
대중성 323~324, 338
들라크루아, 외젠(Delacroix, Eugène) 200
　　「민중을 이끄는 자유의 여신」(La Liberté guidant le peuple) 200
디아스포라 담론 38
라디노 284~285
『라루스 소사전』(Petit Larousse) 93
라티노 공동체 14
라틴성 29~30
라틴아메리카 98, 128, 271, 326, 381
　　~ 근대화의 모순과 좌절 45
　　~ 모더니즘 120
　　~화 30
라플랑틴느, 프랑수아(François Laplantine) 23
루브르 박물관 84
루피노 타마요 현대미술관 137

【ㅁ】

마르틴 바르베로, 헤수스(Jesús Martín Barbero) 268, 319, 327, 349
    미디어 전유 326~327
『마르틴 피에로』(*Martín Fierro*) 123
    「식인주의 선언」(El Manifiesto Antropofágico) 397~398
    ~ 그룹 398
메스티사헤 11, 13, 23~25
메이저 기업 36
메트로폴리스 112
    ~의 근대화 모델 110
멕시코 벽화주의 126, 401
멕시코성 242
모더니즘 114
    ~과 근대화 사이의 모순 116
    ~과 근대화 사이의 불균등 108
    ~ 운동 113
    문화적 ~과 사회적 근대화 사이의 불일치 50
    미학적 ~ 146
    유럽 ~ 114
    유럽의 문학적·예술적 ~ 111
모라이스, 페데리코(Federico Morais) 166~167
몬시바이스, 카를로스(Carlos Monsiváis) 244, 319
『무너진 국경선』(*La línea quebrada/The Broken Line*) 392
무대화 212
    민중적 요소의 ~ 330
    이중적 상실의 ~ 400
문맹률 128, 190

문화
    ~ 시장 129
    ~적 재전환 432
문화산업 320
물랭, 레이몽(Raymonde Moulin) 93
미국화 30
미학
    ~주의적 박물관 전시학 227
    유산의 ~적 정신주의화 225
    탈정치적인 ~주의 70
민속적 순수주의 21
민주화 428
    ~의 기획 67
민중
    ~ 부문 265
    ~적 339
    ~적 요소 347, 348, 350, 437, 264
    ~적인 것 323~324, 332~333
    전통적인 ~적인 것 338
민중주의 329, 330
    내셔널리즘적 ~ 319
    정치적 ~ 329

【ㅂ】

박물관의 위기 221
베르제르, 아니(Annie Verger) 95, 99
베커, 하워드(Howard S. Becker) 73
벡, 울리히(Ulrich Beck) 28
벤야민, 발터(Walter Benjamin) 254
벨루주, 카에타누(Caetano Veloso) 44
보드리야르, 장(Jean Baudrillard) 403
보르헤스, 호르헤 루이스(Jorge Luis Borges) 152~159

복사기 372
부두교(vudú) 25
부르디외, 피에르(Pierre Bourdieu) 88
    아비투스 340
분리주의적인 반응 29
브레히트, 베르톨트(Bertolt Brecht) 213~214
브리콜라주 50
블레데스, 루벤(Rubén Blades) 44
비디오 게임 375
비디오카세트 플레이어 372~373
비디오 클립 373~374
비반복성 155

【ㅅ】

사선성 420
사이드, 에드워드(Edward W. Said) 37~38
사회과학 11, 16, 339
    노마드적 ~ 44
사회문화적인 교차 43
산업화 54
산테리아(santería) 25
상징세계 132
상징시장 50
    적통적인 ~ 시장 264
상징재화 212
상징적 실천 129
상호문화성 23
선동주의적 후원후우 52
세계화 29
세계화주의 37
    ~적 시장의 유혹 40

소비 연구 206
소통의 탈중심화 451
수공예업 277~278, 443
수용미학 199
수입대체 54
스팽글리쉬 14
시뮬라크르 212
신스페인어권아메리카화
(neohispanoamericanización) 30
신자유주의 331, 452
    국가의 ~적 재구조화 331
    기술관료적 ~의 요구 452
신크레티즘 13
    ~적 형식 397
CAYC 그룹 138

【ㅇ】

아메리카민속헌장 274~275
아메얄테펙 294~298
앤더슨, 페리(Perry Anderson) 111~112
언어 실험 73
에렌베르그, 펠리페(Felipe Ehrenberg) 175~177
    「본영과 반영」(Umbras y penumbras) 177
    「트로피-뱅」(Tropi-bang) 177
에코, 움베르토(Umberto Eco) 199, 257~258
    『장미의 이름』(Il nome della rosa) 48
『에펠탑』(La Tour Eiffel) 93
역사적 핍진성 259
예술 규칙 76
예술 세계 67, 75

~의 탈신화화 88
예술적 재화의 사회화 452
움반다 14~15
원본성 155
윌리엄스, 레이먼드(Raymond Williams) 253
    부상하는 것 254
    의고적인 것 253~254
    잔여적인 것 254
융합 13
    문화 간 ~ 21
    문화적 ~의 쇠퇴 130
    상호아메리카적인 ~ 30
    정치적 ~ 34, 402
    정치적 ~의 좌절 130
이종성
    다시간적 ~ 45, 115
    문화적 ~ 45
    사회문화적인 ~ 126
일반화된 다원주의 451

【ㅈ】

장
    문학적 ~의 자율성 144
    문화의 ~ 160
    문화적 ~ 131
    예술적 ~ 67
재생산 16
    ~ 이론 340
    ~주의적인 모델 340
재영토화 379, 395~396
재전환 17
    유산의 ~ 17

적법성 141, 276
    ~의 참조점들 400
적통적 차이 88
전위주의 79, 162
    ~의 좌절 81~82
    유럽 ~ 124
전통주의 217
    ~자 47, 208, 344
절합
    국내적 요소와 국외적 요소의 ~ 381
    복합적인 ~ 55
    재생산과 헤게모니 개념의 ~ 340
제3세계 112
제의 82
    ~의 마술적 수행 248
    ~의 사회적 기능 247
    거부된 위반 83
    문화적 ~ 159
    문화적 ~화 작용 211
    신화 없는 ~ 85
    역사적·인류학적 ~화 225
    이탈 ~ 87, 89
조형예술 120
    ~의 탈근대적인 경향 85
주변부 국가 157, 260, 419
중심부 국가 110, 419

【ㅊ·ㅋ·ㅌ】

추상적인 자유주의 260
치차음악 15
치카노 19
카시키스모(caciquismo) 52
카우디요(caudillo) 52

칸돔블레(candomblé) 25
캐럴, 루이스(Lewis Carroll) 107
　『이상한 나라의 앨리스』(Alice in Wonderland) 107
코르네호 폴라르, 안토니오(Antonio Cornejo Polar) 21~22
코즈모폴리턴적 157
크라니아우스카스, 존(John Kraniauskas) 21
크레올화 20, 26
클리포드, 제임스(James Clifford) 38
　여행하기 38
탈국가화 122
탈근대
　~성의 철학 42
　~ 예술 87~88
　~적 과정 50
　~적 사유 28
　~적 시각성 400
　전통과 근대 간 결합의 ~적 위기 434
탈근대주의 401
　~의 반진화론적인 성찰 55
　~자 87
탈소장화 378, 397
탈영토화 379, 396
통과제의 84
통문화화 20
티후아나 385~397

【ㅍ】

파리국립근대미술관 92
『파리 마치』(Paris Match) 93
파스, 옥타비오(Octavio Paz) 145~146

파테르노스토, 세사르(César Paternosto) 162~164
　「네 개의 결합」(Tawantin) 163
　「폭포」(Paqcha) 163
팽창 428
　~의 기획 66
페라리, 레온(León Ferrari) 408
　「도레 산에서의 주님의 설교, 1865 + KKK단의 십자가」(El Sermón de la Montaña de Doré, 1865 + Cruz del Ku Klux Klan) 409
　「승천」(Ascensión) 409
편재성의 예술가 446
폰타나로사, 로베르토(Roberto Fontanarrosa) 411~414, 418
　페레이라, 이노도로(Inodoro Pereyra) 411~418
푸엔테, 알레한드로(Alejandro Puente) 164~165
　「아카야과시」(Acallaguasi) 165
프레드릭, 제임슨(Fredric Jameson) 54
피셔르, 에르베(Hervé Fischer) 184
피스 가르시아, 헨리(Henry Pease García) 51
피아졸라, 아스토르(Ástor Piazzola) 44
피카소, 파블로(Pablo Picasso) 150~151

【ㅎ】

하네즈, 울프(Ulf Hannerz) 26
하버마스, 위르겐(Jürgen Habermas) 69, 89
　『인식과 관심』(Erkenntnis und Interesse) 70

하위주체 250
　~의 제의적 실천 283
　~적 420
하이퍼인플레이션적 환각상태 32
기술적인 합리성 55
해방 428
　~의 기획 66
해석학적 능력 20
행동(acción) 348
헌팅턴, 새뮤얼(Samuel P. Huntington) 23
헤게모니
　~ 부문 265
　~에 대한 네오그람시적인 개념 267
　~적 420
　~ 집단과 하위주체 간의 상호작용 347
헤겔, 게오르크 W. F.(Georg W. F. Hegel) 58

헤알(real) 32
혁신 428
　~의 기획 66
　~주의자 208
형식 실험 129~130
　탈정치화된 134
호의 117
혼성모방 50
혼종 397
혼종화 38~39, 378
　~ 과정 18, 23
　~ 주기 14
　내생적인 ~ 36
　이질적인 ~ 36
　제한적인 ~ 31
후이센, 안드레아스(Andreas Huyssen) 69